俗文學研究叢刊

地方作為田野——屏東民間知識圖像與在地敘說

黃文車　著

自序

　　2005年在恩師陳益源特聘教授指導下，筆者完成《日治時期臺灣閩南歌謠研究》後，迄今十多年的學術研究與教學工作幾乎不離「民間文學」與「民俗學」的範疇；後來「閩南文化」和「金門學」研究在「金、廈，成功之路」的口號下逐漸於海內外推展有成，有幸能多次參與這些會議活動，過程中也打開個人的學術視野。在參與及拓展海外學術能量的同時，筆者亦期待能結合在地研究，思考「地方作為田野」的可能意義和多元價值。

　　畢業後返鄉擔任教職，2008年至2012年執行三期國科會（今科技部）之「屏東縣閩南語民間文學之調查研究」專題計畫，帶領屏東大學中文系調查團隊跑遍屏東縣平原地區、沿海地區和半島地區等25個鄉鎮市，過程真如「盤山到恆春」、「渡海過琉球」。可惜的是，這些亙古流傳下來的民間知識與集體記憶其實就一直這樣存在著，但也在時光的遞嬗中一直流逝著。當時，筆者深深感受民間文學的田野調查是「不斷與時間賽跑」的工作，一旦輕忽就已百年身，因此更期待能將這些民間記憶採集、記錄、整理並且傳承下去。

　　2008年也是「屏東縣阿緱文學會」創立的時間，那時在已故作家郭漢辰老師的帶領下，我們期待「讓文學從臺灣的最南方起跑」，也要在家鄉為地方做些事情！於是筆者從2011年開始推動結合學系、文學會和公部門辦理「第一屆屏東文學研討會」，直至2020年已辦理七屆的屏東文學也邁入第一個十年，而我們期待的下一個十年，屏東文學研究可以用怎樣的型態與地方對話、和世界接軌？

　　若從在地全球化的視野出發，地方學的研究如何透過民間文學、民俗學、閩南文化等學科聯結世界的學術脈絡？這也是個人這十多年投身東南亞民間歌謠與庶民文化調查工作的原因及動力。

　　2011上半年筆者以「新加坡閩南語傳統歌謠的流傳與在地化：從文獻、會館到唱片、歌台的調查研究」獲得科技部100年度（49屆）補助科學與技術人員國外短期研究補助前往新加坡國立大學中文系進行海外短期研究，藉此拓展個人聯結海外華人的民間文學、民俗學與東南亞閩南文化圈之研究範疇，該次研究也在103年度獲得科技部補助專書寫作計畫並出版《易地並聲：新加坡閩南語歌謠與廈語影音的在地發展（1900-2015》（2017）；2015年乃前往馬來西亞拉曼大學中華研究院中文系短期交流，2017年再獲得科技部106年度（55屆）補助科學與技術人員國外短期研究補助再次前往新加坡國立大學中文系進行半年海外研究；爾後更獲得科技部補助105-107年度「海外覓鄉音──閩南語歌謠在馬來西亞的流傳與在地化研究」三期計畫，將調查場域延伸至馬來西亞，近年執行的科技部計畫也多和東南亞民間文學、民俗學或地方音聲記憶領域相關。藉由深耕「屏東在地文化」與開拓「海外東南亞華人」之田野與研究雙軌開展，筆者更加確信「越在地、越國際」之理念，也在期間觀察並建構「文化四化」和「歌謠地理學」理論思維。

　　2015年適逢益源恩師從成功大學借調至臺灣文學館擔任館長，受其推動「金門學」研究與各地《臺灣文學青少年讀本》編纂工作之啟發，筆者也思考「文學扎根」與「文化深耕」的重要性。於是，2015年開始執行屏東縣政府委託之杜君英事件基礎調查計畫、屏東文學小百科編纂、屏東作家身影拍攝等工作，更於2017年至2019年完成《屏東文學青少年讀本》五冊，讓屏東文學可以走進校園，陪青年閱讀，與世代對話。

　　本專書《地方作為田野——屏東民間知識圖像與在地敘說》來自
個人在屏東教學研究十五個年頭的學術研究記錄，包括執行科技部專
題計畫完成的民間文學調查與閩南語歌謠研究的二、三章，執行屏東
縣政府委託之杜君英事件基礎調查計畫完成的第五章，以及執行屏東
大學高教深耕USR大學社會責任計畫完成的四、六、七章等，主題涵
蓋屏東縣民間文學調查研究、在地民俗信仰與儀式文化調查、地方音
聲與影像記憶研究，以及社區營造和地方創生工作等。多數章節研究
均來自研究、教學和執行計畫之成果，並且多有投稿正式學術會議發
表或經過專書審查。

　　「地方作為田野」可以是一種家鄉回歸的儀式，也是文化依戀的
信仰；而「民間知識圖像」的建構與敘說則是尋找和發現「地方幸福
感」的過程及省思。本專書可以順利出版，著實感謝每位講述者、有
緣人的協助與鼓勵，論文和專書審查委員的寶貴建議，以及執行計畫
期間學校系所、公部門、和地方團體各方面的支持，還有不同計畫階
段在1301工作室任勞任怨助理群的盡心幫忙，一切都是心懷感恩、正
念圓滿！如果家鄉變成田野現場，學術研究或教學實踐也可以作為一
種志業，那麼，所謂的地方或家鄉，就不會僅僅只是一個遠方！

　　2017年下半年屏東大學人文社會學院將「屏東學」設定為學院必
修課程後，乃激發個人決定可以逐次將這些學術點滴累積成冊，作為
近年地方學研究中，透過民間文學與民俗文化領域去建構的屏東民間
知識研究，並藉以作為記錄家鄉、思考地方的小小成績。只是屏東地
區山海資源豐富，族群多元、文化富足，許多篇章仍未照應周全，也
無法兼顧不同族群的歷史文化或記憶底蘊，因此祈請各方學者專家不
吝指正外，此亦是未來個人更須積極努力之處。

目次

表次

圖次

第一章
緒論

　　屏東舊名叫「阿猴」（Akauw、Ackauw），阿猴原是平埔馬卡道族「鳳山八社」中「阿猴社」之社名。清道光16年（1836），阿猴始得建城，當時共有東南西北四城門，如今僅殘存「朝陽門」（東門）。[1]清同治13年（1874）發生牡丹社事件，清廷派沈葆楨來臺巡視海疆防禦，發覺恆春半島全無設防，沈葆楨乃奏請清廷在恆春治縣，構築城池，一以防禦外侮，二來劃定漢人與番民活動範圍，以利屯墾撫番。清廷准奏後乃於光緒元年（1875）正式興建恆春城，歷時五年方告竣工，於是恆春城便成為清領時期屏東地區第二個圍城之地，所以清領時期的屏東被分成二個區塊，率芒溪（今春日鄉）以南屬於恆春縣，以北則屬於鳳山縣。[2]目前屏東縣（屏東地區）從東邊的霧臺鄉雄蜂山頂到西邊的琉球鄉西端，由北邊的高樹鄉舊寮北端至南邊的七星岩南端，面積約有二千七百多平方公里，此間涵蓋沿山地區、平原地區、沿海地區和半島地區，山海風光四季常有，閩客原民皆具風情。

1　朝陽門目前位於屏東市中山公園田徑場西邊的一個角落，該門上刻有「朝陽門」三字，左右落款右為「下淡水分沈長棻監造」，左是「道觀丙申年冬穀旦」。黃文車：〈來唱阿緱竹枝詞——重溫老屏東的人文風情〉，《文化生活》45期（2006秋季號），2006年9月，頁10。

2　黃文車：〈找尋地方感的書寫：清代屏東地區古典文學發展概述〉，《屏東文獻》第16期，2012年12月，頁4-5。

第一節　地方作為田野現場，從屏東起步

　　屏東縣位處臺灣最南端，以高屏溪（下淡水溪）與高雄市相鄰。整個屏東地區範圍可以概分成中北部平原地區、東部沿海地區、西部沿山地區，以及南部半島地區等四個區塊。平原地區包括屏東市、九如鄉、里港鄉、高樹鄉、鹽埔鄉、長治鄉、麟洛鄉、內埔鄉、萬巒鄉、竹田鄉、萬丹鄉和潮州鎮等12個鄉鎮市；沿海地區包括新園鄉、崁頂鄉、新埤鄉、南州鄉、東港鎮、林邊鄉、佳冬鄉、枋寮鄉、枋山鄉和琉球鄉等10鄉鎮；沿山地區包括三地門鄉、霧臺鄉、瑪家鄉、泰武鄉、來義鄉、春日鄉和獅子鄉等7鄉；而半島地區則包括牡丹鄉、車城鄉、滿州鄉和恆春鎮等4鄉鎮，整個屏東地區一共有33個鄉鎮市。

　　屏東縣南北狹長，中北部平原地區和東部沿海地區地勢較為平坦，其西以高屏溪，東以潮州大斷層為界，南北長約60公里，東西寬約20公里，面積大概是1,140平方公里，此平坦的平原和沿海地區面積規模僅次於嘉南平原。平原地區與中央山脈之間有一條筆直的「潮州大斷層」，斷層以東的大武山塊是中央山脈的南段，曾在清代輿圖中被稱為「傀儡山」，歷來都是排灣族與魯凱族的傳統生活領域；至於從楓港一路以南的恆春半島地區則是早期瑯嶠十八社的領地。[3]依據陳其南的觀察，有關紀錄屏東最早的文獻應該可以從十七世紀上半葉的荷蘭時期（1624-1662）開始。當時荷蘭聯合東印度公司（VOC）在臺灣商館所留下的《熱蘭遮城日誌》（De Dagregisters van het kasteel Zeelandia），其中就提到荷蘭人於1634年對「塔加里揚社」（「阿猴社」前身），以及1636年對小琉球土人展開討伐殺戮之行動，而1641

3　陳其南：〈地方誌・博物學與屏東知識圖像：文獻與書寫類型的轉換軌跡〉，收入李錦旭主編：《邁向屏東學：認識論、社會結構與社區營造》（臺北：開學文化事業股份有限公司，屏東：屏東大學合作出版，2017年5月），頁9。

年起每年更於赤崁召集所有歸順的原住民部落村社長老頭人出席「地
方會議」（Landdag），以及派駐屏東地區傳道人員和政務員之工作狀
況等等。[4]另外，早期傳教士對於阿猴地方的知識傳播與史料翻譯，
也足以提供我們對於屏東地區歷史記憶的研究與理解，例如清末來臺
傳教的甘為霖（William Campbell）最初以英文翻譯的《荷據下的臺
灣》（*Formosa Under the Ducth*），當中就有不少史料涉及屏東；而筆
者進行屏東縣政府委託之杜君英研究調查過程中，發現長老教會李麻
牧師等人對於屏東沿山地區居民的知識啟蒙與地方開發也有一定的貢
獻。從清代這些傳教士留下的「蕃語文書」或「新港文書」紀錄，可
以看出屏東平原鳳山八社接受荷蘭新教的影響頗是深厚，可惜的是在
文獻資料上，荷據時期的屏東記錄相對而言較為不足，例如十八世紀
初有西方學者提到荷蘭牧師甘治士（George Candidius）之後來臺的尤
羅伯（Robert Junius）牧師有一份關於放緱社的三百多個字彙表，但這
份資料從未再出現，於是我們對於早期居住在屏東平原的馬卡道族之
語言、族群歸屬一直無法確認。[5]

4　《熱蘭遮城日誌》中乃以「熱蘭遮城」為中心將荷蘭人所統治的地方分成南北兩
　　區，其中「南區」所指範圍就是在下淡水溪以東的部分，在當時1648年時包括屏東
　　平原的「麻里麻崙」區（Verovorong）（清代時稱為「鳳山八社」）、大武山「峽谷
　　區」的山地原住民社和恆春半島的「瑯嶠」（Loncquion）等三區，其中南區的屏東
　　在村社數量和人口上站有相當的比例，因此南區的會議都是獨立召開的。以1656年
　　為例，全臺總計約221個村社左右，其中北路有56個村社，南區有65個。南路又分
　　成三個單位：下淡水平原，即麻里麻崙（11個）、瑯嶠（19個）、大武山峽谷區（35
　　個）等。見江樹生譯注：《熱蘭遮城日誌》第四冊IV-A，1656年3月7日條、3月10日
　　條（臺南：臺南市政府，2011年5月）。可見南路或南區的地方會議就是由這些村社
　　長老為會員所構成的，而《熱蘭遮城日誌》中有關村社事件的紀錄，南區也差不多
　　佔了一半。陳其南：〈地方誌‧博物學與屏東知識圖像：文獻與書寫類型的轉換軌
　　跡〉，頁9-11。
5　關於文中提到尤羅伯（Robert Junius）牧師蒐集放緱社三百多個字語彙表記載，可參
　　考甘為霖翻譯的《荷據下的臺灣》第25號文書，1636年9月5日。陳其南：《屏東縣志
　　緒論篇──地方知識建構史》下冊（屏東：屏東縣政府文化局，2004年），頁58-60。

　　關於這樣的情況，讓我們不免思索：荷據以來的屏東地區即便有荷蘭新教傳入、地方會議進行，但比起南部西拉雅族或中部貓霧捒族所留下的紀錄相對而言仍是稀少的。這情況無疑再度說明位於臺灣之南、島嶼之邊的屏東，仍是無文之地、化外之區。面對長久以來社會大眾普遍刻板且慣性認知的「文化沙漠」，屏東該如何為自我發聲？提出怎樣的在地論述？這是本書撰寫的主要用意。誠如吳潛誠在〈閱讀花蓮──地誌書寫：楊牧與陳黎〉中所提到的：

　　　　我們生長在土地上，土地就在我們腳下，與我們關係密切。[6]

屏東地區位處臺灣島嶼之南，雖有豐富的山海資源，但屬於農業縣，城市發展較為緩慢。2008年魏德聖的《海角七號》電影帶著臺灣電影走出歷史沈重包袱，成為臺灣後新浪潮電影的破億先聲代表作，拍攝場景「屏東恆春」成為觀光客必訪之地，無形中也讓大家看見這處臺灣最南方的地方。但屏東如何翻轉出自己的地區新風貌？除了在地民眾或觀光遊客知道的山海資源外，我們可以在這片土地上建立起怎樣的「屏東符號」？怎樣讓這些屏東符號與這片土地血脈相連，休戚與共？

　　　　所謂「建立屏東符號」，就是要讓人民理解故鄉的地質、氣候、文化、歷史，從屏東人共同的情感與在地記憶出發，讓民眾更瞭解這塊土地，並可以把屏東的特色說明清楚。[7]

6　吳潛誠：〈閱讀花蓮──地誌書寫：楊牧與陳黎〉，原文刊載於《更生日報》「四方文學週刊」，1997年11月9日。文章網址：http://faculty.ndhu.edu.tw/~chenli/wu.htm。瀏覽時間：2018年6月1日。

7　吳錦發：〈走讀屏東土地公、建立屏東符號〉序文，收入黃文車主編：《2015走尋屏東土地公信仰文化論文集》（屏東：屏東縣政府出版，2017年4月），頁5。

可見必須具有屏東的共同情感和在地記憶，才能找到所謂的「屏東符號」，讓民眾更加瞭解自己的故鄉與這塊土地。然後再透過「地方文化生活圈」概念，我們可以先「組織團隊」，包括公部門、地方組織、學校及社區居民，接著「尋找地方自己的魅力」，這裡包括「地」、「景」、「人」、「文」、「產」等調查；更重要的是以下幾項工作：1、地方資源踏查，2、社區遠景描繪，3、發現潛在資源，4、發表與討論。如此才能「召開聯合會議凝聚共識」，最後「建立合作機制」。[8] 換言之，地方資源盤點與調查與發現屏東符號的第一件必要工作。

　　那麼地方資源調查與發現屏東符號的工作要從何開始？又該如何進行並推廣呢？2000年「屏東研究研討會」在財團法人大武山文教基金會的支持下首次辦理，期間曾中斷6年，之後2008年轉由屏北社區大學續辦直至2015年第九屆為止。2005年筆者正好完成博士論文，準備返鄉工作。就一位返鄉工作者而言，當「家鄉變成自己的田野」時，有時常常會近鄉情怯、礙於人情世故，[9]但對於家鄉的熱情，反而卻是推動與強化自己扎根、深耕「地方」的決心，於是筆者乃從工作單位屏東大學出發，結合研究與教學，聯結縣府行政單位、文學單位及第三部門NGO團隊，並自2008年開始執行國科會（今科技部）補助的屏東縣閩南語民間文學調查研究前後三年計畫，著手進行屏東民間文學調查研究與屏東文學整理推動之工作。

　　2011年屏東大學中國語文學系（當時為屏東教育大學）與屏東縣政府、屏東縣阿緱文學會合作提出舉辦「2011第一屆屏東文學學術研

8　李欣宜、吳儷嬅主編：《地方文化館——生活圈概念書》（屏東：臺灣藍色東港溪保育協會，2012年1月），頁22-27。
9　有關於「家鄉變成田野」的論述，可參考安德明：〈當家鄉變成田野——民俗學家鄉研究的倫理與方法問題〉，《東華漢學》2011年夏季特刊（花蓮：東華大學中國語文學系、華語文學系，2011年7月），頁155-170。

討會」的計畫，期待透過「人文地理學」的概念，思考屏東文學與「地方感」（sense of place）及「親切經驗」的聯結，藉以落實區域文學與鄉土文化的關懷，探討屏東文學發展過程中所呈現出的人文思維與主題特色。段義孚（Yi-fu, Tuan）在《戀地情結》（另譯為《地方之愛》，Topophilia）書中強調的是「地方人地觀」的步驟，從「感知」（perception）──態度（attitude）、價值觀（value）──世界觀（world view）去面對自然世界和人文世界。段義孚提出了「地方之愛」（topophilia）的詞彙，認為其涉指「人與地之間的情感紐帶」。[10]這種聯結是一種地方依附感，乃是將地方作為關照場域觀點的思維與實踐基礎。

透過「地方之愛」的「地方感」思考，2011年第一屆屏東文學學術研討會意外獲得在地群眾的關注，於是接下來的「2012第二屆屏東文學學術研討會：陳冠學研究」、「2013第三屆屏東文學學術研討會：曾貴海研究」皆以屏東經典作家為主題進行；「2014第四屆屏東文學學術研討會：文學地景與地方書寫」則聚焦於「文學地景與地方書寫」，「2016第五屆屏東文學學術研討會：原住民文學與文化」重新思考與定義屏東的原住民文學與文化書寫等問題。到了2018年，時值臺灣學術界注重地方學研究，教育部強調大學社會責任USR理念推動之際，屏東大學乃自106年度開始將「屏東學」定為人文社會學院大一學生必修學分，而屏東文學的研究更是屏東大學與在地文學社團推動「文學在地化」的重要內容。值此，我們應該思考如何讓更多的人看見屏東文學？或者是，希望讓更多的人看見怎樣的屏東文學？於是「2018第六屆屏東文學國際學術研討會：詩歌・歷史・跨界」更期望

---

10 〔美〕段義孚著，志丞、劉蘇譯：《戀地情結》（Topophilia）（北京：商務印書館，2019年11月），頁4。

促進學界及更多民眾透過詩歌閱讀與歷史書寫等不同文本，從跨場域、跨空間的不同視角去解讀與認知屏東文學與文學跨界，並進而思考「屏東文學」作為在地文學書寫與跨界閱讀的多元面貌及異同可能。

　　到了2020年，延續文學書寫與場域「跨界」的思考，「2020第七屆屏東文學國際學術研討會：在地全球化新視域」乃從屏東文學出發，透過屏東、跨國界地方文史的研析與討論，期能立足地方，彰顯在地文史特質，開展在地全球化的新視域。因此如何透過在地全球化的新視域，以彰顯屏東在地文史特質，此乃本次會議的重要宗旨。此外，也期待透過跨界思維與世界對話，開啟「在地全球化」的新視野，[11]並且更期盼透過會議研討與座談對話，提升縣府、學界、地方等單位認知區域文學建置與地方書寫之風潮，進而凝聚屏東文學與在地記憶等特色。就如同吳康寧所言：

> 思想，它首先是一種地方性知識……對於真正想進行有思想的學術研究的人來講，寶貴的資源不在別處，就在研究者的本土境內與本土實踐，就在研究者生活於斯、感悟於斯的這塊土地上。[12]

11　按：屏東文學學術研討會自2011年到2020年此十年間舉辦七屆，並已出版余昭玟、林秀蓉、郭漢辰、黃文車主編：《文學饗宴：2011屏東文學學術研討會論文集》（高雄：春暉出版社，2012年），余昭玟、黃文車主編：《2012屏東文學學術研討會：陳冠學研究論文集》（高雄：春暉出版社，2013年）、黃文車主編：《2013屏東文學學術研討會：曾貴海研究論文集》（高雄：春暉出版社，2014年）、黃文車主編：《2016屏東文學學術研討會：原住民文學與文化論文集》（高雄：春暉出版社，2017年）、黃文車主編：《詩歌・歷史・跨界：2018屏東文學國際學術研討會論文集》（高雄：春暉出版社，2019年）等。

12　吳康寧：〈關於思想的幾個問題〉，收入氏著：《轉向教育的背後：吳康寧教育講演錄》（上海：華東師範大學出版社，2008年），頁85-87。

基於對地方的關懷與思考，「屏東」如果作為一個田野現場，讓返鄉的工作者或在地的研究者都可以投入參與研究工作並進行文學與文化推廣，那麼這樣的學術研究與教學實踐似乎也就可以形成一門專門的「屏東學」，並且進行屏東地方性知識的建構。本專書主要探究的「民間文學」、「民俗信仰」或「閩南歌謠、歌曲」等內容則可以視為「屏東民間知識圖像」主題概念去觀察這些地方知識如何進行在地敘說並彰顯其文化記憶；最後本專書更期待透過屏東民間知識圖像的整理與建構，思考並尋找「地方幸福感」之可能。

第二節　走讀屏東，系聯民間圖像素材

吳潛誠在〈閱讀花蓮──地誌書寫：楊牧與陳黎〉文中提到的：

> 具體的描寫地方景觀，它幫助我們認識、愛護、標榜、建構一
> 個地方的特殊風土景觀及其歷史，產生地域情感和認同，增進
> 社區以至於族群的共同意識。而在地誌詩篇中，風景的每一條
> 輪廓都隱含著社會及其文學。[13]

屏東民間知識圖像的建構與推動當然未必只能是地誌書寫，不過地方誌書寫除了地景之外，更需具備風土民情和人文歷史的回顧，因此當我們能夠從「建構一個地方的特殊風土景觀及其歷史」開始思考區域

---

13 吳潛誠的地誌書寫強調：1、描述對象以某個地方或區域為主，如特定的鄉村、城鎮、溪流、山嶺、名勝、古蹟，範疇大抵以敘述者放眼所及的領域為準，想像的奔馳則不在此限；2、須包含若干具體事實的描繪，點染地方的特徵，而非書寫綜合性的一般印象；3、不必純粹為寫景而寫景，可加入詩人的沉思默想，包括對風土民情和人文歷史的回顧、展望和批判。吳潛誠：〈閱讀花蓮──地誌書寫：楊牧與陳黎〉，前揭文。

文學或民間文學的發展，並觸及文學背後的社會現況及集體意識，如此才能增進社區或在地族群的共同認知，形成所謂的區域書寫或地方知識，而這當然也是屏東符號之一。

一　地方學理念

當地方作為田野現場，「屏東地區」就是本書的主要研究場域空間，而近年來興起的「地方學」研究可以作為本書研究範圍的廣義概念。那麼，地方學究竟是什麼呢？

> 「地方學」可討論的範圍相當廣，舉凡這個區域的歷史、文化、社會、經濟變遷等，均可被視為「地方學」，差別僅在於區域範圍為的不同，如討論高雄、屏東，可以被稱為「高雄學」、「屏東學」，討論淡水、北投，則可被稱為「淡水學」、「北投學」。[14]

換言之，「屏東學」可以作為本書研究範圍的廣義空間概念，但也如上文所言，地方學的研究僅在區域研究範圍不同，那麼這樣的「屏東學」或「屏東研究」究竟該有怎樣或發展怎樣的特色呢？臺灣地方學研究發展學會理事長黃申在曾將地方學做了以下定義：

> 地方學一詞及實質內涵，應有多種意義理解與詮釋觀點，是多元層次的，也是不斷變動流動與渾成的，本身可能就需要不斷

---

14 王御風：〈地方學是什麼？從大學課程計畫開始進入社區談起〉，「第18屆全區大學全國言討會・地方學如何形成與發展論壇」引言稿（屏東：屏東大學，2016年5月28日）。

的再解釋，再詮釋辯證；在此，我們僅先簡化區隔「地方」與「學」二詞，前者指涉有關「地方」的定義論述意涵，及與「地方」有關的知識，包括事實知識、概念知識、技能知識與後設知識；後者，相較於「研究」活動，重點在個人體驗式學習，更著眼於機構性與系統性的學習活動，包括學院及終身學習體系；實際情境上，則特別關注於社區大學推動地方學的各項措施，尤其在課程層級之規劃設計與實施的作為。「地方」一詞是常識性用語，如區域或地區、本地或當地、中央vs.地方、處所、部分等，看似著重某種「空間」或相對性，好像不涉及人，其實關注的正是人類的各類實踐活動，亦即「地方／空間」作為人類活動展現與銘刻的場域，不論是過去、現在與未來。[15]

從「地方學」定義可以思考「學」＋「地方」的多元可能，在地方學習或者是學習地方之事。但除了空間、物質等外在事物外，其實更重要的是空間中的人類活動與人文思維。這其實很接近日本哲學家和辻哲郎提到之「風土對人之存在的制約」。一般來說，我們提到的風土是對某一地方的氣候、氣象、地質、地力、地形、景觀等的總稱，但其也說：

人之存在的空間和時間結構在此表現為風土和歷史。時間‧空間的相即不離是歷史和風土密切相連的根本支柱。沒有主體的人的空間，一切社會結構便不可能成立；沒有社會存在，時間

---

15 黃申在：〈地方學與社區大學之中心與外圍——實踐個案與空間性觀點〉，《地方視角與詮釋學術研討會論文集》（臺南：成功大學中國文學系，2010年1月27至28日），頁76-77。

也構不成歷史。歷史是社會存在的一種結構，其中顯然含有人
之存在的有限和無限的雙重性。[16]

換言之，沒有人的存在，自然沒有社會結構，更無法構成歷史。因
此，和辻哲郎概念中的「風土」除了是某一地方的外在景觀、氣候地
質現象外，更加指涉人文的風土，也就是歷史、文化以及民族的相互
關聯。可見「地方學」所學者不應只有空間的「地方事物」，更應該
包括人文的風土。

　　或許我們也可以參考社會學者謝國雄所言者：

　　　　培養歷史感、深挖基本議題、融入學術與生命、加上貫通「骨
　　　　架」（制度）、「血肉」（活動）與「精神」（意義），可以達成
　　　　「最在地的、也是最全球」真正國際化，這也是臺灣社會學家
　　　　對自己的社會與全世界做出最深刻貢獻的前提。[17]

「地方學」的研究需要培養歷史感、深挖基本議題、融入學術與生
命，加上貫通「制度」、「活動」與「意義」的鏈結，最後達到「在地
全球化」的視野，而這些都因為對於這片土地的熱愛投入與期待貢
獻，也就是人文精神的展現。在屏東地區的空間場域中，我們必須找
出可以融入學術與生命的基本議題，注入歷史記憶與文化關懷，並發
展「在地全球化」的研究視域，這樣的屏東學研究，才能從親切情感
出發，從在地起步，與世界對話。

　　本專書《地方作為田野——屏東民間知識圖像與在地敘說》所欲

---

16 〔日〕和辻哲郎：《風土》（北京：商務印書館，2018年），頁12-13。

17 謝國雄：〈真正的國際化——臺灣社會學如何面對？〉文載謝國雄主編：《群學爭
　　鳴：臺灣社會學發展史（1945-2005）》（臺北：群學出版社，2008年），頁631-654。

探討之研究範圍，乃以「屏東地區」為廣義空間概念，並作為本書的田野現場。特別重視地方（Place）與「民間」（Folk）場域，嘗試以「在地敘說」（Local Narrative）與「人文地理學」、「民俗學」等理論思維去關注屏東的地方知識。美國人類學家克利弗德·紀爾茲（Clifford Geetz）認為地方知識（Local knowledge）呈現了文化的多樣性、特殊性，其凸顯的「地方性」不僅在於空間、時間、階級、事件、文化與宗教等，更是在於其腔調——對於所發生之事實賦予一種地方通俗的定性，並將之聯結到「可以不可以」的地方通俗想像。[18]換言之，一個地方知識的成型必須具備地方腔調（地方特色）並與當地人的想像能力和集體記憶相互聯繫，進而達成一種「約定成俗」的地方想像。克利弗德·紀爾茲雖然也提到文化有不可比較性，但比較不可比較的文化也是其人類學研究的一環，而其目的乃在觀察文化的多樣性與特殊性，這些都可成為一種「地方知識」。

這些具有地方腔調特色與在地人的想像與記憶聯結的地方知識，很大程度可以與人文地理學者段義孚提出的「戀地情結」觀點形成依戀與對話。段義孚說：

> 「戀地情結」（Topophilia）是一個杜撰出來的詞語，其目的是為了廣泛且有效地定義人類對物質環境的所有情感紐帶。當這種情感變得很強烈的時候，我們便能明確瞭解，地方與環境其實已經成為了情感事件的載體，成為了符號。[19]

翻譯文字中說「戀地情結」是「杜撰」詞語，或許言其是「新創」更

---

18 〔美〕克利弗德·紀爾茲（Clifford Geetz）著、楊德睿譯：《地方知識》（Local Knowledge），（臺北：麥田出版，2007年），頁295。

19 〔美〕段義孚著，志丞、劉蘇譯：《戀地情結》（Topophilia），頁140。

加合適。因為該詞字根「Topo-」意指「地方」，而「-philia-」則言「～的愛」；換言之，「戀地情結」所言即是「地方之愛」（love of place）。而戀地情結，便是指稱人與環境之間的情感紐帶。當我們要去稱呼某一類人群時，總會提到他們的「家鄉」，並且總是帶著最甜美的意味去談「家鄉」這個詞；可見「戀地情結」是關聯著特定地方的一種情感，這種情感不是游離的、無根基的，而是來自地方之愛。不過地方環境雖然能為戀地情結提供意象，但不意謂環境對戀地情結具有決定性的影響，反而環境卻為人類的感官提供了各種的刺激。「感官刺激具有潛在的無限可能性，而每個人的脾氣秉性、目的以及背後的文化力量都決定著他在特定時刻所做的抉擇（愛或價值觀）。」[20]因此，環境未必是引動地方之愛的直接原因，其中人的特質以及文化思維更有其影響性。也就是說，「自然」和「人文」之間必須有所互動，才能讓地方情感更加顯著附著。

　　本書《地方作為田野——屏東民間知識圖像與在地敘說》主要探討民間文學、信仰文化和歌謠歌曲等在地主題，期待能透過這些文本載體傳達環境與人文的情感，進而聯結屏東地區「約定俗成」的地方想像。此外，更希冀能從「人文風土」與「戀地情結」等理論思維去發想與建構屏東民間知識圖像，進而觀察與探討地方知識系統的「在地敘說」特色。所謂「在地敘說」（Local Narrative）意指透過敘事學理論中的「敘述文本」（narrative text）和「敘說技巧」（narrative technique）等概念，去觀察不同地方的敘說者（narrator）如何透過自我的視角、視點以及人類利益等原則進行地方論述。[21]透過屏東民間知識圖像建構與在地敘說過程，我們期待可以從中找尋並發現依戀屏東的地方幸福感。

---

20 〔美〕段義孚著，志丞、劉蘇譯：《戀地情結》（Topophilia），頁173-175。

21 〔荷〕米克‧巴爾（Mieke Bal）著、譚君強譯：《敘述學：敘事理論導論》（北京：中國社會科學出版社，1995年11月）。

二　走讀屏東文獻與田野

　　《地方作為田野──屏東民間知識圖像與在地敘說》一書強調將屏東地方作為田野現場的調查實務工作，並結合文獻蒐集分析、田野調查訪談和理論知識運用等研究方法，期待建構「屏東民間知識圖像」的地方知識與在地敘說等價值特色。

（一）屏東歷史文獻

　　有關屏東地區的歷時研究之文獻蒐集、分析與解讀，可以概分荷蘭文書、清代方志與個人文集、日治調查成果與個人作品，以及戰後的研究成果等。因其領域範圍甚廣甚繁，故僅就與本專書所聚焦之民間文學、民俗信仰或歌謠文史研究等領域相關者，概述歷來相關文獻資料。

1　荷蘭文書紀錄

　　十七世紀上半葉開始，荷蘭聯合東印度公司（VOC）所留下的文字記錄，包括《熱蘭遮城日誌》（*De Dagregisters van het kasteel Zeelandia*），以及1886年出版的《早期荷蘭傳教士檔案》（*Archief voor de Deschiedenis der Oude Hollandsche Zending*），而這份荷文資料後來就也被甘為霖以英文譯成《荷據下的臺灣》。

　　然而，除上述所言目前能見之荷蘭文書資料外，有些見於其他人之轉述，然今日或已未能見，如上文提到由羅伯（Robert Junius）牧師有一份關於放縤社的三百多個字彙表。[22]雖略顯可惜，但研究與書寫過程中的拼貼，也可以發現屏東地區在荷書文獻中的記錄身影。

22　陳其南：〈地方誌‧博物學與屏東知識圖像：文獻與書寫類型的轉換軌跡〉，頁9-12。

2　清領時期方志圖書

　　清領時期的「阿猴」（屏東）建城，需俟清道光16年（1836）。不過當時官方的誌書文獻被納入鳳山縣內，例如從康熙59年（1720）陳文達的《鳳山縣志》開始，直至乾隆29年（1764）王瑛曾編纂的《重修鳳山縣志》。同治13年（1874）發生牡丹社事件後，沈葆楨奏請朝廷為恆春建城。費時五年後的光緒5年（1879），恆春城竣工，而屠濟善編纂的《恆春縣志》也在1894年正式出版；另外則有陳文達編纂的《鳳山縣采訪冊》。清末時期因外來事件影響，清廷對於方志的編修變得較為積極，雖然地方誌編撰仍不脫傳統格局和思維，但如《鳳山縣采訪冊》、《恆春縣志》等清末官方方志圖書，除了傾各地之力進行資料採訪外，也因各地狀況不同，這兩本地方誌書在原方志架構下，增加了對於鳳山縣、恆春縣的原住民之撫番或風俗等紀錄。

　　至於清領時期的個人文集和屏東地區的紀錄與書寫較有關係者，例如乾隆時期黃叔璥的《臺海使槎錄》、劉家謀的《海音詩》、朱士玠的《小琉球漫志》等，多是清代遊宦人士的個人遊覽調查書寫。目前這些清代方志圖書，都已整理並收入《臺灣文獻叢刊》書目中，過去有網路資料庫如中央研究院漢籍電子文獻資料庫（2005），2016年起中央研究院臺灣史研究所已推出進階版「臺灣文獻叢刊資料庫」可供查詢。

　　檢視這些清代有關屏東地區的方志圖書或個人文集，其內容觸及屏東古典文學的發展面貌，例如清代遊宦人士對於「鳳山八景」、「阿猴三景」與「恆春八景」的自然景觀描摹，以及其對於「鳳山八社」巡番紀事的「共相」書寫，正好展露其「不在場」的想像記錄，而透過這些遊宦詩作所呈現出來的家國之「望」也說明清廷對於屏東地區仍屬異地認知；再觀察書寫屏東地區的臺灣其他本土文人，如陳輝、

卓肇昌等，其八景詩或竹枝詞等作品雖不算是因自我認同而產生的有意識抵抗，但他們以「置身其中」的記憶與經驗去描繪「本土」，其作品已能捕捉些許的地方意象，這是稍異於遊宦人士的「殊相」記寫。除此之外，如黃叔璥之〈番俗六考〉的平埔歌謠踏查資料反倒能聽見清代鳳山八社或瑯嶠十八社的地方現場，這些平埔歌謠所記寫的正是清代屏東地區的地方意象，也是本專書所欲探究的「屏東民間知識圖像」。

　　相較於遊宦人士和臺灣其他地區本土文人而言，屬於屏東地區的地方文人是偏少的。依筆者研究發現：清代屏東地區本土文人約有四位，包括前堆長興庄（今長治鄉）的張維垣（1827-1892）、中堆內埔庄（今內埔鄉）的邱國楨（1832-1900）、中堆竹圍子庄（今內埔鄉）的江昶榮（1841-1895）和阿猴街（今屏東市）的尤和鳴（1866-1925）。前三位的作品多在有清一代，尤和鳴屬跨清領和日治時期文人，故其於日治時期仍活躍於屏東古典詩壇。其人作品雖未豐碩，然如江昶榮者以詩記寫其生命記憶，此乃清代屏東地區古典文學中難得看見的具有「地方感」的書寫。[23]

3　日治時期文獻

　　日治初期日人對於殖民地臺灣之物種、生態、族群、土地、信俗等之調查積極確實，其要以統治目的為主，但也在調查過程中記錄臺灣早期的記憶，例如隨日本殖民政府來臺的伊能嘉矩（1867-1925）完成了《臺灣踏查日記》三冊，又或是森丑之助（1877-1926）在臺灣山林進行人類學、植物學調查過程後完成的《生蕃行腳：森丑之助

---

23 黃文車：〈找尋地方感的書寫：清代屏東地區古典文學發展概述〉，《屏東文獻》16
　　期（屏東：屏東縣政府，2012年12月），頁27-37。

的臺灣探險》（楊南郡譯）內有高屏地區原住民與漢人生活之描述，而森丑之助也被鳥居龍藏美稱為「臺灣蕃界調查第一人」。

　　日治時期日人整理之地方誌書文獻不多，但1930年代卻出現不少以「要覽」、「一覽」、「概況」、「大觀」或「案內」為名的文獻資料，其中與屏東相關者如《屏東郡要覽》（1923）、《內埔庄勢一覽》（1933）、《枋寮庄案內》（1931、1935）、《潮州郡大觀》（1936）和《潮州郡概況》（1929、1936、1938）等。這些特殊命名的文獻類似西方的「gazetteer」出版品，雖然簡略，但其形式與立意卻與清朝時期的方志圖書和戰後新編的鄉鎮市誌有大方向概念上的不同，重要的是可以提供後人對於日治中晚期各地方狀況等資訊。[24]

　　日治時期除了官方成立的「臨時舊慣調查委員會」以及後來的「臺灣慣習調查委員會」並有《臺灣慣習記事》7卷等民俗舊慣調查成果外，來自日人個人調查的文集出版品，如平澤丁東的《臺灣的歌謠與著名故事》（1917）、片岡巖的《臺灣風俗誌》（1925）、池田敏雄主編的《民俗臺灣》（1941），以及東方孝義的《臺灣習俗》（1943）等圖書，對於臺灣的民俗文化與各地的信俗整理，多有參酌之價值。例如池田敏雄的《民俗臺灣》中有黃連發所調查整理的故事、童謠、民俗等資料，而這位黃連發（1913-1944）是屏東潮州人，畢業於屏東農業學校，做過潮州信用購買販賣利用組合書記，也是屏東仙吉國小屏東兒童文學播種者黃基博老師的父親，那麼被整理的作品，也就和屏東地區的民間文學和民俗研究有很大的關係。

　　到了日治晚期，尚有日人田邊尚雄及黑澤隆朝曾到屏東的來義部落，針對排灣族音樂進行考察與錄製，更將所見之原住民音樂文化進

---

24 陳其南：〈地方誌・博物學與屏東知識圖像：文獻與書寫類型的轉換軌跡〉，頁26-27。

行文字記錄，同時也針對當時日人的理蕃政策提出批判。[25]當年由田邊尚雄、黑澤隆朝所保存的聲音檔案透過王櫻芬教授等人的努力，引入臺灣，復刻出版。

（二）田野調查工作

當「地方作為田野」，那麼進入田野場域進行田野調查工作（Field Work）就成為研究過程中的必須與必然。民間文學學者的田野調查訓練未必如人類學者那樣的扎實，但走入現場卻也是必須的要求。華南歷史學派的歷史調查經驗是「進村就找廟，入廟先找碑」，至於民間文學學科或許進村仍是先找廟，畢竟華人地區「廟宇」仍是聚集地方公眾的場所；不過民間文學強調的卻是「入廟先問人」，可見「人」的經驗與記憶是民間文學調查的重點工作。誠如克利弗德‧紀爾茲提到的：「人的概念」實際上是一個極優越的載具，讓我們可以藉以細考「如何方能直透別的民族的心靈狀態」這整個問題。[26]透過一個民族或地區的人的調查或口述歷史，我們期待整理與記錄來自民間的口述記憶和「口傳文學」（Oral Literature）。這樣的走入田野進行記錄調查工作的用意，一如科大衛在演講時所提及的：

---

25 有關日治時期這兩位日人音樂家的相關研究累積包括：由王櫻芬教授與李毓芳、劉麟玉教授共同譯著的《百年蹙音：田邊尚雄臺廈音樂踏查記》（臺北：臺灣大學出版中心，2007年），王櫻芬教授和劉麟玉教授共同著作的《戰時臺灣的聲音1943黑澤隆朝《高砂族的音樂》復刻──暨漢人音樂（CD）》（臺北：臺灣大學出版中心，2008年12月），引自《科技部人文沙龍系列》「百年同樂，『原』音重現70年前日本音樂學者的原住民樂舞調查」，2018年12月21日。瀏覽時間：2020年12月22日。參考網址：http://colliber.ccu.edu.tw/salon。並可參考王櫻芬：《聽見殖民地：黑澤隆朝與戰時臺灣音樂調查（1943）》（臺北：臺灣大學圖書館，2008年），〔日〕黑澤隆朝著、王櫻芬主編：《臺灣高砂族之音樂》（臺北：南天書局有限公司、傳統藝術中心臺灣音樂館，2019年11月）。

26 〔美〕克利弗德‧紀爾茲（Clifford Geetz）著、楊德睿譯：《地方知識》（Local Knowledge），頁88。

田野的目的，不是在收集文獻，而是學習村民文獻、口述傳統、儀式演繹，把歷史存留下來。文獻其實是人生活的一部分，它不是專門為歷史學者而留下，因此歷史學者們要讀懂一個文獻，需要把文獻放回生活去。……讀文獻為什麼要跑田野？1、跑田野可以啟發研究者對地方的感情。2、可以增加研究者對地方的環境的敏感。3、因為會碰到在一些長時間有人連貫定居的地方，人們一代一代傳下來的知識和認同。4、因為在田野還可以看到文字資料，只有田野中才能看得懂文字資料裡面有些話的意思。[27]

可見歷史文獻不應該是脫離人的生活而獨立存在，必須放回歷史脈絡、地理場域或人文風情中去解讀，否則最後對於「歷史」的瞭解可能就僅是一種「制度」的認知而已。這其實某種程度上也說明了傳統方志研究的官方侷限性或歷史固定性，也就是說「地方誌書」屬於官方紀錄，且已脫離地方脈絡，如果沒有田野工作、回到民間，那麼這樣的歷史研究可能就離地方歷史越來越遠了。對於歷史人類學者而言，只要有「人」活動的地方，歷史就從未停止過。

因為民間文學（Folk Literature）屬於「活態」（living）文學，而文學內容更是來自民間口傳，因此本學科的田野工作就需要從「求真」與「科學」兩個標準去判斷訪談與調查的真實性與精準性，不做

---

27 科大衛說：歷史學者與他們／她們所研究的地方之間距離拉到越來越遠。儘管可以研究的文獻越來越多，但其實歷史學者對文獻的背景瞭解越來越少。地方文獻脫離了地方社會，變成一種空泛的「制度」，我們很容易走回頭到建構一些誰都不知道在哪裡發生過的「制度」史。參考科大衛：〈我與地方文獻〉，「澎湃新聞・地方文史」，下載時間：2021年1月3日。下載網址：https://www.sohu.com/a/441850085_260616?fbclid=IwAR3AIjufH-Q9hOXJ6dzVDdkc_5n_mdZdha3Q4A50ykmRzhySFPFBFZdKDxc。

潤飾或修改是民間文學調查紀錄的基本要求,主要就是希望能從田野調查中獲取「第一手資料」。1990年代臺灣各鄉鎮市興起的臺灣民間文學調查在胡萬川等學者的帶領下,開始結合各地的文史團隊,並建立調查理念與技巧。胡萬川提到原音紀錄並沒有那麼簡單,因為其必須盡力保存講唱者所表現出的三方面內容:其一,講述的語言內涵(Texture);其二,內容文本(Text);其三,講述情境及相關背景(Context)。[28]可見「講唱者」(人)是民間文學學科調查、研究中不可或缺的觀察重點,因為除了其講述情境與背景是田野工作者須要盡量保存的範圍外,講唱者所肩負的傳承意義更加重要。

這樣的理念也可以運用在「民俗學」(Folkloristics)的田野紀錄工作,「民俗學」來自「民俗」(Folklore)的思維,其字根本義起緣於「folk」和「-lore」,亦即是來自「民間」的「一切知識總和」,此概念來自1846年英國學者湯姆斯(W.J. Thomas)把「Folklore」解釋成「民眾的知識」(the lore of people)。換言之,一切和人類有關的知識,都是民俗學研究的對象,因此屏東的民間文學、民俗信仰、音樂歌謠等當然也屬於「民間知識圖像」了。

最後,當我們以屏東地方作為田野現場與研究場域,那麼地方作為知識建構場所,其實需要更多學科思維的跨界和補強,例如社會學或人文地理學等理論,而我們期待的更是一個「屏東民間知識圖像」可以凝聚地方情感、建構地方知識體系「永續經營」的研究思維,如下圖1-1所示:

---

28 「講述情境及相關背景」指的是:「講述者身分(Who);講給誰聽(To Whom),也就是聽者是誰;在什麼地方講述(Where);什麼時候講述(When);如何講述或唱誦(How);以及為什麼講述(Why)等等。在這些之外,或許還應當再追加一項,就是所講內容傳自何處,也就是講述者怎樣學到這些東西,有關傳承一類的問題。」胡萬川:〈工作與認知──關於臺灣的民間文學〉,《民間文學的理論與實際》(新竹:清華大學出版社,2004年),頁237-238。

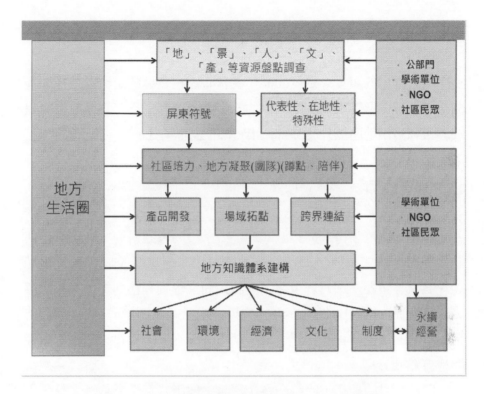

圖1-1　地方知識體系建構示意圖，筆者繪製。

　　這個「地方知識體系建構」示意圖主要強調可以結合公部門、學術單位、NGO非營利組織和社區民眾，透過地方資源盤點調查，找尋具有在地性、代表性或特殊性的「地方（屏東）符號」；再透過社區培力與地方凝聚的蹲點、陪伴，從產品開發、場域拓點和跨界聯結等方向去建構地方（民間）知識體系。在整體地方生活圈的生活空間內，思考社會、環境、經濟、文化和制度如何健全發展，地方怎樣可以永續經營與發展。

第三節　踏查屏東，建構地方知識脈絡

踏查屏東的起步，始於2008年受當時國科會專題研究計畫補助後開始進行屏東縣閩南語民間文學的三年調查整理工作，直至2012年完成屏東縣沿山地區以外的25鄉鎮市實際田野調查工作。

一　本書架構

本書的完成來自2008年至2020年二階段的專題研究、教學實務與計畫執行，其成果雖以閩南族群論述為主，但也觸及原住民、平埔族、客家等議題。透過屏東縣閩南語民間文學調查整理與繪本劇團聯結，以及從「屏東山海經」到「屏東尋妖記」計畫執行成果與推動特色兩階段的研究與實務工作，走進地方、踏查屏東，藉以建構屏東民間地方知識。

關於本書的架構，除第一章〈緒論〉與第八章〈結論〉之外，主體內文有六章，全書共計八章，並可區分成：（一）民間文學、（二）地方音聲、（三）民俗信仰、（四）地方文創等四個領域。希冀透過屏東的民間文學調查整理，民俗文化與民間信仰的觀察研究，以屏東為主題的歌謠和歌曲，和地方社造及文化創意等議題，延續並落實民間文學、民俗信仰、地方音聲和文化創意等學術研究及教學實務。關於本書主體章目及各章論述要旨，略述如下：

第二章　當家鄉變成田野──屏東民間文學的調查與整理

本章主要以筆者回到屏東家鄉，開始進行屏東閩南語民間文學調查紀錄與整理研究，發現過去對於屏東的民間文學，或是屏東文學的認知與發展，總是因為不熟悉而漠視，於是當家鄉變成教學研究、田

野訪談的現場時，基於對於家鄉的期待與依戀，乃以「位居地方」立場起步，從清領時期的屏東民間文學、日治時的屏東民間文學，以至戰後的屏東民間文學三階段中，整理、觀察屏東民間文學之相關文獻紀錄、採集整理與調查工作，以及學術研究等文獻資料與研究整理成果之呈現。

　　筆者進行的屏東縣閩南語民間文學調查實務工作自2008年起步迄今，總是深刻體會每位報導人都誠摯地傳唱與講述自己的家鄉與記憶，著實可見他們在實踐中印證風土性。

第三章　念唱地方與記憶──屏東縣閩南語歌謠採集及其傳承應用

　　本章聚焦分析與探討屏東縣閩南語歌謠的傳唱內容與地方意義，主要以國科會計畫成果中小琉球陳其麟和潮州鎮林開海兩位民間唸唱者的唸唱歌謠為主，其麟伯的唸唱歌謠可分成：（1）歷史歌仔，其中又包括長篇歌仔和七字仔、（2）小調新唱或自編新曲、（3）童謠等；海伯仔的歌謠則包括（1）人生議題、（2）社會政治、（3）民俗文化、（4）地方風情等四大類。透過其麟伯和海伯仔的閩南語歌謠，我們可以看見聽見屏東的「地方之愛」，這些歌謠所透視的地方存有「鄉土的附著」，那就是一個家（園）的概念。

　　再者，我們可將這些閩南語歌謠篩選、改編成國小鄉土語言教材，並試著從（1）融入生命教育、（2）參與體驗課程、（3）文化創意表演等方向進行多元整合的鄉土語言教學課程，讓學生可以在教學互動過程中，走出教室、踏進地方，甚至藉由文化創意表演活化鄉土語言學習之應用。

　　此外，當地方歌謠被搬上舞臺或製成影像，如此媒體傳播和文化創意的聯結，我們擔憂由上而下的全球化對地方特殊性產生感覺遲鈍

現象，並建議當「運用地方」去凸顯地方意義時，這個地方（文化資源）應當是以「本質」（essence）重點地傳承綿延下去才是更重要的概念。

第四章　聽見屏東〈瀧觀橋的呼聲〉──兼論臺灣社會案件歌曲中的社會關懷與民間音聲力量

　　1970年代臺灣逐漸工業化與城市化之後，社會問題與新聞案件不斷，1977年「美和中學女學生鍾正芳命案」發生後，翔麟唱片公司推出〈瀧觀橋的呼聲〉黑膠唱片，從屏東的夜市開始傳唱，期待透過民間的音聲力量去發聲，並引動臺灣群眾之社會關懷與鄉土正義。和其他臺灣奇案或社會案件歌曲如〈運河悲喜曲〉或〈魂斷淡水河〉不同的是，這首〈瀧觀橋的呼聲〉的推出相當具有「即時性」和「目的性」。某個程度而言，或許這也可視為一種與官方力量對立但又彼此協助的微妙位置。

　　1970年代中後期的臺語歌發展出描寫社會現實、走入地方鄉土的特色，就臺語流行歌曲的發展光譜而言，正好開創出1980年代後寫實關懷與文化鄉土主題的市場走向與時代風氣。這樣的發展軌跡，也湊巧地結合1970年代末至1980年代以來臺灣社會重新檢視臺灣主體性意義與鄉土正義價值的思潮脈絡，讓原本屬於邊緣弱勢的臺語歌曲，找到可以微妙轉身並延續傳唱的生命力。

第五章　地方無形文化資產保存──屏東內埔杜君英的歷史記憶與文化信仰

　　（舊）杜君英庄在清代原屬於鳳山八社中上淡水社人生活領域的村庄，到清末已成頗有規模的聚落。此時，因為隘寮溪經常氾濫成災，迫使杜君英庄人四散外遷，一些人往東來到今中林村坪腳一帶，

聚居成「新杜君英庄」，因而有了新、舊杜君英庄之別。據說上淡水
社的平埔原住民遷到坪腳時，把原來立在庄內的一塊「逆杜君英庄
界」碑石搬遷到新杜君英來，成了所謂的杜君英衣冠塚。另外，坪腳
地區的信仰中心「慈鳳廟」，主祀「義勇精忠大元帥」潘寶，當地人
說他是杜君英的部下，也傳聞其是從舊杜君英庄遷到坪腳來的。此
外，尚有中林庄的「義勇祠」、內埔東寧村「福德祠」、豐田村的「開
基福德祠」和長治鄉的「義勇恩公祠」，甚至是杜君英教會、中林教
會、屏東慈鳳宮「義祠亭碑記」等空間建築或景觀，以及這些廟宇中
的慶典祭祀等儀式活動，都因為「杜君英」的「義勇」形象產生了聯
結關係，並且進一步形成所謂的文化崇拜現象。

第六章　活化地方文化生活圈──屏東歸來慈天宮的神祇信仰與社區再造

　　本章主要觀察屏東市歸來社區在農村再生計畫下推動的社區再造
工程，期能探究歸來社區發展協會與慈天宮、地方群眾如何透過生
態、生產、生活之三生資源均衡發展下，盤點社區人、文、產、地、
景等資源與特色，進而透過地方創生與文化再現操作，建立一個具有
「幸福感」的「地方共生」歸來社區！

　　透過慈天宮媽祖與洪公祖之祭祀圈建構及信仰傳說探究神明管區
的在地敘說與文化記憶，結合社區再造盤點出農村產業、自然生態、
傳說故事、北管八音等等地方特色符號標誌，可以發現具有「戀地情
結」的地方居民公民參與性高，才能讓邊緣地方從農村再生與社區再
造工作中，找回「安居樂業」的動力和文化傳承的意義。

第七章　從地方傳說到文化品牌──「屏東尋妖記」的在地敘說與多元實踐

　　臺灣漢人在悠久歷史中，山林澤海間或鬼或怪，野史軼聞多有傳

言；對於原住民來說，因各族群對精神及物質世界的觀點不同，鬼怪傳說更加豐富，呈現出臺灣鬼怪形象的多元面貌。而屏東地區有豐富的山海，地狹而長，自然資源豐富；其中族群多元，各有傳說故事。

本章即是透過整理文獻資料、田野調查後，思考這些屏東妖怪存在的特殊意義；透過「屏東尋妖記」的課程操作，把屏東33個鄉鎮市的地方妖怪傳說進行紀錄與跨界教學聯結，透過建立「地方文化品牌符號」的概念去找出與拼貼屏東符號系統，期待未來轉變成文化產業而參與地方創生工作。

本書期待透過走讀與踏查屏東，系聯民間圖像與建構地方知識，其中雖以民間文學為主體，並延伸杜君英、慈天宮之民俗信仰，最後再回歸民間傳說故事，反思在地文化價值。在屏東各族群文化照應上雖以閩南漢族群為重點，但也觸及原住民、客家民間文學調查，並探討屏東內埔地區平埔、客家、閩南信仰的多元交融現象。再者，作為通俗流行歌曲的社會案件歌曲〈瀧觀橋的呼聲〉在本書整體脈絡中，適巧立於邊緣／中心、民間／官方、庶民／菁英、地方／中央、重構／建構等民間知識圖像系譜的聯結點，也可作為銜接前兩章民間文學調查與後兩章大學教育、社區再造的過度環節，而此通俗流行的地方音聲即是聯繫雅俗兩端的重要橋梁。

在建構屏東民間知識圖像與在地敘說系譜過程中，理應盡量涵攝各學科專業與在地族群文化等研究範疇，並期能在社會、環境、經濟、文化與制度等方面探求地方永續經營之可能。然而受限筆者學術領域與書籍內容架構設定，且為更聚焦主題論述脈絡，本書擇取具屏東在地特色之民間文學、民俗信仰或地方音聲為基底，再延伸至教學應用、文資保存、社區再造、地方創生等面向，甚至進入文化品牌商品操作等，藉以落實「文化四化」思維中的地方幸福感，此為本書主題擇取與各章節安排之研究用意所在。

二　研究特色

　　有關本書之研究主軸重點，主要展現於「在地思維」、「田野調查」、「教學應用」及「文化四化」等特色。茲分述如下：

（一）位居地方，在地思維

　　「屏東學」的創建者李國銘（1964-2002）曾經說過：「對於『屏東』，我們除了有感性的情感認同之外，同時也會產生理性的求知慾望。」[29]所謂感性的情感認同，應該就是人文地理學者段義孚所言的「地方之愛」，也就是「戀地情結」，那是關聯著特定地方的一種情感；久而久之就會產生一種情感附著，對於環境的熟悉若沒有產生厭惡，那就會產生喜愛之情。[30]而這樣的情感認同或附著，多數也是因為「位居地方」（in place）的「我們群體」有了共同的理念，因此也就逐漸形成屏東在地思維，誠如黃石輝提倡鄉土文學時所言的一般，[31]而我們位居屏東，既然「頭戴屏東天，腳踏屏東地」，那麼我們的教學或研究，或許也可以在這個地方場域，結合知識與實踐，進而形塑屏東在地知識體系。

　　這樣的知識體系除了需要在地建構外，更需要地方去推動與執

---

29 李國銘：〈屏東學課程〉，文載屏東縣社區大學編：《屏東縣社區大學九十年度第二學期學員暨選課手冊》（屏東：屏東縣社區大學，2001年），頁96-98。

30 〔美〕段義孚著，志丞、劉蘇譯：《戀地情結》（Topophilia），頁173、150。

31 黃石輝原文為：「你是臺灣人，你頭戴臺灣天，腳踏臺灣地，眼睛所看的是臺灣的狀況，耳孔裡所聽的是臺灣的消息，時間所歷的亦是臺灣的經驗，嘴裡所說的亦是臺灣的語言，所以你那枝如椽的健筆，生花的彩筆，亦應該去寫臺灣文學了。」黃石輝：〈怎樣不提倡鄉土文學〉，引自廖漢臣：〈臺灣文字改革運動史略〉，（原載《台北文物》3卷3期，4卷1期，1954年12月10日、1955年5月5日），後收入李南衡主編：《日據下台灣新文學明集5‧文獻資料選集》（臺北：明潭出版社，1979年3月15日），頁488。

行。周芬姿曾說「地方學」：

> 它不只是知識的，更是號召行動的；它不只是經濟的，更是生
> 命永續與環境永續的意義之所在。它不只是資料的收集，更是
> 組構起人與知識形成與所居住地方的付出之間的積極關係。[32]

可見在地思維的地方知識不能只是停止於地方而已，其更需要透過行動去找出生命與環境永續的意義所在，並進而發現「人」與「地方」之間的積極關係。這樣說來，也就回到《風土》中所言的：「風土便成了人之存在將自己客體化的契機，恰恰於此，人也認識了自己。所謂風土中的自我發現正是指的這一點。」[33]也就是說，位居地方的我們，正好可以從地方風土中「自我認識」，找到人和地方之間，以知識和情感流動的多元可能意義。

（二）田野踏查，場域走讀

　　臺灣民間文學的紀錄整理可推溯至日治時期日人的舊慣與民俗採集調查工作，期間又受到二十世紀初日本的民俗學思潮和中國民俗與歌謠整理運動的影響，臺灣知識分子深感本土民間文學與鄉土文化有其保存之必要，於是開始調查與整理臺灣的民間文學。從1910年「臺灣新學研究會」發行的《新學叢誌》刊載三期的「臺謳」專欄用以介紹「臺灣情歌」開始，直至《臺灣藝苑》（1927）、《南音》（1932）、《第一線》（1935）等雜誌，以及《臺灣新民報》的「歌謠」專欄

---

32 周芬姿：〈知識的，與行動的「地方學」〉，文載《第八屆社區大學全國研討會：在地深耕──社區大學與地方學的實踐大會手冊》（屏東：社區大學全國促進會、屏東縣政府，2006年），頁96-98。

33 〔日〕和辻哲郎：《風土》，頁16-17。

（1931）、《三六九小報》、《風月報》等報刊，以迄於李獻璋的《臺灣民間故事集》（1936）一書，實可視為日治時期臺灣人整理臺灣民間故事之大成。

到了1990年代以後，臺灣民間文學的採集與整理工作逐漸形成風氣，自1993年至2005年各縣市文化中心委託學者先後整理了石岡、沙鹿、大甲、大安、東勢、梧棲、清水、新社、蘆竹、嘉義、雲林、臺南、彰化、南投、鳳山、基隆、臺中、花蓮等鄉鎮市之歌謠及故事等民間文學資料。不過，這些成果多只集中在臺南以北地區，長久以來多被視為「無文之地」的屏東縣之民間文學的採集和整理工作卻遲遲未能進行，隨著歲月遞嬗，耆老逐漸凋零，南臺灣的屏東正逐漸流失自己的民間文學與文化記憶。

屏東縣原住民的調查紀錄可以追溯至日治時期的生蕃調查及1960年代臺灣大學與中央研究院民族所的人類學調查，而屏東原住民的民間文學實際被學界認真採集調查之成果需俟1990年以後，金榮華、劉秀美、陳枝烈等人於屏東地區原住民口傳文學調查之努力，如劉秀美的《高雄屏東地區卑南族口傳故事》（1995）、金榮華的《高雄屏東地區卑南族與魯凱族口傳故事之採錄與整理》（1997）、《臺灣高屏地區魯凱族民間故事》（1999）與陳枝烈的《排灣族神話故事》（1997）等；而屏東縣客家民間文學採集成果目前只見陳麗娜的《屏東後堆地區民間文學集》（2006）等。

至於屏東縣閩南語民間文學的調查整理工作則從筆者執行國科會（今科技部）專題研究計畫，自2008年開始至2012年，利用三年多時間帶領大學部民間文學課程、閩南語俗諺與歌謠課程學生進行屏東縣閩南語民間文學調查整理工作，並逐步完成《屏東縣民間文學集1：屏東縣閩南語傳說故事集（一）》、《屏東縣民間文學集2：屏東縣閩南語歌謠諺語集（一）》、《屏東縣閩南語民間文學集3：下東港溪流域

篇》、《屏東縣閩南語民間文學集4：恆春半島歌謠輯》等。[34]透過實務
的田野踏查，結合課堂理論知識，讓研究與教學從場域中發現地方的
特殊性與變異性，如此非但能提供研究論文之撰寫探討，更可以進入
地方與耆老對話，在過程中走讀屏東各鄉鎮市的環境場域及人文風
情。更者，可將這些調查與研究成果轉變成教學實務範例，也可證明
大學研究的知識性與實務性實可兼備。最後，帶領學生走進地方進行
田野調查，透過「人」與「人」的對話產生情感交流，過程中更可以
找到「民俗幸福感」。[35]

（三）研究成果，教學應用

　　關於屏東地區的民間文學與民俗文化調查紀錄與研究書寫，除了
透過個人科技部專題研究計畫落實之外，筆者更結合學校「民間文
學」相關教學課程，以及教育部、屏東大學的教學相關計畫。要而言
之，大致可以分成2個循環階段6個執行重點：

　　1、2008年至2016年，屏東縣閩南語民間文學調查整理與繪本劇團
聯結。此階段1又可分成3個執行重點：（1）2008年至2012年：執行國
科會（科技部）屏東縣閩南語民間文學調查研究三年專題研究計畫；

---

34 黃文車：《屏東縣民間文學集1：屏東縣閩南語傳說故事集（一）》（屏東：屏東縣文
　　化基金會，2010年10月）、《屏東縣民間文學集2：屏東縣閩南語歌謠諺語集（一）》
　　（屏東：屏東縣文化基金會，2011年7月）、《屏東縣閩南語民間文學集3：下東港溪
　　流域篇》（屏東：屏東縣阿緱文學會，2012年12月）、《屏東縣閩南語民間文學集4：
　　恆春半島歌謠輯》（高雄：春暉出版社，2016年1月）。

35 安煥然曾撰文提到：「黃文車最後指說：民俗研究還是一種真切互動式的文化傳承
　　契機。在蒐集民俗資料的同時，讓孩子和年輕人學習怎樣跟阿嬤講話，傾聽阿公講
　　古。你瞧，這溫馨的畫面，『民俗也可以是幸福』的。」引自安煥然：〈尋找民俗幸
　　福感〉，《星洲網》「言路」，2017年11月19日。下載網址：https://www.sinchew.com.
　　my/content/content_1702722.html。下載時間：2020年12月30日。

（2）2013年至2014年：與臺灣藍色東港溪保育協會合作執行教育部「文化扎根、永續學習——下東港溪流域故事繪本創作出版與講演」二年計畫，完成《下東港溪流域故事繪本》六冊[36]；（3）2015年至2016年：與屏東縣政府文化處及屏東Clover幸運草兒童劇團合作，推動屏東故事兒童劇演出。如果說，回到家鄉的故事是「平面」閱讀，那麼2015年家鄉的故事「立體化」，乃是「演故事」給小朋友看。經過數月的排練，家鄉故事開始偏鄉巡迴演出，足跡踏過東港、小琉球、牡丹、滿州等地；之後更登上屏東藝術館公開表演。當學童透過戲劇進入地方故事時，他們的歡笑正是我們尋找地方幸福感的一種肯定。[37]此外，透過民間文學課程教學，2016年學生也逐步完成繪本電子書和2D動畫製作。本階段1的研究與教學成果流程，如圖1-2所示：

圖1-2　階段1：民間文學教學與成果特色流程圖（2008-2016）

---

36 黃文車總編輯：《下東港溪流域故事繪本》六冊（屏東：臺灣藍色東港溪保育協會，2014年12月）。

37 黃文車：〈尋找地方幸福感：屏東文學與在地記憶〉，《地方學研究》第3輯（北京：知識產權出版社，2019年10月），頁80。

　　2、2016年到2021年，從「屏東山海經」到「屏東尋妖記」計畫執行成果與推動特色。此階段2又可概分為3個計畫重點：（1）2016年到2017年：執行教育部專業敘事力「屏東山海經：從在地故事走向社區文創的文化多元敘事培力計畫」，並完成《東南亞家鄉記憶雙語故事繪本》六冊；（2）2018年至2020年：執行教育部補助大學社會責任USR「搖滾社會力：在地關懷為導向的社會企業與公益實踐培力計畫」，完成《屏東妖怪圖錄》；（3）2019年至2021年：執行教育部高教深耕計畫之「PBL問題導向教學社群」與「SPIRITS策略產業研習」等計畫，推動「南方鬼怪與文化記憶工作坊2.0」等。從本階段的計畫執行與推動，可以清楚確知「屏東」是操作的環境空間，大學教學必須走進社區，與地方產生互動；但透過田野調查與計畫執行後的成果，如《東南亞家鄉記憶雙語故事繪本》、《屏東妖怪圖錄》或者「南方鬼怪與文化記憶工作坊」等，卻是不同國度、多元意象的人文價值展現，換句話說，階段2的計畫執行成果透顯出民間知識體系的「風土」特色，在自然環境空間中貯藏著人文薈萃精神所在。本階段2的研究與教學成果流程，如圖1-3所示：

圖1-3　階段2：計畫執行與推動特色流程圖（2016-2021）

（四）文化四化，實作推廣

　　所謂的「文化四化」，指的是文化在地化、文化世代化、文化生活化和文化社區化。過去筆者曾提出「文化三化」思維，其中「文化在地化」指的是文化需從在地進行與推展，而「文化世代化」是信俗文化扎根的必須措施，讓文化可以世代傳承，以「家鄉化」的民俗調查方法維護與認同地方文化，至於「文化生活化」則是推動「地方文化生活圈」，培養地方文化人才、推廣、建構及創新地方文化，以便形塑地方文化魅力。[38]但近年因為執行地方研究與教學計畫，必須走進社區，與地方對話，因此思考若可以加入「文化社區化」的思維，則可形成「文化四化」的認知並進而經營與推動，讓「社區」（community）找到在地元素並加以活用，回饋社區，進而找回地方文化的生命力與創生性。

　　進入社區，始能發現地方存在的危機，臺灣正逐漸面臨少子化、人口老化、年輕人過度集中於城市、傳統產業不再、生態隱憂等等問題。日本的「地方創生」著重於「可能消滅的都市」與「極點社會」發展，去思考「地方消滅」等問題，於是日本提出「地方中樞據點都市圈」扮演船錨角色、打造吸引年輕人的環境、鼓勵中高年移居鄉下、鞏固支撐區域經濟基礎、重新配置「技術人才」、重建區域金融體系和農林水產業再興等政策，[39]那麼臺灣應該拿出怎樣的對策因應臺灣社會與地方問題呢？日本將地方創生的最終目標訂於2060年，可見這是一個不斷投策與持續挑戰的過程，但其不變的思考在於如何讓地方創生可以永續經營。就地方文化的傳承而言，除了知識體系建構

---

38 黃文車：〈結語文化三化：建構地方文化網路〉，《閩南信仰與地方文化》（高雄：春暉出版社，2013年12月），頁252-253。

39 〔日〕增田寬也著、賴庭筠等譯，《地方消滅》（臺北：行人文化實驗室，2019年7月），頁67-78。

外,「文化」可以透過在地化、世代化、生活化和社區化等思維,思考如何走進社區,與地方對話;在實作運用及在地推廣的過程中,找到地方文化與社區生活的共生性和永續性。

　　近年來地方學提倡、推廣與研究逐漸從社區走進學院,學界也意識到必須親近地方,但過程中如何把地方作為田野的現場,地方文化如何在創生思維中找尋合適的實踐方法,這需要地方或社區去凝聚共識並從敘說跨界去探知各種可能。本專書研究所探討的屏東民間文學與信仰文化等主題中,也嘗試觀察屏東地方傳說故事中的屏東33鄉鎮市「神靈妖怪」如何進入教學或實作應用,去思考與地區合作的可能性價值;或者以歸來社區為例,探討慈天宮的媽祖、洪公祖信仰如何結合社區總體營造,找出地方共生和社區再造的脈絡與意義。就此而言,所謂的屏東民間知識圖像才能回歸地方,讓地方文化可以創生運用,地方價值才能永續經營。

第二章
當家鄉變成田野
──屏東民間文學的調查與整理

　　人文地理學者段義孚曾說：「當我們要去稱呼某一類人群的時候，我們都會提到他們的『家鄉』，並且是帶著最甜美的意味去談『家鄉』這個詞。」這個「家鄉」的概念來自那個群體對於鄉野故土（pays）的依戀，並且常常發展成所謂的「愛國主義」，其意味著「對出生地的熱愛」、「完全是一種地方情感」，所以段義孚說：「人類的情感只會指向兩個極端──留在記憶最深處的家園和整個地球。」[1]因為人的情感常會依戀故土，在故土中有歷史和文化的傳承性意義。

　　那麼在民間文學學者或民俗學者的觀念中，「家鄉故土」又是怎樣的概念呢？安德明提到「民俗學的家鄉研究」或「家鄉民俗學」的「家鄉」，可以是民俗研究者的家鄉，其既是研究者身處期間的母體文化承載者，又可以是被研究者所超越和觀察的一個物件，而且研究者在當地有親切的親緣和地緣認同，並在當地建立穩固的人際關係和生活實踐關係；而「第二故鄉」一類的地方，也屬於「家鄉民俗研究」所涉及的範疇。[2]隨著民俗學及民間文學調查的方法論日趨系統化、規範化，許多家鄉調查研究者也把自己生活場域的家鄉陌生化、

1　〔美〕段義孚著，志丞、劉蘇譯：《戀地情結》（Topophilia）（北京：商務印書館，2019年11月），頁140、152-155。

2　安德明：〈當家鄉變成田野──民俗學家鄉研究的倫理與方法問題〉，《東華漢學》2011年夏季特刊（花蓮：東華大學中國語文學系、華語文學系，2011年7月），頁158-159。

物件化，並且將之變成是可以超越心理和情感的研究客體，以便進行民俗現象調查與民間文學採集工作。

當筆者回到屏東家鄉，開始進行屏東閩南語民間文學調查紀錄與研究工作後，才發現屏東並非所謂的「無文之地」；過去對於屏東的民間文學，甚至是屏東文學的認知與發展，總是因為不熟悉而忽略或漠視，結果在與時間賽跑的搶救民間文學調查工作中，總有力有未逮或時不我予之感嘆。然而當家鄉變成教學與研究、田野與訪談的現場時，對於家鄉的期待與依戀，也就成為民間文學學者家鄉研究的「地方之愛」。

第一節　清領時期的屏東民間文學

民間文學又稱口傳文學或口頭文學，其傳播主要以口傳形式進行。過去歐美學界以「口頭民俗」（Oral Folklore）稱之，並將之歸屬於民俗（Folklore）一類，反而不用「民間文學」（Folk Literature）或「口傳文學」（Oral Literature）之指稱。後來因為研究的不同需要，需要記錄各地口傳的故事或歌謠，因此就借用「文學」之名，將它們稱做「民間文學」或「口傳文學」。[3]民間文學的記錄與整理有兩個主要的目的：（一）透過科學性的記錄，保存民間文學資料；（二）把握真實性的原則，藉以記錄第一手資料。至於調查與記錄的民間文學內容，主要以未經文字記錄或潤飾的口傳作品，例如諺語、歌謠、傳說、故事、笑話等為主。

3　一般而言認為「民間文學」有三個特徵，即「口頭性」（或口傳性）、「變異性」及「集體性」，此外也有將「人民性」、「民間性」、「民族性」和「匿名性」等視為其特徵者。參考胡萬川：《民間文學的理論與實際》（新竹：清華大學出版社，2004年1月），頁35-38。

　　若以此標準來觀察臺灣民間文學的整理記錄歷史，有清一代在臺灣記錄的方志文學中，可以發現開始有遊宦人士進行平埔族歌謠的記音記錄，然而這樣的作品尚無法歸屬於現代民間文學學科的嚴謹要求範圍內。不過以其時代環境與學識發展，能有漢字記音的觀點已屬難得，更甚者是為臺灣原住民口傳文學留下珍貴的文獻與記憶。其實《詩經》中已有「國風」歌謠，漢代采詩官也有記錄歌謠以觀得失的目的，唐代的竹枝詞，元代話本，以及明清彈詞、說唱或閩南地區的歌仔冊等，多是文人從民間文學汲取養分重新潤飾改造或再一步創作的優秀成果。歐美地區從十九世紀初葉起，民間文學的科學性採集才逐漸發展，到了二十世紀中葉整體民間文學學科的學術嚴謹規範才真正被完整建立起來。

　　清領臺灣時期，多有遊宦人士與臺灣本地文人作品，然當時行政區域劃分與今日迥異，所謂的「地方」位置與空間概念多有不同，因此方志編纂成為區域紀錄的第一手資料，例如《臺灣文獻叢刊》309種中收有關於清代屏東地區的詩文記錄，如《鳳山縣采訪冊》、《鳳山縣志》、《重修鳳山縣志》、《恆春縣志》等方志，以及藍鼎元《東征集》、《平臺記略》、《鹿州文集》，朱仕价《小琉球漫志》等個人文集為主，乃是觀察清領時期有關屏東地區書寫的珍貴文獻資料。不過這些方志或個人文集作品多以文人意識先行，書寫主體是文人，因此即便具有整理「異聞」之概念，或許也是一種「觀覽獵奇」的視角，例如乾隆28年（1763）來臺擔任鳳山教諭的朱仕玠，其《小琉球漫誌》中有魯仕驥「序文」寫道：

　　　　自山川風土人物，上至國家建置制度，下而及於方言野語，綜
　　　　要備錄，靡有所遺。其間道途所經、勝跡所垂，與夫珍禽異獸

中土所不經見者，則以詩歌寫之。[4]

就此來看，那些不見中土的「珍禽異獸」可以詩歌寫之，而「風土人物」、「國家制度」或「方言野語」則是來臺遊宦人士綜要備錄，不可有遺地記寫內容，這也正如同書中徐家泰「跋文」提到的：

凡海中日月之出沒，魚龍煙雲之變換，與夫都邑地理人物鳥獸草木之奇怪、風俗言語之差異，莫不一一筆記。[5]

對於來臺的遊宦人士而言，臺地之山海日月、魚龍煙雲，地理人物、鳥獸草木等都是新奇事物，於是「志怪」書寫成為這些方志或文集中必要的「筆記」重點。就官方文書或文人文集而言，當有其歷史紀錄與作家創作的時代價值，但就臺灣在地的民間文學整理而言，可謂是微乎其微。其因或許也跟官員與士人對待民俗文化的心態有關：

澎地演劇，俗名七子班，仍系泉、廈傳來，演唱土音，即俗所傳《荔鏡傳》，皆子虛之事。然此等曲本，最長淫風，男婦聚觀，殊非雅道。是宜示禁，而准其演唱忠孝節義等事，使觀者觸目驚心，可歌可泣，於風化不為無裨也。[6]

文中所言的澎湖民間戲曲都被傳統官員或知識分子視為「里語俚詞」，而流傳於臺灣各地民間的其他「土音」，又何嘗不是被許多高雅

4　〔清〕魯仕驥：〈序文〉，收入〔清〕朱仕玠：《小琉球漫誌》（臺北：臺灣銀行經濟研究室，1957年），頁2。

5　〔清〕徐家泰：〈跋〉，收入〔清〕朱仕玠：《小琉球漫誌》，頁102。

6　〔清〕林豪：《澎湖廳志》（臺北：臺灣銀行經濟研究室，1963年），頁326。

文士所排斥呢？[7]於是，在遊宦人士「觀覽獵奇」或「文雅正道」的態度下，來自民間的一切俗語土音恐怕多入不了仕宦之眼、文人之筆。不過，若要系聯屏東地區的民間文學發展史，我們仍須倚賴這些清代臺灣地方誌書中的類民間文學或偽民間文學資料進行彙整，以便觀察屏東民間文學的發展脈絡。

一　純樸直率：清領時期屏東地區的原住民歌謠

　　清代地方誌書中或以黃叔璥的《臺海使槎錄》最先記載臺灣原住民族與平埔族的歌謠口述記錄。《臺海使槎錄》共分八卷，其中卷七的〈番俗六考〉將臺灣西部原住民族分為「北路諸羅番」、「南路鳳山番」、「南路鳳山傀儡番」、「南路鳳山瑯嶠十八社」等章，並分別針對居處、飲食、衣飾、婚嫁、喪葬、器用和附載等內容進行紀錄，實是研究清領時期西南部原住民族之重要史料。該書各章之「器用」項後均附有諸平埔社「番歌」數首，合計34首。其中有關「南路鳳山番」、「南路鳳山傀儡番」和「南路鳳山瑯嶠十八社」的番歌共有9首，此或可視為清領時期官方文獻中最早可見有關屏東地區原住民歌謠採錄成果。這些口傳歌謠經過文人紀錄，以漢字記音，又加以意譯，最後得以書面文字傳承下來，如此來看已經失去民間文學「科學性」和「真實性」的兩大原則，但以今日的採錄標準去責備清領時期的歌謠採錄工作，其實也無此必要。如同楊克隆所言：這些歌謠透過漢人的紀錄和翻譯，雖然不可能是「絕對真實」的呈現出平埔族的生活內涵，最多只能代表官方觀點下對歌謠的選擇性詮釋。[8]卻仍可為

7　陳益源：〈明清時期的臺灣民間文學〉，收入陳益源：《民間文化圖像──台灣民間文學論集》（南寧：廣西民族出版社，2001年），頁17。

8　楊克隆：〈十八世紀初葉的臺灣平埔族歌謠──以黃叔璥〈番俗六考〉著錄為例〉，《文史臺灣學報》創刊號，2009年11月，頁6。

當時的平埔社群保存珍貴的文化記憶。據許常惠所言：

> 這些……平埔族歌謠，它的內容是那樣的純樸、真情、直率而
> 寫實，其感人處不僅與後來我們在田野採集的高山民歌極為相
> 似，而且在漢族古代民歌——「詩經」中的「國風」，也可以
> 找到一樣風貌的歌詞。[9]

由此來看，來自民間的歌謠承襲《詩經》「國風」之「溫柔敦厚」精
神，無論哪一族群的民間歌謠或是用何種語言演唱，多能表現「詩言
志」的真實生命，而這也是民間歌謠採集時必須注意的以「科學」記
錄「真實」原則。

　　從《臺海使槎錄》中的〈番俗六考〉與〈番俗雜記〉所記錄「南
路鳳山番一」平埔族社歌舞情形如「飲酒不醉，興酣則起而歌而舞。
舞無錦繡被體，或著短衣，或袒胸背，跳躍盤旋，如兒戲狀；歌無常
曲，就見在景作曼聲，一人歌，群拍手而和。」[10]可見平埔歌舞有唱
有和，多用於慶典或迎賓的場合，[11]是群體進行的活動。之後，日人
佐藤文一曾依據歌謠的主題內容概分成：祝年歌、頌祖歌、耕種歌、
打豬歌、祭祖歌、情歌、飲酒歌和待客歌等類別。[12]

　　其中，有關「南路鳳山番」、「南路鳳山傀儡番」和「南路鳳山瑯
嶠十八社」之平埔社主要以鳳山八社及瑯嶠十八社為主，黃叔璥記錄

9　許常惠：《臺灣音樂史初稿》（臺北：全音樂譜出版社有限公司，2005年7月20日，五
　　版），頁13。

10　〔清〕黃叔璥：《臺海使槎錄》卷7〈番俗六考〉（臺北：臺灣銀行經濟研究室，
　　1957年），頁143-150。

11　許常惠：《臺灣音樂史初稿》，頁14。

12　李亦園：〈從文獻資料看臺灣平埔族〉，《臺灣土著民族的社會與文化》（臺北：聯經
　　出版社，1982年），頁70。

的屏東地區平埔歌謠包括頌祖歌4首、耕種歌2首、飲酒歌2首與待客歌1首，共計9首。分述如下：

（一）頌祖歌

〈番俗六考〉錄有鳳山八社中「下淡水社」、「阿猴社」、「武洛社」的〈頌祖歌〉，以及「搭樓社」的〈念祖被水歌〉。「頌祖」或「念祖」都在感念祖靈庇佑、遠紹祖先威武精神。例如下淡水社這首〈頌祖歌〉：

> 巴干拉呀拉呀留（請爾等坐聽）！礁眉迦迦漢連的多羅我洛（論我祖先如同大魚），礁眉呵千洛呵連（凡行走必在前），呵吱媽描歪呵連刀（何等英雄）！唥媽礁卓舉呀連呵吱媽（如今我輩子孫不肖），無羅嘎連（如風隨舞）！巴干拉呀拉呀留（請爾等坐聽）。[13]

從下淡水社這首〈頌祖歌〉可以看見族人對於祖先英勇風範的感懷，但同時也感嘆後代孫輩不肖無法承繼，前後兩句「巴干拉呀拉呀留」（請爾等坐聽）祝語則不斷傳達對於參與祭典族人的積極期待。

另有阿猴社的〈頌祖歌〉唱道：

> 咳呵呵咳仔滴唥老（論我祖），振芒嘆糾連（實是好漢）；礁呵留的乜乜（眾番無敵），礁留乜連（誰敢相爭）！[14]

歌謠傳唱出對於先祖功績英勇的讚嘆，他族人都不敢與我相爭。類似

---

13 〔清〕黃叔璥：《臺海使槎錄》，頁147。
14 〔清〕黃叔璥：《臺海使槎錄》，頁147。

的頌祖歌謠也可以在武洛社的〈頌祖歌〉中被看見：

> 嘻呵浩孩耶嘎（此句係起曲之調）！乜連糾（先時節），鎮唎
> 烏留岐跌耶（我祖先能敵傀儡），那唎平奇腰眉（聞風可畏）；
> 鎮仔奇腰眉（如今傀儡尚懼），嗊耳奄耳奄罩散嘎（不敢侵越
> 我界）！[15]

歌謠中傳達祖先英勇可與高山傀儡對抗，如今傀儡尚懼武洛，不敢侵
犯我界。黃叔璥因而有詩讚曰：「發聲一唱竟嘻呵，不解腰眉語疊
何。傀儡深藏那敢出，為聞武洛採薪歌。」（頁149）此正好說明兩
事：其一，後兩句描述傀儡社懼怕武洛社的歷史記憶；其二，前二句
則是記錄歌謠過程的實際狀況，聽到「嘻呵」、不解「腰眉」等疊語
都說明清領官員不諳原住民語，只能以漢字勉強記音與翻譯。但這樣
的歌謠輯錄與類記音工作，已為清領時期屏東地區的原住民歌謠採集
保存珍貴的文獻成果。

　　透過下淡水社、阿猴社、武洛社的〈頌祖歌〉觀察，可以發現這
些歌謠多對該族祖輩英勇事蹟的感懷，也間接傳遞期待年輕族人可以
克紹先祖、勇猛無敵。不過，同樣是鳳山八社中的搭樓社的〈念祖被
水歌〉，則有不一樣的集體記憶：

> 咳呵呵咳呵嘎（此係起曲之調）！加斗寅（祖公時），嗎博嗊
> 嘮濃（被水沖擊），搭學嗊施仔棒（眾番就起），磨葛多務根

15　〔清〕黃叔璥：《臺海使槎錄》，頁148。同書卷7〈南路鳳山傀儡番二〉有文記載：
　　「傀儡生番，動輒殺人割首以去；髑髏用金飾以為寶；志言之矣。被殺之番，其子
　　嗣於四個月釋服後，必出殺人，取首級以祭。大武、力力尤摯悍，以故無敢輕歷其
　　境。飲食居處，傳說不一。」頁150。

（走上山內）。佳史其加顯加幽（無有柴米），佳史唭啲嗎（也無田園），麻踏堀其搭學（眾番好難苦）！[16]

搭樓社的〈念祖被水歌〉雖然同樣感懷祖輩，但懷想祖先們因為洪水氾濫不得已進入山內，那時無柴米無田園的困頓情形，這又是另一幅平埔社人遇上天然洪災造成族群遷徙的苦難記憶畫面。

（二）耕種歌

　　蔣毓英在《臺灣府志》中曾寫道：「鳳山之下淡水等八社，不捕禽獸，專以耕種為務，計丁輸米於官。」[17]如此可見屏東地區鳳山八社平埔族群不事野獵，多以耕種為生，這也可以看出平埔族和高山族不同的生活方式。

　　我們從上淡水社的〈力田歌〉可以想見當時的部分畫面：

咳呵呵里慢里慢那毛呵埋（此時係畔田之候），唭啲老唭描嘎咳（今天下雨），唭吧伊加圭朗煙（及時畔種），唭麻列唭呵女門（下秧鋤草），唭描螺螺嘎連（好雨節次來了），唭麻萬列其嘻列（播田明白【日】好來飲酒）。[18]

適合耕作時節，好雨降臨。社人下秧鋤草，努力耕種播田，期盼來日好來飲酒慶祝。從歌謠中可以發現平埔族群日常耕作，以待豐年慶典

---

16 〔清〕黃叔璥：《臺海使槎錄》，頁147。

17 〔清〕蔣毓英：《臺灣府志》卷5〈風俗（附吐蕃）／土番風俗〉（臺北：臺灣銀行經濟研究室，1977年），頁99。

18 〔清〕黃叔璥：《臺海使槎錄》，頁146-147。按：本歌謠最後一句的漢字翻譯「播田明白好來飲酒」，疑是排版疏漏，或應作「播田明『日』好來飲酒」，語意較通。類此似原文有疑處，筆者以【　】符號說明之，以下同此。

的祈願。另外，放縤社的〈種薑歌〉也可看見這樣的歌唱內容：

> 黏黏到落其武難馬涼道毛呀覓其唦嗎（此時是三月天，好去犁園）！武朗弋礁拉老歪礁嗎嘆（不論男女老幼），免洗溫毛雅覓刀嗎林唭萬萬（同去犁園好種薑）；嗎米唭萬萬吧唎陽午涼藹米唭唎呵（俟薑出後再來飲酒）。[19]

〈種薑歌〉說的是放縤社人不論男女老幼，三月到田園種薑的事。蔣毓英《臺灣府志》記載：「三四月種，五六月發紫芽，纖嫩如指，名子薑，隔年者名母薑。能通神明，去穢惡。」[20]對於原住民而言，薑有療效功用，故其「病則擷薑為藥」[21]。屏東地區地處南方，天氣雖不嚴寒，然而薑可去穢惡、作為藥用，也是早期平埔族頗為重視的作物。

從上淡水社的〈力田歌〉和放縤社的〈種薑歌〉可以觀察平埔族的耕作生活情況，另外從歌謠最後「播田明日好來飲酒」或「俟薑出後再來飲酒」的描述，可以推測秋收後的豐年慶典便是社人飲酒歡樂時節，這也符合《臺海使槎錄》所記南路鳳山番那「飲酒不醉，興酣則起而歌而舞」的樂天生活情形。

（三）飲酒歌

黃叔璥《臺海使槎錄》所錄的34歌謠中曾提及「飲酒」者有16首，其範圍涉及築屋、迎客、祭祖、耕種、打獵和婚禮等日常事宜，「飲酒」對平埔族人而言，當是生活必備條件。鳳山八社中的茄藤社

---

19 〔清〕黃叔璥：《臺海使槎錄》，頁148。
20 〔清〕蔣毓英：《臺灣府志》，頁39。
21 〔清〕佚名：《臺灣府輿圖纂要》（臺北：臺灣銀行經濟研究室，1963年），頁69。

和力力社都有歌謠傳唱，例如茄藤社這首〈飲酒歌〉：

> 近呵款其歪（請同來飲酒）！礁年臨萬臨萬其歪（同坐同飲），描呵那哆描呵款（不醉無歸）！代來那其歪（答曰：多謝汝）！嘻哆萬那呵款其歪（如今好去遊戲），龜描呵滿礁呵款其歪（若不同去遊戲便回家去）。[22]

茄藤社人邀請朋友族人一起同坐飲酒、不醉不歸，此情狀正如六十七所寫的「農事既畢，各番互相邀飲……若漢人闖入，便拉同飲，不醉不止。」[23]可見平埔族人天生熱情好客。歌謠最後提到彼此邀約同去遊戲，但若有人不願便各自回家，歌謠內容展現出平埔族群雖然熱情但也不做作的豪爽性格。

力力社則有〈飲酒捕鹿歌〉：

> 文嘮唭啞奢（來賽戲）！丹領唭漫漫（種子薑），排裡唭黎唉（去換糯米），伊弄嘮唭力（來釀酒）！麻骨裡嘮唭力（釀成好酒），匏黍其麻因刃臨萬嘮唭力（請土官來飲酒）；媽良嘮唭力（酒足後），毛丙力唭文蘭（去捕鹿）；毛里居唭丙力（捕鹿回），文嘮唭啞奢（復賽來戲）！[24]

所謂「賽戲」，據六十七記錄有言：每秋成，會同社之眾，名曰「做年」。[25]平埔族的「賽戲」，其實是連臂踏歌的歌舞表演。今日屏東地

---

22 〔清〕黃叔璥：《臺海使槎錄》，頁147。
23 〔清〕六十七：《番社采風圖考》（臺北：臺灣銀行經濟研究室，1961年），頁14。
24 〔清〕黃叔璥：《臺海使槎錄》，頁148。
25 所謂「賽戲」，名曰「做年」，乃指男、婦盡選服飾鮮華者，於廣場演賽。衣番飾，

區的高樹鄉加蚋埔、萬巒鄉加匏朗和內埔鄉老埤等地尚保有馬卡道族
夜祭文化，尤其內埔老埤的馬卡道祭儀稱為「趒戲」，參與者乃圍圈
歌舞。[26]「趒戲」夜祭多在每年十月中旬的秋後，和六十七所言「賽
戲」時間與活動內容，似乎若合符節。

〈飲酒捕鹿歌〉歌謠一開始便提及歡樂的賽戲歌舞，但那是族人
下田種薑、收成後換得糯米釀成美酒後，才請土官[27]來與社人同樂。
待酒足飯飽後前去捕鹿，捕得鹿後再回社賽戲。力力社這首〈飲酒捕
鹿歌〉充滿平埔族群樂天豪爽性情，一幅自然天成的美好畫面，大概
也只有透過清領時期的這些番社歌謠採集記錄才能窺探一二吧！

（四）瑯嶠待客歌

《臺海使槎錄》卷7除記載〈南路鳳山番一〉、〈南路鳳山傀儡番
二〉外，也有〈南路瑯嶠十八社三〉記錄恆春半島上瑯嶠十八社相關
資料。所謂「瑯嶠十八社」乃指瑯嶠社、貓仔社、紹貓釐社、豬勝束
社（一名地藍松）、合蘭社、上哆囉快社、蚊率社、猴洞社、龜勝律
社、貓籠逸社、貓里毒社、滑思滑社、加錐來社、施那隔社、新蟯牡

冠插鳥羽。男子二、三人居前，其後婦女；連臂踏歌，踴躍跳浪，聲韻抑揚，鳴金
為節。」參考〔清〕六十七：《番社采風圖考》，頁87。

26 陳品君：〈屏東老埤重現馬卡道古謠〉，《公民新聞》2016年11月19日。該報導中記
錄當時84歲的老埤村民潘阿採女士唸唱馬卡道古謠片段，其歌詞大意為：「我們要去
山上打獵。為了要到達目的地，不得不走這條難走的路。口渴了喝水，想到回家還
有酒喝的話，心情就快樂一些。還是踏著輕快的步伐，上山吧！」古謠中提到的打
獵、喝酒等內容，正是平埔族的生活日常。下載時間：2021年1月7日。下載網址：
https://www.peopo.org/news/323733。

27 據〔清〕陳文達：《鳳山縣志》卷7〈風土志／番俗〉記載：「土官有正副，大社五、
六人，小社三、四人，各分公廨。有事則集眾以議。能書紅毛字者號曰教冊，掌登
出入之數；削鵝毛管濡墨橫書，自左而右。由淡水入深山，番狀如猿猱，長僅三、
四尺；語與外社不通，見人則升樹杪，人視之則張弓相向。」（臺北：臺灣銀行經濟
研究室，1961年），頁82。

丹社、下哆囉快社、德社、慄留社等社，屬於歸化生番。[28]據黃叔璥
記錄提到：瑯嶠各社，俱受小麻利番長（瑯嶠一帶主番）約束，乃代
種薯芋、生薑為差。其生活所需珠米、烏青布、鐵鐺，故漢人每多以
鹿脯、鹿筋、鹿皮、卓戈紋與之交易。瑯嶠諸社間空閒之地，民向多
種植田畝。[29]

荷蘭治臺期間，瑯嶠社酋長兄弟及土人等15人曾至Tayouan（今安
平）拜會荷蘭長官普杜曼，簽訂和約，這是瑯嶠與荷蘭政權的第一次
接觸。[30]明鄭時期鄭成功設「屯田制」，分發「王地」，更派兵至「龜
壁灣」（今車城鄉）討伐土番，駐師統埔領（今車城鄉統埔村），此為
漢人開發瑯嶠地區之始。[31]清領後瑯嶠社「惟輸賦，不應徭」[32]，十八
社也成為清朝納賦歸化的族群。不過朱一貴事件之後，清廷為防止反
清勢力擴散，乃將恆春地區列為禁地。[33]但實際如「魚房港、大綉房
一帶，小船仍往來不絕。」[34]可見清領中葉以前，恆春半島範圍仍多
屬瑯嶠十八社自理範圍區域。

《臺海使槎錄》中〈南路鳳山瑯嶠十八社三〉附有〈瑯嶠待客
歌〉一首：

28　〔清〕王瑛曾：《重修鳳山縣志》（臺北：臺灣銀行經濟研究室，1962年），頁60。
29　〔清〕黃叔璥：《臺海使槎錄》，頁158。
30　林右崇編著：《恆春紀事：先民的足跡》（臺中：白象文教事業有限公司，2010年2
　　月），頁19。
31　林右崇編著：《恆春紀事：先民的足跡》，頁21。
32　〔清〕郁永河：《裨海紀遊》（臺北：臺灣銀行經濟研究室，1959年），頁11。
33　〔清〕王瑛曾在《重修鳳山縣志》中曾記載：「瑯嶠社，臺變始為禁地。」又言：
　　「瑯嶠社喬木茂盛，長林蓊薈，魚房海利，貨賄甚多；原聽漢民往來貿易，取材捕
　　採。（康熙）六十年臺變，始議：地屬窵遠，奸匪易匿，乃禁不通；唯各番輸餉而
　　已。」頁11、65。
34　〔清〕黃叔璥：《臺海使槎錄》，頁158。又如英人必麒麟（William A. Pickering）記
　　載寫道：「大體而言，清廷統治的區域，只有西部沿岸平原和少數丘陵區，至於高
　　山區和南岬，仍屬於原住民的勢力範圍。」參考〔英〕必麒麟著、陳逸君譯：《歷
　　險福爾摩沙》（臺北：前衛出版社，2010年），頁122-123。

立孫呵網直（爾來瑯嶠），六呷呵談眉談眉（此處不似內地），
那鬼呵網直務昌哩呵郎耶（爾來無佳物供應），嗎疏嗎疏（得
罪得罪）！[35]

歌謠唱出瑯嶠社人天生好客的爽朗性格，歌詞說明客人來到瑯嶠，但
這裡不似內地應有盡有，沒有太多好美味供應，對來訪客人備感抱
歉，從此也可看見瑯嶠社人的待客禮儀。此處不免讓人聯想康作銘所
寫的〈游恆春竹枝詞〉其中一首：「眼見山番跳戲奇，婆娑謾舞作嬌
癡；排成雁陣頻招手，甜酒教儂飲一卮。」[36]瑯嶠社人的待客之道，
直是可見臺灣原住民自然樂天的生活情況。

　　不過，光緒元年（1875）恆春設縣，由於「草萊未開，民、番雜
處，目不識丁。」[37]清廷開始在瑯嶠地區實行「教化」政策，屠繼善
在《恆春縣志》中記載恆春縣首任知縣周有基奉旨多設義學，來到當
地設塾授課的胡徵更有〈恆春竹枝詞〉八首，其中第七首寫道：「地
號瑯嶠別有天，竹籬茅舍幾家煙。文風未厚民風厚，開闢於今二十
年。」[38]透過這首竹枝詞，可以發現清領時期的遊宦人士對於「別有
天地」的瑯嶠地區文風不盛之微微感嘆，即便已經設縣二十年，當地
民風仍是純樸、居民還是樂天。如此比照清領中期黃叔璥〈番俗六
考〉中對於〈瑯嶠待客歌〉的記寫，就可能體現出那個年代瑯嶠社人
的生活畫面了。

　　依據黃叔璥〈番俗六考〉對於臺灣中部以南的平埔族歌謠記錄，
雖然其未有嚴謹的科學採錄原則，有無科學的錄音、記譜方法，但這

35　〔清〕黃叔璥：《臺海使槎錄》，頁158。

36　〔清〕王瑛曾：《重修鳳山縣志》，頁80。

37　〔清〕屠繼善：《恆春縣志》（臺北：臺灣銀行經濟研究室，1960年），頁225。

38　〔清〕屠繼善：《恆春縣志》，頁250。

並非是當時代即可具足之事，實在不宜苛責太過；相反的，清康熙時期首任巡臺御史黃叔璥能透過實際走訪並以漢字記寫採集的平埔族歌謠，對於後人欲研究當時代的原民生活與文化而言，絕對有其記錄之貢獻。

　　以清代屏東地區的平埔族歌謠來觀察，可以發現早期平埔族的音樂以歌唱為主，必且是群眾的表現，除了眾唱之外，還有領唱、和腔，或者一人唱眾人拍手。另者，依據許常惠的觀察，清代以來平埔族的音樂受到漢族勢力侵入，除了逐漸失去生活中歌唱的傳統外，音樂也開始漢化，只有在祭祀中保存少數的傳統音樂。平埔族的音樂是口傳的，並且是配合他們的家族社會、勞動戰鬥、愛情娛樂、婚喪喜慶等日常生活所表達出來的行為。[39]從屏東地區9首平埔歌謠來觀察，可以發現這些歌謠如「頌祖歌」、「力田歌」、「飲酒歌」和「待客歌」等確實多和原民日常生活或節慶活動有關，且以「歌唱」為主，雜以拍手、和腔，加上「飲酒」之必備元素，幾乎呈現清領時期屏東地區平埔族群純樸樂天的性格。當然，歌謠中也會提及農耕、種薑、捕鹿等日常，對於理解當時的平埔族維生方式亦有可以參酌之處。

　　此外，這9首歌謠分屬不同平埔社群，從黃叔璥所記音的漢字來看，雖然無法瞭解其使用的漢字屬於那個地方的語音，但至少可以從文字發現鳳山八社的語言多有不同，雖然同屬馬卡道族，但有不同方言音存在。[40]不過，若從這些歌謠發聲詞「咳呵呵」來觀察，搭樓社〈念祖被水歌〉中的「咳呵呵咳呵嘎」、上淡水社〈力田歌〉中的「咳呵呵里慢里慢」、阿猴社〈頌祖歌〉中的「咳呵呵咳仔滴嘶老」

---

39 許常惠：《臺灣音樂史初稿》，頁17-18。
40 吳中杰說：「鳳山八社可能是同一民族，但有不同方言；八社甚至可能分屬不同語言之若干個民族亦未可知。」林欣慧、吳中杰：《屏東地區馬卡道族語言與音樂研究》（屏東：屏東縣立文化中心，1999年6月），頁57。

似乎有近似的發聲詞；至於武洛社〈頌祖歌〉中的發聲詞則變成「嘻呵」（嘻呵浩孩耶嘎）等，也有類似之處，這或許也可證明鳳山八社仍有其共屬於馬卡道族淵源之處。

二 特殊風土：清領時期屏東地區的傳說故事

　　清領時期屏東地區的民間文學整理並不是現代所強調科學性、真實性的採錄成果，當時多數的民間文學採集，主要還是在個人文集或清代方志的記錄上，如前文所探討黃叔璥的《臺海使槎錄》、朱仕玠的《小琉球漫誌》，或如《鳳山縣志》、《重修鳳山縣志》、《鳳山縣采訪冊》及《恆春縣志》等書。其中，清領時期屏東地區除了《臺海使槎錄》〈番俗六考〉中記錄的9首的原住民歌謠，其他相關的傳說故事則散見於不同方志與文集當中。

　　如王瑛曾《重修鳳山縣志》也曾記載「仙人山」[41]傳說：

> 仙人山，在沙馬磯頭。山頂常帶雲霧，非天朗氣清，不得見也。故老傳言：時有服絳衣、縞衣者對奕。說雖無稽，然生成石凳、石碁盤猶存。[42]

「沙馬磯頭（山）」指的就是今日恆春半島的貓鼻頭，其實蔣毓英在《臺灣府志》卷之二〈敘山〉已有提到沙馬磯頭山「在郎嬌山西

---

41 按：鳳山現在地文人卓肇昌寫有〈仙人山〉、〈仙人對奕〉、〈仙山謠〉及〈沙馬磯山〉等詩作，如其〈仙人對奕〉：「天公遺下石棋盤，洞裡神仙日月寬。十九路誰分黑界，幾千年自帶雲寒。劇憐人世紛爭道，只換山中妙戲彈。乾霆聲聞同玉響，不知還許采樵看。」卓肇昌也在詩題下加註說明「仙人山，有仙人對奕。」引自〔清〕王瑛曾：《重修鳳山縣志》，頁412。

42 〔清〕王瑛曾：《重修鳳山縣志》，頁265-266。

北……上頂常掛雲，人視之，若有人形往來雲中，疑為仙人降遊其上。」[43]同書中卷之十〈古蹟〉的「仙人山」則記載：「在鳳山縣沙馬磯頭。其巔往往帶雲如仙人狀，傳聞絳衣黑衣常遊其中，今有生成石棋盤時礙在焉。」[44]這是方志中有關「仙人山」的記載，文人的記錄落差不大，但細微中仍可見其差異，而這些方志或文集中的「相傳」、「據聞」等記述文字其實都是文人潤飾記寫的「偽民間文學」（Fakelore），並非第一手資料的民間文學。不過如胡萬川所言：「以假的民間文學做為民間文學的對立面，作為判斷民間文學純度的標竿，來看民間文學的發展，以及作為調查、整理工作的箴鞭，是相當有用的概念，但是並不等於說，"Fakelore" 和 "Folklore" 是可以簡單一刀切的東西，更不等於說所有的『不真的民間文學』就都是沒有價值的東西。」[45]可見，被記錄的民間文學都須回歸其背景、年代與環境去多方評論或認證才是。

《恆春縣志》在卷1〈疆域〉項下錄有恆春半島「落山風」一條，說明「自重陽至清明，東北大風，俗謂之落山風。晝夜怒號，淊淊颮颮。」[46]而與「落山風」相關的在地傳說記憶如下：

> 風洞，即四重溪石門。據采訪錄：「為鄭延平插旗之所。風吹旗尾，尾向何方，即何方之番有災害。後去旗，未夷其洞。今之落山風，自洞中來。」又曰：「洞在八磘灣深山，古木參

43　〔清〕蔣毓英：《臺灣府志》，頁33。
44　〔清〕蔣毓英：《臺灣府志》，頁230。按：高拱乾在《臺灣府志》卷1〈封域志·山川（附海道）〉中也提到此山，註云：「其山西盡大海，高峻之極。山頂常帶雲霧，俗傳此山有仙人衣紅、衣黑，降遊其上。今有生成石礎、時碁盤在。」（臺北：臺灣銀行經濟研究室，1960年），頁9。
45　胡萬川：《民間文學的理論與實際》（新竹：清華大學出版社，2004年），頁138-139。
46　〔清〕屠繼善：《恆春縣志》，頁2。

天，荊棘滿地。至其地者，不知所禁，或大聲言語，風即大
作。以後，無論民、番皆不敢往」。[47]

可見恆春傳說中的「落山風」和鄭成功剿番插旗、土番皆罹瘟疫而
死。後除去旗而未夷其洞，遂有落山風。清同治13年（1874），沈葆禎
奏請建立「鄭成功」專祠，清廷同意改原三山國王廟為「延平郡王
祠」。另外，劉家謀的《海音詩》有詩曰：「魁斗山頭弔五妃，鄭娘方
塚是耶非？年年瑯嶠清明節，無數東來白雁飛。」[48]則提及每年清明
節恆春烏山有鄭成功之女魂魄所化之白雁飛往五妃墓悲鳴之傳說。

臺灣地區鄭成功成為典型的「箭垛型人物」[49]傳說，北至龜山

---

47 〔清〕屠繼善：《恆春縣志》，頁301。據林右崇所言：後來（鄭成功）夢見山神告
   曰：「瑯嶠土番乃臺灣開基祖之民所流傳。天地有好生之德，不可滅也。」於是狂
   風大作，將旗拔去，飛至楓港大海之外；從此瑯嶠地區乃有狂風（落山風）時作，
   必至楓港而後止。林右崇：《恆春紀事：先民的足跡》，頁22。

48 劉家謀（1814-1853），字仲為，一字芑川，福建侯官人。道光29年至咸豐3年（1849-
   1853）調任臺灣府學訓導時期，有海寇黃位倡亂，臺匪應之；其時肺病已急，力疾
   守陣，後以勞卒，年四十。《海音詩》完成於咸豐二年（1852），咸豐五年（1855）
   由一經堂刊刻。全書計有二卷，凡七絕共一百首，並自註於後，其用意乃在「猶足
   見輿情」，並多書寫臺灣典故印象，關注地方利弊；更能以俗為雅，多見書寫風土
   之作。本詩收於《海音詩》第七首，詩後有註文：「五妃墓在仁和里魁斗山。鄭
   女墓俗呼小姐墓，鄭成功葬女處；在鳳邑瑯嶠山腳。每歲遇清明節，烏山內飛出白
   雁數百群，直到墓前悲鳴不已；夜宿於蘭坡嶺，其明日仍向烏山飛去。一年一度，
   俗謂鄭女魂魄所化；其然歟？」見〔清〕劉家謀：《海音詩》，收入《臺灣雜詠合刻》
   （臺北：臺灣銀行經濟研究室，1958年），頁6-7。劉家謀生平資料參考余昭玟主
   編：《大學國文選》（臺北：五南圖書出版公司，2019年8月，二版六刷），頁197-199。

49 所謂「箭垛式人物」和《三國演義》中諸葛亮「草船借箭」典故有關，原指草人並
   無做什麼事情，但所有箭全朝草人射來，後來民間傳說也借引此概念，說明隨著歷
   史的演變，通過眾人口口相傳中不斷增添新的內容，人物原來的形象也逐漸發生改
   變。「箭垛式人物」概念借用最早可能出自胡適，他提到中國戰國時期的屈原便是
   一個箭垛式人物，因為屈原最初不過是一位普通人物，最多只是文學的箭垛，但到
   了漢代，學者從《離騷》中讀出「君臣大義」，於是屈原便成了忠臣的典型，又逐

島，南至恆春地區，甚至離島的金門都出現與鄭成功相關的傳說故事，這是民間傳說之傳說圈特色的展現。洪淑苓提到：「就臺灣民間傳說而言，也常見歷史人物傳說與地方風物傳說相涉的現象，譬如鄭成功的傳說所牽涉的地形、地物、物產、習俗等，可說豐富而具有意義。」[50]這裡觸及了柳田國男《傳說論》中提到的「傳說圈」概念：

> 為了研究方便，我們常把一個個傳說流行著的處所，稱作「傳說圈」。像在伊那谷、南會津的山村，同種類、同內容的傳說圈相互接觸的地方（甚至有著部分重疊的區域），雙方的說法，後來趨於統一，而且可以明顯的看出，其間存在著爭執的痕跡，和在爭執中一方的說法勝利了，另一方的說法被征服了。[51]

透過「傳說圈」匯聚傳說的空間處所分析，我們可以發現其特點有三：1、時代越遠、傳說越多；2、空間越遠、傳說越多；3、核心地區的傳說比較接近人物生命情調，外圍地區則增加神奇色彩。[52]利用傳說圈區域內傳說故事的傳播發展，鄭成功傳說便在臺灣這個傳說區不斷地被傳衍變異，逐漸形成其歷史記憶。

　　不過，民間傳說除了在傳說圈散布外，也會出現「區域性」傳說，若和傳說圈中比附名人的心理，更具有草根性，直接反映出喜怒

漸變成一個倫理的箭垛。孫博、李享：〈中國神話流傳模式探究〉，《瀋陽師範大學學報（社會科學版）》第1期，2012年9月，頁42-46；于楚桐：〈中國民間文學中的箭垛式人物武聖關羽研究〉，《古典文學漫步》，2015年11月，頁128。

50 洪淑苓：《在地與新異——臺灣民俗學與當代民俗現象研究》（臺北：萬卷樓圖書股份有限公司，2019年12月），頁215-216。

51 〔日〕柳田國男著、連湘譯、張紫晨校：《傳說論》（北京：中國民間文藝出版社，1987年），頁46-49。

52 洪淑苓：《在地與新異——臺灣民俗學與當代民俗現象研究》，頁220。

哀樂的價值觀。[53]在《恆春縣志》卷22〈雜志〉中，記載了「石頭公」、「仙人井」、「毛蟹井」、「忠義井」、「八卦井」和「雷公窟」等地方傳說故事，便是恆春地區的區域特色，這也形成恆春地區的集體記憶。例如「雷公窟」提到：相傳有鰍魚精在窟中。一日黑雲四起，雷霆交加，大雨中霹靂一聲，擊去石柱，以後怪遂絕，故名為雷公窟。又有「仙人井」記載：

> 在縣南二十五里大石川下。其泉仰出，味甚甘。龜仔角【角】番取飲於此；且可愈疾，並刀火傷者，洗之即愈。井上石紋，如靴、如屨、如赤足者，不一。相傳謂仙人之足跡，故名。[54]

恆春當地老一輩村民多耳聞「仙人井」傳說，知其在今墾丁大尖山山下，有泉甘美，「龜仔角社」（今社頂社區）原民取引此泉，甚至以泉水療癒刀火傷。因井上石紋如仙人足跡，仙人井傳說不脛而走。再相比前文提到的「仙人山」（沙馬磯頭／山，即今貓鼻頭）疑有仙人降遊其上，文人為之作詩、方志輯錄入冊，地方也逐漸將區域性的仙人井、仙人山等故事講述成一個地方的記憶並加以流傳。

此外，更有「女靈山」傳說故事：

---

53 據洪淑苓研究提到「市井人物傳說的區域性」，指的是某些庶民百姓雖名不見經傳，但因為某些特殊事蹟而引人注意，因茶餘飯後的閒談流傳於里巷鄉鎮，更有好事者或是民間藝人加以傳播說唱，久而久之也就成為著名的傳說，最明顯的一個例子就是「周成過臺灣」。相較於傳說圈的流布，區域性的範圍較小，而且密切鎖定在相關的、特定的地理空間。這些市井人物傳說有鮮明的區域色彩，一方面是因為人物生長、活動的區域本就有所根源，其事蹟也比較單純；比起傳說圈中比附名人的心理，更具有草根性，直接反映出喜怒哀樂的價值觀。參考氏著：《在地與新異——臺灣民俗學與當代民俗現象研究》，頁221-225。
54 〔清〕屠繼善：《恆春縣志》，頁302。

女靈山，在縣東北，出楓港三十五里。高數千丈，山石突兀，
大木參天，饒有海上蓬萊之觀。據采訪錄云：「昔有樵者相約
入山，至一處，峰巒疊翠，花草迷離，有老人摘樹上茶，款留
瀹茗，香沁心脾。樵者私攜茶去，迷不得路。老人莞爾笑曰：
『此非人間所有，飲之則可，取之則不可』。樵者乃棄茶而
歸。當時偕往者三五人，現在楓港尚有得飲其茶之人，清癯矍
鑠，百倍精神」，此一說也。……又云：「國初延平之役，有女
子避兵其上，迷不得歸，遂卒巖下。後有至其地者，亦失所
返；女子導之出，謂女靈山。」[55]

「女靈山」故事或曰昔有樵夫入山，見一老者品茗與之飲茶的傳說，
或言明鄭與清攻戰時有女子避兵山上，後卒巖下，遂有陰靈助人之
事，故名女靈山。這些被方志記錄下的傳說故事雖然在不同志書或文
集中被轉載抄錄，但對輯錄的遊宦文人而言，多數是抱著「聊備一
說」的角度看待，因此文末才有「海外蠻荒甫經開闢，野老流傳無足
深考」如此觀點，而地方傳說也因此只能出現於「雜記」一類，非屬
雅正文人文學範圍。

　　當然，如果這些具有區域性特色的地方傳說被在地人流傳發展，
逐漸累積其文化資產，甚至有可能變成觀光旅遊重點。[56]例如盧德嘉
的《鳳山縣采訪冊》中記載「小琉球嶼（俗呼為剖腹山）[57]」上有

55 又云：「山上石泉一穴，積而為池，廣畝所：清流蕩漾，雖大旱不竭，與海潮同漲
　　落，日以為常。四岸泥濘沒脛，牛不敢飲於池。中有大棕纜一條、船舵一扇，歷久
　　不朽。與武夷、瓊州等處懸崖庋板相類。又寧古塔城西海限山，萬峰翠中，有池周
　　八十餘丈，亦每日二潮，與海水相應；可與並觀。造物之奇，其故真有不可臆測
　　者」，此又一說也。或云：「女子李姓，土人女與李口音相似，若附會漢之李陵，斷
　　無其事」，此又一說也。〔清〕屠繼善：《恆春縣志》，頁302-303。
56 洪淑苓：《在地與新異——臺灣民俗學與當代民俗現象研究》，頁225-226。
57 有關「剖腹山」傳說，筆者曾於小琉球進行調查時採集到一則「小琉球的古地名」

「石洞」,「相傳舊時有烏鬼番聚族而居,頷下生鰓,如魚鰓然,能浮海中數日,後有泉州人往彼開墾,番不能容,遂被泉州人乘夜縱火盡燔斃之,今其洞尚存。」[58] 由此來看,盧德嘉筆下記錄的「石洞」應該就是今日小琉球重要的觀光景點「烏鬼洞」。今日該地名雖然承襲自清領時期方志文學的詞彙,但傳說故事卻已幾經變異,筆者於小琉球進行調查時也採集到「烏鬼洞」傳說故事:

> 小琉球島南端之海岸,有一處海穴在岩石之間,墨黑而深幽,名為烏鬼洞。傳聞洞內住著皮膚黝黑的烏鬼。這些烏鬼有鰓,可長期潛在水裡,也有可能是菲律賓那裡的土著。然而根據考古發現,這些黑人並不是外國黑人,可能是小琉球最原始的原住民。烏鬼洞裏面有石桌、石碗,還有樣式精緻的西式器具,洞口壁上大書「烏鬼岩」三字。相傳曾有商船遇到暴風雨在此避浪,烏鬼乘機潛入水底把船鑽幾個洞讓商船沉沒,並把船內物資盡數搬到洞裡去。有一次剛好停靠在島外不遠處的外國人,發現一個全身漆黑的小姑娘,跟蹤她後發現烏鬼洞,於是趁著深夜放火燒洞,大火燒了三天三夜,直至該口沉寂,只留下屍體骨灰無數。[59]

故事:「剖腹山」,如果以地理上來看,係因該為一地壘台地,形如剖腹狀,故以名之。不過居民仍流傳一個關於這個地名由來的故事,相傳清雍正年間,有一出名風水師指出,小琉球當地會出帝王,當權者怎麼可能會甘願將政權拱手讓人,於是請風水師斷其山脈,從中劃上一刀,於是就像是婦女剖腹生小孩一樣,就有了「剖腹山」之名。黃文車編著:《屏東縣閩南語傳說故事集》(屏東:財團法人屏東縣文化基金會,2010年10月),頁230-231。

58 〔清〕盧德嘉:《鳳山縣采訪冊》(臺北:臺灣銀行經濟研究室,1960年),頁30。

59 黃文車編著:《妖怪屏東圖錄》(屏東:屏東大學USR搖滾社會力:在地關懷為導向的社會企業與青年實踐計畫成果,2019年12月),頁62。

比較清代《鳳山縣采訪冊》和上述採錄的「烏鬼洞」傳說，可以發現歷時二百年後仍存的「共相」者是「長鰓的烏鬼」以及「石洞」，這些不變的「基本單位」，但烏鬼族從何而來，來島開墾的泉州人變成商船，縱火的泉州人也改成「外國人」，石洞內還有精緻的西式器具以及石桌石碗等，可見被敘述的「變相」持續出現。在民間傳說故事中，常會因在地敘說作用而出現地方特色，也就是在地民眾的自我闡釋與述說，進逐漸形成這個地方及群眾所熟知的地方記憶。因此，在小琉球烏鬼洞傳說在流傳過程中也逐漸發展豐富，無形中更對這個景點進行傳遞與推播的正向加強功能，於是「烏鬼洞」成為今日琉球鄉最為著名的重要觀光景點之一，而小琉球人也因為「烏鬼洞」此觀光資源賺取維生資本或發展旅遊行業，從此來看更符合日人和辻哲郎在其《風土》一書中所欲「闡明人的存在與風土的關係，而不是論述自然環境如何制約人的生活。」[60]關於和辻哲郎的自然與人文風土相互關聯概念，唐晉濱的說法也可提供參酌：

> 風土是一種特殊性，它同時包含自然與人文兩個面向，兩者是互生的關係，相輔相成而互相塑造。……風土是人與環境之間，一種在時間性與空間性的向度上交織的結果。同時，風土是總有歷史、有環境的風土，歷史、環境總是有風土的歷史、環境。人與風土是於某時某地互相影響著的。[61]

---

60 〔日〕和辻哲郎著、陳力衛譯：《風土》（北京：商務印書館，2018年），頁1。

61 唐晉濱：〈和辻哲郎：風土與人文：人間倫理學〉，下載時間：2020年5月20日，下載網址：https://www.hk01.com/%E5%93%B2%E5%AD%B8/413867/%E5%92%8C%E8%BE%BB%E5%93%B2%E9%83%8E-%E9%A2%A8%E5%9C%9F%E8%88%87%E4%BA%BA%E6%96%87-%E4%BA%BA%E9%96%93%E5%80%AB%E7%90%86%E5%AD%B8。

從民間傳說的區域性來看，烏鬼洞的在地特色逐漸成型並流傳，在地居民因熟知而產生特殊的情感，甚至因為傳說累積的文化資產發展地方文化或觀光產業；這和和辻哲郎提到的「風土的特殊性」其實可以相互參照：當自然景觀與人文傳說「互生」，變成相輔相成而互相塑造，最後變成「互動而創生」的地方風土特色。

第二節　日治時期的屏東民間文學

日治臺灣以來，臺灣總督府在殖民政策前提下，結合日本內地專家學者進行人類學、物種學、植物學等調查研究，其中也包括臺灣原住民調查工作。從大正2年（1913）開始，便陸續出版《蕃族調查報告書》、《蕃族慣習調查報告書》、《臺灣蕃族圖譜》、《臺灣蕃族誌》、《臺灣蕃族慣習研究》等報告成果，總和其內容含括原住民的族群歷史、制度沿革、社會狀態、季節活動、宗教禮儀、生活慣習，以及神話傳說等主題。不過，這些研究報告多半將這些調查所得的部落口述第一手材料文字化後附錄於後，需俟大正12年（1923），佐山榮吉、大西吉壽出版《生蕃傳說集》時才正式將臺灣原住民部落故事獨立編輯成冊。姑且不論這些調查報告書或後來的《生蕃傳說集》，多是調查文字記錄或整理報告，並未針對內容進行分析；然而在日治初期日人調查臺人慣習的時代背景下，也間接保留當時臺灣原住民族的珍貴口述與紀錄資料。

日人治臺初期重視舊慣調查，因此在臺設立頗多的舊慣調查機構，例如臺灣總督府民政局參事官臨時調查掛（1896）、「臨時臺灣土地調查局」（1898）、「臺灣慣習研究會」（1900）、「有志慣習諮問會」（1901）、「臨時臺灣舊慣調查會」（1901），此外更在明治34年（1901）

公布「臨時臺灣舊慣調查會規則」。[62]明治33年（1900）左右，日總督府與法院公務員為主之人士組成了「臺灣慣習研究會」，形式上屬於民間團體，但因會員多數是官方幕僚，因此官方色彩相當濃厚。「臺灣慣習研究會」會長由總督兒玉源太郎擔任，副會長是民政長官後藤新平，總幹事為伊能嘉矩，另設立33名委員。該會從明治34年（1901）到明治40年（1907）間，每月出版機關雜誌《臺灣慣習記事》，合計7卷80號。此雜誌內容涵蓋臺灣法制、經濟、歷史、地理、教育、宗教與人民風俗生活習慣等範圍，實為研究日治初期臺灣歷史風俗的重要參考資料。

　　《臺灣慣習記事》「發刊辭」中提及該會該刊創立發行之宗旨與目的：

> 民俗習慣，乃與國家社會，屢經變革，與歷史俱進發達者。故勿論時之古今，洋之東西，或國之南北，自無不有特異之習俗⋯⋯何況如台灣之地？⋯⋯苟欲成一事一業者，不明其地之習俗，何人得安期其成？習俗之研究乃有如此之重要。曩聞，值英國新領印度，即會是時碩學緬氏前往，首事調查其習俗，而後施政，此乃以民俗習慣唯重之故⋯⋯吾政府亦鑑於此，頃領台灣，即首於總督府內設置各種調查所，銳意從事調查，藉以求最適合該地之政。政府於台灣，亦可謂已盡所能矣。⋯⋯闢習俗研究之管道，各以業餘從事研究調查，欲聊盡吾人之天職⋯⋯。[63]

62　臺灣文化部「臺灣大百科全書」網路資料，下載時間：2020年5月8日，下載網址：http:// nrch.culture.tw/twpedia.aspx?id=25602。

63　程大學譯：《臺灣慣習記事》之〈發刊辭〉，原載《臺灣慣習記事》1：1，1901年1月25日，引自《臺灣慣習記事》（中譯本），（南投：臺灣省文獻會譯編，1984年6月），頁1。

　　所謂「從事調查，藉以求最適合該地之政」展露日人殖民者的動機，從發刊辭中可見日人欲仿效英人新領印度時調查習俗以資施政參考的模式進行對臺殖民政策。雖然日人的舊慣調查有其移風易俗的統治考量，但不可忽略的是日治以來的舊慣調查研究仍為當時的臺灣風俗與民間文學史料立了保存之功。從日總督府立場思考，習俗調查一如內地延長主義同化政策般，或以殖民母國之利益為主要考量，但日治初期這些民俗舊慣調查工作卻也意外地為臺灣的民間文學整理與歷史記憶保存留下重要的文獻史料，有其一定的時代意義。

　　日治時期的屏東民間文學整理當歸入1930年代前後臺灣民間文學採集運動一環，屬於知識分子「有意識」的自覺工作。當時臺灣的民間文學整理受到日本民俗學研究與中國的歌謠採集運動雙重影響而興起。在此之前，十九世紀以降的歐洲歌謠採集運動及民間文學調查經驗與成果傳至中國與日本後，也分別對中國五四運動中的歌謠整理運動，和日本的民俗學發展產生一定的影響。

　　1910年日人柳田國男和新渡戶稻造、石黑忠篤等人創立了「鄉土會」；1912年東京帝大山上會議所成立「日本民俗學會」，並於1913年發行《民俗》雜誌，同年柳田國男和神話學者高木敏雄創刊《鄉土研究》。爾後從1934年至1940年，柳田先後組織了「鄉土生活研究所」、「民間傳承會」（後改名「日本民俗學學會」）、「日本方言學會」等學術團體。可見在柳田國男的努力下，日本民俗學已於1930年代正式確立。[64]

　　1913年周作人從日本引進民俗學（Folklore），[65]五四運動前後中國

---

64 馬興國：〈日本民俗學研究概況〉，「中國民俗學網」，2010年9月2日。下載時間：2021年1月6日。下載網址：https://www.chinafolklore.org/web/index.php?NewsID=7489。

65 周作人在《歌謠》週刊的創刊號（1922.12.17）「發刊詞」上也用了「民俗學」三字，民俗學這個術語也就在中國傳開來了。參考王文寶：〈中國民俗學運動八十年〉，

興起了歌謠整理運動，1920年北京大學成立「歌謠研究會」，1922年
12月17日《歌謠》週刊創刊，這個歌謠採集運動也影響後來《北京大
學民俗叢刊》及《中山大學民俗週刊》的發行。

　　臺灣民間文學整理工作實際上是從日人對臺灣的民俗舊慣整理開
始，當中亦包括戶政普查、原住民調查等政治行政、人類學調查工
作。這樣的採集工作對臺灣知識分子而言是一種刺激，加上日本的民
俗學研究和中國的歌謠採集運動影響，1930年代臺灣民間文學的採集
整理工作也在「鄉土文學與臺灣話文」運動中萌生臺灣本土自覺意
識。但1930年代的臺灣民間文學採集整理並無現代民間文學學科的專
業規範，很多時候的紀錄可能會加入整理者的潤飾，或是文人之仿作。

　　1927年九曲堂的鄭坤五等人編纂《臺灣藝苑》[66]，內有臺灣褒歌
32首；而且鄭坤五說「若褒歌者，於大雅復何傷夫？」其將褒歌視為
「國風」，無疑更提升臺灣民間歌謠的文學地位。此外，1931年《臺
灣新民報》自346號至365號（1931/1/10-1931/5/23）均有「歌謠」欄
刊載來自臺灣各地的拾零歌謠。這些編作者南至鳳山，北至臺北，中
間尚有臺南、朴子、民雄、元長、花壇、鹿港、大雅、新竹、線西等
地。可見當時的民間歌謠採集漸成一股風氣。至於民間傳說、故事的
整理則以1933年10月成立的「臺灣文藝協會」所發行的第二期刊物
《第一線》（1935/01/06）中「臺灣民間故事特輯」較見系統呈現，其
共有十位文人編寫15篇民間故事傳說，嚴格說來這也是潤飾後的改寫
作品。

　　「中國民俗文化網」，下載網址：http://www.zgwhw.com/news/mssh/10842335406D7
HAC1886CFHDJ961DC.htm。下載時間：2021年1月5日。

66　《臺灣藝苑》現存有2卷23期（1927年4月15日~1930年2月1日），鄭坤五非但是唯一
的編輯者，甚至幾乎一手包辦撰稿工作。黃文車：《日治時期臺灣閩南歌謠研究》
（臺北：文津出版社，2008年），頁68。按：高雄春暉出版社於2015年8月出版《臺
灣藝苑》（上、下）合訂本。

一　民間歌謠整理為大宗，尤多見文人仿作

在採集整理歌謠、故事風氣下，日治時期許多文人雅士開始在消閑性小報如《三六九小報》[67]及《風月報》[68]上刊載歌謠或小調仿作作品。其中，屏東東港的蕭永東也在《三六九小報》上的長期連載其歌謠仿作作品。

蕭永東，號冷史，另有古圓、影冬等別號，澎湖白沙人。少以聰

---

[67] 《三六九小報》始刊於昭和5年（1930）9月9日，一直到複印本中最後一期昭和10年（1935）8月26日為止，共發行476號。王開運在創刊號中有〈釋三六九小報〉一文，交代所謂「三六九」是指每月逢三、六、九日出刊，而之所以言「小」，乃因此報初創，規模未整，不敢妄自尊大，特以小標榜，致力託意於該諧語中，寓諷刺於荒唐言之外。此外，「小」字在臺語與「猇」字同音，讀者以雕蟲小技視之也可，以瑣屑微言視之，荒唐無稽之言視之，亦無不可。此報以「小報」自我定位，不以冠冕堂皇的宏大敘述為主，也不以憂顏愁容面對當時的臺灣困境，因此遊戲取向相當濃，然而往往在嘻笑怒罵中寄託著作者的微意。施懿琳：〈民歌采集史上的一頁補白——蕭永東在《三六九小報》的民歌仿作及其價值〉，臺中：中興大學中文系主編：《第三屆通俗文學與雅正文學全國學術研討會論文集》（臺北：新文豐出版公司，2002年7月），頁281。

[68] 《風月報》此一報刊系統共有《風月》、《風月報》、《南方》、《南方詩集》四種名稱，而這四種名稱亦代表此報經歷四個不同的發刊時期。《風月》原由臺北萬華大稻埕一群擅長傳統文藝的文化人發行，自昭和10年（1935）5月9日開始，每月逢三、六、九日即出刊（一個月九次），直至44期（昭和11年【1936】2月8日）延宕20日隨即停刊。一年半後復刊《風月報》，但發行人由原來的林欽賜換成簡荷生，發行所仍稱「風月俱樂部」。《風月報》乃自昭和12年（1937）7月20日第45期開始刊行，以迄昭和19年（1944）年1月1日第188期因經費周轉困難，出刊再次延宕。然而自133期後，《風月報》改成《南方》，發行所也由風月俱樂部改成「南方雜誌社」。55天後，第189期（昭和19年【1944】2月25日）改名變成《南方詩集》月刊，且將連載的長篇小說編寫成集，分印單行本，企圖以銷售小說單行本所得彌補刊物繼續刊行所需，但只發行至昭和19年（1944）3月25日的第190齊集宣告結束。楊永彬：〈從「風月」到「南方」——論析一份戰爭期的中文文藝雜誌〉，收入河原功監修，郭怡君、楊永彬編著：《風月・風月報・南方・南方詩集・總目錄／專論／著者索引》（臺北：南天書局，2001年6月），頁69。

穎點慧聞於鄉里，十七歲到東港，旋即就職於金融界，繼以營商。日是敬業樂群，夜則習文習武。許成章先生說他「性好自由，不拘小節」，而且「待人誠懇，慷慨好義」。[69]蕭永東和黃石輝同為詩友，其亦認同黃石輝提倡的鄉土文學和臺灣話文理念，其〈消夏歪詩話〉中提到：「黃石輝吟友前日在中報有發表1篇〈鄉土文學〉的議論，我也大大同感。」[70]可見其仿作歌謠應是受到黃石輝提倡臺灣話文甚至是鄭坤五的「國風」說影響。蕭永東說：「秦樓楚館，我也常常出出入入。妓女閒時，也常常唱國風給我聽。從前因為無機關紙可利用，乃本報創始，我就想卜利用。於未實行之時，已有『黛山樵唱』出現，我喜出望外，每期讀著國風，不止爽快。」[71]可見蕭永東將臺灣歌謠稱為「國風」，更可發現從鄭坤五、黃石輝以至蕭永東以來，民間歌謠被視為「臺灣國風」之理念建立及付諸採集、仿作之行動過程。

　　蕭永東最受人矚目的文學作品乃是其仿作臺灣閩南歌謠的〈消夏小唱〉、〈迎秋小唱〉、〈消寒小唱〉、〈迎春小唱〉等作品，這些作品自昭和6年（1931）8月26日的《三六九小報》104號上開始刊登，一直連載至昭和9年（1934）8月29日的372號，前後約莫有3年之久。施懿琳教授在〈民歌採集史上的一頁補白──蕭永東在《三六九小報》的民歌仿作及其價值〉中將其內容大致歸納為五類：

---

69 有關蕭永東的生平事蹟，可參見許成章：〈蕭永東先生傳〉，《詩文之友》22卷4期，1965年8月1日，頁46-47。

70 蕭永東言：「黃石輝吟友前日在中報有發表1篇〈鄉土文學〉的議論，我也大大同感，而且贊成！我自前月以降，不論寫批，寫小話，攏總自作聰明，就用臺語描寫，成也不成，也不管他人笑我放白放不白了。」蕭永東：〈消夏歪詩話〉，《三六九小報》，昭和6年（1931）8月19日。

71 蕭永東：〈消夏歪詩話〉，昭和6年（1931）8月19日。

（一）小娘愛人也愛銀：如：「阿君無來無要緊，別的兄哥更較親。名人好歹著自認，小娘愛人也愛銀。」（〈迎秋小唱〉，115號，1931年10月3日）

（二）比犯得鬼較衰氣：如：「大人食酒不免錢，酒菜食了續帶暝。明日替身交十二。比犯著鬼較衰氣。」（〈迎秋小唱〉，125號，1931年11月6日）

（三）小娘想君目屎流：如：「台北坐車到打狗，打狗搬車到阿緱。囝仔思乳也會嘯，小娘想君目滓流。」（〈消寒小唱〉，150號，1932年2月3日）

（四）死後神主倒位祀：如：「初十家家請子婿，無尪可請可憐代。到老那帶菜店內，死後神主倒位祀？」（〈迎春小唱〉，278號，1933年4月9日）[72]

（五）料理店換跤跌厄：如：「料理店換跤跌厄，文明女給真撇勢。流行歌格唱半塊，來來去去盤人客。」（〈迎春小唱〉，1933年4月3日）[73]

這五類內容均是民間歌謠本色，以男女情思愛戀為主，如第三類提到「台北坐車到打狗，打狗搬車到阿緱。」男女相思之情，即便是臺北到屏東的距離也無法阻擋，可以為之千里奔波。

此外，除了上述的歌謠之外，蕭永東所仿作的歌謠中還提到了政治社會的現實與變遷情況，如：蕭永東所仿作的歌謠中還提到了社會的變遷情況，如：

---

[72] 按：此首應刊於278號的〈迎春小唱〉中第一首。

[73] 施懿琳：〈民歌采集史上的一頁補白——蕭永東在《三六九小報》的民歌仿作及其價值〉，頁296-302。

烏貓烏狗真流行，咱娘見誚變沒成。沒得自由俗平等，任汝裝
做無路用。（〈消寒小唱〉，144號，1932/1/13）

時代變遷下，社會充斥年輕的「毛斷」（摩登，modern）男女，他們
時髦，熱愛打扮、唱流行歌，跳交際舞，但若無自由與平等，再怎樣
現代化也沒有意義，可見蕭永東的仿作歌謠還是具有批判性的。

二　出現民間文學觀點，助力臺灣鄉土話文運動

　　東京「臺灣藝術研究會」成立後，臺灣島內第一個文學社團「臺
灣文藝協會」於1933年10月25日成立，並在1934年7月15日發行機關
雜誌《先發部隊》，停刊半年後的1935年1月6日又以《第一線》之名
再度出刊。

　　《第一線》刊物中較具特色的是「臺灣民間故事特輯」。黃得時
在《第一線》卷頭言〈民間文學的認識〉中說道：「大凡地上，自有
人類以來，就有歌謠、傳說，以及神話等之所謂『民間文學』的產
生。《第一線》特對傳說故事進行蒐集，至於整理和比較研究乃屬於
第二期的問題。」[74]有關「臺灣民間故事特輯」中收錄15篇民間故事
傳說，表列如下：

---

74 黃得時：〈民間文學的認識〉，《第一線》卷頭言，1935年1月6日，頁1。

表2-1 《第一線》之「臺灣民間故事特輯」內容標題[75]

雜誌名稱	採集整理者	傳說故事名稱
《第一線》	（廖）毓文	頂下郊拚（稻江霞海城隍廟由來）
《第一線》	黃瓊華	鶯歌庄的傳說
《第一線》	一騎	新莊陳化成、下港許超英
《第一線》	一吼（周定山）	鹿港憨光義
《第一線》	沫兒	台南邱憎舍
《第一線》	李獻璋	過年的傳說
《第一線》	一平	領台軼事
《第一線》	描文	賊頭兒曾切
《第一線》	陳錦榮	水流觀音、王四老
《第一線》	蘇德音	碰舍龜、洞房花燭的故事、圓仔湯嶺、離緣和崩崁仔山

從上表我們看見日治時期知識分子為臺灣民間文學努力的些許成果，不過這些傳說故事在輯錄整理的過程中出現了文人潤飾、加工，甚至是由輯錄者「重述」一次，當屬於所謂的「偽民間文學」（Fakelore）。從採集者與傳說故事名稱觀察，多以中北部者為主，少見南部文人。

此外，《第一線》中更有專論民間文學理念的文章，例如：（陳）茉莉的〈民謠に就いての管見〉一文，乃從五項細目考察所謂的「民謠」（民間歌謠）：1、具有獨立藝術形式的民謠；2、認識民謠的根本態度；3、民謠鄉土性的傳播；4、物質文明和民謠；5、民謠的個性──階級性及其時代性。[76]

---

75 按：本表引自黃文車：《日治時期臺灣閩南歌謠研究》表4-5，頁170。
76 茉莉：〈民謠に就いての管見〉，《第一線》，1935年1月6日，頁40-52。

爾後，「臺灣文藝聯盟」領導臺灣新文學運動前進，團結反封建反殖民的文學力量進行文化抵抗，而機關雜誌《臺灣文藝》更堅持「為人生而藝術」的理念，並將「文藝大眾化」視為目標與工作。其中，屏東萬丹的劉捷所提出〈民間文學の整理及びその方法論〉，闡述其對整理臺灣民間文學的方法：

1、民族：結合人類學與民族學的比較。

2、社會生產力狀態：強調社會階級經濟對藝術的影響。

3、時代：文化事業與時代的關係。

最後其談到「民間文學的本質」，並引用中國學者楊蔭深對民間文學的分類，說明民間文學是過去各時代相同的精神文化反映，是大眾共同生產的。但是今非昔比，現今對民間文學的研究應重視的是「遺產的再認識」，研究者亦可評估民間文學的價值以作為教學、學術研究或政府施政的參考，或是生活的調劑，而非只是盲目的將之推為一等一的藝術作品，因此若能從藝術社會學方面來研究，民間文學始能獲得正確地認識。[77]

由此來看，劉捷深信藝術社會學可以促進新藝術的抬頭，認為物質的社會對藝術有著絕對的影響，民間文學和社會經濟離不開關係，這種唯物式的思考清楚說明受社會主義思想影響的知識分子踏在階級對立的基礎點上面對民間文學。

三　《臺灣民間文學集》中的「傳說故事」改寫

《臺灣民間文學集》由臺灣文藝協會於昭和11年（1936）發行，臺灣新文學社販賣，書中內容包括李獻璋個人花了三、四年蒐集到的

---

77 劉捷：〈民間文學の整理及びその方法論〉，《臺灣文藝》2：7，1935年7月1日，頁116-123。

近千首民謠、童謠和謎語（歌謠篇），以及由朱峰、楊守愚、黃石輝
等13位文人重述撰寫的臺灣各地民間故事傳說22篇（故事篇），書前
並有賴和的序文和李獻璋的自序，《臺灣民間文學集》可以視為1930
年代臺灣民間文學整理之集大成之作。

　　《臺灣民間文學集》更代表李獻璋對臺灣民間文學的認同與努
力，其在自序中提到：

> 台灣民間文學即原始的歌謠、傳說，在我們的文學史上應占有
> 最精采的一頁，這是與世界各國無異的。因此，倘沒心情鑑賞
> 和探悉台灣文學也就罷了！如果有這念頭，那麼你，便非從全
> 體民族的共同創作著手不可，因為文人多受廟堂體制的拘束，
> 人生、社會原非其構想所及，只有沒有受過多大的腐儒的薰冶
> 的民眾，纔能把自己的生活與思想，赤裸裸地表露出來，如描
> 寫行商人的慘狀的「杏仁茶」，農村疲弊的「姑仔你來，嫂仔
> 都不知」。和婦女們所處的環境與地位的歌詞，以及表露著他
> 們心目中的鄭國姓的傳說等，無一不是專學咬文嚼字的文士
> 們，幾百年來所萬萬做不到的好東西。從文學、民俗學上的價
> 值來看，都決不會比任何詩詞有所遜色的。[78]

李獻璋認同民間文學具備文學、民俗學等學科研究上的意義，而來自
民間的那些歌謠、傳說，更應該在臺灣文學史上留下精彩記錄。更重
要的是，這些民間文學是全體民族的共同創作，具足貼近大眾的真實
情感。

　　《臺灣民間文學集》中「故事篇」內有兩篇關於「林道乾」（林
大乾）的民間故事，其中〈林大乾兄妹〉是屏東文人黃石輝所記，另

---

[78] 李獻璋：〈自序〉，《臺灣民間文學集》（新北市：龍文出版社，1982年2月），頁3-4。

一則是夜潮所記的〈林道乾與十八攜籃〉，[79]乃是目前可見最早將林道乾傳說寫成完整故事之記錄；此外，同時代朱烽【鋒】有〈林道乾〉一文，[80]可比較其故事情節如下：

表2-2　日治時期林道乾傳說故事情節比較表[81]

改寫者 情節　　　　　　　　　　有○	黃石輝	夜潮	朱鋒
1 林道乾之籍貫出身			
2-1 和俞大猷部隊交戰敗走臺灣（打鼓山）			○
2-2 和官兵交戰敗走臺灣	○		
3 地理師替林找到真正龍穴埋葬其父		○	
4 神仙（老道人）與林道乾三枝神箭		○	○
5 錦雞誤啼而壞大事	○	○	○
6 吳半仙解說，林祖上缺德，福分太薄，無法黃袍加身，故靈穴自移		○	
7 皇帝知南方異動，派兵來攻	○	○	○
8-1 林道乾妹金蓮以劍自刎（經）	○		○
8-2 林道乾以劍砍其妹首		○	
9 錦雞再次誤啼，而被林擲死		○	
10 金蓮死守十八攜籃白銀	○	○	
11-1 林道乾喝開打鼓（狗）山	○		○

---

79 李獻璋：《臺灣民間文學集》之二「故事篇」，頁27-43。

80 朱烽：〈林道乾〉，《臺灣新文學》1卷6號，1936年7月7日，頁73-80，東方文化書局複印本。按：《臺灣新文學》1卷6號中將「朱鋒」打成「朱烽」，【鋒】為筆者所加。

81 本表引自黃文車：〈高雄林道乾傳說故事情節發展與結構分析研究〉，《東亞文化研究》第十輯（香港：東亞文化出版社，2008年4月），頁259-260。按：表中出現同一情節有兩種人物以進行同一「動作」／「功能」者，乃以□-1，□-2表示之。

情節　　　　　　改寫者　　有○	黃石輝	夜潮	朱鋒
11-2林道乾執劍祝告天地，喝開打鼓（狗）山，寶劍沉入海		○	
12 寶劍被撈起，會自行躍入海中		○	
13 擲一蕉葉入海化舟遁去	○		
14 林道乾製銃（林道乾鑄銃打家己）			○
15 所鑄大砲無故失蹤			○
16退至浡泥（或稱大泥、北大年，今泰國中北部）或占城（今越南中部）		○	
17金蓮死後現身，將白銀度與有緣人（樵夫、女子）		○	
18 紅毛番得到一籃白銀	○		

　　從表2-2觀察，三篇林道乾故事中均會出現的是「5錦雞誤啼壞事」、「7皇帝派兵來攻」等二個情節；而至少有兩篇會出現的情節是「4神仙（老道人）與林道乾三枝神」、「8-1林道乾妹金蓮以劍自刎（經）」、「10金蓮死守十八攜籃白銀」及「11-1林道乾喝開打鼓（狗）山」。也就是說：日治時期流傳的這三則「林道乾故事」中常見的情節，依序發展應為──「神仙（老道人）與林道乾三枝神」→「錦雞誤啼壞事」→「康熙帝派兵來攻」→「道乾妹自刎（經）或為道乾所殺」→「金蓮死守十八攜籃白銀」→「林道乾喝開打鼓山」。[82]

　　有關林道乾記載較接近史實者多以林道乾為都督俞大猷所逐，遂遁至臺灣，屯兵赤崁／打鼓山，後又遁往占城為主。《鳳山縣志》卷10之〈外志‧雜記〉亦有記載林道乾事蹟：

---

82 黃文車：〈高雄林道乾傳說故事情節發展與結構分析研究〉，頁260-261。

明都督俞大猷討海寇林道乾。道乾戰敗，艤舟打鼓山下。恐復
來攻，掠山下土番，殺取其血，和灰衃舟以遁。其餘番走阿猴
林，今之比屋而居者，是其遺種也。相傳：道乾妹埋金山上，
又有奇花異果，入山樵採者或見焉，啜而啖之，甘美殊甚；若
懷歸則迷路，雖默識其處，再往終失矣。[83]

「相傳」二字之後添加了「道乾妹埋金山上」等民間傳說內容，
類似的紀錄於《重修鳳山縣志》卷11〈雜志·名蹟〉或連橫的《臺灣
通史》卷1〈開闢紀〉中亦可見到。[84]若將上述方志中史料加以比較，
可發現關於林道乾的敘述內容在「情節」發展上多有參差，而這也是
黃石輝、夜潮或朱鋒等人的林道乾傳說故事內容出現民間文學變異性
特質之原因所在。

四　終戰時期的皇民化作品，可見日人教育改造

日治後期，日人在外高喊大東亞共榮圈的口號，藉以彙整東亞各
民族的民族特色，藉以繁榮東亞文化，在內亦本著此方針進行皇民化
的推動。因此，民謠、傳說的蒐集與整理成為皇民化時期注重鄉土藝
術的一大特徵，當時稱之為「土俗學」（即今「民俗學」）。呂泉生曾

83　〔清〕陳文達：《鳳山縣志》卷10〈外志·雜記〉，頁164。
84　〔清〕盧德嘉：《重修鳳山縣志》卷11〈雜志·名蹟〉記載：「埋金山，在打鼓山
　　巔。相傳明都督俞大猷討海寇林道乾。道乾遁入臺，艤舟打鼓山港，其妹埋金山
　　上。時有奇花異果，入山樵採者或見焉。若懷歸，則迷失道；雖識其處，再往終失
　　之。」（臺北：臺灣銀行經濟研究室，1960年），頁265。連橫的《臺灣通史》卷1〈開
　　闢紀〉則載：「嘉靖四十二年，海寇林道乾亂，遁入臺灣。都督俞大猷追之至海上，
　　知水道紆曲，時哨鹿耳門以歸，乃留偏師駐澎湖，尋罷之。居民又至，復設巡檢，
　　已亦廢。道乾既居臺灣，從者數百人，以兵劫土番，役之若奴。土番憤，議殺之。
　　道乾知其謀，乃夜襲殺番，以血釁舟，埋巨金於打鼓山，逸之大年。」頁10。

回憶這情形雖「標榜皇民化運動，鼓吹戰爭藝術，可是尊重鄉土藝術，因為鄉土藝術它與生產、勞力、老百姓情感息息相關。」[85]劉敏光亦說：「日人高唱皇民化，卻有尊重鄉土藝術，……藉皇民化口號整理鄉土固有文物，這是大家樂意做的。……文藝上民俗考據，音樂上民歌民謠，獲得甚多成果。」[86]然而在推動皇民化運動前提下，日人雖對臺灣鄉土民俗資料進行整理，但「鼓吹戰爭藝術」和「尊重鄉土藝術」是否可能取得平衡？恐怕仍是國策優先。

　　1941年7月1日《風月報》133期開始改名《南方》，發行者亦由「風月俱樂部」改為「南方俱樂部」，原「詩壇」改為「南方詩壇」等事看見端倪。改題為《南方》後，大量與皇民文學與宣揚國策等愛國文章與皇民歌曲持續出現如133期以「臺灣民俗研究會」為名刊出的〈志願兵制度實施奉讚歌〉[87]，138期有〈臺灣志願兵歌〉的二首當選歌曲發表，[88]149期有香月原作，蕉翁（林荊南）作詞而發表的〈大詔降下〉，183期至185期有簡安都創作的〈大東亞戰爭歌〉（一）～（三），186期則有秉修〈皇民奉公歌〉。這些歌謠已非舊時原貌，時代環境改變使其不得不肩負起宣揚國策的任務。

　　筆者也在屏東市玉皇宮採錄了葉老先生唸唱的這段〈倒手攑旗〉：

　　　倒手攑旗，正手牽囝，我君啊！你欲打城，為著空襲欲起行。
　　　家內有事，你莫探聽。[89]

85 呂泉生：〈我的音樂回想〉，《臺北文物》4卷2期，1955年8月，頁74-77。

86 劉敏光：〈臺灣音樂運動概略〉，《臺北文物》4卷2期，1955年8月，頁1-7。

87 按：此歌實為林荊南所作，在《南方》134期中刊有〈志願兵制度實行奉讚歌〉之樂譜，上即寫明作詞者為「蕉翁」，而蕉翁即是林荊南的筆名。

88 《南方》135期在第35頁刊有「『台灣志願兵歌』大募集」，經1個半月時間共募集167首，最後由宜蘭林象春的作品獲得正選，臺南韓承澤的作品獲得副選。

89 黃文車主編：《屏東縣民間文學集2：屏東縣閩南語歌謠諺語集（一）》（屏東：財團法人屏東縣文化基金會，2011年7月），頁74-75。

訪談時老人家說此首歌謠乃是日治末期屏東地區火車站附近有臺灣人義勇軍要為日本皇軍到南洋出征時，妻小為之送行的寫照，如此正合乎終戰時期的皇民歌曲推動與發行之用意。不過仔細觀察，可以發現這首〈倒手擇旗〉和1937年臺灣日東唱片發行，李臨秋作詞、姚讚福譜曲，由純純演唱的〈送君曲〉中第一段：「送阮夫君袂起行，目屎流入沒做聲。右手舉旗左手牽子，我君啊！做你去打拼，家內放心免探聽。」有一定相似度，推測當是這首歌曲在民間傳唱後產生的變異性版本，臺灣民眾特別將歌詞改成「左手拿旗」、「右手牽兒」，可見其重視的是家庭、孩子而非日人軍旗，透過民間版本的歌謠更能唱出群眾的批判與心情。

第三節　戰後的屏東民間文學

戰後臺灣民間文學的科學性調查整理，實際上要等到1990年代之後。不過在1950至1960年代期間，《公論報》[90]、《徵信週刊》[91]之〈臺灣風土〉副刊上則刊載不少臺灣民俗文化及民間文學整理成果，而中央研究院民族所及臺灣大學等研究人員也開始對臺灣原住民族群展開人類學的調查紀錄。

據筆者研究發現〈臺灣風土〉副刊上刊載之臺灣民間文學作品約

90　《公論報》是五〇年代臺灣甚具在野色彩的報紙，與當時由雷震主辦的《自由中國》、青年黨機關刊物《民主潮》，以及民社黨的《民主中國》，合被稱作「一報三刊」，在動員戡亂、戒嚴體制遂行高壓統治的時代裡，「一報三刊」是當時社會少數敢於不依從官方口徑，企圖做獨立報導與評論的媒體。參考薛化元編：《公論報言論目錄暨索引》（臺北：文景書局，2006年1月）。

91　《徵信週刊》為《徵信新聞報》每逢星期六所出版之別刊，〈臺灣風土〉版則為該刊之重點專輯內容。1950年余紀忠創辦《徵信新聞》，主要內容以報導物價指數為主。1960年1月1日，《徵信新聞》改名為《徵信新聞報》，成為綜合性報紙。至1968年9月1日，又更名為《中國時報》。

有556則，民俗文化記錄則有159例，佐以相近時代的《民俗臺灣》、
《臺灣風物》（1951-1970）等民間文學資料進行分析，可知：1、戰
後至六○年代的民間文學文化記錄以「閩南族群」為主，但已加入原
住民族群和客家族群資料。2、民間故事類型分析後約可得24類型，多
傳承自中國民間故事，但已見臺灣在地故事出現。3、神話傳說多集中
於「宗教神祇」與「箭垛式」人物上，而原住民的神話傳說乃以各族
創世神話及人類起源之說為主。4、歌謠和諺語兼具歷史、地方、生
活及長歌、歌仔、七字仔、童謠等不同的內容和型態。在當時官方主
義籠罩的年代，〈臺灣風土〉副刊有其「承先啟後」的重要關鍵意
義，這些資料到了1970、1980年代後順勢成為各類民間故事集成叢書
如《中國民間故事集成》、《中國民間故事全集》和《中國民族故事大
系》等之內容。跨過此全集、叢書時期，便能聯結1990年代臺灣民間
文學全面性採集的時代；更重要的是在其呼應中華文化「傳承性」的
思維外，也可看見臺灣本土民間文學「地區性意義」出現的意義。[92]

　　1990年代以後，臺灣民間文學的採集與整理工作在胡萬川、陳益
源等教授先進的帶領下逐漸形成風氣，自1993至2003年期間先後整理
了石岡、沙鹿、大甲、大安、東勢、梧棲、清水、新社、蘆竹、嘉
義、雲林、臺南、彰化、南投、鳳山等鄉鎮市之歌謠及故事等民間文
學資料；期間又有曾敦香等人對臺中市民間文學的整理，余燧賓、曾
子良對基隆市民間文學的整理，以及2005年李進益對花蓮縣民間文學
的整理等成果。至於屏東地區的民間文學採集整理情況與成果如何？
將分次說明如下：

---

92 黃文車：〈政策主義下的異音——戰後〈臺灣風土〉副刊中的臺灣民間文學整理與其
　　思維意義〉，臺南：臺南大學國語文學系主編《第一屆～第五屆思維與創作學術研討
　　會論文選》，2012年2月，頁339-358。

一　戰後屏東地區原住民口傳文學調查整理

　　1990年以後屏東地區原住民口傳文學學術調查整理有金榮華、劉秀美、陳枝烈、應裕康等人之投入，例如劉秀美的《高雄屏東地區卑南族口傳故事》（1995）、金榮華的《高雄屏東地區卑南族與魯凱族口傳故事之採錄與整理》（1997）、陳枝烈的《排灣族神話故事》（1997），這些工作正好呼應各鄉鎮市文化中心的民間文學整理工作；至於應裕康的《屏東地區排灣族口傳文學之採錄與整理成果報告》（1997）則在行政院國科會（今科技部）的委託下完成採錄整理工作。另外，較非學術形質者則有1991年屏東縣泰武國中出版杜傳的《原住民神話故事》。

　　單篇文章研究方面有許美智在《思與言》23卷2期發表的〈古樓村排灣族琉璃珠的傳說與信仰〉（1985），周明傑（lulji a tjaquljiva）的〈獅子鄉民歌採集紀實〉發表於《文化生活》3卷6期（2000）。此外，胡台麗發表〈排灣族虛構傳說的真實〉，收錄於《屏東傳統藝術：屏東縣傳統藝術論文集》（2004），以及〈排灣古樓祭儀的元老經語與傳說〉，發表於《中央研究院民族學研究所資料彙編》20期（2007）。之後，周明傑有〈牡丹村（sinvaudjan）的歌謠〉一文發表於《藝術評論》第19期（2009），以及林和君發表於《臺灣原住民族研究》7卷1期的〈臺灣跨族群山林傳說之關係──魔神仔與屏東縣旭海、東源部落傳說考察〉（2014）。

　　屏東縣政府於2000年10月發行《屏東文獻》第1期以來，也有不少關於屏東原住民口傳文學的研究文章，例如林俊宏的〈魯凱族〈Moakākai〉故事初探──以小川尚義採錄的為例〉（8期，2004）、顏美娟的〈記憶、拼湊與重構──談屏東加蚋埔的平埔歌謠〉（9期，2005）、黃瓊娥的〈北排灣拉瓦爾亞族的傳統婚禮歌謠──新娘頌歌

「Puljeai」〉（9期，2005）、周明傑的〈排灣族的複音歌謠──大社村
與平和村的採集〉（9期，2005）和楊克隆的〈十八世紀初馬卡道族歌
謠之文化意涵〉（18期，2014）等。其中顏美娟以屏東高樹鄉泰山村
加蚋埔的平埔歌謠為探討對象，及楊克隆關注十八世紀初馬卡道族平
埔歌謠主題等，皆有其特殊性意義；此外，林欣慧、吳中杰合著的
《屏東地區馬卡道族語言與音樂研究》（1999），則是透過文字與音樂
比對去重現部分屏東地區馬卡道族的音樂歌謠和語言面貌。

二　戰後屏東地區漢族民間文學調查整理及研究

　　戰後屏東地區的漢族民間文學調查整理起步較晚，推測其原因在
於前輩學者多從傳統音樂和人類學角度出發，頗有接續日治以來對於
原住民族音樂及文化的調查與關懷。屏東地區的漢族民間文學調查需
俟1990年代後臺灣各鄉鎮市文化中心興起的民間文學調查工作，以及
回鄉和在地的工作者投入，才逐漸開花結果。

（一）客家族群民間文學調查整理及研究

　　戰後開始進行屏東客家族群的民間文學整理工作成果，主要以曾
喜城的《屏東客家「李文古」民間文學研究》（1997）和陳麗娜的《屏
東後堆客家民間故事》（2006）等調查研究為主，前者聚焦屏東地區客
家機智人物「李文古」相關民間文學研究，之後曾喜城更在雲林科技
大學文化資產維護研究所完成《李文古客家民間文學文化資產研究》
（2002）；後者則是調查屏東後堆內埔地區客家民間故事之成果集。

　　其他相關客家民間文學研究或整理成果，則將調查研究範圍擴及
至「六堆地區」，雖有屏東作品，但畢竟不是專論屏東客家民間文學
者，例如彭素枝的《臺灣六堆客家山歌研究》（2003）、邱春美的《臺

灣客家說唱文學「傳仔」研究》（2003）。此外，社團法人屏東縣六堆
文化研究學會出版的一系列作品，如曾彩金總編輯的《六堆人揣令
子》（2004）、《六堆俗諺語》（2008）、《六堆俗諺語II》（2012）同樣
以六堆客家為範圍，進行揣令子、俗諺語等整理。其他尚有李幸祥的
《六堆客家故事》（1997）、曾彩金的《六堆客家社會文化發展與變遷
之研究藝文篇（上）》（2001）等書中皆有客家民間故事之整理。

　　至於屏東客家民間文學的學術研究專論較少，除了上述曾喜城的
碩士論文進行李文古民間文學文化資產研究之外，另有高雄師範大學
客家研究所黃小琪的《先鋒堆的民間傳說故事》（2010），針對屏東縣
內埔鄉民間傳說故事進行研究，以及臺灣師範大學國文研究所彭素枝
的博士論文《臺灣六堆客家民間故事研究》（2014），乃以六堆客家民
間故事為研究素材進行的研究成果。

　　屏東客家民間文學研究單篇文章方面，專注集中屏東地區研究者
其實不多，例如曾喜城的〈屏東客家民間文學——「李文古」故事研
究〉，收錄於《2001海峽兩岸民間文學學術研討會論文集》（2001），
以及宋鎮熬的〈竹田鄉土情采風錄〉，收錄於《屏東文獻》第7期
（2013）等。另有跨領域至六堆客家地區之研究篇章，例如陳麗娜的
〈從屏東「崔文帥與七姑星」看中國民間故事的變易性〉，發表於
《美和技術學院學報》第23卷第2期（2004）、張二文的〈六堆客家地
區鸞書的民間文學特性〉，收錄於《屏東文獻》第18期（2014）；其他
則是發表於屏東地區相關學報期刊但研究主題關照整個客家民間文學
者，如黃瑞枝的〈客家童謠知多少——鄉土語文教學淺談〉，收錄於
《國教天地》第107期（1994）和〈客家童謠特質初探〉，收錄於《屏
東師院學報》第8期（1995），張添雄有〈臺灣客家的山歌與民謠〉，
收錄於《屏東文獻》第9期（1995），邱春美的〈客家說唱文學「傳
仔」之研究〉，收錄於《大仁學報》第13期（1995），以及劉明宗的

〈「猴」在客家俚諺語中的意涵與意象〉，發表於《屏東教育大學學報》第36期（2011）等。

由此來看，專注於屏東地區的客家民間文學的基礎調查或學術研究成果其實並不多，多數調查研究更多是觸及六堆地區或整個臺灣客家範圍。當然，將六堆客家視為一整體進行調查當有其綜觀價值，然而屬於屏東地區的客家民間文學整理研究，其實仍待有識人士專心致力為之。

（二）閩南族群民間文學調查整理及研究

屏東地區閩南語民間傳說故事等民間文學調查整理工作在2008年以前幾乎未見，筆者自2008年至2012年間申請國科會（今科技部）屏東縣閩南語民間文學調查整理研究專題計畫，以四年時間進行全縣以講述閩南語為主的鄉鎮市調查工作，包括第一年的屏東市、里港鄉、萬丹鄉、林邊鄉和琉球鄉等五鄉市，第二年的九如鄉、鹽埔鄉、高樹鄉、潮州鎮、東港鎮、崁頂鄉、新園鄉、南州鄉等八鄉鎮，以及第三、四年的枋山鄉、車城鄉、枋寮鄉、滿州鄉、恆春鎮等屏東「半島地區」五鄉鎮，以及新埤鄉、佳冬鄉、內埔鄉、麟洛鄉、長治鄉、萬巒鄉、竹田鄉等七鄉以「客家族群」為主的閩南村落之閩南語民間文學調查研究工作。

1 閩南語民間傳說故事

有關屏東地區閩南語民間傳說故事專書有筆者出版之調查研究成果如《屏東縣民間文學集1：屏東縣閩南語傳說故事集（一）》（2010）、《屏東縣閩南語民間文學集3──下東港溪流域篇》（2012）等。至於其他有關屏東相關民間傳說故事整理成果，尚有林右崇的《傳說恆春：軼聞與傳說》（2010），如其所言：以鎮志卷1大事記、

卷9人物志、卷10軼聞傳說志為藍本，試圖讀取恆春發展過程中市井
生活的種種面貌，而其用意正是有感於全國三百餘鄉鎮大抵如恆春
人，對自己（對家鄉歷史）仍然懵懂未盡瞭解之際，「新臺灣人」何
來之有！[93]

　　其他學術論文研究成果包括筆者的〈國境之南的異地文化衝
容──從屏東恆春地區閩南語民間故事調查說起〉（2013），透過實地
調查研究，發現屏東半島地區之豐富傳說故事，而且主要融合漢人
（閩南族群、客家族群）和平埔族、原住民族之內容，顯具文化交融
特色。另外，學位論文則有雲林科技大學漢學所黃金鰲的〈恆春傳說
研究──以《恆春三帖》之《傳說恆春》為主要範圍〉（2012）等。

2　閩南語民間歌謠

　　戰後屏東地區的民間歌謠採集工作，可能可以上推至1967年（或
說1977年）呂炳川、史惟亮和許常惠等人對於恆春陳達的訪談與採錄
開始。[94]爾後，屏東縣恆春半島歌謠的採錄、整理、保存與推廣就一

93　林右崇：〈自序〉，《傳說恆春：軼聞與傳說》（臺北：白象文化事業有限公司，2010
　　年2月），頁6-7。按：林右崇以《恆春鎮志》為基礎，廣泛蒐集史料，加上採訪，完
　　成《恆春三帖》，包括《恆春記事：先民的足跡》、《人物恆春：我們的人與事》和
　　《傳說恆春：軼聞與傳說》，可以視為恆春地方文史研究之先驅作品。

94　李志銘在其網路專文中強調需要「破除民歌採集運動」中的神話，提到2021年3月
　　18日晚上由「古殿樂藏」在十方樂集舉辦的「呂炳川的臺灣歷史音樂採集」專題講
　　座上，主講人王信凱細心比對後意外揭開2000年由風潮唱片出版，許常惠、吳榮順
　　製作的《山城走唱：陳達・月琴・臺灣民歌》專輯中第一、二軌陳達以月琴彈唱的
　　〈思想起〉和〈五孔小調轉思想起〉兩首歌曲，許編造其錄音時間為1961年至1967
　　年，但實際上卻是來自1977年4月20日由許常惠創立「中國民族音樂研究中心」策劃
　　舉辦的第一屆「中國民間樂人音樂會」現場實況錄音，作者甚至推測其中的〈五孔
　　小調轉思想起〉也有可能是呂炳川實際對於陳達的採錄錄音。見李志銘：〈重建臺灣
　　音樂史觀（下）：破除「民歌採集運動」的神話〉，「鳴人堂」，2021年3月7日。下載
　　網址：https://opinion.udn.com/opinion/story/12369/5440016?fbclid=IwAR08mgqCjmnn

直持續進行至今。出生於屏東縣滿州鄉的曾辛得校長（1911-1999）曾蒐集流行於滿州地區的歌謠，並以部分內容作為前兩段曲調，自己再新創後兩段曲調，最後填入國語歌詞完成名作〈耕農歌〉。[95]同樣出生於滿州鄉的鍾明昆教授（1935-2013）則以一生推廣滿州歌謠。1979年起鍾明昆回到滿州鄉成立「滿州鄉民謠促進會」，一方面努力採集、紀錄和保存滿州民謠，一方面則發掘民謠的傳唱師，藉以保留和推廣滿州民謠。此外，1989年「恆春鎮思想起協進會」成立，就讀屏師的吳燦崑（1943-2004）畢業後回鄉任教，開始大力推促恆春民謠復興運動。當時恆春半島的歌謠採集整理成果，例如有鍾昆明採錄並自印《滿州鄉傳統民謠歌詞采錄集》、《吟唱鄉情・吟唱人生（恆春傳統民謠歌詞）》、《恆春傳統民謠的唱詞》，吳燦崑的《恆春民謠探索》（2001）、屏東縣恆春鎮思想起民謠促進會的《97年度研習教材彙集──恆春民謠歌詞採徵》（2008）、《恆春民謠文獻專輯特刊》（2008），許裕苗、陳東瑤、周大慶合著的《風之頌──亙古不朽的恆春半島民謠》（2008）等。

其他有關恆春半島歌謠的採集整理成果除有紀錄研究歌謠之文字外，多數會結合音樂曲調採錄，隨書附CD出版，例如：許常惠、吳榮順合著的《恆春半島民歌紀實》（附4CD，1999），徐麗紗的《恆春半島絕響：遊唱詩人──陳達》（附2CD，2006），和吳榮順的《臺灣失落的聲音：恆春半島海洋工作歌曲》（附1CD，2011）及《恆春半島滿州民謠歌手：張日貴的歌唱藝術》（附2CD，2012）等。其中，許常惠、吳榮順的《恆春半島民歌紀實》內容包括許常惠的〈還「思

HhBsZHniqYdXrIZTIXE-CnfdT8Zpnepey5jZHtiugQgRuiM。下載時間：2021年5月1日。

　　按：關於臺灣的民歌採集運動歷史始末並非本章節重點，然因與屏東地區恆春半島歌謠採錄時間點有關，故將此文訊息附於註解並看，後續解讀學界或讀者自能為之。

95 鍾明昆：〈耕農歌之來龍去脈〉，收入氏著《滿州風情》第二集（屏東：屏東縣滿州鄉民謠促進會，2013年1月）。

想起」一個自由的生命〉、〈細說陳達的說唱曲藝〉和〈十四首〈思想起〉賞析〉等文。

　　此外，有關屏東地區的閩南語歌謠採集調查，尚有屏東作家許思（許順進）整理林開海唸唱的歌謠出版的《海伯仔 e 歌》（1999）。屬於教學與計畫團隊進行的田野調查，則以2008年至2012年筆者帶領的屏東大學中文系民間文學課程團隊進行的屏東縣25鄉鎮市閩南語歌謠、諺語的採錄整理工作，並已出版《屏東縣閩南語民間文學集2──屏東縣閩南語歌謠諺語集（一）》（2011）、《屏東縣閩南語民間文學集3──下東港溪流域篇》（2012）和《屏東縣閩南語民間文學集4──恆春半島歌謠輯》（2016），後者包括〈思雙枝〉、〈楓港調〉、〈牛母伴〉、〈五孔小調〉、〈守牛調〉、〈恆春小調〉、〈四季春〉等百多首恆春半島傳統歌謠紀錄整理。這些採集兼有錄音和原音記錄，雖未附錄於《恆春半島歌謠輯》專書中，但後來屏東大學教務處教學資源中心策劃數位典藏資料庫過程中，曾揀擇30首較為完整的錄音作為數位典藏，此工作應是當下屏東恆春半島歌謠整理的重要工作之一。

　　至於屏東地區閩南語歌謠之民間文學研究成果，其中單篇文章者如有劉建仁的〈恒春民謠〈思想起〉〉（1984），鍾明昆的〈恆春民謠〈思想起〉〉（1999），吳燦崑的〈恆春民謠推廣〉（2002），戴鐵雄的〈思想起的故鄉：恆春〉（2005），陳俊斌的〈恆春調民謠中的族群風貌〉（2005），吳榮順的〈重返現場──論五六十年代的恆春半島民歌〉（2008），以及簡上仁的〈陳達的歌，在音樂和文學上的意義和價值〉（2009）等。2009年屏東縣政府文化處與屏東教育大學（今屏東大學）文創系合作舉辦「2009恆春民謠學術研討會會議」，會後出版《2009恆春民謠學術研討會會議手冊暨論文集》中收錄有何宜靜的〈「思想枝」恆春古城民謠的傳唱──以朱丁順、陳英為例〉、郭嘉文的〈民謠音樂文化的傳承與發展──以恆春鎮大光社區為例〉等論

文。另外，還有陳怡如在《屏東文獻》發表的〈《海伯仔 e 歌》的地方實踐與再現〉（2012），主要以屏東潮州作家許思為林開海唱唱歌謠所整理的文本為研究對象，以及探討屏東小琉球走唱藝人陳其麟的歌謠唱唱及其反映出來的琉球鄉之〈經驗與地方——陳其麟歌謠中的屏東縣琉球鄉〉（2013）。筆者則從田野調查成果提煉議題，專論探討屏東縣閩南語歌謠及恆春半島歌謠之保存、傳唱及應用等思考，例如〈念出地方，唱出傳承——屏東縣閩南語歌謠及其鄉土語文教學應用〉（2012）和〈該怎麼唱下去的思想起？——屏東縣恆春半島閩南語歌謠整理與研究〉（2015）等二文。

　　另有以屏東縣閩南語歌謠或諺語為研究對象的學位論文，最早可以藝術學院（今臺北藝術大學）音研究所陳俊斌的〈恆春民謠研究（一）（二）〉碩士論文（1993），但該論文以傳統音樂為論述重點，非主以民間文學為研究領域。以歌謠文本為重點研究者例如花蓮師範學院語文科林純宇的〈思想起歌謠研究〉教學碩士論文（2000），成功大學臺灣文學所周定邦的〈詩歌、敘事kap恆春民謠：民間藝師朱丁順研究〉碩士論文（2008），臺東大學華語文學系臺灣語文教師暑期碩士班林彥廷的〈滿州鄉〈思想起〉歌謠之研究〉碩士論文（2008），屏東教育大學（今屏東大學）中文所陳怡如的〈屏東縣閩南語歌謠研究〉碩士論文（2012），東華大學中文所林愛子的〈屏東地區諺語研究——以《屏東縣民間文學集2屏東縣閩南歌謠諺語集（一）》為範圍〉（2012）等。其中陳怡如的〈屏東縣閩南語歌謠研究〉論文可算是較全面地以屏東縣濱海地區、內陸地區與半島地區之講述閩南語為主的鄉鎮市所流傳的閩南語歌謠進行整理探究，發現閩南語歌謠具有生活、情感、想像以及社會議題等內容；該論文更透過人文地理學理論，從地方本位思考如何讓閩南語歌謠進入地方教育與生活實踐中，並可以建立長期且深入的地方感。

　　如果Tim Cresswell所言的：「地方也是一種觀看、認識和理解世界的方式。」和段義孚提出的「地方之愛」而將地方作為「關照場域」的觀點可以被接受，那麼對於屏東民間文學的調查與整理工作，其實是從地方出發去思考「屏東」的價值和意義問題，這其實也是找尋「屏東符號」的過程，也是地方知識建構之必要途徑。從屏東縣民間文學的調查整理與研究推廣，透過「位居地方」（in place）的關照與認知，我們將可以重新看見所謂的「屏東」，其實或許正是一個幸福的「家」的風土概念！

小結　地方風土的幸福感

　　依據歷史哲學家赫爾德的「精神風土學」來說，他發現同為人類卻以各種各樣的姿態在地球上的各個「地域」內把自己風土化了。我們應該從包含一切日常生活的整體中去發現風土，因為就一個地方的群眾而言，風土為它培育出唯有從其風俗及生活方式的整體中才能覺察到的微妙素質。在赫爾德的人類精神風土結構中，其認為「幸福」也具有風土性，他認為文明或文化未必就意味著幸福，只有樸素、健康的生活得歡欣才是真正的幸福，這是赫爾德特殊的人道觀念，他認為：一個人既不支配誰，也不受誰支配，而且希望自己及他人都幸福，這就是人道。換言之，不能用一個地方的幸福標準去評斷其他地方的幸福與否；也就是說，幸福具有風土性。[96]這樣的幸福感，應該來自每個地方群眾的親切感受與實際參與，在地方找到價值與意義的關照，那才是具有地方風土的幸福感！

　　從2008年以來持續或間歇地在屏東地區的民間文學調查與整理過

---

96 〔日〕和辻哲郎著、陳力衛譯：《風土》，頁226-230。

程中，筆者深刻體會每個講述者都熱愛著自己的家鄉，誠摯地傳唱每首或每段他們浸濡數十年的唸唱與講述；他們在實踐中印證風土性，在情感中傳遞風土情。因為對於屏東有了依戀情感，在家鄉進行田野工作，也就成為民間文學學者的「地方之愛」了。

第三章
念唱地方與記憶
——屏東縣閩南語歌謠採集及其傳承應用

　　自2008年以來筆者分次向行政院國家科學委員會（今科技部）提出「屏東縣閩南語民間文學之調查研究」專題研究計畫，以科學性的采錄原則和記音方法，進行屏東縣25個鄉鎮市的閩南語民間文學整理研究。前二年度的調查工作集中於屏東縣屏北平原、沿海地區，包括屏東市、里港鄉、萬丹鄉、林邊鄉、琉球鄉、潮州鎮、東港鎮、九如鄉、鹽埔鄉、高樹鄉、新園鄉、崁頂鄉、南州鄉等13個鄉鎮，並已出版《屏東縣閩南語傳說故事集（一）》、《屏東縣閩南語歌謠諺語集（一）》和《屏東縣閩南語民間文學集3：下東港溪流域篇》三書。[1]

　　從前二年所整理的屏東縣閩南語歌謠來觀察，大致可依類型分成四類：其一，臺灣傳統閩南語歌仔，此類又可分成：1、長篇歌仔，例如琉球鄉的國寶藝人陳其麟先生念唱的〈英臺廿四送〉、〈王寶釧〉、〈周成過臺灣〉，或是屏東市林青女士念唱的〈雪梅思君〉等，或是潮州鎮林開海先生念唱的〈英臺廿四送哥歌〉、〈十二生肖歌〉等，又或是如九如方順生的〈十二條手巾歌〉等。2、七字仔，例如林青女士念唱的〈柑仔欲食歸輾輾〉、〈手抱鏡臺欲梳妝〉，或如屏東市莊發先生念唱的〈陳三五娘〉等。其二，雜念仔，例如林青女士念

1　黃文車編著：《屏東縣閩南語傳說故事集（一）》、《屏東縣閩南語歌謠諺語集（一）》，屏東縣閩南語民間文學集1、2，（屏東：屏東縣文化基金會，2010年10月、2011年7月），《屏東縣閩南語傳說故事集3：下東港溪流域篇》（屏東：屏東縣阿緱文學會，2013年12月）。

唱的〈弄新娘歌〉、〈天烏烏〉、〈打馬膠〉、〈白鷺鷥〉等,或如林邊鄉阮百靈先生所念的〈一流的觀興望斗〉、〈一指不精誤人一生〉等,或如九如翁石能先生念唱的〈蚯蚓會唱歌〉等。其三,早期傳統小調,如陳其麟念唱的〈弄車鼓調〉、〈臺東調〉等,或是林青女士念唱的〈五更鼓〉、〈駛犁歌〉等。其四,閩南語流行歌曲,例如莊發先生念唱的〈思想起〉、〈懷春曲〉等。

　　第三年度的「屏東縣閩南語民間文學之調查研究」工作重點主要是在屏東縣沿海與半島地區,包括新埤鄉、佳冬鄉、枋寮鄉、枋山鄉、車城鄉、恆春鎮和滿州鄉等,並已經出版《屏東縣閩南語民間文學集4:恆春半島歌謠輯》[2]。三年多的屏東縣閩南語民間文學採集研究過程中可以發現耆老凋零與記憶流失等問題嚴重,而田野調查工作又必須和時間賽跑,因此,屏東地區的民間文學整理需要有關單位及學術研究者的大力投入,這些文化資產除可提供民間文學或區域文化之後續研究參考,或是一般大眾延伸閱讀外;更進一步者亦可將計畫成果中優良之內容簡譯並注音成為兒童繪本或有聲書,藉此落實臺灣鄉土文化與母語教育工作。因此,無論是對於屏東縣無形文化資產的保存、臺灣民間文學或區域文化學術研究、鄉土語言教育,或是延伸閱讀、鄉土文化影音創作欣賞等,皆有其價值性和重要性。

第一節　屏東縣屏北、沿海地區的閩南語歌謠調查研究

　　Tim Cresswell在定義地方(Defining Place)的時候強調:「地方也是一種觀看、認識和理解世界的方式。……這裡的『地方』不單是

2　黃文車編著:《屏東縣閩南語民間文學集4:恆春半島歌謠輯》(高雄:春暉出版社,2016年1月)。

指世間萬物的特性，還是我們選擇思考地方的方式的面向。」[3]如果我們把「地方」當成是一種認識的方式，那麼被認識的地方將可呈現怎樣的意義？前文提及，段義孚（Yi-fu, Tuan）在《戀地情結》（另譯為《地方之愛》，Topophilia）書中強調的是「地方人地觀」的步驟，其言「地方之愛」此詞彙乃涉指「人與地之間的情感紐帶」。[4]因此我們也需要經由人類的感知和經驗，透過地方去認識世界。

　　如果「地方」不只是地景，而是一種關照與認識的方式，那麼我們可以調整過去以山海為物的空間（space）概念去涵蓋過去「屏東」被看見的地方印象，而地方則決定了我們的經驗。透過場域的關照，以情感和價值為基礎去重新省視和討論被看見的地方意義，如此，才能達到「位居地方」（in place）的現象學思考[5]。所以瑞爾夫（Relph）提到：

> 地方的基本意義（本質）不因此源於區位，或者地方所提供的瑣碎功能，也不來自佔據地方的社區，或是膚淺世俗的經驗……地方的本質在於大體上沒有自我意識的意向性，這種意向性將地方界定為深刻的人類存在中心。[6]

3　〔英〕Tim Cresswell著，徐苔玲、王志弘譯：《地方：記憶、想像與認同》（*Place: a short introduction*）（臺北：群學出版有限公司，2006年12月，一版三印），頁21-22。

4　〔美〕段義孚著，志丞、劉蘇譯：《戀地情結》（Topophilia）（北京：商務印書館，2019/11），頁4。

5　〔英〕瑞爾夫（Relph）在《地方與無地方性》（1976）中確立了所謂我們對地方的實際知識——我們知道在哪裡生活的這個日常世俗事實。瑞爾夫從海德格（Martin Heidegger）的《存在與時間》（Being and Time）書中確認了「此在」（dasien）的概念，亦即海德格所認為的，真正的存在乃是扎根於地方的存在。所以，「區位」並不是地方的必要或充分條件。因此瑞爾夫主張，意識不只是某物的意識，還是安適其所（in its place）的某物，而人之所以為人的唯一方式，就是「位居地方」（in place）。Tim Cresswell著，徐苔玲、王志弘譯：《地方：記憶、想像與認同》，頁36-40。

6　Edward Relph, *Place and Placeless*, London: Pion, 1976, p.43.

地方的「本質」（essence）何在？究其根本，還是要回到瑞爾夫所提出的人類就是要「位居地方」（in place）思維，如其引述蘭格（Susanne Langer）所認為的：地方在比較深刻的意義上，根本不需要有任何固定不變的位置，如同「不斷變換位置的船舶，仍然是個自給自足的地方。」（Susanne Langer, 1953,p.95）[7]。另者，在「全球化」發展過程中的地方思考，可能也會觸及瑞爾夫所關注的「地方侵蝕」議題，媒體或傳播帶給地方的「無真實感」又會是怎樣的情況？因此，本小節希望透過屏東縣在地念唱者所念唱的閩南語歌謠內容去思考歌謠中的場域關照與位居地方思維，並進一步探究地方的真實性意義所在。

　　2008年、2010~2011年執行國科會（科技部）「屏東縣閩南語歌謠與故事之調查研究」與「屏東縣閩南語民間文學之調查研究（Ｉ）」的二年時間，我們在屏東縣沿海地區的琉球鄉與平原地區的潮州鎮找到兩位擅長歌謠念唱的老人家：陳其麟先生[8]和林開海先生。以下將分點探討屏北、沿海地區的調查過程與成果，分析當地民間念唱者所

7　Edward Relph, *Place and Placeless*, London: Pion, 1976, p.29.

8　陳其麟（1927年6月28日-2011年9月30日），當地人稱呼他叫「其麟伯」。屏東縣琉球鄉天福村人，祖先來自福建泉州。幼時因患有氣喘故小學讀了七年，14歲以後開始討海捕魚，22歲當上船長，之後開始其自修摸索彈唱的過程。當時小琉球唯一會彈月琴的中寮老者不肯傳授他功夫，其麟伯便靠著毅力和苦修，才能記得上百首的歌謠。參考眭澔平製作：《臺灣最後的走唱人：小琉球其麟伯》之「其麟伯製作引言」，（臺北：喜馬拉雅音樂事業股份有限公司，2002年），頁4。按：後來其麟伯將他的兒子送去高雄前鎮其兄長之武館學武，他則是在兒子出師時候，父子倆便在前鎮漁港以文武場一同賣藥，走唱表演於高雄、鼓山、東港、小琉球等地。其麟伯的這張唱片後來獲得2003年第14屆金曲獎「傳統暨藝術音樂作品類最佳戲曲曲藝專輯獎」。2008年5月26日屏東教育大學教師發展中心與中國語文學系合辦「歌仔戲說唱研習會」邀請其麟伯現身談唱，風靡全場聽眾；2009年其麟伯獲邀參加「恆春國際民謠音樂節」演出，深獲觀眾好評。不過，2010年以來他的體力欠佳、記憶退化，家人擔心他的安全問題，其麟伯便不再到小琉球烏鬼洞彈唱賣藥。2011年8、9月間，時任屏東縣長曹啟鴻及文化處長徐芬春都到小琉球探視其麟伯病情，其麟伯還為他們彈唱幾曲，風韻依舊。2011年9月30日，其麟伯因年老體衰，與世長辭。

念唱之閩南語歌謠之內容主題及地方記憶，[9]並進而思考這些歌謠於鄉土語文教學應用之可能。

一　阮去討海無了時：其麟伯的勸世歌文

　　根據筆者自2008年8月至2009年7月於屏東縣沿海地區的琉球相進行田野調查過程中，採錄了陳其麟所念唱的閩南語歌謠，約可概分成二類：（一）歷史長篇歌仔：例如〈英臺廿四送〉、〈王寶釧〉、〈周成過臺灣〉等；（二）自編現代歌謠：例如〈小琉球討海歌〉等。[10]若將睦澔平製作的《台灣最後的走唱人：小琉球其麟伯》CD拿來比較，尚可補入〈妲己敗紂王〉（姜子牙下山）、〈勸世歌〉等長篇歌仔，以及〈南都之夜思想起〉、〈星夜蟲鳴海風版思想起〉、〈鮮蚵仔嫂臺東調〉、〈丟丟銅仔宜蘭調〉、〈再會丟丟銅仔〉、〈小琉球弄車鼓調〉等兼具民謠小調及自編新創之歌謠，另外還有〈牡丹〉、〈火燒罟寮隨興曲〉等七字仔，以及〈蟬鼠謠〉此一首童謠。不過，該CD並未收錄筆者編著《屏東縣閩南語歌謠諺語集（一）》中所收錄的〈周成過臺灣〉。

　　換句話說，目前可知其麟伯所念唱的閩南語歌謠大致可分成幾類：（一）歷史歌仔，其中又包括：1、歷史長篇歌仔，如〈英臺廿四送〉、〈王寶釧〉、〈周成過臺灣〉、〈妲己敗紂王〉（姜子牙下山）、〈勸世歌〉等；2、七字仔如〈牡丹〉、〈火燒罟寮隨興曲〉等。（二）小調新唱或自編新曲，如〈小琉球討海歌〉、〈弄車鼓調〉、〈南都之夜思想

9　按：除了陳其麟和林開海外，我們也在屏東縣九如鄉訪談了翁石能先生、方順生先生，他們也念唱了〈蚯蚓會唱歌〉、〈李哪吒出世〉、〈十二條手巾歌〉等歌謠；屏東縣東港鎮蔡誌山校長也念唱了三葩〈勸世歌〉等，但考慮能聚焦於當地民間念唱者，因此本小節暫未討論其他念唱者。

10　黃文車編著：《屏東縣閩南語歌謠諺語集（一）》，頁90-107。

起〉、〈星夜蟲鳴海風版思想起〉、〈鮮蚵仔嫂臺東調〉、〈丟丟銅仔宜蘭調〉、〈再會丟丟銅仔〉等。（三）童謠，如〈蟬鼠謠〉等。

第一類的「長篇歌仔」對其麟伯而言，那是他賣藥走唱的看家本領。即便中寮老者不願傳授彈琴功夫給他，其麟伯還是在自學摸索過程中，努力記下上百首的歌仔念謠，從中可以體會其為生活與興趣奮鬥堅持的毅力與苦心。上述其麟伯念唱的長篇歌仔中，〈王寶釧〉、〈周成過臺灣〉和〈妲己敗紂王〉等屬於歷史故事，篇幅不長，不過特殊的是這些歌仔可能都經過其麟伯的改編，例如〈王寶釧〉此歌後幾句複合了「身騎白馬走三關，帶念中原王寶釧。我滯西遼無人管」之戲曲唱詞，但最後三句卻是「寶釧自我出門哭到旦（tann），今日東風這爾透，見景傷情目屎流。」（CD，頁13）或如〈妲己敗紂王〉最後二句是「返去跟我彼個老柴耙起冤家，返去跟我彼個老柴耙起冤家」的生活性敘述皆可發現。

至於〈勸世歌〉和〈英臺廿四送〉則屬較長歌仔，細讀〈勸世歌〉內容，仍然充滿「人講花無百日紅，人毋通欲食毋振動，誤了青春一世人」或「世間的人百百款，海是上深天上懸，艱苦富貴、人就免怨嘆」等勸世話語，但卻更為生活化，尤其是其麟伯的〈勸世歌〉開頭四句是「婦女姊妹我總請，我來罔講你罔聽。萬項一切人運命，毋免怨嘆道半聲。」（CD，頁14-15）而非一般聽到的坊間〈勸世歌〉是「我來念歌乎你聽，毋免撿錢免著驚。勸恁做人著端正，虎死留皮人留名。」等唱詞，因此可以確定的是：這首〈勸世歌〉（包括上述歷史歌仔）應是其麟伯在鄉間走唱賣藥時自學自編的念唱作品，來聽歌買藥的可能多是婦女人家，於是其開頭便唸道「婦女姊妹我總請，我來罔講你罔聽」等，更能考驗民間念唱者的臨場反應，也呈現其麟伯唱念歌謠時的生活性與互動性特色。

〈英臺廿四送〉在《臺灣最後的走唱人：小琉球其麟伯》中完整

錄完廿四送，並附上〈祝母問英臺〉和〈梁母責山伯〉兩段，完整詳細的程度著實令筆者敬佩。一則是其麟伯當時以76高齡能將之唸出（推測是分次分段念唱），二則是眭澔平的毅力採錄。因為據筆者於2008年8月採錄已82歲的其麟伯時，發現其記憶力已不如前，[11]〈英臺廿四送〉只念唱了六送，剩下的要筆者及組員回家自己閱讀。在其抱歉之餘，筆者深受感動的是一位老者念唱的賣力與真誠，以及隨之而來的民間文學逐漸流失的惶恐。

　　第二類的小調新唱或自編新曲，其實才是其麟伯念唱生涯的代表作品。其麟伯善於把人生體悟及琉球風情加入他的念謠當中，例如其自編曲〈小琉球討海歌〉就是他討海生活的甘苦：

> 今仔咱細漢無漢草，大漢袂得人出頭。父母俗囝無計較，予囝討海目屎流。有時見著風湧透，歸付个心肝亂透透。欲菜也欲湯，毋知好倒轉，阿母目屎gîn-gîn流。
> 講去討海驚我熱，實在艱苦無快活。天來無邊海無岸，海水潑到阮身寒。【衫濕褲也濕pih-pih-tshuah，各種無奈無得法。毋討也袂用，家內欲生活，阿母仔毋知囝我。】
> 講起討海的人家，實在艱苦無人替。每日在外海中蹛，衫褲穿甲破胿胿。風吹日暴黑褐褐，較好雪文洗袂白。為著欲生活，生活欲佗提，愛人啊毋知陀一个。[12]

11　按：筆者採錄其麟伯的時間2008年，當時其言自己是82歲，與以其出生年1927推算，落差不大。但若依據眭澔平《臺灣最後的走唱人：小琉球其麟伯》CD中附贈的「其麟伯製作引言」內容所言，眭採訪其麟伯時他是76歲，換言之應該是2004年，不過此張CD在2001年即已出版，並在2003年獲得金曲獎，可見年歲所記應有誤差，推測當時其麟伯應該是73歲左右。

12　黃文車編著：《屏東縣閩南語歌謠諺語集（一）》，頁104-107。按：筆者採錄此歌部分內容與用字和《臺灣最後的走唱人：小琉球其麟伯》CD中所載錄者（頁16-17）

　　〈小琉球討海歌〉唱出其麟伯的討海生活，因為細漢無強健體格，長大又無法出頭，父母親只好讓他去跑船維生。討海生活無快活，「實在艱苦無人替」，如歌所唱「天來無邊海無岸，海水潑到阮身寒」、「衫褲穿甲破胿胿，風吹日暴黑裼裼」，但是家中生活要錢，自己痛苦無人知曉，愛人也不知在哪裡！此歌唱出琉球討海人的艱苦人生，好似已故臺語歌星陳一郎所唱的《行船人的純情曲》中所唱的「生活海面行船岸，海水潑來冷甲寒。為著生活來打拚，心愛應該瞭解我。」[13]那樣的無奈與堅忍。

　　另一有特色的是其麟伯以小調為曲的隨性念唱歌曲，例如〈南都之夜思想起〉、〈星夜蟲鳴海風版思想起〉、〈鮮蚵仔嫂臺東調〉、〈丟丟銅仔宜蘭調〉、〈再會丟丟銅仔〉等歌。其麟伯隨手拈來以〈思想起〉、〈臺東調〉、〈宜蘭調〉和〈丟丟銅仔〉等民謠小調為樂，加入自己的隨性唱念，相當具有吸引力。此類型歌謠可以發現二大特色：

　　有些許出入，此乃民間念唱的變異特色，故不需刻意斟酌是非。唯筆者所採錄的內容因原唱者落去中間五句，故以《臺灣最後的走唱人：小琉球其麟伯》CD所錄之歌詞補入，並以【】標示。以下若有類似情形，作法同此。

13　陳一郎這首〈行船人的純情曲〉於1982年由南星唱片發行，根據欣代唱片董事長張春雄的說法，聽說此歌詞曲是一位叫夏進的東港琉球當地船員所寫。1982年陳一郎隨那卡西到小琉球演出，夏進在請陳一郎為之伴奏，唱出這首〈討海人的心聲〉，讓陳一郎非常感動，並將此歌學起，後來唱片公司老闆將此歌版權買下，改名為〈行船人的純情曲〉並由陳一郎演唱，此歌便大紅於臺語歌壇。不過這首〈討海人的心聲〉是何時創作已不可考，但確信在陳一郎唱紅此歌前，此歌已在船員間口耳相傳。下載時間：2011年9月29日。下載網址：「從臺灣聽世界」http://tw.myblog. yahoo.com/djabgosun-djangosun/article?mid=1194&sc=1。按：比較其麟伯的〈小琉球討海歌〉和陳一郎的〈行船人的純情曲〉，兩首歌各有韻味，前者是民間念唱的七字仔版本，後者是現代流行臺語歌曲，唱法不同，曲風亦異；但二者同以七字仔形式敘事，同是三段歌詞（每段八句），而歌中的敘述與情感確有許多近似之處。所以，如果張春雄的說法是可信的，那麼我們推測〈小琉球討海歌〉和〈討海人的心聲〉應該會有關係，可能還有更基本的歌謠原型存在更早的當地口傳文學中，又或許是二歌之間有交疊影響之可能存在。

（一）唱詞與段數非固定，例如〈星夜蟲鳴海風版思想起〉和〈思想枝恆春謠〉用的都是〈思想起〉的調，但唱的內容分別是：

> 思想枝／竹筍離土目目柯／哎唷喂／移山（伊是）倒海樊梨花／哎唷喂／有錢郎兄就來娶／哎唷喂／毋通（伊是）害娘落煙花／哎唷喂。（〈星夜蟲鳴海風版思想起〉第一段）

> 思想枝／第一好鳥是班甲／哎唷喂／竹頂（伊是）毋歇歇土下／哎唷喂／小娘仔跟歌有和／哎唷喂／抽籤（伊是）卜卦無增差／哎唷喂……（〈思想枝恆春謠〉第三段）。

（二）多情愛主題，這些民謠小調曲風的念唱帶有傳統閩南語念謠的情歌主題取向，例如〈鮮蚵仔嫂臺東調〉：

> 去到臺東花蓮港，街頭生疏不識人。殷望阿哥【娘】[14]相疼痛，疼通阿哥出外人。
> 一隻漁船駛外開，一隻煙筒雙枝桅。娘仔愛哥我來跪，跪到胸前結兩蕾。

前一段歌詞和今日所唱的〈臺東調〉差異不大，不過第二段則是隨性加入的情愛敘述，而且還帶有民間葷歌的男女暗示。從此歌謠可以看見民間念唱者的自主性與臨場性，更重要的是未經潤飾的民間性，而這才是小琉球民間念謠最原始的趣味所在。

---

14 按：本文所引其麟伯之歌謠暫不改動原文本用字，唯原文本用詞疏誤、打字有錯或需標音者，則以【】標示，以下同。又，若遇上造字或特殊代字，則以教育部頒訂之臺羅版閩南語漢字替代。

二　愛唱臺灣是寶島：海伯仔[15]的自編歌謠

　　1998年8月以後，作家許思開始著手整理林開海先生的四句聯自編念唱。就許思的整理動機所言，他認為海伯仔能用古調唱出今詞，內容又跟得上時代，而且具有批判意義，這樣的歌謠不加以整理，實在可惜！[16]於是許思整理了海伯仔20個主題的自編四句聯歌謠，每個主題約唱八至十二葩（pha，四句），較為特殊的是每首歌謠前會說明本歌適用曲調為何，而歌後也將調譜刊出以供演奏念唱。

　　2010年9月至2011年2月間，筆者也曾三次拜訪海伯仔，共採錄了14首歌謠，不過比較可惜的是，除了〈喜宴出菜歌〉、〈十二生肖歌〉等幾首有完整唸完外，其餘的大多只念個二至四葩左右。有此落差主要還是因為筆者採錄時間距許思整理海伯仔的歌謠已過12年，海伯仔也從72歲變成83歲老者，許多歌謠的記憶已不如前。不過，比較《海伯仔 e 歌》和筆者團隊採錄內容，可如表3-1呈現：

15　林開海（1928-），當地人稱呼他為「海伯仔」。屏東縣崁頂鄉力社村人。家裡務農，16、17歲時曾被日軍調去做「奉事」等勞動服務，參與過屏東機場工事、南勢湖、石頭營等軍事用地工程，不過這些都是義務不支薪的「無料」工作。20多歲開始，海伯仔便喜歡哼歌、改歌詞，52歲農事退休之後，他便和五、六位會拉弦仔的好友組成一業餘的樂團，由海伯仔擔任主唱，念唱其自編的歌謠，大受群眾歡迎。潮州、崁頂、佳冬塭仔、屏東公園、里港等地都有不少人聽過他自編的四句聯。1991、1992年他參加音樂比賽獲得長青組冠軍，後來也上過民視、超視、三立等無線電視臺，以及地方電視臺錄影。許思（許順進）編著：《海伯仔 e 歌》之〈海伯小傳〉（屏東：屏東縣作家文庫，2000年），頁1-10。

16　許思言其1998年退休後開始興起替海伯仔出書的念頭，他說：「在此之前曾在競選政見會上聽他（海伯仔）消遣、挖苦政治人物的歌，進步社會促進會辦的活動，他居然能用古調把環保歌唱得那麼好，想想，如此生動，而且內容跟得上時代、富創意的唱詞，不加以紀錄、整理，覺得太可惜。」於是由其主編，屏東縣立文化中心出版的《海伯仔 e 歌》在1999年出版並列入「屏東縣作家文庫」之一。許思：《海伯仔 e 歌》，頁4。

表3-1　《海伯仔 e 歌》與筆者田野採集內容比較表

	許思《海伯仔 e 歌》，1999	筆者，田野調查，2010-2011
1	錢免計較（曲：臺灣民謠曲）	人生在世
2	古早 e 歹命囝（曲：文和調）	＊
3	阿本仔 e 統治（曲：臺東調）	古早的日本仔（臺東人）
4	農村兄弟（曲：駛犁歌）	過年跋筊（亂彈雜念）
5	臺灣是寶島（曲：思想枝）	臺灣寶島（臺東人）
6	水雞仔歌（曲：草蜢仔弄雞公）	＊
7	忤逆大不該（曲：無緣做鴛鴦）	＊
8	早期娶新娘（曲：都馬調）	娶某（都馬調）
9	喜宴出菜歌（曲：桃花過渡）	出菜歌（桃花過渡）
10	錢嘛會害人（曲：無緣做鴛鴦）	＊
11	乞食歌（曲：卜卦調）	＊
12	來唱咱 e 潮州（曲：思想枝）	＊
13	毋通拜過頭（曲：臺東人）	毋通拜過頭（臺東人）
14	福德正神（曲：都馬調）	＊
15	十二生肖（曲：臺灣民謠）	十二生肖（臺灣民謠）
16	六合彩（曲：鹽埕區長）	六合彩
17	第一要緊是環保（曲：都馬調二）	環保歌（鹽埕區長）
18	莫做歹學生（曲：五更鼓）	＊
19	路頂 e 生命（曲：母啊喂）	交通（鹽埕區長）
20	治安啊治安（曲：心酸酸）	政治歌
21		青春嶺
22		英臺廿四送哥歌

　　若以不重複性來看，那麼被整理的海伯仔自編歌謠一共有21首（〈青春嶺〉屬於閩南語流行歌曲，暫不列入），筆者團隊所採錄的多出了〈英臺廿四送哥歌〉此首。許思說：「海伯自編的歌詞雖以勸世為主，但卻不古板，充滿反諷、辛辣、俏皮，因主題而異。內容包含環保、歷史、農民、民俗、交通、治安、孝道、教育。」[17]不過綜合地來觀察海伯仔的自編歌謠，大約可以暫分成以下四大主題：

　　（一）人生議題：例如〈錢免計較〉、〈忤逆大不該〉、〈錢嘛會害人〉、〈莫做歹學生〉等，這類主題主要乃在勸誡世人應該孝順、知足，並且要自愛。我們可以看〈忤逆大不該〉所唱的：

> 人生出世在世間，有孝爸母頭一層。爸母養成咱大漢，忤逆爸母先嘸通。
>
> 十月懷胎恩愛報，一歲二歲塗腳趖。半暝嘸睏哭甲嘈，爸母無睏爬來抱。
>
> ……
>
> 未娶某前誠有孝，娶某了後亂操操。被某煽動綴某走，害著爸母目屎流。
>
> 一種胡塗查甫囝，未娶某前叫俺娘。娶某了後變某囝，不時甲爸母大細聲。
>
> ……
>
> 俗語deh講一句話，好囝嘸免相濟e。人講濟囝餓死爸，相濟新婦氣大家。

---

17 許思：《海伯仔e歌》，頁6。

做人囝兒甲新婦，忤逆爸母豬狗牛。豬仔食包倒deh睏，做人未曉分五倫。

……（頁62-66）

海伯仔的自編歌謠加入臺灣民間俚諺的勸世思考，例如「娶某變某奴（囝）」、「好囝毋免濟」、「濟囝餓死爸，相濟新婦氣大家」等等，讓歌謠唱來更具批判與反思力道，字字句句皆有震撼性，而海伯仔的用意其實就是要讓聽歌的人知曉「有孝二字正當然，不孝爸母大逆天」。

　　相對於要人孝順、自愛的強力訴求主題外，人生勸世歌也在慰勉幽微的生命，例如〈錢免計較〉：

你我出世無半項，轉去雙手攏空空。生活好穩免怨嘆，散赤嘛是咱一人。

作人嘸免分懸低，嘸通靠勢錢誠濟。頭殼看懸無看低，萬一跋倒會躘碌皮。

人生在世無外久，嘸免計較錢誠有。金錢甲人食平久，轉去江山逐項無。

這歌謠部分參考了閩南歌仔冊《人生不知足歌》中所說的：「咱來出世無半項，返去雙手又空空。帶只世間那眠夢，死了江山讓別人。」[18] 等歌詞，用來說明人無分貴賤，莫以錢衡量人的道理。因此海伯仔繼續編唱歌謠勸著：

---

18 竹林書局發行：《人心不知足歌》（全三本），（新竹：竹林書局，1990年8月，第九版）。

> 有錢功德加減做，世間暫時來迌迌，勸咱嘸通烏白做，天理昭
> 昭嘸是無。
> 做人嘸免激氣口，人講有錢佇恁兜。有錢嘸免相計較，散赤子
> 弟會出頭。
> 人講趁錢有度量，奸奸究究天不從。嘸通有錢濫使用，害著囝
> 孫受災殃。

所以要多作功德，不要招搖擺闊，如果為非作歹，那麼天理昭昭報應
即來。更重要的是，海伯仔還提出「散赤子弟會出頭」以及「人講趁
錢有度量」兩個觀點，這其實也是一般大眾的良心認知中，屬於社會
公理要求的「得財有道」，以及「努力可成」的庶民奮鬥觀。

　　（二）社會政治：例如〈古早 e 歹命囝〉、〈阿本仔 e 統治〉、〈農
村兄弟〉、〈六合彩〉、〈第一要緊是環保〉、〈路頂 e 生命〉、〈治安啊治
安〉等。海伯仔編了許多批判政治黑暗壓迫、社會無理現象的歌謠，
用以傳達社會百姓對於無法掌握之政治或社會的關懷聲音。其中，還
有海伯仔很擅長的「政治歌」，不過因為海伯仔個人要求，所以許思
並未將政治歌列入《海伯仔 e 歌》書中。但據許思〈海伯小傳〉中所
言：「他（海伯仔）轉戰南北參加候選人的政見會，登臺大批時政，
他的政治歌辛辣、火爆、挖苦、諷刺兼而有之，真夠嗆的。連同場演
出的演講者都大嘆：『以後不必演講了，請海伯來唱就 OK 了，說的永
遠都不如唱的！』」（頁7）
　　在社會批判方面，八〇年代盛行的〈六合彩〉成為海伯仔批判的
對象：

> 六合彩券響全省，有人事業做燴成。歸暝無睏車跋反，夢著明
> 牌目睭前。

第一可怕六合彩，三更半暝損明牌。手轎夯來烏來鏗，害阮貢
龜誠悲哀。

六合彩券誠轟動，開獎進前烏白傱。恐驚明牌無妥當，要求濟
公茄苳王。……

六合彩券耷耷滾，簽牌 e 人亂紛紛。為著明牌無食睏，有人簽
甲賣田園。

如此荒誕不經的瘋明牌現象正好凸顯1980年代臺灣經濟逐漸起飛、物
質文明大幕翻起後所揭開的另一社會底層面貌，之後蔡秋鳳唱的〈什
麼樂〉[19]更把臺灣瘋狂簽賭投注的社會現象作了戲謔的調侃與勸告，
不過可惜的是歌曲唱完，賭風依舊。海伯仔的歌謠裡念唱出為了簽牌
以致事業不顧、夫妻失和、不吃不喝、典田賣園，最後欠了一堆賭債
只好「跳樓見閻君」！因此海伯仔唱道「六合彩若無解散，害死臺灣
誠濟人」，並言「六合明牌全無影，毋通迷信烏白聽」。從一個民間念
唱者的角度而言，他無法也無能改變這樣的社會歪風，但為了「第一

---

19 〈什麼樂〉引自蔡秋鳳《什麼樂》閩南語歌曲專輯，愛莉亞唱片，1987。這首歌後
來也成為1988年電影《天下一大樂》的主題曲。歌詞暫依原歌單打字如下：九九講
是天公牌／00講是地王牌／搦（làk）著四四講會歹。／啊現代人是真趣味／出門走
路是頭欺欺／正途的生意是放一邊／啊講什麼袂赴飼／歸粒頭殼是全牌支／
1234567／透早起床來逼簽詩／中晝是電子計算機／半晡包壇來問童乩／啊暗頭娶
來去看浮字／半暝夢啊夢牌支／夢什麼？我夢著一隻豬／啊豬豬講十二／攔夢什
麼？我夢著西湖靈隱寺／濟公活佛要破天機／拄好要破 e 向當時啊／雄雄煞驚醒／
雄雄煞驚醒。／阮一個老曆邊／去年簽到向當時／毋捌著半支／想著是真嘸氣／哀
哀樂講抹歹奕／省本又多利／不出牌算三十支／這擺是百面等領錢／一咧開講對
對著七支／啊七朵花講卡有錢／好歹馬著試／會仔錢先甲拿來奕／啊要好額馬著看
這期／一咧開講著三蕊／去呼四蕊捧捧去／捧捧去。／話若要講透支／我目屎會拭
抹離／啊會仔錢是逐陣死／貨款是全票期／親晟朋友是走去覕／曆邊頭尾是借無錢
／勸恁朋友著覺醒／什麼樂啊切乎離／正當生意卡濟錢。／樂啊樂啊你不通迷／樂
啊樂啊你不通奕／攔再奕會無彩錢。

可憐臺灣人」，歌謠唱出的「希望三分天註定，七分拍拚則會贏」乃是最殷實的期盼。

另外，海伯仔還反思了日本統治臺灣時期法令嚴峻情形，如〈阿本仔 e 統治〉：

> 講著日本 e 時代，無講少年攏唔知。豬肉十工來一擺，三兩五兩照頭排。
> 講著日本 e 嚴令，利用保正甲壯丁。地方爪耙去報警，掠去出所受重刑。
> 講甲日本 e 時陣，個 e 法律無單純。若無守己甲安分，掠去衙門拍跤倉。
> 講甲日本 e 時代，保正壯丁上嬈俳。歹囝浪蕩若無改，掠去摃甲大聲哎。
> 古早日本 e 時期，時常有人偷刣豬。大人掠去摃甲哎吱吱，買肉 e 人閃未離。

海伯仔念起日本時代，法令嚴明，絕不輕鬆，除了有地方保甲壯丁為爪牙監視民眾外，還有巡查補巡邏探查，若有私宰豬肉或不循規蹈矩者，結果都是送進警察所接受重刑。這樣的嚴刑重罰可能只施用於臺灣人，也是一種強勢殖民的權威壓迫，但海伯仔念唱的用意乃在反省思考八〇年代臺灣政治社會出現的亂象：

> 日本法律確實嚴，臺灣法律眾人嫌。古早博徼揣地點，覕 di 莊外較保險。
> 古早日本 e 治安，看徼愛關二九工。臺灣前掠後就放，莫怪歹囝愈濟人。

日本嚴令誠轟動，莫怪國家赫成功。臺灣執行無夠強，莫怪歹
囝de做王。

以賭博為例，日本時代圍觀賭博要關二十九天，當時的臺灣法律
則是前抓後放，無怪乎越來越多人不重視法令。海伯仔的〈阿本仔 e
統治〉念唱的雖未必合乎史實內容，或許也參雜很多的個人主觀認
知，但透過這樣的歌謠去批判1980年代的臺灣劣等歪風現象，確實也
是一針見血。

除了批判，海伯仔還是會借歌謠念唱傳播實際積極的做法與要
求，例如〈第一要緊是環保〉所念唱者，就是要大眾注意越來越浮上
檯面的環保問題：

保護環境第一層，破壞環境先嗯通。死豬嗯通烏白擲，臭氣沖
天害死人。
保護環境有責任，破壞環境無良心。糞埽分類上要緊，拜託鄉
親來關心。
工場豬水上天壽，汙水落溪四界流。古早溪水清悠悠，目前無
人拍澎泅。
環境衛生佔第一，室內排水愛清氣。若無蠓蟲滿滿是，引起汙
染就繪除。
第一排水愛通透，糞埽莫摒排水溝。功德心情做無夠，引起汙
染亂嘈嘈。
環保衛生做無好，引起汙染蓋囉嗦。最近發現登革熱，拜託大
家治互無。
環保衛生愛遵守，嗯通死夠放水流。一種死貓吊大樹，古早迷
信莫追求。

1980年代後臺灣的工業經濟起飛，但突如其來的快速發展未能配合同步的教育培養與文化美德要求，社會環境開始受到污染，這情況即便是在屏東崁頂、潮州等地一樣可以看到，無怪乎海伯仔會唱出「古早溪水清悠悠，目前無人拍澎洄」！所以其念唱環保議題的第一要求是從「良心」做起：家庭個人做好垃圾分類、室內排水清潔，以免滋生蚊蟲；工廠則要管制污水（養豬廢水）排放，更重要的是破除「死貓吊樹頭，死狗放水流」的舊陋迷信。於是，我們發現即便是鄉村的念唱者如海伯仔，他的關懷仍可觸及國家環境與社會民生；但更重要的是他自編念唱的關懷還是回歸到屏東地方，如他所唸：「大家注意咱環保，東港溪水定定膠。建議政府早發落，溪水互變冬山河。」海伯仔擔心的是有關單位再不整治家鄉附近東港溪的污染情況，恐怕她會變成另一條受污染的冬山河。

其實海伯仔的政治社會批判，或環境民生的注重呼籲，都在表現一種地方的「親切經驗」[20]失落之反思。如果家鄉是個人生命的親切經驗，那經驗便是觀看或體會地方的互動載體，也必須有這樣的親切經驗，才能產生基本性的地方感（the sense of place）。所以當過去的親切經驗被破壞、震盪，以致危害到個人認知的經驗失落，甚至可能將這些親切經驗從記憶中抽離，那麼就有可能危及「地方感」的存在。於是乎海伯仔批判1980年代的臺灣政治混亂、社會時常脫序、環境衛生問題等亂象，並非是他不熱愛這塊土地；相反地是這些因臺灣經濟起飛、民主政治啟動後的脫序亂象讓他產生了更為強烈的地方意

---

20 段義孚（Yi-Fu Tuan）認為地方的「親切經驗」是難以表達但非不可能表達，它可能是私人深深的感覺，但不必是唯我主義的和偏離中心的。爐床、避難所、家或家的基地都是人類的親切經驗的地方。參考〔美〕段義孚著，潘桂成譯：《經驗透視中的空間與地方》（"Space and Place: The Perspective of Experience"）（臺北：國立編譯館，1998年3月），頁140-141。

識，那麼這位民間念唱家就透過他較一般人更為敏感的個人「識覺經驗」去轉化、深化地方的意象，用自編歌謠去唱醒這個地方／場域的自我感覺。

　　（三）民俗文化：例如〈早期娶新娘〉、〈喜宴出菜歌〉、〈毋通拜過頭〉、〈福德正神〉、〈十二生肖〉、〈乞食歌〉等。有關海伯仔的民俗文化念唱，可以發現有早期臺灣社會的婚嫁習俗、民間信仰，以及生肖與人物故事等，其中〈早期娶新娘〉和〈喜宴出菜歌〉二首可以並看，例如其唱出臺灣早期娶親情形：

> 古早做親看草pû，草pû大綑錢就有。利用媒人去個曆，即段婚姻會成事。
> 古早卜娶用行路，路途遙遠行歸晡。過去路面石頭路，經過千里e路途。
> 古早新娘甲嫁妝，男方工人一大群。扁擔長棍兼短棍，嫁妝扛互相郎君。
> 新娘卜嫁愛坐轎，轎前轎後直直搖。頭前古吹嘀咑叫，大家行甲腳發燒。
> 古早新娘娶入門，媒人做前去開門。入房暫時小歌睏，等得開桌出房門。

早期農業社會要娶新娘，首先要請媒人去看男方家的稻綑是否夠多夠高？若是就表示財力雄厚，此段姻緣便能成功。不過迎娶過程可就辛苦許多，例如要步行石頭路去迎娶，要工人苦力扛起嫁妝、新娘花轎，千里路途，嗩吶聲不斷。好不容易娶進門，新人要入房暫歇息，以待酒宴席開才可出來。

　　海伯仔的〈喜宴出菜歌〉念唱出屏東地方在地的十二道喜宴料理，傳達地方熟悉的親切經驗：

> 第一菜料出冷牌，五種配料兼肉乾。新郎緣投誠好看，第一美人新娘倌。
> 第二菜料出肉羹，新娘嫁著好先生。二人感情博繪瘩，希望貴子來早生。
> 第三菜料蒜頭雞，新郎新娘來成家。新娘賢慧誠捌禮，有孝大官俗大家。
> 第五菜料五柳枝，新娘生媠若西施。新娘有情甲有義，感謝媒人鬥支持。
> 第六菜料出油飯，良時吉日來結婚。雙人感情熱滾滾，天賜良緣永久長。
> 第七菜料出龍蝦，龍鳳交合隨有胎。新郎歡喜做老爸，公婆抱孫笑迷迷。
> 第八菜料八寶丸，成家立業做大人。二人感情誠溫暖，百年和合天周全。
> 第九菜料鮑魚肚，新娘有身腹肚粗。新郎體貼勢照顧，即胎一定會生查甫。
> 第十菜料出大封，即 e 新娘誠大方。三從四德聽人講，有孝婆婆甲公公。
> 十一菜料出魚丸，一家大細攏團圓。即對翁某誠圓滿，代代囝孫中狀元。
> 十二碗菜出甜湯，新娘有身愛食酸。新娘聽著笑紋紋，阿公阿媽等抱孫。

仔細地算，實際出菜只有冷盤、肉羹、蒜頭雞、五柳枝（花枝）、油飯、龍蝦、八寶丸、鮑魚肚、大封（爛肉封）、魚丸和甜湯等十一道，避開中國人忌諱的數字「4」，更顧全傳統習俗對於12道菜月月年年之富貴象徵意義。這〈喜宴出菜歌〉的念唱形式是多是一句景三句情或二句景二句情型態[21]，第一句的菜名其實就是歌謠念唱的程式套語，[22]而後二句，或後三句的情感敘述才是重點所在。一般說來，這些喜宴歌多以傳達郎才女貌、天作之合、早生貴子、子孫滿堂等家和萬事興期望。臺灣各地整理的民間歌謠中有很多的〈喜宴出菜歌〉或〈十二菜碗歌〉等，但要上推最早的版本，或許可推至1917年平澤丁東整理的〈宴會出菜歌〉（擬題）：

　　就叫娘親移桌椅，四面要排酒砸碟。手舉牙箸就排起，四向湯匙排八枝。

---

21 黃得時在〈臺灣歌謠之型態〉一文中認為臺灣福佬歌謠（閩南語七字仔）句與句之間可以分成下列四種類型：（1）四句全情；（2）一句景，三句情；（3）二句景，二句情；（4）三句景，一句情。參考黃得時：〈臺灣歌謠之型態〉，《文獻專刊》3：1，1952年5月27日，頁4-6。依據筆者的觀察，臺灣閩南語歌謠中四句全情或三句景一句情的類型較為少見，亦甚少發現「四句全景」之歌謠。一般而言乃以第二、三種的一句景三句情和二句景二句情此二類型較多。黃文車：〈「七字仔」臺灣福佬歌謠的程式套語運用及其意義——以林清月的《歌謠集粹》為例〉，《第六屆國際青年學者漢學會議民間文學與漢學研究論文集》（臺北：萬卷樓圖書股份有限公司，2008年7月），頁208-209。

22 民間歌謠中所謂的「程式套語」，主要乃指使講唱者便於記憶，容易記住的既定的起句模式，這些程式起句當念唱者面對不同聽眾／觀眾時候可以流暢順利的敘述。「程式是在相同步格條件下，常常用來表達一個基本觀念的詞組。它與其說是為了聽眾，不如說是為了歌手使它可以在現場表演壓力之下，快速、流暢地敘事。在不同的語言系統中，程式可能具有完全不同的構造。」〔美〕約翰‧邁爾斯‧弗里（John Miles Foley）著，朝戈金譯：《口頭詩學：帕理—洛德理論》（北京：社會科學文獻出版社，2000年8月），頁30。

亦有李鹹與瓜子，芎蕉甘蔗鬥四碟。就請君兒座大位，灶腳燒
酒攜來飲。

頭出出來是菜燕，菜燕燒燒亦有煙。灶腳總舖煮便便，叫哥來
食不免遷。

二出出來加里雞，此回無物真失陪。嘴裡得食箸得挾，斟到燒
酒減一杯。

三出出來冬菜鴨，專專是肉無頭腳。叫哥夜昏食會飽，也有甜
湯飲嘴乾。

五出出來鮑魚肚，鮑魚切來真大箍。阿兄無齒著悶哺，請這總
舖真糊塗。

六出出來是杏仁，夜昏食酒有較親。食要汝咱可做陣，緊攜燒
酒與哥斟。[23]

　　這歌謠敘述的是女方宴請心愛男子的出菜歌，可能是自家宴請，
所以只有六道菜，不過一樣不念第「4」道，[24]但還是求六六大順吉利
意義。仔細觀察這些菜名為菜燕（洋菜凍）、加里（咖哩）雞、冬菜

23　〔日〕平澤丁東：《臺灣的歌謠與著名故事》（臺灣の歌謠と名著物語）（臺北：晃
　　文館，1917年2月5日），頁23-25。

24　《三六九小報》中有〈半席的鄉土歌謠〉中錄有類似的歌謠，內容似乎更為完整：
　　「頭碗出來是正燕，正燕撥開專是煙。灶尻總舖煮便便，大家來拚不免遷。二碗出
　　來加里雞，今暗無物較失陪。就叫阿君汝來挾，燒酒連津二三杯。三碗出來冬菜
　　鴨，專專是肉無頭尻。就叫阿君食乎飽，也有鴨湯斟嘴乾。四碗出來是毛菰，毛菰
　　切到碎糊糊。灶尻總舖者糊塗，配頭激到者恁粗。五碗出來鮑魚肚，鮑魚切到者大
　　箍。有牙阿君挾去哺，灶尻總舖者恁土。六碗出來是燒包，乎君止飢俗湛喉。灶尻
　　總舖想無到，也無鹽湯配燒包。」《三六九小報》156號，1932年02月23日。相關敘
　　述請參考黃文車：《日治時期臺灣閩南歌謠研究》（臺北：文津出版社，2008年10
　　月），頁90-91。按：〈半席的鄉土歌謠〉中唸出第4道菜，可見臺灣民間的閩南語歌
　　謠並非一開始即落掉第4道菜，很有可能是有些民間念唱者為配合臺灣傳統社會婚
　　禮吉利等民俗要求而有的刻意改動。

鴨、鮑魚肚和杏仁，同樣有前菜冷盤和最後的甜點外，中間的主菜亦有鮑魚肚，以及特殊的加里雞。若與今日海伯仔念唱的〈喜宴出菜歌〉相較，我們其實可以藉以觀察臺灣道地的民間喜宴菜色文化特色及其演變，這更是鄉土教材中最實際且生動的一環。

　　有關民俗的閩南語念謠很適合做為鄉土教材及文化理解，例如強調地方土地意義的〈福德正神〉和勸誡切勿迷信的〈嘸通拜過頭〉亦可一併觀察。首先，信眾對於福德正神的祈願在於希望「年年大豐收」和「大發財」，還有：

> 福德正神誠慈悲，頭毛嘴鬚白吱吱。庇佑老人食百二，查人生
> 囝好育飼。
> ⋯⋯
> 福德正神土地公，幫忙事業來成功。庇佑六畜互興旺，飼雞飼
> 鴨飼豬公。
> 福德正神神通大，手夯金枴降落來。降落凡間ｅ地界，幫忙信
> 徒大發財。
> 福德正神逐莊有，庇祐學生努讀書。愛聽老師ｅ教訓，每擺考
> 試得百分。

祝禱老人長壽、幼孩好育養、學生會讀書、商人成大業，甚至是六畜興旺，都是信徒祈求土地伯公保庇者。即便現今世人燒香拜佛多有現實利益性的考量，但就海伯仔等鄉村大眾而言，就如臺灣俚諺所言「田頭田尾土地公」者，土地伯公是傳統農村對於未來的期望與信念，其所透顯其實是區域人民對地方的依戀與動力，所以才會「希望土地來報路，幫忙弟子好前途」。不過，海伯仔在〈福德正神〉最後兩句也說：「歹心毒行嘸免求，拜神心正免燒金」，可見在「有拜有保

庇」、「心誠則靈」的信仰外，還需有合乎天理公義的品行作為，才可能是佛度的有緣人。否則就會變成〈嘸通拜過頭〉中所批判者：

> 神明無影甲無蹤，弟子嘸通激悾悾。超過迷信人笑戇，若卜有錢摝力倯。
>
> 燒金放炮大細聲，厝邊隔壁囡仔驚。節省金錢較有影，濛煙散霧路歹行。
>
> 拜神誠意上要緊，舞弄陣頭一大陣。即種風俗愛改進，無錢通開怨恨神。
>
> 燒金放炮誠危險，飛來飛去眾人嫌。過路拄著誠歹閃，開錢開了嘈嘈唸。

若無真心誠意，那麼即便燒金放炮、舞弄陣頭等「展派頭」的作為，都是過度的浪費與迷信，不但耗費金錢，還污染環境衛生。最後「拜神拜甲全步數，有人過迷煞走路。怨嘆神佛無照顧，了錢了甲三字塗。」──那就真的是「土！土！土！」了。

　　從海伯仔的民俗文化歌謠來觀察地方產生的「神話空間」[25]意義，當然，福德正神代表的「土地」（land）最初還是從第一種的神話空間概念而來，以及人民對於未知世界的想像解釋，是經驗世界外的空間。不過，當透過在地的民間念唱者所念唱的歌謠來聽，土地被

---

25 段義孚說：神話空間基本上可以分成兩類：第一，神話空間是依據經驗知識已知地理的缺陷知識所形成的模糊區域。換言之，神話空間是經驗知識空間的外框。第二，神話空間是世間觀的空間元素，是人在實踐行為時所得的區位價值觀念。……第一種的神話空間是由直接經驗的和平凡的空間所形成的概念性引申。……第二種神話空間的機能有如世界觀或宇宙觀的元素，其比第一種神話空間有更好的關聯作用和更有意義的表現。〔美〕段義孚著，潘桂成譯：《經驗透視中的空間與地方》，頁79-85。

神格化後似乎又具備了人對空間的基本需求感覺和意象的反應，其所透現的地方集體記憶正是這些地方的人在實踐行為中呈顯出來的區域價值概念。只是在第二種的神話空間裡，人還是要在宇宙觀和世界觀中尋找一處「自我定位點」，而這個定位點，正好就是天人合一的「一心一宇宙」，也是上文所言那合乎天理公義的社會道德標準。由此來審視地方民俗或信仰所形成的神話空間，或許便更能找到地方的真實意義。

（四）地方風情：海伯仔的自編歌謠中，還有念唱臺灣或潮州地方特色與物產風情的念謠，例如〈臺灣是寶島〉、〈水雞仔歌〉、〈來唱咱 e 潮州〉等。我們來看〈來唱咱 e 潮州〉：

> 潮州出名福安宮，每日信徒來下香。踮佇三叉 e 路中，廟後一欉老古榕。
> 潮州百年細條巷，人講 hil 條摸奶巷。查甫查某莫濫摻，掠去出所繪輕鬆。
> 有名三角 e 公園，地點拄好市中央。一欉茄苳誠大影，百年鎮寶愛保存。
> 潮州出名燒冷冰，明華戲園響全省。福哥牛肉上蓋衝，十二棟樓賰一間。
> 潮州出名民治橋，雙爿樹木誠美麗。三角公園世界細，時常有人 deh 泡茶。

海伯仔唱潮州，除了唱出潮州的地景，例如三角公園和民治橋外，還唱出潮州的古蹟，例如福安宮、摸奶巷和十二棟樓；以及潮州冷熱冰、福哥牛肉麵，和著名的明華園歌仔戲團等，這些有形的地景與無

形的文化資源成為在地的集體記憶總和,而這些記憶,基本上充滿著
人類的情緒。[26] 這些被地方情感念唱出來的情緒,還表現在「即條蕃
薯千百冬,蕃薯會餡(khiū)佫會香。自從古早呣甘放,臺灣蕃薯會
救人。」(〈臺灣是寶島〉之八)的肯定臺灣,以及感嘆溪水污染水蛙
無法存活的哀嘆批判(〈水雞仔歌〉),而這些都是海伯仔對於潮州之
「地方之愛」,也正如段義孚所言的「人與地方的情感聯繫」。

換句話說,無論是其麟伯的小調新唱或自編新曲,或者是海伯仔
自編念唱的22首閩南語歌謠中所涵攝的人生議題、社會政治、民俗文
化和地方風情等主題,我們可以看見屏東縣本土民間念唱者用生命念
唱出來的「地方之愛」,我們無可否認這些歌謠存有念唱者的個人情
緒以及背後的集體記憶,但被念唱出的歌謠所透視的地方則存有「鄉
土的附著」,因為人類幾乎都趨向將自己的鄉土視作世界的中心,原因
是作為地方的鄉土有無可比擬的特殊價值,[27] 而那就是一個家(園)
的概念,在那人們會有情感依附與根植的居家感受(homeliness);相
反而論,人會有此感受與情緒,則是因為他們「位居地方」的過活,
必然存在著地方意識。

只是,我們會進一步思考的是:地景在與時改變,地方在開放變
遷,那麼是否表示這樣的「地方」將告終結?下節將透過恆春半島歌
謠的保存、傳唱與推廣來思索這個全球化與地方感的問題。

---

26 段義孚所言:附著於鄉土是通常的人類情緒,它的力量在不同文化和不同歷史時期
　　皆有差異,附著愈多而情緒的結合愈強。〔美〕段義孚著,潘桂成譯:《經驗透視中
　　的空間與地方》,頁152。

27 〔美〕段義孚著,潘桂成譯:《經驗透視中的空間與地方》,頁143。

第二節　屏東縣恆春半島的閩南語歌謠調查研究

早期先民開墾，從西岸往後山前進途中，會先經過恆春半島，再從南迴山路或巴士海峽兩條路線前往東部。北從楓港溪，南至鵝鑾鼻的恆春半島的狹長地段，左有中央山脈尾稜低降起伏，右則是寬闊的臺灣海峽，這裡是「瑯嶠十八番社」所在，也是排灣族Palizaljizaw世居之地。漢人來此拓墾始於明鄭時期，清同治13年（1874）發生牡丹社事件，清廷乃於光緒元年（1875）正式興建恆春城，光緒5年（1879）竣工，於是恆春城便成為清領時期屏東地區第二個圍城之地。在長期異同文化衝容過程中，恆春半島的族群、語言和文化多元而豐富，輔以山海風光與自然資源，實是屏東縣人文與自然薈萃之地。[28]

一　恆春半島歌謠採集與整理

恆春半島閩南語歌謠的紀錄採集或可上推至1960年代，爾後有在地的滿州鄉民謠促進會、恆春鎮思想起協進會等地方組織以及學術研究者的推廣與保存，迄至2011年至2012年，則有筆者採錄團隊的田野調查與整理研究工作。

（一）前人的採集整理與推動

關於屏東縣恆春半島的歌謠整理與推動，最早當可上推至1967年許常惠和史惟亮兩人對於陳達老先生的訪談與採錄，甚至安排陳達參加「民間藝人音樂會」（1976）、參加電視節目錄影或為雲門舞集「薪

---

28 黃文車編著：《屏東縣閩南語民間文學集4：恆春半島歌謠輯》〈自序〉（高雄：春暉出版社，2016年1月），頁5-6。

傳」現場伴唱等。[29]接著，地方教育人士或出身恆春半島的知識分子，開始關注恆春歌謠這塊文化瑰寶，前者如創作〈耕農歌〉的曾辛得校長，後者則是一生推廣滿州歌謠的鍾明昆教授。曾辛得（1911-1999）校長和鍾明昆教授（1935-2013）都出生於屏東縣滿州鄉。曾辛得校長曾服務於滿州國小，也曾指導過當時正在讀小學的鍾明昆唱國歌和樂隊。曾校長曾蒐集流行於滿州地區的歌謠，以部分內容做為〈耕農歌〉的前兩段曲調，自己在新創後兩段曲調，最後填上國語歌詞，[30]並於1952年將〈耕農歌〉一曲投稿至臺灣省教育會，並被刊載

---

29 1967年7月28日，許常惠教授帶著民謠採集團隊南下，在恆春鎮大光里一間破舊的土角厝內，首次聽到「紅目達仔」（陳達）的月琴聲，那時陳達已經62歲了。他左眼患有眼疾，牙齒多已脫落，但陳達滄桑沙啞的歌聲伴隨著月琴彈唱，卻唱進這些歌謠採錄團隊的心靈最底層。許常惠說：「他在黑暗、困頓與孤獨的世界裡，與一把破舊的月琴生活在一起。這個環境已經是使人感到深沈的悲慘了。」關於陳達（1905-1981），1967年恆春鎮公所民政課的紀錄只留下「陳達，恆春人，62歲，無妻無子，一級貧民。」他的月琴彈奏多靠自己摸索而來，自20歲開始便在大街小巷婚喪喜慶中走唱，直到許常惠和史惟亮發現了他。史惟亮更說「他是詩人，因為他能即景生情，創造活生生的歌詞來描寫感情、講故事或說道理。他是自彈自唱的演唱家。」1971年陳達錄製他生平第一張黑膠唱片「陳達和他的歌」，1977-1980這幾年則是在臺北、屏東兩地奔波，1979年在臺北駐唱後可能因為無錢返家而流浪街頭。1981年4月，陳達在楓港準備過馬路搭車回恆春時，被一輛遊覽車撞倒，結束了他多舛卻傳奇的一生。翁禎霞〈困頓人生的歌謠勇者：陳達〉，收入氏著：《與生命對唱——恆春半島民謠人物誌》（屏東：屏東縣政府，2013年9月），頁9-15。按：對於1967年於恆春半島進行的「民歌採集運動」之前因後果，後來有如李志銘於「鳴人堂」提出〈重建臺灣音樂史觀（下）：破除「民歌採集運動」的神話〉專文質疑過去之說法，2021年3月7日，相關內容可見第二章「二、戰後屏東地區漢族民間文學調查整理及研究」中「2、閩南語民間歌謠」小節之註釋。

30 曾辛得校長曾親口述說〈耕農歌〉創作始末，其言「耕農歌是小時候，聽鄉親在我家西南方不到五十公尺的田園，工作時唱的民謠，為推廣國語教學，我作了詩，把曲調加入切分音，創作c樂句，使（a+b）B（a+b）的曲調，變成A（a+b）B（a+b）的曲調，讓學生快樂唱故鄉民謠，我做耕農歌以前沒有人創作過，我深信：耕農歌是滿州鄉的民謠改編的半創作歌謠。」引自鍾明昆〈耕農歌之來龍去脈〉，收入氏著《滿州風情》第二集（屏東：屏東縣滿州鄉民謠促進會，2013年1月）。

於《新選歌謠月刊》第八期。於此可見，1950年代曾辛得已將滿州民謠做為基礎曲調，進行新作歌謠的創作了。

　　至於推動滿州民謠的前輩學者則不能不提鍾明昆教授，師大音樂系畢業後就到南師教書，直至2001年退休。1979年起鍾明昆回到滿州鄉成立「滿州鄉民謠促進會」，其目的除了在緬懷其母親唱民謠時的笑容外，[31]更重要的是保留和推廣滿州民謠。於是鍾明昆開始跋山涉水奔波於臺南、滿州此200公里遠的路程達30多年，一方面努力採集、紀錄和保存滿州民謠，更在過程中發掘民謠的傳唱師，例如2012年獲得文化部指定為「人間國寶」的張日貴女士就是鍾老師追蹤出來的；另一方面，他還不遺餘力地推廣滿州民謠，甚至帶著民謠促進會的成員出國，讓滿州民謠唱到美國（2004）、唱到維也納（2008），也讓世界聽見臺灣恆春半島歌謠的聲音。後來，每年春節滿州都會舉辦民謠大賽，各村群眾或學生一同參與，遂也成為滿州鄉的重要傳統活動。

　　不讓滿州鄉民謠促進會專美，1989年「恆春鎮思想起協進會」成立，幕後推手之一就是吳燦崑（1943-2004）。吳燦崑出生於恆春大光里的大窟尾，後來進入屏師就讀，畢業後回鄉任教，更是大力推促恆春民謠復興運動。其不但在大光國小成立民謠社，恆春鎮公所也開始辦理恆春民謠研習。1998至2000年間恆春民謠被列入文建會傳統藝術研習項目，吳燦崑更積極奔走恆春、滿州兩地，指導月琴及胡琴彈奏。吳燦崑他認為如果要讓更多人加入民謠行列，就一定要發展簡

---

31 鍾明昆教授常說：「山珍海味都未必能換得母親的笑容，但只要一曲思想起，就可以讓母親笑開懷。」後來鍾母去世後，他更意識到像母親一樣會唱民謠的人逐漸在凋零，於是他開始跋山涉水去尋找每一種民謠，記錄母親的記憶。引自翁禎霞：〈滿州民謠的總舵手：鍾明昆〉，收入氏著：《與生命對唱──恆春半島民謠人物誌》，頁36。

譜，以現代的方式開啟民謠入門之道。[32]後來，黃卻銀女士跟著他學習月琴和民謠彈唱，吳退休後更常載著「人間國寶」朱丁順老師四處教學，直至人生的最後一刻，他最掛念的還是民謠。

對於恆春半島歌謠的推動，還有視陳達為人生偶像的張文傑（1948-2004），出生於恆春鎮龍水里，龍泉國小畢業後不再升學，做過各種雜工粗活。1988年張文傑獲得恆春德和里歌謠比賽第三名、滿州歌謠比賽第四名，開始對民謠歌唱有了自信。1996年當時的屏東縣立文化中心舉辦「恆春民謠傳習班」，邀請張文傑為講師，四處教學與演唱。張文傑對於恆春民謠的推動的成果，還表現在其促成陳達紀念館的奔走呼籲，對張文傑來說，「他知道只有吟唱代表他生命的恆春民謠，才可以溫暖他孤寂的心。」[33]

除了上述的恆春歌謠整理與推動之前輩大師外，近代的恆春半島歌謠推手，還包括了李正姬、潘明福、黃隆獻、古清桂、江國樑、黎竹紅、陳麗萍等人，以及許多的歌謠傳藝師和傳唱人，例如朱丁順、葉沈玉里、張日貴、陳英、張碧蘭、黃卻銀、張錦桂、陳月雲、張碧英、林宏道、楊美雲等，都是讓恆春半島歌謠至今逐漸成為可以彰顯「屏東意義」之重要文化資產的幕前幕後功臣。

（二）2011年至2012年筆者的田野調查整理

「屏東縣閩南語民間文學調查與研究」計畫的第三年，恆春半島的閩南語歌謠成為本次採錄整理的重點。本計畫團隊自2011年至2012年的田野調查中，從屏東縣枋山鄉的楓港社區，進入車城鄉的新街社

---

32 翁禎霞：〈恆春民謠的播種者：吳燦崑〉，收入氏著：《與生命對唱──恆春半島民謠人物誌》，頁45。

33 翁禎霞：〈點燃傳承歌謠的火炬：張文傑〉，收入氏著：《與生命對唱──恆春半島民謠人物誌》，頁50-54。

區，再到恆春半島恆春鎮，然後沿著臺26線進入滿州鄉，最後抵達滿州鄉的最東南角落港仔村。

　　對於此一年間的田野工作能順利進行，地方文史單位、社區發展協會及恆春、滿州歌謠單位都全力配合，尤其是楓港社區發展協會的黃隆獻總幹事、新街社區發展協會的林美幸總幹事、恆春歌謠協進會的陳麗萍理事長、滿州民謠促進會的潘明福榮譽理事長、港仔村黎竹紅村長，以及拓真協會的念吉成老師、春成書店的吳威德老闆等人皆在調查團隊採錄過程中盡心提供聯絡協助與安排，讓這一年的田野採錄累積不少成果。此外，楓港、新街、恆春和滿州每位歌謠傳藝師前輩們無私地參與和演唱，特別是陳英阿嬤、張日貴阿嬤、張碧蘭阿嬤，黃卻銀阿嬤，還有已經做仙去了的「恆春歌謠土地公」──朱丁順老先生。

　　過了三年，筆者結合屏東大學執行教育部第三期南區區域教學資源中心計畫項之「在地藝文扎根──地方文史踏查、出版與展演」子計畫，於2016年1月出版《屏東縣閩南語民間文學集4：恆春半島歌謠輯》一冊。此書是「屏東縣閩南語民間文學」系列叢書的第四本，也是本人自2008年以來執行國科會（今科技部）「屏東縣閩南語民間文學之調查研究」三年的專題計畫的成果之一，內容則以恆春半島之枋山鄉楓港社區、車城鄉新街社區、恆春鎮和滿州鄉的閩南語歌謠為重點，包括百多首傳統歌謠包括〈思雙枝〉、〈楓港調〉、〈牛母伴〉、〈五孔小調〉、〈守牛調〉、〈恆春小調〉、〈四季春〉等形式，內容則多唸唱「楓港上懸里龍山、第一艱苦燒火炭」，「想著新街是過去，海埁鮮魚滿滿是，牽罟每天的代誌，生活辛苦也有甘甜。」還有恆春的「第一艱苦斧頭刀，第二艱苦籃與索。自細啊窮爸散母，上山落嶺無奈何。」以及滿州的「新做篾籠結半腰，迗落茶園挽茶葉。茶葉幼幼真惡拢，若無艱苦趁袂著。」和「一个三尾來，三尾兩尾共五尾，五尾

來，五尾四尾共九尾，九尾來，這个三尾算你十二，……」（〈數魚栽〉）等過去恆春半島居民傳統生活方式，更可以藉著民間文學來保存整理地方文化和集體記憶。

二　恆春半島閩南語歌謠研究

筆者於2016年1月出版的《屏東縣閩南語民間文學集4：恆春半島歌謠輯》，調查範圍包括楓港、新街、恆春和滿州四地，共收錄105首閩南語歌謠，演唱曲調包括〈思雙枝〉、〈楓港調〉、〈牛母伴〉、〈五孔小調〉、〈守牛調〉、〈恆春小調〉、〈四季春〉等。[34]

（一）枋山鄉楓港社區

屏東縣枋山鄉推動在地閩南語歌謠最為用力者當以楓港社區發展協會為主，此間投注心力者又以黃隆獻總幹事、洪土哲理事長和陳麗萍老師為要。採訪過程中，歌謠傳唱人葉沈玉里、詹月桂、朱潘呂、黃林秋霞、黃陳月雲、黃江泉等全力配合，除了念唱歌謠外，有時還說起楓港地方大家族歷史、村民砍柴燒火炭等傳統生活記憶等故事。

楓港社區所採錄的歌謠共有18首，除了一首〈相褒〉這首前半段用了「思雙枝」調、〈數魚栽〉算是雜念外，其他的16首半都是唱「楓港調」，還包括一首「楓港老調」。換言之，楓港社區發展協會推動歌謠傳唱過程中，挑選了最能代表楓港地區的「楓港調」為主，讓傳唱師把楓港人的生活記憶和情感唱進歌裡。

在這些歌謠中，我們發現「老詞」較少，只有〈六出祁山〉和

---

34 按：受限於學科專業，本節僅處理歌謠文本內容主題與其透顯之社會文化問題，至於聲調音樂部分，暫不討論。又本節引用《屏東縣閩南語民間文學集4：恆春半島歌謠輯》中的歌謠內容時，為求簡潔，僅註明出處頁碼。

〈竹筍離土〉二首，其中〈六出祈山〉唱到：

> 六出祈山拖老命，孔明用計獻空城，莫非就是阮的命，暗流目
> 屎毋做聲。（頁7）

這些傳統歌謠善用老詞、典故或程式套語去描述或起興念唱者的
心情，例如這首〈第一好食〉：

> 第一好食花蓮豆，抑欲快煮閣芳透，像阮娘仔一年一年老，不
> 比早前十八九。（頁6）

歌謠述說著女性的青春易逝，需要良人多多珍惜，歌謠前面的套語起
句，未必有直接聯結的意思。當然，楓港調唱出來的心情或記憶，有
時整首也是刻骨銘心的，例如這首〈楓港上懸〉：

> 楓港上懸里龍山，第一艱苦是燒火炭[35]，手提手巾仔來拭汗，
> 食著溪水迵心肝。（頁11）

早期楓港地區地脊人窮，上山砍柴燒火炭成為許多楓港人維生的主要

---

35 《恆春縣志》記錄了朱丁順、尤屏生兩位彈唱高手所形容的楓港調：「這首民謠，
在明、清時代已出現，在日據時期日人，極力推動燒木炭事業，以應付日本本國之
需要。當時楓港人較窮苦，都在本地或到恆春各地燒木炭，當他們閒下來或夜晚，
特別喜歡唱這首民謠。於是恆春地區的人就把這首民謠叫做『楓港小調』。」鍾明
昆說明1996年採訪時恆春僅有張薪傳、尤朱蝦仔、朱丁順、張文傑四人唱楓港小
調，滿州鄉人則較多，因此滿州鄉的楓港小調變化較多。引自鍾明昆：〈楓港小
調〉，《屏東縣滿州鄉歌謠CD專輯（四）楓港小調》（屏東：屏東縣滿州鄉民謠協進
會，2001年）。鍾明昆：〈第二篇　音樂〉，尤春共等編著：《恆春鎮志・文教志》
（恆春：恆春鄉公所，1999年），頁78。

方式。全首歌謠寫楓港最高的里龍山,寫最為艱苦的燒火炭;而窮苦人家的辛苦,真是如人飲水,直透心肝,〈第一艱苦〉和〈一繃焦柴〉正好可以為此上山砍柴燒火炭的窮苦記憶做為比對證明。

另外,楓港人的生活記憶,也包括黃江泉數唸的〈數魚栽〉,這是恆春半島地區算鰻魚苗的特殊口訣,各地多有,然而念唱時隨算者數唸習慣略有異同。

> 這个三尾這个五尾共八尾,三尾共十一,這个四尾共十五,十五五尾共二十,二十五尾二十五,二五三尾共二十八,二八三尾咧三十一啦,四尾咧三十五,三五五尾共四十,四十三尾四十三,四三五尾這個四十八,四八這个三尾五十一,五一五尾五十六,五六四尾共六十,六十三尾六十三,這個五尾六十五啦,六五這個五尾共七十,七十五尾七十五,四尾七十九,七九這個三尾八十一,八一四尾八十五,八五五尾共九十,九十三尾咧九十三,四尾九十七,九七這個三尾拄仔一百。(頁14-15)

特殊的歌謠記錄了楓港人早期的工作方式與記憶,吳榮順教授曾採錄這些恆春半島上的工作歌謠集結成《臺灣失落的聲音:恆春半島海洋工作歌》(屏東縣政府,2011),正好說明恆春半島上的居民與山海為伍的生活方式。屏鵝公路進入恆春半島的枋山鄉後開始擁山環海,而楓港人上山砍柴燒火炭、下海捕魚數魚栽的生活與記憶,不就是這樣的山海印象嗎?

(二)車城鄉新街社區

枋山鄉往南走,山海分立左右態勢更為明顯。早期國軍砲彈演習

時為了避免誤擊南迴列車，1991年遂建造「嘉禾遮體」以為防蔽，成為臺鐵唯一平面隧道。屏鵝公路蜿蜒前行，右半邊木麻黃外的臺灣海峽藍天碧海，繞過小尖山（斗笠山）後就到了車城鄉。

當時車城鄉新街社區發展協會的林美幸總幹事相當熱情地幫我們找來了潘守妹、游陳瑞草、陳潘梅枝和秀意阿嬤們接受採訪，共完成22首歌謠採錄。據林總幹事說，那幾年新街社區積極參與恆春民謠練習與傳唱，也活躍於社區活動，可以看出居民們逐漸對家鄉文化與歌謠傳唱的認同。

和楓港社區相當不同的是，新街社區的恆春歌謠很多來自恆春鎮思想起民謠協進會的教學與傳唱，因此除了5首滿州的〈牛母伴〉和一首對唱激歌外，其他全是〈思雙枝〉曲調；此外，這些歌謠中第一、二句運用程式套語起句的情況相當明顯，例如「欲食鮮魚在海垞，欲娶小娘仔在厝邊」（〈欲食鮮魚〉，頁29）、「這爿看過彼爿溪」（〈這爿看過〉，頁30、31）、「大樹仔倒落頭向天，kā-há[36]落水會捲輾」（〈大樹倒落〉，頁33）、「手攑月琴倦心肝，一手伸出兩指彈」（〈手攑月琴〉，頁37）和「廣東目鏡在人用，兩人意愛較快成」（〈廣東目鏡〉，頁38）等等，推想歌謠傳唱正在起步階段。

最為可取的是新街社區的歌謠不忘紀錄新街人早期生活方式與記憶，〈臺東調〉唱的就是「盤山過嶺到臺東」前往後山打拚的生命經驗，例如這首〈欲來臺東〉：

> 欲來臺東食粒飯，毋知臺東遮饑荒，趁來趁去趁輾轉，轉來咱厝才牽長（腸）。（頁44）

歌謠唱出原本要去臺東打拚的決心，卻因臺東生活不易而回返，

---

36 kā-há：指老鷹。也呼作「lāi-hiòh」、「ka-há」。

回到家鄉後卻又牽腸掛肚，可以想見那輩人為生活忙碌走闖的情緒與思維。不過陳潘梅枝阿嬤唱的這首〈想著新街〉，則把新街新舊生活做了對比：

> 想著新街是過去，海墘鮮魚滿滿是，牽罟仔每工的代誌，生活辛苦也有甘甜。
> 新街現在有進步，生活活動有照顧，稻仔蔥頭好價數，囝孫人人攏有頭路。（頁49-50）

過去的新街地方靠海為生，牽罟捕魚是每天要做的事情；但是到了現代，稻穀、洋蔥價格不錯，人民生活也逐漸好轉。歌謠中老阿嬤唱出生命記憶裡那段辛苦歲月，期望的還是下一代人「有頭路」，生活好過。

採錄過程中，最讓筆者印象深刻的是當這群從小玩伴到頭髮斑白的阿嬤們唱起〈模擬草仔出嫁的牛母伴〉時，突然間全部紅了眼眶流下淚的那分不捨情感；還有三位阿嬤對唱的〈囡仔時袸的激歌〉，又突然轉變如孩子般相互玩鬧，時光如同回到童年般一樣純淨，無怪日治跨到戰後的醫生歌者林清月常提到「歌謠唱來會清心」，或如他自作的〈七十自壽歌詞〉提到「解鬱一人一法度，趣味人人無同途。燒酒豆腐在人好，歌謠是我長壽步。」[37]看來是頗有其道理的。

（三）恆春鎮思想起協進會

車城過後，恆春八景中的龜山、馬鞍山出現，恆春鎮便到了。恆春舊名為「瑯嶠」，光緒5年（1879）城池竣工，因當地四季常春，故

---

37 黃文車：《行醫濟人命、念歌分人聽──林清月及其作品整理研究》（臺北：文津出版社，2009年10月），頁16。

易名為「恆春」。相較於阿猴城僅餘朝陽門情況，恆春舊城四城門至今城體仍在，也因此常成為舉辦恆春文化活動與歌謠念唱的位置所在。

　　當時恆春鎮的採錄，多虧當時擔任恆春歌謠協進會的陳麗萍理事長多方幫忙，找來陳英、陳菊花、吳對、吳桂香、楊先女阿嬤們，還有朱丁順阿公等傳唱師念唱在地歌謠，此次共採錄23首。比起楓港社區善用〈楓港調〉，新街社區愛用〈思雙枝〉，恆春鎮的23首歌謠所採用的曲調卻是五花八門，包括〈思雙枝〉、〈楓港調〉、〈牛母伴〉、〈五孔小調〉、〈恆春小調〉、〈四季春〉和〈平埔調〉等，可見傳藝師們念唱時各展所學，不限一調一式，而這也反映出歌謠在恆春的活躍生命力。

　　這23首閩南語歌謠中，當然會有套語起句的〈第一艱苦〉、〈第一好鳥〉和〈第一好花〉等歌，不過有時也會唸出在地特色，如陳英的〈第一艱苦〉：

> 第一艱苦斧頭刀，第二艱苦籃與索，自細窮爸散母，唉唷，上山落嶺無奈何。
> 古早兩人做船罟，翁某相招欲過東部，翁某著愛相照顧，唉唷，望欲後來有前途。
> 欲去臺東花蓮港，生疏毋捌半个人，人欲朋友相疼痛，唉唷，疼痛阿娘仔出外人。
> 欲佇臺東食粒飯，行到臺東心肝酸，小娘仔來招君仔欲回轉，唉唷，轉來恆春較久長。（頁55-56）

無論是「第一艱苦」還是「欲去臺東花蓮港」等多是念唱者常唱的套語或歌詞，然而陳英把這首歌謠唱成一齣年輕男女過後山打拚、期望未來有光明前途的故事。至是最後的結果是令人心酸的，他鄉奮鬥不

易,還是回到家鄉恆春可能還能過得更久遠。

在這些恆春閩南語歌謠中,相當程度地呈現恆春在地的文化風光,我們再看陳英的〈古城〉(摘錄)和〈落山風〉(摘錄):

> 清朝欽差沈葆楨,正是瑯嶠好地龍,四季如春好風景,瑯嶠改變恆春名。
> 瑯嶠恆春的原名,光緒元年造縣城,四个城門做無正,歷史古蹟也真有啊名。……(〈古城〉,頁57)

> 天頂出有月光光,恆春出有落山風,哥仔愛娘毋敢講,用欲目尾馭流籠。
> ……
> 恆春出有落山風,大透滿山白茫茫,規个海面起風浪,躂遮的人真清爽。
> ……(〈落山風〉,頁62-63)

恆春的城門吹過冬日的落山風,四季如春的恆春成也會滿山白茫茫,這是恆春半島吹起東北季風後特有的景象,屏東作家杜虹說:「這落山風秋來春去,時強時弱,弱時拂面清爽,強時人難在風中久立。一般季風初起時風勢較弱,然後愈吹愈烈,至冬日凌厲狂悍,春來才轉緩。整個風季,強風吹得草葉凋零、海天蕭瑟。半島也因為每年有一半的時間被風季統御,景觀成乾、濕二分的差異。」[38]於是,沒有落山風吹過的恆春半島恐怕是一種靜態的存在,恆春人早已習慣用知命態度與這天然的挑戰合宜相處過好多的歲月。

---

38 杜虹:《比南方更南》(臺北:時報出版社,1999年9月),頁8。

　　此外，還有在歌謠中展現個人念唱才華以及恆春人的在地生活樣貌者，例如朱丁順這首〈做田心聲〉（摘錄）：

> 彼透早起來天哪抑袂光，咱著攑鋤頭出來去巡田園，彼為著咱這个生活啊著愛來顧三頓，毋驚這个北風盡會按呢冷霜霜。
> 彼號像彼咧挲田去看看咧盡會按呢攏咧罩濛霧，唉唷這間歹歹的田寮仔這間就是我的厝，彼內底專攏一色攏是彼號農家具，壁邊綁這隻就是叫作大水牛。
> 彼每日咧犁田攏過中晝，唉唷毋驚彼號日曝這號汗來流，彼牛犁仔來歇睏咱就愛來去掘田頭，這種艱苦咱就望看有彼个好的尾後。
> ……（頁64-65）

　　朱丁順不愧為恆春民謠土地公，也是難得一見的人間國寶，歌謠到他口中變化萬千，感覺上這首〈做田心聲〉有臺灣閩南語歌曲〈農村曲〉[39]的隱約身影，但從朱丁順中唱出的歌謠卻藏著個人生活經驗和記憶，一唱念就是歲月的痕跡、時代的縮影，還有熬過以前艱苦日子後對於未來的美好想望──這似乎是恆春半島百姓上一代人的基本寫照。

　　不過朱大師也不忘推銷恆春在地歌謠，如他的這首〈恆春滿州〉

---

39 〈農村曲〉由陳達儒作詞、蘇桐作曲，1937年作品。歌詞內容為「透早著出門，天色漸漸光，受苦無人問，行到田中央。行到田中央，為著顧三頓，顧三頓，毋驚田水冷霜霜。／炎天赤日頭，悽慘日中晝，有時踏水車，有時就挲草。希望好日後，每日巡田頭，巡田頭，毋驚嘴乾汗徦流。／日頭若落山，功課者有散，有時規身汗，忍著寒俗熱。希望好年冬，稻仔快快大，快快大，阮的生活就快活。」參考江蕙：《臺灣民謠3：海中花》，田園唱片公司，1985年4月。按：歌詞用字筆者略做調整修正。

（摘錄）：

> 我思啊雙啊枝，彼恆春半島的民謠欲揀出去予國際了啊解，哎
> 唷每人咧作詞作曲實在攏是真厲害啊喂，彼个民謠這个宗師這
> 个朱丁順老先生有交代啊喂，唉唷遮呢好的物件咱就毋好去予
> 失傳、就愛來傳後代呀喂。……（頁68）

　　歌謠念著唱著的是這麼珍貴的文化資產，恆春人就不應該讓恆春民謠失傳，除了要傳承後代，更應該要思考怎麼把恆春半島歌謠讓全世界看到和瞭解。就一位國寶傳藝師而言，朱丁順阿公用力一生奔走教學與傳唱；但更讓筆者十分敬佩與感動的是：他就是活生生一輩子生活在恆春的在地人，如同陳達一般，用「在地方」的「親切經驗」去述說恆春半島歌謠的美好。

（四）滿州鄉民謠促進會

　　滿州鄉位於恆春半島的東南角，舊名為排灣族語Manutsuru音譯之「蚊蟀埔」（臭氣之意），1920年日人將此地易名為「滿州」，並設置「滿州庄」，屬於高雄州恆春郡管轄，1950年隸屬於屏東縣至今。從恆春由臺26線進滿州後走縣道200，最尾端抵達的是港仔村，接著就是瑯嶠卑南古道（阿塱壹古道）屏東段起點旭海。滿州鄉在鍾明昆教授和「滿州民謠促進會」成員們的推動下，滿州歌謠如鄉內縣道兩旁的盤古拉牧草一般，一年四季隨風搖曳。

　　本次採錄團隊利用2011年底至2012年上半年到滿州鄉採集歌謠，也曾至臺南訪問鍾明昆教授（2012）調查推動滿州民謠的過程，期間滿州民謠促進會潘明福理事長及促進會成員、港仔村黎竹紅村長和港仔村歌謠團隊等皆盡力協助採錄工作，最後採集42首滿州歌謠。

滿州歌謠的發展較悠久，因此在地的歌謠傳藝師或演場者可以掌握變化的歌謠曲調豐富多元。在這輯恆春半島歌謠中，恐是曲調呈現最多的地方，包括〈思雙枝〉、〈楓港調〉、〈楓港小調〉、〈楓港老調〉、〈五孔小調〉、〈平埔調〉、〈四季春〉、〈牛母伴〉等外，還有他處少見的〈守牛調〉、〈滿州小調〉、〈滿州三景〉和〈恆春四景〉等10種以上曲調。加上採錄過程中恆春、滿州兩地傳藝師合作聯結，在2012年3月18日於滿州鄉公所的〈牛母伴〉大演唱中，恆春人間國寶朱丁順、滿州人間國寶張日貴以及張碧蘭等傳藝師同臺演唱，更可看見傳藝師長輩們推動恆春半島歌謠的態度與毅力，著實讓人佩服！

相較於楓港社區、新街社區，滿州鄉的歌謠曲調運用更加多元，而且相當具有在地特色，一如恆春歌謠描寫恆春者，滿州歌謠內容觸目可見者都是滿州的風光和人民早期生活的記憶。

1　工作歌謠

滿州歌謠中有關常民生活記憶的內容，要以鍾明昆採集的這首〈從滿州駛牛車到海口卸貨〉（楓港調）最具代表性。該歌謠內容記寫（摘錄）：

> 古早滿州蚊蟀埔，滿州地方大農戶，較早交通真艱苦，車欲物件落船所。
> 牛車駛到矗舊公[40]，路草壞行暗濛濛，牛車若行話若講，路頭迢遠勿生狂。

---

40 按：「矗舊公」是滿州鄉永靖村的舊名，以前稱做「矗舊公庄」，近來或稱做「下滿州」，村內以鍾、宋、劉為三大姓氏。「射麻里」是排灣族射麻里社位置所在地，其和後來所說的「食水坑」都在今日滿州鄉永靖村範圍。

牛車駛到到新庄，家家壁虎無偌光，有人半暝巡田園，也有放
水兼搝秧。

牛車駛到射麻里，彼個時辰雞頭啼，農家做稼較早起，有人擔
水兼飼豬。

牛車駛到食水坑，有人催牛欲駛犁，牛車歸陣駛齊到，欲爬大
崎較硬斗。

牛車駛到大崎頂，彼個時振天光明，崎頂北風較冷清，牛車落
崎會較輸。

……

物件卸了食中晝，趕緊牛隻來放草，牛車工錢發到到，趕緊掛
車欲越頭。

牛車掛好想欲返，日頭接近是黃昏，這條山路有較遠，駛到阮
厝天未亮。[41]

雖然有學者將此歌歸類為「勞動歌謠」，但其內容描述層面更廣更
大，其實就是民間文學中的敘事歌。與其說是勞動歌謠，不如將之視
為描寫工作記憶的歌謠或直接稱做「工作歌謠」。〈從滿州駛牛車到海
口卸貨〉全首歌64句（448字）講述早期滿州農家駕牛車載貨從滿州
途經下滿州、新庄到車城海口卸貨的過程，去時天色還濛濛暗，回到
家中又已是隔天半夜凌晨，這首歌中紀錄著滿州民眾過去的生活記
憶，也順道描繪出一幅滿州車城行徑圖，無奈是牛車緩步，那些年歲
的記憶都是為了生活打拚。

　　這生活勤苦勞動的記憶，還表現在張日貴、張碧蘭合唱的〈正月
算來——五孔小調〉：

---

41 翁禎霞：〈滿州民謠的總舵手：鍾明昆〉，收入氏著：《與生命對唱——恆春半島民
　　謠人物誌》，頁41。按：文中閩南語用字多有可斟酌處，然為保留原貌，暫依書中
　　記錄呈現。

> 正月算來人起工，正手添飯倒手捧，爸母來生阮無所望，將阮
> 一生做長工，將阮一生做長工。
> 二月算來田草青，雙跤跪落來雙手扗，戶蠅蚊蟲就來咬，雙手
> 糊土就共拍，雙手糊土就共拍。
> 三月算來三月三，醃缸無水苦勞擔，擔到大缸小缸滇，做人的
> 苦力毋值錢，做人苦力毋值錢。（頁95-96）

歌謠看似能按月念唱，無奈筆者記錄者只唱到三月。內容唱出長工無
止盡的工作情況，然而畢竟只是廉價勞工，做人苦力不值錢。另外，
在滿州也可聽見想赴臺東打拚的歌謠，如〈欲去臺東——守牛調〉
（摘錄）：

> 欲去臺東趁銀票咧，減迄一步趁袂著咧，想欲來轉驚人笑咧，
> 姑不而終予人笑咧。
> 欲去臺東食粒飯咧，無疑臺東煞饑荒，雨傘包袱款來轉咧，轉
> 來滿州較久長咧。（頁143-144）

此歌似乎成為恆春半島歌謠的共同記憶，常能於念唱者口中聽見。本
歌謠顯現臺灣過去曾受土地承載力不足的影響，又受農業就業與開發
的機會吸引，而留下的遷徙、拓墾記憶。尤其恆春半島離臺東不遠，
對於遷移求生的記憶更為深刻。[42]

---

42 例如陳達的〈阿遠與阿發父子的故事〉（1979），內容即是以到後山臺東開墾為背
　景，描述港口村年邁的阿遠妻子已故，其子阿發遠赴臺東去賺錢，從射麻里（永
　靖）坐著自動車先到臺東玉里，再到花蓮鳳林從事開荒的工作，之後阿遠因思念到
　臺東找阿發，卻因水土不服重病身亡，阿發籌錢帶父親坐車還鄉，最後被誤會回鄉
　瓜分財產遭到殺害。詳閱簡上仁：〈陳達的歌，在音樂和文學上的意義和價值〉，
　《文史臺灣學報》創刊號，2009年11月，頁57-83。

　　最後，滿州的生活記憶之工作歌謠也包括了張碧蘭的〈挽茶歌〉[43]，以及張日貴和黎竹紅念唱的〈數魚栽〉，數算方式各有不同。早期恆春半島人的工作記憶裡，數算虱目魚苗可能就是維繫一家人生活的工作記憶。

2 嫁娶記憶

　　在早期恆春半島漢族嫁女習俗很特別，女兒出嫁前夕會舉辦「嫁女宴親會」。當晚6、7時到10點半，先到場的人就以〈平埔調〉、〈思雙枝〉、〈四季春〉、〈楓港小調〉、〈五孔小調〉和〈守牛調〉自由選調找對象對唱。大約到了晚上11點半以後，如果婚事如意，準新娘滿意，便先由其父母開場以〈牛母伴〉唱歡迎詞，接著由準新娘唱出內心的感恩與喜悅，接著則是長輩親朋和好友女伴等找時機唱出對於準新娘的叮嚀和祝福，準新娘亦要回唱感謝的話，過程中都必須以〈牛母伴〉為曲調進行答念、對唱，直至有人發出雞啼應雞聲，才由父母唱謝客詞：「阮兜雞啼應雞聲，明那後日再來乎阮請。」於是一場相當純樸原始的「嫁女宴親會」歌唱劇圓滿收場。據聞隔日新娘轎來到之前，新娘父母和其姊妹伴會再開一場「嫁女姊妹酒會」，仍要以〈牛母伴〉唱出叮嚀的話，敬酒祝福後，再由媒婆牽新娘上花轎。[44]

---

43 張碧蘭阿嬤唱的〈挽茶歌〉內容為「新做跤籠仔縖半腰，远落茶園仔挽茶仔葉，茶仔葉幼幼真惡拈，若無艱苦也趁袂著。」黃文車編著：《屏東縣閩南語民間文學集4：恆春半島歌謠輯》，頁100。

44 不過，若婚禮前夕11點以後，婚事不如意，準新娘不願出嫁，那麼「嫁女宴親會」就會變成父母和親朋好友勸說準新娘出嫁，而準新娘則必須以歌謠對戰所有的親朋好友，過程中仍是以〈牛母伴〉為曲調。若新娘仍舊不服不願出嫁，那麼可能就會對唱通宵，直至花轎來到。上轎之前仍有「嫁女姊妹酒會」，然而卻是以安慰歌詞說服新娘，如果最後新娘被強迫推上花轎，那麼〈牛母伴〉的歌聲，就會持續哀怨地從花轎一路傳出。鍾明昆：〈恆春傳統民謠的對唱〉，臺北：臺灣師範大學主辦「傳統藝術文化資產學術研討會暨中華民國（臺灣）民族音樂學會2009年會，2009年10月10日，頁13。

　　如今滿州歌謠中的〈牛母伴〉仍舊充滿濃厚的嫁女氣息，2012年3月18日於滿州鄉公所由朱丁順、張日貴、張碧蘭等8位傳藝師的聯合唱演，張日貴阿嬤才一段「查某囝，爸母共你飼甲遮大漢，欲來分開來拆散，阿娘也共妳真毋甘」（頁134）唱出，臺下聽眾就把眼淚滴落。接下來扮演父親的朱丁順、飾演姆婆的張碧蘭和扮演女兒的謝美青等輪番對唱，每句歌謠都讓臺下聽眾動容。

　　滿州的〈牛母伴〉常運用在傳統嫁娶的場合或對唱，因此念唱主題常有勸誡教育意義，例如張碧蘭唱的〈爸母疼囝〉：

> 爸母疼囝是長流水，若囝欲有孝爸母親像樹尾仔滴露水。指頭仔咬落是隻隻疼，查甫查某平平攏是囝。
>
> 紅柿仔好食是對佗去，後日毋通忘恩背義。查某囝嫁去千里路頭遠，若欲講話想著心齊酸。（頁92）

滿州〈牛母伴〉是恆春半島歌謠最早古調之一，念唱者透過此「哀而不傷」的曲調傳達從恆春滿州地區嫁娶記憶和教育思維。

3　滿州自然風光

　　屏東縣擁有豐富的自然資源，然而這一大片風光，恆春半島卻能獨攬山海，也就成為國內外觀光客必定朝聖的景點。但若比起恆春的古城記憶和墾丁陽光風情，更往內走的滿州似乎不太受到矚目，於是滿州歌謠傳藝師們透過民謠讓滿州自然風光傳唱出去，用以招徠遊客的目光。

　　王洋月、黃秀英和張許二妹合唱的〈滿州風光〉（摘錄）開門見山就說滿州是個好地方：

滿州風光好所在,美麗芬芳可愛阮故鄉,人情樸素人正稀,勤
儉又拍拚真愛鄉。

東爿海垺佳樂水,仙人石鼎好煮魚,遙遠日出太平洋,觀賞月
娘,南十字星,唉唷唉唷唉唷唉唷,男女老幼來跳舞。(頁113)

講到佳樂水,那是屏東人對於滿州的第一個印象。王洋月等人還唱出
〈滿州出名〉(摘錄):

滿州出名佳樂水,發角石頭真正媠,朋友啊來迌迌,遊山玩水
真趣味,哎唷哎唷,喔啊一搭,喔阿嗚嚕薩,嘜嘿薩薩,嘜嘿
薩薩。(頁117)

滿州著名的三景,除了佳樂水可以遊山玩水外,歌謠所唱的其他二景
分別是「港口茶」和「檳榔欉」,自然景觀和物產,標誌著這裡的純
樸自然。然而讓筆者印象最為深刻的是〈臺灣南端〉這首歌謠:

臺灣南端鵝鑾鼻,燈塔懸懸照千里,照千里,南灣馬鞍山後壁
湖貓鼻頭,恆春實在好景緻,喔哈嘿,嗨齁嘿,嗨一个,阿嗨
兩、三个。

墾丁公園好風光,茄苳神木石筍洞,石筍洞,剖爿一線天奇景
大仙洞,觀海樓上受南風,喔哈嘿,嗨齁嘿,嗨四个,阿嗨
五、六个。

柴城出名四重溪,溫泉洗浴真好適,真好適,石門牡丹西北風
對古戰地,予你看甲真正會,喔哈嘿,嗨齁嘿,嗨七个,阿嗨
八、九个。

滿州出名佳樂水,發角石頭真正媠,真正媠,東爿海垺奇岩怪

石一大堆，歡迎逐家來遊山水，喔哈嘿，嗨齁嘿，嗨十个，阿嗨十外个。
（頁115-116）

筆者團隊採錄這首歌謠一共兩次，第二次是張日貴、張碧蘭兩位阿嬤領著滿州鄉民謠促進會的成員大合唱。歌謠中除了介紹臺灣南部鵝鑾鼻、馬鞍山、貓鼻頭、墾丁公園、四重溪、石門牡丹和佳樂水等景緻外，更重要的是這首〈臺灣南端〉和上述的〈滿州出名〉都屬於滿州歌謠中的新創曲調，明顯可以發現這些歌謠非傳統的七字型態，更摻雜許多狀聲詞或虛字詞，推測或許是受到當地原住民歌謠的影響，而這也是滿州新創歌謠和恆春半島其他地區歌謠最為不同之處。

滿州鄉最東南角是港仔村，從潘秋儉、洪桂香、張錦桂和周麗鳳等人合唱的〈恆春向東〉可以聽到：

思雙枝，恆春向東無偌遠，一个地號港仔庄，恁若欲來毋免問，一片白沙鎮中央。
思雙枝，港仔山頭懸低排，三爿是山一爿海，好山好水好所在，歡迎逐家閣再來。
（頁124）

從恆春走臺26線向東進入滿州鄉後過了九棚大沙漠，就會看到港仔村。港仔村環山面海，再往後走就進入旭海，然後接入瑯嶠卑南古道（阿塱壹古道）。這裡三面環山一片海，港仔村有好山好水好風光，期待遊客能多多造訪。

　　綜合上述有關恆春半島閩南語歌謠的採集成果分析，[45]我們發現楓港、新街、恆春和滿州四地的歌謠同中見異，基本其在傳統七言四句的唸謠形式上延續〈思雙枝〉（〈思想起〉）的歌謠生命力，然而各地皆致力呈現「在地」特色。

　　一、唱出生命記憶：恆春半島的閩南語歌謠，最大的相似處在於歌謠都和在地生活經驗和文化記憶有關，前者如楓港的燒火炭數魚苗，新街的牽魚罟，恆春的做田砍柴和滿州的採茶和數魚苗；後者則如恆春舊城、嫁娶婚宴等。

　　二、曲調各有偏好：如楓港社區愛念〈楓港調〉，新街社區則唱〈思雙枝〉；恆春和滿州所使運的曲調雖然多元，不過恆春有〈恆春小調〉，滿州除了〈牛母伴〉外，也可聽見如〈守牛調〉、〈滿州三景〉和〈恆春四景〉等新創歌謠。

　　三、原漢文化並呈：恆春半島歌謠中，還有一個很大的特色，即是在歌謠曲調或內容，摻雜當地原住民和漢人的歌謠元素，此特色又以滿州地方歌謠最為明顯，如〈滿州三景〉和〈恆春四景〉中的虛詞運用。

---

45 按：除了筆者團隊採錄成果外，恆春半島地區的歌謠上可參考諸多影音檔案資料，例如：（1）朱丁順自己錄音：《朱丁順恆春民謠》CD三片，2004年4月12日、2007年3月30日、2007年4月20日；（2）陳明章製作：《卜聽民謠來阮兜：朱丁順恆春民謠彈唱》CD一片，（臺北：陳明章音樂工作有限公司，2007年）；（3）寰宇文化工作室製作：《台灣最後的走唱人》（主唱：朱丁順、賴碧霞）CD 二片，（臺北：寰宇文化工作室）；（4）屏東縣滿州國小錄影：《歌謠節歌唱比賽》VCD一片。至於相關研究論文則有：（1）周定邦：〈詩歌、敘事kap恆春民謠：民間藝師朱丁順研究〉，臺南：成功大學臺灣文學研究所碩士論文，2005年；（2）何宜靜：〈「恆春民謠」的傳唱與變遷——以恆春古城地區內的活動為例〉，臺北：臺灣師範大學民族音樂研究所碩士論文，2009年；（3）屏東教育大學臺灣文化產業經營學系（今改名為屏東大學文化創意產業學系）：《「2009恆春民謠學術研討會」會議手冊暨論文集》，2009年10月24日；（4）陳怡如：〈屏東縣閩南語歌謠研究〉，屏東：屏東大學中國語文學系研究所碩士論文，2013年8月等等。

第三節　唱出傳承：鄉土語文教學的應用

　　以民間文學為內容去推動國小鄉土語文教學及活動是相當具有意義的，尤其是結合在地的民間文學調查整理成果。但這推動並非只是全盤挪用，當中還需要教學者的創意活用，甚或是學校、政府單位的協助配合。以本文主要討論的屏東縣閩南語歌謠來觀察，我們可以嘗試怎樣的鄉土語文教學應用？而其又具有何種價值和思考呢？當然，無論怎樣精彩的教材內容，如果沒有政府、學校、家長的支持，那麼教學者和受教者的互動多只能侷限於教室空間或固定地方而已。另外，民間文學的鄉土教材必須先擇取「合宜適當」者，例如歌謠中的葷歌、情歌都暫不適合使用。

一　融入生命教育

　　依據教育部頒布之《十二年國民基本教育課程綱要》的「綜合活動領域」內容中提到：

> 生命教育科在國民小學教育階段為覺察生命的變化與發展歷程，培養正向思考的態度；國民中學教育階段為思考生命的意義與價值，體察群己關係，運用適當策略以促進心理健康；高級中等教育階段則為培養哲學思辨的能力，透過價值選擇，建立自我生命的終極信念，並實踐生命價值。[46]

---

46 引自教育部生命教育全球資訊網，國民中小學暨普通型高級中等學校綜合活動領域課程綱要，2019年1月11日公布，頁24。下載網址：https://life.edu.tw/zhTW2/node/448。下載時間：2021年2月18日。

就國民小學而言，生命教育的主要重點在於「覺察生命的變化與發展歷程，培養正向思考的態度」；國民中學的重點也在「體察群己關係」，其實也就是透過個人生命與他者互動關係下覺察生命的意義與價值。就國民小學綜合活動領域學習表現之「1d-III-1覺察生命的變化與發展歷程，實踐尊重和珍惜生命」項目所衍伸的學習內容（頁41）主要有：

> Ad-III-1　自然界生命現象與人的關係。
> Ad-III-2　兒童階段的發展歷程。
> Ad-III-3　尊重生命的行動方案。
> Ad-III-4　珍惜生命的行動方案。

透過個人與自我生命的行動方案、個人與自然界的關係和兒童成長發展歷程（與社會之互動）去認識個人特質、覺察生命變化歷程，藉以促進兒童身心健全發展。如此而言，十二年國教中國民小學的「生命教育」旨在透過個人與自我生命、自然、社會之覺察互動與發展，建立正向的生命態度。

　　於是，我們其實可以選用適合的在地閩南語歌謠去進行國小學童的鄉土教育教學，並與之聯結生命教育課程，讓學生能更深刻地體會自我與他者的生活目的和生命意義；並可以藉此讓學生經由對自我及他人的認識、社會的觀察與自然的學習，思考生命的價值和意義。例如：

　　1、個人與自我生命：透過小琉球其麟伯所念唱的〈小琉球討海歌〉或海伯仔念唱的〈忤逆大不該〉、〈莫做歹學生〉等歌謠內容進行課程設計、教師引導、角色扮演或行動劇演出，讓學生思考自我存在的目的與價值性；並讓學生思考個人和學校老師、同學之間的相處，

在家時和父母親、長輩的相處該有何禮儀規範，藉以引導並激發學生的生命教育學習與目標達成。

2、個人與社會互動：透過如海伯仔念唱的〈六合彩〉、〈治安啊治安〉和〈毋通拜過頭〉等歌謠內容去引導學生思考賭博的社會歪風，反省現今社會治安不良的現況與改良之道，以及過度迷信及觀念導正，進而激發學生端正品行與行善助人之表現。

3、個人與自然世界：透過海伯仔的〈第一要緊是環保〉、〈臺灣是寶島〉、〈水雞仔歌〉、〈來唱咱 e 潮州〉等歌謠介紹與引導，讓學生瞭解臺灣與鄉土之美，並進而從環保議題思考人與自然的依存共榮關係。

重要的是，這些閩南語歌謠是從地方唱起，不但具有地方性、方言性，如今更能結合生命教育，那麼鄉土教育課程的實施，就更別具意義與實際價值了。

二　參與體驗課程

鄉土語言教學過程中，除了課室的學習與互動外，很重要的一環是要走出教室，這當然還涉及教師教學時間、學生安全與其他配合事項。其實最容易且必須進行的體驗是家庭中的母語交流，這是必備但卻不容易掌握的課程。因此，教師只好透過教學設計與戶外活動，讓學生體驗方言在地方的實際價值和意義。

若以海伯仔的歌謠來看，我們可以利用如〈早期娶新娘〉、〈喜宴出菜歌〉等歌謠學習，讓同學進一步以「學習單」記錄、「連環照片」敘述或「小記者」採訪等方式去進行實際體驗，完成後則於課堂上用鄉土語言進行說故事分享，這裡包括自己的學習所得，用照片或影音講故事，還有擔任小記者去訪問喜宴的每道菜等等，這樣的學習

應該更能促使學生參與鄉土語言教學的實際意義。

另外，例如〈來唱咱 e 潮州〉中說到的地方古蹟和戲團、小吃，更是戶外教學可以前往參觀或拜訪者。在歌謠中被念唱的地方不單單只是地景而已，而是富有地方情感的在地感動。讓位居地方的學生去地方感受地方感，不也是鄉土教學中強調的「地方認同」目標嗎？

三　文化創意表演

閩南語歌謠其實具有強烈的音樂性和律動性，當進行鄉土語言教學時，運用節奏進行歌謠的念或唱，對於同學的記憶與學習比較有助益，例如其麟伯講述的童謠〈蟬鼠謠〉，就可在念唱中完成學習。更進一步者是學生的行動劇演出，當然教師必須事先過濾歌謠並進行改編簡化工作，從學生有興趣的歷史或傳說歌謠唱起演起，例如〈姜子牙下山〉或〈十二生肖歌〉，把閩南語歌謠結合兒童戲劇進行創意表演，如果這樣的演出可用於校慶活動或班級家庭日，那麼對於演出的學生想必是很大的肯定，進而可促進他們用母語講述故事或歌謠、諺語的能力與興趣，甚至在參與演出的過程中，詢問、採納同學的適當意見，讓戲劇表演多了現代創意甚或青少文化思維，這樣的演出或許更能拉近師生間的距離，又或者這樣的歌謠戲劇創意表演可以被縣府文化處的人看見，那麼也許就有可能登上縣府活動如每年一度的「恆春國際民謠音樂節」，例如2015年的「恆春民謠音樂節」中有「千人古城月琴傳唱」挑戰金氏世界紀錄便是一例。[47]如此而言，豈不是政府──社會──學校──教師──學生──家庭全都參與其中，這當

---

47 曾恬恬報導：〈「千人古城月琴傳唱」10/17挑戰金氏紀錄〉，《民報》，2015年10月13日，下載網址：https://www.peoplenews.tw/news/059eb3da-4b3c-483d-9260-1b0c281f4b59。下載時間：2021年1月12日。

是鄉土語言學習的最大目標與意義。

透過文化創意表演，我們可活化鄉土語言學習的應用與達到其最大效益，更甚者是這樣的文化創意活動讓我們可以從全球化的過程中看見地方。但是，在經濟掛帥、觀光優先的政策下，鄉土教育與文化傳承如何在全球化發展的視閾中看見地方的存在與意義，而全球化與在地化是否有共進的可能性呢？

第四節　地方化還是全球化：怎麼唱下去的恆春思想起？

屏東縣自2008年開始舉辦「風與潮──國際唱遊節」，其理念即是讓國人在與國際交往觀摩的同時，能與自我表現有所對照與反思。[48]「風與潮──國際唱遊節」也配合著「第二屆恆春民謠節」，換言之，當時縣府把「地方」當成一種關照與認識的方式，透過與國際的、外向的、進步的且全球的互動，其用意正是希望「屏東」或「恆春」的意義可以重新被看見與定義。為了讓恆春民謠可以帶動恆春（或屏東）走向全球及國際，屏東縣政府文化處自2009年後迄今，乃將活動正名為「恆春國際民謠音樂節」[49]，每年活動多以國際民謠音樂節、

---

48 2008年的「風與潮──國際唱遊節」官方網站寫明創辦理念為：國際民謠節以發展當地藝文特色為前提，運用環境與活動間的關聯作為觸媒，期待引發所有活動參與者的創意與活力呈現。同時將引進國外演出，藉由交流與互動，讓國人（一般民眾及與表演藝術人士）也能在與國際交往觀摩的同時，亦能與自我表現有所對照與反思。下載網址：http://www.cultural.pthg.gov.tw，下載時間：2011年9月30日。

49 「2009年恆春國際民謠音樂節」的主要活動包括：（1）恆春民謠音樂創作營（2）民謠音樂大賽（3）世界民謠印象展（4）恆春國際民謠音樂節（5）恆春民謠研討會（6）世界民謠音樂講座。到了2010年，音樂節有了主題，叫做「山之聲：恆春國際民謠音樂節」（8月21日至29日），主要活動拓展成12項：（1）恆春民謠音樂創作營（2）民謠音樂劇創作營（3）民謠「大」樂透（4）民謠音樂比賽（5）民謠擂臺賽

民謠音樂比賽、國際民謠鄉鎮巡演及恆春歌謠館展覽等動靜態活動為主，並加入各年不同主題訴求，確實可見用心經營之處。不過這樣的國際民謠音樂節活動雖在「進步地方感」概念下盡量呈現其互動性與國際性，但是否有可能在媒體的傳播下又鼓舞了「無地方性」（placeless）的不真實態度？也就是由上而下的全球化對地方特殊性感覺遲鈍現象，這是比較令人擔憂的一點。因此如何在全球化過程中讓地方被看見？那地方是否具有真實性？的確是個很大的考驗。

　　2015年10月9日至10月至31日的「恆春國際民謠音樂節」擴大辦理，並以「民謠千人傳唱」、「恆春民謠饗宴」和「2015恆春民謠音樂節──民謠×交響樂」等主軸特色呈現。10月17日率先登場的「民謠千人傳唱」，挑戰金氏世界記錄，接著10月18日在屏東藝術館登場的「恆春民謠饗宴」，召集恆春各地民謠團隊演出，筆者和屏東大學中文系、Clover幸運草兒童劇團亦以「車城在地故事　再見龜壁灣」參與表演。後來「2015恆春民謠音樂節──民謠×交響樂」則分恆春場和屏東場，分別於2015年10月24日和25日於恆春北門廣場和屏東演藝廳外廣場演出，讓傳統歌謠結合現代聲光、交響樂和劇場演出，期盼屏東縣民用另一種氛圍感受恆春民謠之美，甚至是戶外、臺鐵車體的裝置藝術等多可見到公部門和地方單位的熱情參與用心演出，成效應該是有目共睹的。

（6）民謠音樂系列講座（7）恆春民謠藝穗節（8）恆春民謠音樂館展覽（9）國際民謠音樂研討會（10）國際民謠音樂節（11）國際民謠列車鄉鎮巡演（12）歌謠音樂市集。到了2011年，音樂節的主題叫做「海之喚：恆春國際民謠音樂節」（10月29日至11月6日），主要活動預計有10項：（1）百人民謠傳唱（2）民謠音樂比賽（3）恆春民謠藝穗發聲（4）恆春民謠音樂館展覽（含親子體驗區）（5）國際民謠音樂節（6）國際民謠鄉鎮巡演（7）兒童歌詞創作徵件（8）海洋工作歌徵求（9）歌謠音樂市集（10）恆春街頭藝人表演。下載時間：2011年9月30日。「音樂節歷年活動介紹」下載網址：http://www.cultural.pthg.gov.tw/folkmusic2011/index.asp?au_id=43&sub_id=45&id=54。

　　其實，恆春歌謠若只能留在半島上隨落山風來去，那麼最後或許終將走向銷聲匿跡一途，然而早從30多年前鍾明昆老師整理採集和推動滿州民謠開始，恆春半島歌謠就在滿州歌謠協進會、恆春思想起促進會以及不同社區發展協會的努力播種下逐漸續根茁壯，2015年的「恆春國際民謠音樂節」似乎看見這些成果的展現。透過地方單位和縣府文化處的規劃引導，恆春歌謠除了邁向國際，更走近全民，只是當「運用地方」（working with place）去凸顯地方意義時，我們更關心的是：這個地方（文化資源）如何可能被當成是「本質」（essence）重點地傳承綿延下去？或許這才是一個更重要的議題！

　　就在全球努力讓全世界看見的「自己」的風潮下，瑞爾夫的《地方與無地方性》似乎為我們提供一些想法，其書中提到人們越來越難感受到透過地方來與世界產生聯繫，他將人類的地方經驗區分為內在性和外在性，存在於外部者會產生與地方的疏離感。那麼屬於外部者如何看見地方？或其所看見者是否真的是所謂的地方？後來瑞爾夫從海德格的「寓居」（dwelling）發展出「真實性」（authenticity）的概念，他認為作為一種存在形式，真實性乃是替自己的存在負責的完整體和接納。[50]而真實性是一種真誠的態度，是一個存在的圈內人對於一個可能是真實的地方抱持的真實態度，不過瑞爾夫也認為在現代世界裡，無地方性的普遍狀況圍繞著我們，以致於無法與地方建立真實的關係。如其所言：

　　　　透過一些過程，或者更精確的說是透過「媒體」，直接或間接
　　　　鼓舞了「無地方性」，從而傳播了對地方的不真實態度，也就
　　　　是削弱了地方認同，以致地方不僅看起來很像，感覺相似，還

---

50 Edward Relph, *Place and Placeless*, London: Pion, 1976, p. 78.

提供了同樣枯燥乏味的經驗可能性。[51]

　　瑞爾夫提到造成無地方性的過程中，很大的推動者除了大型企業和中央威權外，也包括大眾傳播和文化，因此我們要去思考的透過大型企業或政府，或更多的是大眾傳播媒體力量去讓世界看見「地方」的全球化的過程中，「地方」怎樣被看見或如何被認知？這個地方的真實性（內在性）是否能在上述推動者「運用地方」（working with place）去展現那個地方意義（如屏東符號或意義）時，能被外來者（觀光客）看見？又或者是所謂的「地方」其實是一個不斷被媒體和觀光客「定義」的過程！

　　如同段義孚所言：外地人（尤其是遊客）都有鮮明的立場，他們的感知過程常常用自己的雙眼來構組一幅圖畫，他們本質上是從一般的「審美」的角度（外在的）去評價環境的，是一種「置身世外」的視角；外來人的立場很簡單，也很容易表述，面對新奇的事物的興奮感也常促使他們表達自己對感受；相較起來，在地人因為浸淫在自己所處的環境整體中，所持有的複雜的態度，只能通過行為、習俗、傳統和神話傳說等方式艱難、間接地表達出來。[52]如果對比在地人的複雜情感，觀光客或媒體因為單一目標容易滿足，他們主要的意義在於提供一種「新鮮」的視角，於是「地方」常容易在外人的定義中生成。如此而言，這個地方的意義性及做為一個文化資源的「本質」，是否真能夠被內在者（在地人）感知或領悟，進而願意將此地方意義或文化本質重點地傳承綿延下去？

51　〔英〕瑞爾夫在其《地方與無地方性》書中有言：內在於一個地方，就是歸屬並認同於它，你越深入內在，地方認同感就越強烈。見Edward Relph, *Place and Placeless*, London: Pion, 1976, p.49、78、90。

52　〔美〕段義孚著，志丞、劉蘇譯：《戀地情結》，頁94、96。

　　縣府單位對於恆春國際民謠音樂節的規劃與推動當然值得肯定，在臺灣／地方／恆春／歌謠嘗試與國際接軌的全球化過程中，恆春國際民謠音樂節活動在「全球地方感」（A global sense of place）[53]概念下盡量呈現其互動性與國際性；然而或許更因為如此，我們稍微回歸本質去思考這樣的音樂節規劃該怎樣避免在媒體的傳播下鼓舞了「無地方性」的不真實態度？換言之，恆春歌謠既然被視為可以做為「屏東符號」的一項重要的無形文化資產，那我們就更需要去思考在全球化過程中透過音樂節活動讓全臺或國際看見的「恆春歌謠」是否就是實際本質所在？這可能是有落差的爭議點。那麼恆春思想起該要怎樣唱下去？是全球性視角的觀光化發展，還是全臺風潮的文化季活動？其實上述者都可以被視為一種推廣恆春歌謠的手段及宣傳，但也需要顧及恆春歌謠做為一重要文化資產的內在本質性。筆者以為應該是要回歸到恆春歌謠唸唱的文化情境維護及半島地區各地歌謠傳承教學的投注，而這並不會和數位典藏產生衝突，又或者與歌謠音樂節、觀光文化季等活動直接混為一談，尤其後者做為一項推波助瀾的手段是次要順序但著實必要的方法，當然更須要投入甚多經費；然而恆春歌謠

---

53 在面對「全球地方感」（A global sense of place）議題時，哈維的「反動地方感」存在著三種思考模式：1、地方與單一認同形式的緊密關聯。2、顯示地方如何真實地根著於歷史的欲望。3、將一個地方與外界隔開的清晰邊界感的需要。從此來看，地方有必要去抵抗所謂的人員、資訊、產物和資本的全球流動，但瑪西不這麼認為，其以為地方感（sense of place）是外向、進步、全球的，其對地方的新定義是：1、地方是過程。2、地方是由外界定義的。3、地方是多元認同與歷史的地址。4、地方的互動界定了地方的獨特性。至於梅伊（Jon May）在英國北倫敦內城的史托克紐溫頓（Stoke Newington）進行其博士論文研究時所進行的民族誌田野訪談發現：人群與同一個地方會有多重的關聯方式，但人們以很複雜的方式來運用。單純、顯著的多樣性事實，不必然造成進步的地方感，往歷史尋根，也不然是反動的，這是超越反動與進步的地方感思考。參考〔英〕Tim Cresswell著，徐苔玲、王志弘譯：《地方：記憶、想像與認同》，頁118、122、130。

本質的保存、傳承或創生才是其可以永續發展的生命，更應是有關單位著力顧本的必然考量。

2008年7月魏德聖導演的《海角七號》[54]在臺灣掀起一波「後—新電影」浪潮[55]，但電影呈現的不只是愛情主題，導演也透過音樂來完成恆春在地文化的認同。如電影最後把恆春「音樂祭」視為在地文化的展現，但為何放棄月琴唸唱的恆春民謠，反而選擇電音樂風作為主場，這樣所能達到的地方文化認同究竟能有多少？這裡觸及了本土化與國際化的對抗，也回應了商業性與民間性的議題。

當恆春鎮民代表洪國榮氣憤不平地到夏都酒店找經理咆哮說：「誰講阮恆春沒人才！？」時，他內心所能想到的人才究竟有誰？但無論是誰，鎮民代表絕對不會將善彈月琴的茂伯視為這次暖場樂團的表演恆春在地藝人之一，於是弔詭地是所謂的恆春地方文化於在地民代心中似乎不等同於月琴思想起。最後臨時湊團成軍的恆春在地人樂

---

54 《海角七號》，臺灣電影，魏德聖導演，臺灣：博偉影視公司，2008。按：電影的主要場景聚焦在屏東南方的恆春半島。電影內容主線在敘述被臺北拋棄的男主角阿嘉一路直奔臺灣南方的恆春，並在墾丁重新為自己的音樂和人生找到生命的陽光；次線則隨著1945年後寄自日本的七封情書，倒敘地鋪陳日本教師與臺灣女學生的動人愛情故事。《海角七號》不但捧紅了電影演員，更讓導演魏德聖躍升臺灣電影票房保證，這部電影在臺灣電影史上絕對有其重要的指標意義。相關討論可參考黃文車：〈抵抗、出走與回歸的新庶民美學──談《海角七號》和《881》的通俗文化思考〉，臺北：中央研究院中國文哲研究所主辦「美學與庶民：2008台灣『後新電影』現象」國際學術研討會論文集，頁223。

55 孫松榮說比較三個臺灣電影世代：1980年代的「新電影」、1990年代的「後新電影」，以及2008年起的「後—新電影」，2008年「後—新電影」如《一八九五》、《海角七號》、《九降風》、《囧男孩》不約而同地皆以一個國族或個人成長記憶的過去事件來作為影片敘境的重要基礎與構成體系，而且具有歷史、懷舊及記憶特質，在思辯歷史文化再現與影像美學本體共構的面向上都展露創作者獨具匠心的音像創置方略。孫松榮：〈輕歷史的心靈感應：論臺灣「後—新電影」的流體影像學〉，臺北：中央研究院中國文哲研究所主辦「美學與庶民：2008台灣『後新電影』現象」國際學術研討會論文集，頁190-191。

團竟是「馬拉桑樂團」，茂伯是因發現阿嘉任意打開他人郵件且未按時送信經脅迫過程才勉強湊數進去的；再者，馬拉桑樂團表演的曲目幾乎都是現代流行音樂：「無樂不做」和「國境之南」，而樂團主唱是來自臺北的阿嘉，經理人是完全不懂恆春文化的日本人年輕友子，那麼這樣的樂團是否能傳達真正的恆春在地音樂文化？

　　電影中恆春「音樂祭」的安可曲是茂伯以月琴彈奏的〈野玫瑰〉，傳統的月琴二弦撥弄著新式樂曲，這算是本土文化透過新舊音樂衝突後的融合景象。我們當然可以幫這些質疑找到某些答案，但這些答案卻仍未解決最基本的問題──如果墾丁春吶或海洋音樂祭在《海角七號》中能被算是恆春的在地音樂文化，那麼當地流傳幾個世紀的〈思想起〉、〈牛母伴〉、〈五空小調〉等恆春歌謠為何不能堂而皇之進入《海角七號》，並且成為代表恆春的在地音樂文化特色呢？當傳統的月琴古調遇上現代的電音搖滾，魏導要如何去拍出他心中的海角音樂？或許消費者存在的市場場域，以及消費文化特色，恐怕才是魏導演設定《海》片的音樂元素之主因所在。因此，如果魏德聖要將《海角七號》推進臺灣人的刻板國片想像中，那他便要讓這部電影能被大眾所接受，那麼影片中讓年輕人瘋狂的海洋音樂祭為何會取代傳統的月琴古調而成為恆春在地文化代表便可以被理解。

　　安可場最後是中孝介以日語唱出日文版的〈野玫瑰〉，這時看似本土化與國際化的衝突竟在這樣天籟的合唱中消融無蹤──筆者認為這是魏德聖高明之處，其將本土化與全球化／國際化對立消弭於音樂之無形中。過去的本土化／全球化、通俗化／精緻化等二元對立論述仍舊存在，不過《海角七號》在抵制──出走後，回歸之處是更超然的新庶民通俗文化的融合境界，那麼後現代的表現方式，[56]不過也是

---

56 對於魏德聖「海角七號」前半段呈現的錯落，葉啟政引用魏德聖的話「處在今天這樣一個強調個體性、價值多元、去中心、去權威、與去主題、且易變而流動的後現

新庶民美學文化彰顯的基石而已。如果我們以這樣的思考去解釋魏德聖的恆春本土音樂選擇，我們將會發現：《海角七號》中的音樂確實有其商業性的先行考量，但卻驚喜地置入民間性的包裝。在《海角七號》中墾丁春吶式的音樂元素被選擇，不過卻也讓茂伯進入「馬拉桑樂團」，並在最後以月琴彈奏的〈野玫瑰〉。如此而言，屬於恆春民間本土的音樂被包容納入現代流行音樂當中，那麼，在地人或許比較能略打開心胸去接受春吶電音以及這部《海角七號》，甚或將之視為自己的文化代表。[57]

　　只是如瑞爾夫所言的：大眾文化及大眾價值觀聯結起來，後者再度稀釋了人與地方的真實關係，地方於是變成「他人導向的」（other directed），加上交通便利帶來的「移動性」，[58]於是各地／全球都在複製所謂的流行／商業／大眾化的無地方性。我們擔心媒體宣傳後的恆春歌謠變成一種接近大眾的音樂活動後卻逐漸固定為一種認知，即是這些看起來接近的大眾文化與價值者其實就是人類學家歐苣（Marc Augé）所說的「非地方」（non-places）經驗性的東西，而這些非地方性的產生和全球化／資本化／商業化的發展有很大的聯結關係。為了避免這樣的情況，或許相關單位能夠更為重視恆春半島歌謠唸唱之人、曲、物、地、景進行紀錄、保存、教學、研究，使之成為各地方

代社會裡」去說明之，葉啟政：〈傳播媒體庇蔭下人的天命？〉，《中華傳播學刊》第4期，2003年12月，頁7。

57 黃文車：〈抵抗、出走與回歸的新庶民美學——談《海角七號》和《881》的通俗文化思考〉，頁226-227。

58 瑞爾夫言：造成無地方性的元凶之一就是移動性，在美國它降低了家的重要性。高速公路也是地方破壞的元兇之一，因為它們不聯結地方，它們「從每個地方出發，卻不通往任何地方。」（The new road starts everywhere and leads no where.）另一個因素是現代旅行和觀光業，鼓勵人們迷戀「旅行的機械裝置和隨身用具……本身。簡言之，比較重要的是離去的行動和風格，而不是某個人去了哪裡。」Edward Relph, *Place and Placeless*, London: Pion, 1976, pp.90-92.

歌謠文化永續經營的基礎資源，那麼帶著落山風味道的思想起歌謠，才能在恆春各地延續她本質性的在地生命力。

小結　望欲枝葉後世傳

　　如果Tim　Cresswell所言的：「地方也是一種觀看、認識和理解世界的方式。」和段義孚提出的「地方之愛」而將地方作為「關照場域」的觀點可以被接受，那麼本章節主要探討者在於如何從屏東縣閩南語歌謠內容與意義去思考「地方」的價值和歸屬問題，透過「位居地方」的關照與認知，我們將可以重新看見所謂的「屏東」（或是潮州、小琉球、恆春等地）。

　　本章節聚焦分析與探討屏東縣閩南語歌謠的傳唱內容與地方意義，首先討論小琉球陳其麟和潮州鎮林開海兩位民間念唱者的念唱歌謠，其麟伯的念唱歌謠可分成：（1）歷史歌仔，其中又包括長篇歌仔和七字仔、（2）小調新唱或自編新曲、（3）童謠等；海伯仔的歌謠則包括：（1）人生議題、（2）社會政治、（3）民俗文化、（4）地方風情等四大類。對其麟伯而言，「長篇歌仔」是他賣藥走唱的看家本領，第二類的小調新唱或自編新曲則充滿人生體悟及琉球風情。而海伯仔的人生念謠在進行人生思考和社會批判，強調社會公理要求的「得財有道」，以及「努力可成」的庶民奮鬥觀，他的政治社會與環保歌謠則傳達一種地方的「親切經驗」失落之反思，民俗文化歌謠思考的是地方與神話空間的想像，而地方風情歌謠則可看見位居地方的關照與情感聯繫。換句話說，透過其麟伯和海伯仔的閩南語歌謠，我們可以看見聽見屏東的「地方之愛」，這些歌謠所透視的地方存有「鄉土的附著」，那就是一個家（園）的概念。

　　再者，我們可將這些閩南語歌謠篩選、改編成國小鄉土語言教

材，並試著從（1）融入生命教育、（2）參與體驗課程、（3）文化創意表演等方向進行多元整合的鄉土語言教學課程，讓學生可以在教學互動過程中，走出教室、踏進地方，甚至藉由文化創意表演活化鄉土語言學習之應用，讓政府、社會、學校、教師、學生、家庭全都參與，這才是鄉土語言學習的最大目標與意義。

本章節另一重點在思考恆春半島歌謠及地方本質問題。瑞爾夫在《地方與無地方性》一書中提到人們越來越難感受到透過地方來與世界產生聯繫，而這也是段義孚在《地方之愛》中所言：透過人類的感知和經驗，我們得以透過地方來認識世界。瑞爾夫將人類的地方經驗區分為內在性和外在性（Insideness and outsideness），[59]存在於外部者會產生與地方的疏離感。那麼屬於外部者如何看見地方？或其所看見者是否真的是所謂的地方？如上所提到透過媒體直接或間接鼓舞「無地方性」的可能過程，也會因此削弱了地方認同。瑞爾夫這裡說的是造成無地方性的過程中，很大的推動者除了是大型企業和中央威權外，也包括大眾傳播和文化。瑞爾夫說：這種情形尤其要歸咎於觀光業，因為它鼓勵了地方的迪士尼化（disneyfication）、博物館化和未來化。[60]而這過程其實可以和全球化放在同一條發展線上，因此我們要去思考的是在全球化的過程中，地方如何被看見與認知？或者是更有可能出現的「地方消失」？

或許在地性文化並不排斥全球化浪潮，但在國際化、全球化的襲迫下，在地大眾因恐懼自我意識的喪失，反而會強化原有的文化認同。若此，那麼原本代表恆春的地方歌謠在國際音樂節或媒體傳播之

---

59 瑞爾夫言：內在於一個地方，就是歸屬並認同於它，你越深入內在，地方認同感就越強烈。Edward Relph, *Place and Placeless*, London: Pion, 1976, p.49.

60 瑞爾夫所：迪士尼世界不只是講求立即性的、無歷史性的發展外，它其實也是一個小型的集權國家。Edward Relph, *Place and Placeless*, London: Pion, 1976, pp.95-101.

後，應該聽見或看見怎樣的音樂才叫地方文化？電影《海角七號》中
恆春歌謠與現代音樂的並用，觸及了在地性與國際性的問題，也蘊藏
民間性和商業性的交融，其實每個文本與相關政策都有其當時代場域
的諸多考量，但當非地方性一再擴大，那麼所謂的地方本質究竟剩下
多少意義？這恐怕更是產官學界和在地群體所需要共同面對與關注之
重要議題。

第四章
聽見屏東〈瀧觀橋的呼聲〉
——兼論臺灣社會案件歌曲中的社會關懷與民間音聲力量

　　1970年代對於臺灣而言雖是外交受挫、社會動盪之際；但也正因為這樣的時機背景，臺灣從傳統農業社會逐漸轉型進入工業化與城市化的發展；對於多數的臺灣人來說，臺灣主體價值伴隨著社會運動、本地意識與鄉土文學運動不斷地在臺灣社會與文化中反覆思辨與拉扯衝撞。1970年代更是臺灣邁入經濟起飛與政治解嚴的1980年代之前哨端，許多社會議題與文化現象隱約生成，而當時所發生的臺灣三大命案中之屏東內埔「美和中學女學生鍾正芳命案」及後來產生的社會案件歌曲〈瀧觀橋的呼聲〉，似乎提供了我們觀察當時臺灣社會關懷與民間音聲力量的一條進路；此外，我們又可以從中看見臺語流行歌曲在當時國家政策掌控下如何巧妙面對，並且微妙地轉身以延續傳唱的生命力。

第一節　臺語流行歌曲的起源與發展概述

　　臺灣閩南語流行歌曲（以下簡稱「臺語歌」、「臺語歌曲」或「臺語流行歌曲」）[1]的發展和1930年代的「現代性」（modernity）思維傳

1　按：本文所提之「臺語歌曲」、「臺語歌」或「臺語流行歌曲」主要指日治臺灣後1930年代以來以臺灣閩南語演唱的流行歌曲，在此之前流傳於臺灣民間的歌謠、歌仔則以「臺灣閩南語歌謠」或「臺灣歌謠」稱之，但有時則會以「臺灣歌曲」或「臺灣歌謠」概稱兩者。這些臺語歌謠或歌曲後來被1950年代興起的香港許多「廈

入臺灣有相當程度的關係，當時這個「現代性」被通稱為「摩登」流傳於東南亞華人地區，在臺灣則特別被叫做「毛斷」（modern）。進入日本殖民的穩定期，工業化與農業精緻化的產業帶動臺灣的經濟成長，伴隨著現代化思潮與文明的傳入，臺灣的都市開始從傳統蛻變，咖夫厄（caf'e）、茶店藝旦間、歌舞臺林立，烏貓、烏狗不分日夜流連，新式的蓄音器取代傳統胡絃，七十八轉的黑膠唱片搶走不少走唱者的記憶，1930年後的《三六九小報》和《風月報》等小報剛好記錄著那個年代中臺灣城市裡的消閑、戲謔、嘲笑、遊戲等多元聲音，而這或許也可視為從邊緣向中心發聲的「去中心」（decentering）現象。

　　上個世紀三〇年代是臺灣城市邁入現代化的一個重要時間點，和臺語歌謠較有關係的是臺灣電影業從業人員於昭和7年（1932）引進上海電影《桃花泣血記》時為招徠觀眾而創作的宣傳歌曲。因為《桃》片是一部影戲，於是請了當時臺北大稻埕的詹天馬與王雲峰兩位辯士分別作詞與作曲，因此配合電影推出的臺語流行歌曲〈桃花泣血記〉於焉誕生。日治中期前後，現代化風潮在臺灣逐漸穩定提升的社會和經濟中逐漸橫植進入，臺北城中可見的百貨店、蓄音機店、電

語片」方言電影挪用、翻唱，到了東南亞地區後多改稱為「摩登廈語流行歌曲」或「福建摩登歌曲」、「摩登廈曲」等，當然也包括來自香港或新馬當地新創作的閩南語歌曲，不過在新馬華人地區則將之通稱為「福建歌曲」或「福建歌」。至於「廈語片」，指的是1947年至1966年左右以「廈門語」（閩南語）發音的影片，其資金多來自東南亞，在香港拍攝，技術、人才來自中國、臺灣，而電影最後則在東南亞市場播放。蒲鋒將香港廈語片的發展分成「雛形期」、「蓬勃期」和「熾熱期」，時間約在1954年至1961年之間，參考蒲鋒：〈細說從頭：廈語影業的基本面貌及影片特色〉，收入吳君玉編：《香港廈語電影訪蹤》（香港：香港電影資料館，2012年），頁36-43。但筆者認為廈語片的分期應該可分成「萌芽期」（1947-1954）、「發展期」（1954-1957）、「蓬勃期」（1957-1960）和「沒落期」（1960-1966），關於廈語片的興起與發展，可參考黃文車：《易地並聲：新加坡閩南語歌謠與廈語影音的在地發展（1900-2015）》（高雄：春暉出版社，2017年1月），頁146-154。

影館、咖啡店、舞廳與撞球間、衣著新潮的烏貓烏狗，說明著臺灣的
現代化城市正被生成——那是臺灣第一個「跳舞時代」[2]，摩登的思
維與現象異同於過去對於日治時期臺灣人民苦難、悲情的刻板印象。
在新興現代化思潮的推動下，時下的知識青年開始不再只是滿足傳統
而已。

　　筆者曾探討1930年代配合傳入臺灣的現代化音樂與技術，臺灣閩
南語歌謠如何從七字仔進行內外在調整與轉化的工作與成績，其中大
稻埕的歌人醫生林清月和李臨秋是值得觀察的對象。林清月認為無論
是七字仔、文言詞體或白話歌謠，都必須要有好的構思及運筆，始能
有佳作。適逢三〇年代臺灣城市的現代化，唱片工業興起，從古倫美
亞到勝利唱片公司，他曾參與創作並有臺語流行歌曲〈老青春〉、〈清
閒快樂〉等作品問世，雖然他的作品文雅性高、勸世性強，且稍具傳
統感，以致不太符合摩登的「跳舞時代」，但他甚為相信這樣的時代
風氣有助於推動臺語流行歌曲的成長與傳播。[3]李臨秋的戰前歌詞作
品從電影宣傳歌曲如〈懺悔〉、〈倡門賢母〉、〈一顆紅豆〉、〈人道〉到
臺語流行歌詞如〈望春風〉、〈四季紅〉等作品，其皆逐次進行字數、
葩數、句式等歌曲外貌型態的突破，但轉變的過程中，李臨秋並未放
棄其從古詩詞、臺灣傳統七字仔歌謠、臺灣閩南語言承襲的文雅詞
風，因此即便其歌詞逐漸從傳統七言四句轉變成長短句型態，然而內

2　按：〈跳舞時代〉原是1932年由陳君玉作詞、鄧雨賢作曲，純純演唱的臺語流行歌
　　曲，歌詞內容主要描寫「阮是文明女，東西南北自由志」、「阮只知文明時代，社交
　　愛公開」及「男女雙雙，排做一排，跳狐步舞我上蓋愛。」等等，傳達當時現代化
　　的臺北城市裡，都會中產女性追求自由開放思潮的想法與主張。而這樣的思潮與現
　　象，是傳統論述日治時期臺灣悲情社會外的另一面向，但卻頗為適合用以描述當時
　　臺北的「摩登」時尚感。

3　相關論述探討請參考黃文車：《行醫濟人命、念歌分人聽：林清月及其作品整理研
　　究》（臺北：文津出版社，2009年10月）。

容卻仍深具含蓄婉約風格。[4]

　　至於戰後初期至白色恐怖此戒嚴期間，臺語歌曲在國民政府查禁
（1960-1965）和推行國語運動背景，以及唱片公司成本考量下出現
諸多的「混血歌曲」[5]，濃濃日本風格的臺語歌充斥市場。據石計生
所言，1950-1970這段時期的臺語歌謠除了混用日本曲外，更吸取印
尼、美國、義大利等其他地區歌曲。其認為：

> 臺灣歌謠於戰後60年代從興盛到衰退的原因，不能獨斷的歸咎
> 於「混血歌」的存在，更大的因素其實歸因於政府迂迴經由審
> 查歌曲制度、設立「歌星證」等門檻箝制，且刻意忽略所造
> 成。對臺灣歌謠無強硬的禁止，而是以消極的態度，不鼓勵也

4　黃文車：〈從電影主題曲到臺語流行歌詞的實踐意義：以李臨秋戰前作品為探討對
　象〉，《大同大學通識教育年報》第7期，2011年7月，頁80-91。
5　關於「混血歌」或「混血歌曲」，莊永明提到「（上世紀）五○年代，不幸有大量的
　『混血歌曲』出現，由於唱片業者的短視，使臺灣歌壇淪為日本的文化殖民地。」
　見莊永明：《臺灣歌謠追想曲》（臺北：前衛出版社，1999年9月），頁62。楊克隆認
　為戰後因對於國民政府的不滿，翻唱日語歌曲的「混血歌」而產生「後殖民現
　象」，見楊克隆：〈臺語流行歌曲與文化環境變遷之研究〉（臺北：臺灣師範大學國
　文研究所碩士論文，1998）相較於前二者的現實、後殖民角度，石計生則重新思考
　臺語流行歌曲的混血原因和歷史意義，其認為：「這些複雜的『混血歌』流行音樂
　其實充滿各式各樣的城市空間魅影。」見石計生：〈臺灣歌謠作為一種「時代盛行
　曲」：音樂臺北的上海及諸混血魅影（1930-1960）〉，《臺灣社會學刊》第47期，2011
　年9月，頁107。至於混血歌曲的歌詞主要方式有三：1、「譯詞」，直接翻譯日語歌
　詞，例如黃其良填詞的〈長崎蝴蝶姑娘〉、蔡啟東填詞的〈港町十三番地〉、文夏填
　詞的〈黃昏的故鄉〉、莊啟勝填詞的〈再會呀港都〉及〈落葉時雨〉等；2、「編
　詞」，將日語歌詞中聽眾較生疏的字語改成本土較熟悉的字語，例如蜚聲填詞的
　〈阮的故鄉南都〉、文夏填詞的〈理髮小姐〉及〈媽媽請您也保重〉等；3、「作
　詞」，完全捨棄原日語歌詞，改以臺灣為背景重新創作新詞，例如蜚聲填詞的〈懷
　念的播音員〉、莊啟勝填詞的〈素蘭小姐要出嫁〉、謝麗燕填詞的〈內山姑娘〉等。
　見鶴田純：〈1959、60年代「日本曲」臺語歌研究〉（臺南：成功大學臺灣文學研究
　所碩士論文，2008年）。

不扶持任何有關臺語片、臺灣歌謠的發展，這也是政治上「隱蔽知識」的一種展現。[6]

石計生認為臺灣歌謠的衰退更大原因在於政治上「隱蔽知識」，相反的，從日治以來唱片市場的新商業策略，以及知識分子對音樂理念的實踐，無論其展現在藉由本土語言的演唱、外來音樂元素或是樂器改良，其皆彰顯臺灣歌謠主體性下的「混血」現象。因此，「混血歌」除了是戰後翻唱外國歌曲之臺灣歌謠外，更具有時代演進之面貌。[7]只是，在這段混血歌充斥政治掌控的年代中，較少被研究者注意的是盛行於上世紀五、六〇年代的臺語片（以及更早的廈語片）中出現的臺語流行歌曲（福建摩登歌曲），其實正好可以補齊臺語流行歌曲於戰後的發展光譜。

當時以臺語歌曲作為電影片名的作品，例如有1956年的《雨夜花》、《桃花過渡》、《補破網》，1957年的《望春風》、《心酸酸》、《港都夜雨》，1958年的《望你早歸》、《月夜愁》，1959年的《一個紅蛋》，1960年的《秋怨》，1961年的《心所愛的人》、《孤女的願望》，1962年的《送君情淚》、《舊情綿綿》，1963年的《思相枝》、《丟丟銅》，1964年的《河邊春夢》、《草螟弄雞公》，1965年的《孝女的願望》，1966年的《難忘的愛人》，1967年的《愛你入骨》，1968年的

6　石計生認為：透過隱蔽知識運作過程，我們可以瞭解，音樂不再是一個內在事實的陳述和映射，反而成為所覺察到的現實，由「音樂人」發自內在所採取的一種行為態度，既是反映社會的、歷史的、空間的、地方的，其行為又有反饋作用。在這其中，是有著「音樂人」與「大時代」交織下的生活意識來回運動著。石計生：〈臺灣歌謠作為一種「時代盛行曲」：音樂臺北的上海及諸混血魅影（1930-1960）〉，頁116-117。

7　石計生：〈臺灣歌謠作為一種「時代盛行曲」：音樂臺北的上海及諸混血魅影（1930-1960）〉，頁114-115。

《天黑黑欲落雨》、《安童哥買菜》和1969年的《燒肉粽》等。[8]正如
史白靈所言：

> 凡是流行的臺語歌曲，都可以拍成電影，凡是這類「題材」的
> 電影，一定賣座。……製片人唯一需要掌握的條件是；必須要
> 以臺語歌曲作為電影的主題曲，必須以唱紅這首歌曲的歌星充
> 任電影的主角。（如果再加上「隨片登臺」，收效更宏。）因為
> 很多的觀眾是以聽歌和「看看彼（那）個歌星」為主，電影僅
> 是一種陪襯而已。因此，凡是這一類的影片，對劇情都不太重
> 視，而是儘量地使觀眾有「歌唱表演大會」的感覺……[9]

因為類似「歌唱表演大會」與「隨片登臺」，因此電影中的臺語流行
歌曲，後來幾乎多在臺語流行歌壇不斷地被傳唱與翻唱。

除了以原臺語歌曲為片名之外，1950至1970年代中如《龍山寺之
戀》、《高雄發的尾班車》、《臺北發的早車》、《鹽埕區長》、《安平追想
起》、《張帝找阿珠》及《返來安平港》等黑白臺語片歌曲中，很多主
題曲如〈鹽埕區長〉（萬居調）、〈臺北發的早車〉、〈高雄發的尾班
車〉以及〈安平追想曲〉、〈出人頭地〉（華語）等至今仍是膾炙人
口。透過臺語片，我們可以看見當時被紀錄的臺灣地方與空間，有其
文史價值意義外，閩南語歌曲中混雜的不同方言（華語、閩南語、客
語）或多元曲風（中國、西洋、南洋），也可以說明經過1930年代後
臺語歌曲的現代化過程，及臺、廈語片面對海外東南亞的廣闊市場，

8　引自怪e紅傑克：〈話說臺灣臺語流行歌的發展與演進（三）〉，「流行音樂言舊苑」
　　網站，2012/10/06。https://jackli51.pixnet.net/blog/post/50357276。下載時間：2020年
　　9月9日。

9　史白靈：〈臺語歌曲演變的方向〉，《聯合報》8版，1965年7月26日。

臺灣閩南語（臺語）歌曲在跨過五、六〇年代的廈語片和臺語片風潮後，逐漸在1970年代出現多元曲風及社會元素了。[10]這裡正好也可以說明所謂的「混血歌曲」其實是不同時代中流行元素的交混與並用，此間更需配合商業考量與海外華人市場。筆者想提的「混血」或「翻唱」（Cover）不僅是那些混入「外曲」的臺語流行歌曲而已，其實1930年代的臺語歌曲也在廈語片或東南亞被「翻唱」出不同味道，如1958年廈語片《番婆弄》中的〈論交際〉用的是〈望春風〉曲調，而戰後新加坡鶯燕閩劇團的方靜（方玉珍，1919-2013）演唱的〈月夜等郎來〉用的是〈月夜愁〉曲調，〈相思曲〉則用〈想要彈同調〉曲調等，那麼所謂的「混血」其實是「翻唱」過程中被拼貼、重組的複和式產品，在制式規矩的社會環境中，如果聽眾及市場願意買單，那麼被「翻唱」再製的混血臺語流行歌曲反而更增添多元豐富的面貌。

　　在此思維下，本章節期待觀察於1970年代黨國監控的時代環境及當時臺灣娛樂事業背景中，臺語流行歌曲的如何進行傳播與延續音樂生命？1970年代的臺語歌曲在臺語流行音樂史上又具有怎樣的時代意義？為求論述聚焦，本章將透過1977年發生於屏東內埔的社會案件，觀察翔麟唱片公司推出〈瀧觀橋的呼聲〉臺語歌曲的呼籲目的及社會關懷，在當時禁臺語政策的時空下，改編自社會寫實案件的臺語歌能肩負起怎樣的民間音聲力量和鄉土正義，其又具有怎樣的傳播影響呢？

第二節　1970年代的臺語歌壇與社會案件歌曲

　　1960開始到1976年間，臺灣實施「公地放領」、「耕者有其田」，

---

10 黃文車：〈補接臺灣閩南語歌曲發展的記憶光譜——從五〇至七〇年代的臺語片說起〉，屏東：屏東大學中文系主辦「第四屆語文教育與思想文化學術研討會」，2014年12月30日。

並開始實行農地重劃政策，一夕之間臺灣民眾似乎看見未來的希望。
有人將這時期的施政稱做健康寫實主義，不提社會黑暗面、階級對立
或是浪漫主義等。[11]當時的美援雖在1965年停止，不過臺灣在1965年
開始興建高雄加工出口區，這也是亞洲第一個加工出口區。1969年再
設置楠梓與臺中兩個加工出口區，整個1960至1970年代，臺灣從貧窮
不足的農業社會，逐漸轉型走向工商業起步發展的社會。加上1970年
代已遠離兩次石油危機陰霾，世界經濟逐漸回溫，兼以大西洋兩岸自
由經濟思潮不斷擴散瀰漫，而臺灣的經濟發展正好搭上世界自由開放
經濟的列車，每年經濟成長率均在7%以上，國民平均所得也隨之大
幅升高。[12]這時有十大建設啟動與民主運動的火苗氤氳，隨之而來的
城市與文明出現，這雖然讓臺灣社會開始改頭換面；不過這樣的城市
化與工業化發展，相對的也為臺灣帶來更多的社會問題與價值挑戰。

一 1970年代的臺語歌壇發展

臺灣在逐漸城市化與工業化下，城鄉發展差距加大。農村青年男
女爭相往工業出口區或城市發展，留在鄉村務農者幾乎難以維生，誠
如楊照所說：「六〇、七〇年代，臺灣人口大遷徙，根本理由並不是追
求『社會向上流動機會』，而是因為農戶收入低到無法留駐原有的勞
動力。」[13]於是青年紛紛從農村出走前往都市闖蕩，連帶而來的鄉村
勞力的老化，這也讓「離鄉」、「流浪」等「思念懷鄉」主題或歌曲籠
罩著臺語片或臺語流行歌壇，例如文夏流浪系列電影（1962年的《臺

---

11 奚浩：〈臺灣電影百年軌跡〉，2006年9月9日。下載時間：2020年9月12日。下載網
　　址：http://shalumovie.pixnet.net/blog/post/45914073-2006.9.09。
12 詹火生：〈都市化、工業化、政治民主化與臺灣社會福利發展〉，《社區發展季刊》
　　109期，2005年3月，頁6。
13 楊照：《霧與畫：戰後臺灣文學史散論》（臺北：麥田出版社，2010年8月），頁207。

北之夜》～1969年的《再見臺北》），以及1964年梁哲夫導演的《臺北發的早車》等；歌曲則如1962年洪一峰演唱的〈省都的一信〉[14]中提到：「不時都踮在農村，那有啥路用？」不如「勇敢勇敢來踮臺北，包你開心花」，其他如〈孤女的願望〉、〈田庄兄歌〉、〈流浪到臺北〉等也傳達出離開故鄉，為前程奔向城市的熱烈想望。但無論是電影或歌曲，對於現代城市（臺北）的冷漠與現實，多有一定程度的批判與反思。

　　於是，1965年後至1970年代的臺語流行歌曲充滿不少的社會寫實與人生思考，其實正好反映那個年代臺灣社會逐漸豐富的聲色場與夜生活。那時候的臺語歌曲總是有幾點特色：1、不離「風花場所」，唱的都是「舞女」、「酒女」等燈紅酒綠的生活，例如胡美紅的〈酒女夢〉（1966）、莊明珠的〈酒女哀怨〉（1966）、西卿的〈可憐酒家女〉（1971）、尤美的〈為著十萬元〉（1971）等；2、反映「現實社會」，充斥著「漂丿的迌迌人」或「苦海女神龍」，例如李清風的〈勸浪子〉（1965）、邱蘭芬的〈苦海女神龍〉（1972）等；3、思考「人生定位」，如邱蘭芬的〈走馬燈〉（1973）、西卿的〈命運的青紅燈〉（1973）、葉啟田的〈人生〉（1978）等，歌曲透顯的其實是一個生命定位的思考，更是人在社會中價值的投射。但1970年代臺語流行歌曲的發展或許還可以從另外兩個途徑去觀察：其一是「布袋戲配樂」的盛行，其二則是「夜市走唱」的傳播型態。

---

14 按：〈省都的一信〉由葉俊麟作詞（日本曲），「省都」指的是1967年7月1日改制為院轄市前的臺北市。歌詞內容：「你有閒來迌迌我真歡迎，才帶你臺北街市看光景。幽雅的招牌、暝時的霓虹燈，奇奇巧巧真趣味，包你心會清。不時都踮在農村，那有啥路用？／自彼時來離開已經一年，我事業雖然也袂來得志。文化的潮流、配合著新鮮味，稀稀奇奇真有價值，合我的心意。不相信你來參觀，就知實也虛。／頂一日彼張批我有接過，你最好來踮臺北無問題。一切的事項、我會辦真好勢，勇敢勇敢來踮臺北，包你開心花。未輸你愇農村，每日無事做。」

　　1970年代在政府推行國語政策加上臺灣退出聯合國的背景下，強化《出版法》限制並推動「淨化歌曲運動」，當時政府著力推廣所謂健康、乾淨的「淨化歌曲」，包括〈臺灣好〉、〈桃花舞春風〉、〈梅花〉、〈中華民國頌〉等愛國、正面的歌曲，歌星也必須演唱一定數量的淨化歌曲才能保有歌星證。[15]約末1973年前後，「校園民歌」風潮也逐漸出現在各大專校院中。1976年1月8日政府頒布《廣播電視法》，嚴格管理廣電媒介的結構與內容，為配合推行國語政策，方言節目的演出時間多被打壓。[16]1979年政府推行「歌曲審查制度」，雖然偶有國語電影穿插極少數的臺語歌曲，例如《西門町小子》用了〈請你聽我講〉[17]等，但大致而言臺語歌曲的創作與傳播始終處於劣勢，甚至逐

15　1973年，《出版法》共列出十二條歌曲查禁的理由：「違反國策」、「為匪宣傳」、「抄襲匪曲」、「詞意頹喪」、「內容荒誕」、「意境晦淫」、「曲調狂盪」、「狠暴仇鬥」、「時代反應錯誤」、「文詞粗鄙」、「幽怨哀傷」和「文理不通意識欠明朗」。徐睿凱（Eric Scheihagen）作、王萱譯：〈完整回顧，臺灣禁歌史〉，2015年6月3日。下載時間：2020年9月10日。下載網址：https://storystudio.tw/article/gushi/%E5%AE%8C%E6%95%B4%E5%9B%9E%E9%A1%A7%EF%BC%8C%E8%87%BA%E7%81%A3%E7%A6%81%E6%AD%8C%E5%8F%B2/。

16　《廣播電視法》全文共51條，除了明文規定「電視臺方言節目」每天不可超過一小時外，其中和禁歌政策相關的主要有二條：第十七條：大眾娛樂節目，應以發揚中華文化，闡揚倫理、民主、科學及富有教育意義之內容為準。各類節目內容標準及時間分配，由新聞局定之。第二十條：電臺對國內廣播播音語言應以國語為主，方言應逐年減少，其所應佔比率，由新聞局視實際需要定之。參考〈戒嚴令下的禁歌日常〉，「戒嚴70週年：臺灣的噤聲年代」系列活動網站，2019年5月9日。下載網站：https://www.228.org.tw/228museum_event-view.php?ID=152。下載時間：2020年9月10日。

17　〈請你聽我講〉是1981年徐玉龍執導的電影《西門町小子》主題曲。林煌坤填詞，郭雲中作曲，禹黎朔主唱。歌詞內容：「請你聽我講／毋通閣放蕩／烏暗的江湖／前途總是茫茫／為賭氣拚生死／世間第一憨。你若一時來懵懂／會予阮失望／真心咧愛你／才敢對你講／望你早回頭／伴阮來迎春風。」透過歌詞描述，可以發現這部電影與歌曲其實也反映了臺灣社會的少年浪蕩現象。

漸式微。[18]

　　不過，1970年黃俊雄改編其父黃海岱的《忠孝節義傳》，推出的布袋戲《雲州大儒俠》系列於臺灣電視公司播出後，創下臺灣電視史上97%的最高收視率紀錄，空前轟動！後來的《新西遊記》、《六合三俠傳》、《大儒俠》、《大唐五虎將》、《六合三俠傳完結篇》及《雲州四傑傳》等作品皆成功賣座，這也開啟臺灣電視布袋戲的新紀元時代。因為演出配樂需要，黃俊雄也搭配布袋戲角色設計主題歌曲，藉以增加觀眾對於角色的印象，例如〈冷霜子〉、〈廣東花〉、〈怪紳士〉、〈三缺浪人〉及〈苦海女神龍〉等，多為重新填詞的日文翻唱歌曲；另外也有使用傳統的北管、南管配樂者，包括〈祕中祕〉、〈梅君子〉、〈孤單老人〉、〈相思燈〉及〈失戀亭〉等歌曲。[19]在這情況下，臺語歌透過電視布袋戲的主題歌或插曲，從另一種管道與觀眾產生互動，在高收視率的年代下，這些布袋戲歌曲也就一首一首地深植民心。這樣的情況正如同黃裕元所提到的：

> 1970年代臺語電影、野臺布袋戲等原先興盛的臺語娛樂事業明顯進入低潮，而臺語唱片出版事業也幾近崩潰，在國語歌、西洋歌的市場侵奪下，臺語流行歌的發展嚴重萎縮，在電視媒體僅能透過連續劇或布袋戲等臺語節目主題曲風行。是故1945年

---

18 例如臺語歌手郭大誠曾說：「本省各界知識分子大部偏向國語歌曲，不但電視公司取消臺語歌曲的『寶島之歌』節目，竟連一向播放臺語歌曲的電臺節目，近來也大量改播國語歌曲，尤其本省各大飯店、歌廳及夜總會的歌星更視臺語歌曲為忌物……怪不得臺語歌曲的身價日漸低微。」見陳和平：〈臺語歌曲式微：郭大誠憂心忡忡〉，《臺灣晚報》，1968年11月3日。

19 怪e紅傑克：〈話說臺灣臺語流行歌的發展與演進（四）〉，「流行音樂言舊苑」網站，2012年10月13日。下載網址：https://jackli51.pixnet.net/blog/post/51984600。下載時間：2020年9月9日。

> 至1970年左右所代表的，是戰後臺語流行歌壇從草創、建立產
> 銷制度而達極盛後，又在環境變遷下迅速縮小且主軸轉變的歷
> 程，至於1970年之後靠電視布袋戲、連續劇而起的臺語歌曲，
> 可算是屬於另一階段的發展。[20]

就此來看，1970年代臺語流行歌曲透過電視布袋戲或連續劇的主題
曲，也在當時的臺灣社會掀起另一波的發展。但是在那個黨政專權、
電視廣播與歌曲表演都在被監視控管的時代，當時海山、麗歌和歌林
三大唱片公司所有簽約歌星都要配合演唱愛國歌曲，而國內三家電視
臺製作節目時，演唱歌曲需有三分之一為「愛國歌曲」、「藝術歌
曲」、「徵選歌曲」。換言之，所謂官方掌控的電視、廣播等節目如
《歌壇春秋》、《我為你歌唱》廣播到電視《群星會》等節目中，幾乎
很少有臺語歌曲的生存空間。這樣的困境其實就如劉衛莉在其〈臺語
篇　阮的舊情猶原綿綿鑼聲驚夢〉中提到的：

> 臺語歌的地位一直像個私生子，備受壓抑，但反而更激發了創

---

20 黃裕元：〈戰後臺語流行歌曲的發展（1945-1971）〉，「緒論」（桃園：中央大學歷史
研究所碩士論文，2000年6月）。按：1970年代興起較著名的臺語電視連續劇包括華
視《西螺七劍》及同名主題曲、片尾曲〈五湖四海〉，中視《母子雁》的主題曲
〈火燒紅蓮寺〉，華視《開漳聖王》的同名主題曲，臺視《青春鼓王》的主題曲〈一
顆流星〉及插曲〈好男兒〉，華視《俠士行》的主題曲〈錢多多〉及插曲〈錢來也〉
等。至於許多歌手也是主唱臺語連續劇主題曲而崛起或風光於歌壇，例如黃瑞琪曾
經主唱中視《情與淚》的同名主題曲、《秋怨》的主題曲〈秋風落葉〉、《古城風雲》
的主題曲〈古城好男兒〉；華視《定心珠》的同名主題曲、《府城八條龍》的同名主
題曲、《虎豹獅象》的同名主題曲；臺視《蘭陽風雨情》的同名主題曲等。另外如
邱蘭芬也先後演唱華視《霧夜港都》的主題曲〈港都戀歌〉、中視《女神龍》同名
主題曲、《走馬燈》同名主題曲、《苦心蓮》同名主題曲及《愛情十字路》同名主題
曲等。怪e紅傑克：〈話說臺灣臺語流行歌的發展與演進（四）〉，前揭文。

作者的熱情，無數膾炙人口的小曲傳唱市井久久不歇……國語
歌曲因電視臺成立、電視日益普及，刺激它迅速蓬勃，臺語歌
曲卻沒有受到對等的待遇。當時政府大力倡導國語政策，禁說
臺語，臺語歌曲的播放受到限制，從事臺語歌曲創作者，因市
場緊縮，生活困頓而紛紛轉業，使得臺語歌曲的發展受挫。……
那時臺語歌曲受箝制，唱片公司陸續倒閉，一些創作者沒有地
方發表作品，開始到圓環夜市去走唱，買手寫的歌仔簿（即歌
本）維生，有時也順帶兼賣膏藥。[21]

這樣的報導雖未必能完全代表當時臺語歌所面對的困境或發展情況，
不過1970年代國語政策加上黨國掌控的背景，確實不利臺語歌曲發
展，而臺語歌創作者或歌手開始轉業或另謀他路，透過夜市走唱以傳
播臺語歌曲或許也就成為其中一個特殊現象。部分唱片或歌手改走夜
市促銷，意外成為新的唱片行銷模式。後來只要是夜市唱片攤位音響
強力發送播出，每首歌曲就幾乎都熱賣。而這樣的擺攤走唱無形中也
形成1980年代以來臺灣夜市的一道深刻記憶！

二　臺灣社會案件歌曲概述

臺灣傳統社會相對於現代社會保守，許多民間案件在資訊不明且
傳播不通的年代，自然而然地多成了庶民想像及故事說唱的底本，例
如清代臺灣的四大奇案：「林投姐」、「陳守娘」、「呂祖廟燒金」和
「周成過臺灣」，在民風純樸、政法不彰的年代多是冤案草率收場，
導致最後才演變出諸多鬼魂索命復仇傳說，其中「陳守娘」還被譽為

---

21 劉衛莉：〈臺語篇　阮的舊情猶原綿綿鑼聲驚夢〉，《聯合報》29版，2000年9月20
日。

「臺灣最強女鬼」[22]。於是民間說唱藝人為了拓展念唱題材或吸引聽眾，便開始念唱臺灣奇案歌，從林投姐唱到周成過臺灣，從府城唱到南北兩路，這可能是歌仔、唸謠最初的傳唱意義。到了日治時期，臺灣發生的「基隆七號房慘案」、「彰化二林奇案」及「臺南運河奇案」三大奇案，此三大奇案不但有民間說唱，更被編寫成歌仔冊出版販賣，於是過去人謀不贓、冤案難平的社會事件，靠著民間說唱與歌仔傳播，反而在民間興起一股探知、獵奇的風潮。雖然歌仔冊的傳播與社會案件間的真實性可能有所落差，[23]但在資訊不發達的年代裡，歌

---

22 陳守娘被喻為「臺灣最強女鬼」的說法可從臺灣大學電子布告欄（BBS）系統研究社「批踢踢實業坊」（PTT）上的「marvel」看板（靈異事件看板，或稱「媽佛版」、「飄版」）上，2013年12月14日凌晨1點14分由ID代號為「kokone」（吳家男）張貼一篇題為〈〔分享〕臺灣鄉野小故事……最強女鬼傳說〉的文章作為代表。參考柯榮三：〈厲鬼・節婦・烈女記——臺南陳守娘傳說探頤〉，《臺灣文學研究學報》31期（臺南：臺灣文學館，2020年10月），頁14-15。按：「臺灣最強女鬼」出自臺北地方異聞工作室：《唯妖論：臺灣神怪本事》（臺北：奇異果文創事業公司，2016年10月），頁286。

23 例如有關「臺南運河奇案」發生時間在戲曲中記錄就有1927、1932和1937三個年份，雖然《臺南新報》1932年4月和5月各一則日本男女和臺灣男女跳河殉情的報導，但1929年5月19日《臺灣日日新報》日刊（10446號）第5版刊出「相擁殉情的愛情故事——女子身上飾品的去向／金快殉情前的可憐身世」報導，中有「金快」和「吳皆利」此「臺南運河奇案」主角，因此柯榮三推測1929年5月才是事件發生的可能時間。不過，蔡玫孜研究說道者老盧嘉興提出運河開通後的隔年（1927）便有溺死案發生：「昭和2年（1927）新町臺籍貸座數（妓院）南華的藝伎金快和識客海關職員吳皆利，俗名海水者，兩人用褲帶縛在一起投河殉死，此一段情死轟動社會。亦有耆老因此好事者加以渲染編為『運河奇案』的歌謠，風行全省。」至於「臺南運河奇案」歌目前可見的版本有《運河奇案新歌》（臺中瑞成，1935年1月）、《金快運記新歌》（嘉義玉珍，1935年3月）、《最新運河奇案》（臺中文林，1957年2月）、《臺南運河奇案歌》（新竹竹林，1957年5月）和《臺南運河奇案歌》（新竹竹林，1960年8月，三版）等，都可以發現男女主角姓名、出生背景、相遇原因、女主角墮落妓院原因、男主角遇到困境情節等多有差異，戰後出現的運河奇案歌如《最新運河奇案》可能受到吳漫沙的《運河殉情記》（臺北：大華文化社，1956年12月）通俗小說的影響更大。柯榮三：〈新聞・小說・歌仔冊——「臺南運

仔、歌謠或歌曲的傳播就是一種社會知識與世間情感的傳遞。例如柯榮三引用臺中瑞成書局出版的《運河奇案新歌》全二本，編著者簡火爐在下本開篇處寫道：

會社一時出告示 割要實施	監督就共工通知	現時受著呆景氣	落價三
朋友大家就議論 友兄弟群	有錢想卜閣恰春	選舉代表皆質問	募集工
有人講伊有家後 重個担頭	代表著選話恰賢	現時收入食無到	負擔真
有人講伊有某子 甲伊輸贏	工資減價斷袂行	同盟罷工不乎倩	徹底要
事件愈做愈廣大 舉皆捕來	會社去報官廳知	命令來當講袂使	代表檢
會社一時出辭令 結都袂成	代表免職革大先	險惡一時就平靜	任恁團

（《運河奇案新歌》下本，頁1a）

歌仔冊內容記錄了男主角吳先生因為加入會社而被推選為勞工代表，鼓吹罷工，為勞工向會社發聲。結果會社報案後將吳先生逮捕並免職，最後平靜收場，但其凸顯的卻是日治下臺灣勞工組合「任恁團結

河奇案」原始事件及據其改編的通俗文學作品新論〉，《臺灣文學研究學報》14期（臺南：臺灣文學館，2012年4月），頁79-103。又見蔡玫孜：〈從自由戀愛到殉死：真實事件改編的臺語片《運河殉情記》〉，「The News Lens關鍵評論」之「藝文」版，2017年11月11日。下載網址：https://www.thenewslens.com/article/82744。下載時間：2020年9月12日。

都袂成」的不平等命運。[24]這樣的內容除了和其他臺南運河奇案歌版本中男主角多因走私失風、無力還款而被逼上絕路的情節不同外,更重要的是瑞成本《運河奇案新歌》把當時的社會上勞工資方的問題透過歌詞編寫與傳達出來,如此對於念唱聽眾或閱讀群眾,便可以增進與感受歌仔唱本想要表述的社會關懷目的。

爾後,以「臺南運河奇案」此社會新聞事件為題拍攝的廈語片和臺語片有1956年11月2日由香港陳煥文導演的廈語片《運河奇緣》,及1956年11月24日由臺灣何基明導演的《運河殉情記》臺語片打對臺,[25]廈語片強調是「臺南運河奇案改編」作品,臺語片則強調「婦孺皆知本省三大奇案之一」。從兩片電影戲橋上的宣傳標語來看,較勁意味濃厚。臺語片《運河殉情記》強調的是「本省故事・本省實景・本省明星・本省服裝・本省歌曲・本省風俗・本省情調・本省經營」,更強調「故事完整,與眾不同」,[26]看來是要讓這臺南運河奇案事件,充滿臺灣／臺南本土味道;而廈語片《運河奇緣》戲橋宣傳語則搬出當時的「臺語皇后」江帆、「風流小生」白雲為題,強調這是

---

24 柯榮三:〈新聞・小說・歌仔冊──「臺南運河奇案」原始事件及據其改編的通俗文學作品新論〉,頁97。

25 《運河殉情記》,何基明導演,劉哲、柯玉霞主演,華興電影製片廠製作,南洋影業、必達影業出品,1956年11月24日首映。參考薛惠玲、吳俊輝整理:〈臺語片片目(1955-81)〉,收入電影資料館口述電影組小組:《臺語片時代①》(臺北:財團法人國家電影資料館,1994年10月),頁331。按:以「臺南運河奇案」為主題的臺語片或廈語片,同時在1956年11月下旬同在臺北上映。1956年11月21日香港永華公司拍攝的廈語片《運河奇緣》(陳煥文導演)在臺北的赤崁戲院、華南戲院和中央戲院上映,同年11月24日導演何基明拍攝的臺語片《運河殉情記》則選擇在大全成戲院、大光明戲院和大觀戲院上映,兩片大打對臺。廈語片《運河奇緣》標榜正宗臺語,由閩南籍的女星江帆和小生白雲主演,而臺語片《運河殉情記》則邀請男女主角劉哲、柯玉霞隨片登臺,「每張戲票特送高級肥皂一個」,強調在臺南市運河實地拍攝,以對抗廈語片外地取景的噱頭。

26 參考《聯合報》廣告,5版,1956年11月24日。

「中國第一部超視綜藝體臺語鉅片」、「臺灣民間故事／本省三大奇案
之一」，更說此戲是「為人父母為人子女必看的劇片」，是「愛／恨造
成空前悲劇」，噱頭性十足。

　　看來臺南運河奇案題材特殊，透過歌仔冊、通俗小說和臺、廈語
片不同載體，傳播與引動社會群眾的關注與好奇。又例如1969年有葉
俊麟作詞的〈運河悲喜曲〉臺語流行歌曲出現，透過歌曲傳達某個群
體想像的世界觀，如歌詞所言：

> 運河見面心悲哀／怨恨命運來摧排／阻礙著好情愛／無啊無自
> 在／伸手拭著妹仔目屎
> 運河水流聲悲哀／怨恨父母袂瞭解／破害著鴛鴦夢／不啊不應
> 該／無想子女的將來
> 看君珠淚流滿面／阮的目屎也流盡／好緣份袂透老／無啊無要
> 緊／來去黃泉再做堆
> 愛情害妹受拖累／生死猶原無分開／手透著褲帶／縛妹的腳腿
> ／跳落運河永遠作堆[27]

高德曼曾說：「世界觀（vision du monde）不是個人事實，是社會事
實。」[28]而世界觀所展現的，正是一個群體一個社會的整體記憶，這
是文學社會學的思維，若用以說明葉俊麟的〈運河悲喜曲〉，其實正

27　葉俊麟作詞，陳秋霖作曲：〈運河悲喜曲〉，引自中央研究院數位文化中心「典藏臺
　　灣」之「葉俊麟閩南語歌詞及文物數位典藏計畫」，按：為求原貌，歌詞中閩南語
　　用字暫依出處呈現。下載時間：2020年10月5日。下載網址：http://catalog.digitalar
　　chives.tw/item/00/5b/82/80.html。

28　高德曼：〈辯正唯物論與文學史〉（Mate'rialisme dialectique et Histoire de la litte'r-
　　ature），收入《辯正法研究》（Recherches Dielectiques）（巴黎：葛利瑪出版社，1959
　　年），頁46。轉引自何金蘭：《文學社會學》（臺北：桂冠出版社，1989年8月），頁97。

好表現一個年代對於臺南運河奇案的另一種想像。〈運河悲喜曲〉的
曲調來自〈終身恨〉[29]，內容所唱就是運河奇案中男女主角的苦情愛
戀與跳河殉情事件。不過，如果我們再注意這首歌曲的口白，便會發
現臺南運河奇案被擇取剩下的只剩「愛情」畫面。

> 口白一：雖然父母無理解，這也是命運的摧排，雖然咱二人的
> 真情真愛，受了阻礙，我！我死也不願甲你分東西，我嗎是，
> 我也絕對不願甲你分離，我永遠要站治你的身邊，若要甲你分
> 開，寧可來去死，死治天國，咱嗎是會得來團圓敢不是咧！只
> 有是死一條路，你敢有覺悟，有這個世間，留戀也無路用，我
> 不攔哭，我嗎無目屎通流啦。
>
> 口白二：黃泉路就是咱天國，祇有彼個所在，即有永遠的快
> 樂，唉！是啦！咱！咱緊來去，咱緊來去，好，咱來去。

透過口白可以發現〈運河悲喜曲〉強化了男女主角為愛情堅貞付死的
決心與期待「黃泉路」和「天國」的快樂畫面。創作者抽取故事中真
情愛意部分，強調兩人寧願以死明志也不願屈從，今世無法等到好緣
分，只好黃泉路上相伴；相對來說，臺南運河奇案事件中的養女藝
妓、煙花場所、男方家世、歷史背景等在歌曲中多未能見，或者作者
也不想讓聽眾聽見，這其實和歌曲創作者所擇取的事件代表符碼及其

---

29 據聞〈運河悲喜曲〉的曲調其實來自陳君玉作詞、陳秋霖譜曲的〈終身恨〉，此首歌
　幾乎失傳，是廣播人石川在其「石川廣播文學」網站或「石川有聲戲劇」中提到有
　人訪問陳秋霖的夫人鄭珠女士時，其回憶起一小段內容：「恨天怨地，怨恨父母因何
　忍受，賣阮的身軀流落花宮，全無自主一馬雙鞍，苦海中浮沉⋯⋯」。後來葉俊麟以
　此曲另譜新詞成〈運河悲喜曲〉。見石川：〈臺灣歌謠滄桑史〉，「石川廣播文學」網
　址：https://www.smileradio.com.tw/literature-info.asp?id=129。下載時間：2021年5月1
　日。

冀盼傳唱出的歌曲意象很有關係。

　　〈運河悲喜曲〉一推出後傳唱度極高，除了有不同歌手如方瑞娥在1975年前後的新詞翻唱外，更因故事悲催、曲調易誦而被臺灣歌仔戲直接套用變成〈運河二調〉（歌仔調），劉南芳也在探討歌仔戲活戲的程式語言時探討〈運河悲喜曲〉的使用情況。[30]2012年臺灣歌仔戲班劇團更在「大稻埕活戲專場」重新編演《運河奇案》，[31]可見〈運河悲喜曲〉後來傳唱的未必是原來的故事原委始末了。

　　雖說情愛糾紛未必是新聞，但上了新聞的愛情戲碼或情殺案件在早期的臺灣社會總會被媒體無端渲染，或許這樣可以吸引更多的關注度及銷售量。1950年1月13日一位農人在工作途中路經臺北市涼州街底淡水十三號水門時，發現一位上吊身亡的年輕女姓陳素卿，警方到場後發現有兩封遺書，其中一封給情人張白帆（原名張清溪）。後來發現張擅改女方遺書，原本計畫的私奔最後作罷，女方再提一起自盡，張首先假裝同意後來才設法掙脫逃走，並將現場布置成單純自殺狀態，後被判刑七年，此即是「淡水十三號水門命案」。[32]後來這個社會案件被電影業者將之改編為《河邊春夢》電影（1964），同名臺語歌曲

---

30 劉南芳：〈活戲的即興表現與定型書寫〉，《臺閩民間戲劇國際學術研討會論文集》（臺南：成功大學閩南文化研究中心、人文社會科學中心，2013年5月），頁315-336。

31 傳聞歌仔戲班在演到男女主角跳運河之前就要演唱這首歌，演員會配合〈運河悲喜曲〉中的歌詞「手透著褲帶／縛妹的腳腿」，用腰帶把二人繫在一起然後投河。李欣怡：〈葉俊麟好詞藝，歌謠傳唱紅不讓〉，《新臺灣新聞週刊》，2008年8月7日；劉南芳：〈流行歌曲在臺灣歌仔戲中形成的套路與影響〉，《戲劇學刊》24期，2016年7月1日，頁36。

32 「典藏臺灣‧歌謠戲曲裡的庶民面貌」，下載時間：2020年9月30日，下載網址：https://digitalarchives.tw/Exhibition/4744/3.html。或可參考「重大歷史懸疑案件調查辦公室」〈「十三號水門案」本省少女殉情記，悲戀中的不單純〉（上），2019年2月15日，下載時間：2020年9月30日，下載網址：https://ohsir.tw/3999/。

是1934年周添旺的作品；1965年又有《陳素貞與張博帆》電影，直到
1980年更有片商重新改編拍攝成《少女殉情記》，但因受到當事人家屬
抗議並提告，最後電影延期上映。其他相關改編作品如有歌仔戲《薄
命陳素卿》、單元劇《臺灣靈異事件》第一單元「來世再見」（1996），
以及陶晶孫的小說《淡水河心中》（1951）和哀豔離奇的新聞小說
《陳素卿與張白帆》，甚至直到2017年仍有舞臺劇《夏雪冬雷──淡
水河殉情記》出現。期間，海山唱片在1973年推出由陳和平作詞、黃
敏作曲的〈魂斷淡水河〉臺語歌曲[33]，也因此一社會案件而起。

> （男）河水冷青青，夜蟲吟出斷腸詩，看著妹妹目屎滴，我的
> 　　　心肝強欲碎。
> 　　　心愛的妳是佇咧哭啥物？你我應該愛歡喜，踮在世間袂
> 　　　得結連理，死了咱才會當來做堆。
> （女）河邊靜微微，秋風陣陣帶悲意，為著環境來所致，才著
> 　　　變成枉死鬼。
> 　　　心愛的一切莫非是天意，萬項拄著想較開。
> （合）這世你我袂得結連理，後世一定愛來做堆。
> 口白：（男）素卿！你毋通吼啦！你甭閣哭好否？無論怎樣咱
> 　　　這條短路無行是用袂用咧啦！受著舊禮教的約束、為著
> 　　　無情的環境，致使甲你我著愛行甲這款悲慘的短路啊！
> 　　　咱著愛認命，咱著愛覺悟啦！（泣聲）
> （女）我哪有咧哭、我哪有咧哭！（泣聲）我是咧笑、我是咧
> 　　　歡喜啦！（苦笑）啊！想起著兩年前的今仔日，咱無意

---

33 〈魂斷淡水河〉，陳和平作詞、黃敏作曲，黃西田、李芊慧演唱，陳麗秋、黃俊雄
　　口白。海山唱片TKL──1064，1973年1月。

踮在淡水河邊來熟似，當時的我並毋知影你已經有某
團，對你一見鍾情，當我知影一切的時陣，已經傷慢
了，因為我已經深深來愛著你啊！我愛你。

（男）我嘛愛妳。

（女）咱一旦袂凍來做堆，只好相炁娶來行這條短路啦！！

（男）不如來死啦！（泣聲）

1950年1月發生的淡水十三號水門案，《中央日報》以〈家庭阻擾難締
鴛盟　悲憤自殺永保純潔　陳素卿致張白帆絕命書〉（1950.01.14）為
標題大肆報導，後來傅斯年也撰文〈家庭的束縛〉（《中央日報》
1950.01.19）呼籲募款，甚至更有評論以之為「中國的羅密歐與茱麗
葉」，一時間因感情問題卻被此案件報導「激勵」而自殺的女子，一
個月間竟高達15人。[34]但原本以為是男女堅貞為愛殉情事件，一週後
宣告破案，原來是男方設局引誘女方自殺，自己卻獨活下來，實際暴
露出的結果更使當時社會一片譁然。

　　我們再回頭檢視〈魂斷淡水河〉歌曲內容，可見作詞者筆下的故
事男女情愛堅貞，此生因被舊禮教束縛，無法結連理，只能期待「後
世一定愛來做堆」。聽歌者從口白的對話，得以瞭解箇中原由。男方
一句「不如來死啦！」看似重若千斤，實際卻是無心的允諾，可悲的
女方仍「歡喜」期待共赴黃泉路！創作者從堅定愛情方向定錨，也決
定了〈魂斷淡水河〉的轟動結果，後續改編創作不斷。

　　從1969年的〈運河悲喜曲〉和1973年的〈魂斷淡水河〉兩首臺語
流行歌曲併看觀察，可以發現有關臺灣社會案件的臺語歌曲並不一定

34　「重大歷史懸疑案件調查辦公室」〈「十三號水門案」本省少女殉情記，悲戀中的不
　　單純〉（上），前揭文。

要真實還原案件故事，歌曲可能更加主觀地、被擇取地去宣揚或傳播某種可能更接近「想像真實」的價值，例如「愛情」主題，當然市場反應與聽者喜好也是創作者或唱片業不得不考慮在內的多數因素。

第三節　屏東社會案件歌曲：從鍾正芳事件到瀧觀橋的呼聲

1970年代臺灣發生了震驚社會的三大命案，即是「五股箱屍案」、「江子翠分屍案」和「屏東袋屍案」。不過當時處於高壓威權下的臺灣社會，電視廣播甚至報紙都在嚴格控管的情況下，民眾如何瞭解社會新聞報導的真實性及目的性？所謂破案或偵結是否還給家屬甚至是社會一個公道，或許在那個南北隔山阻河的年代，各有一套對應模式。本小節即將聚焦觀察發生在1977年的「屏東袋屍案」，及其引動的〈瀧觀橋的呼聲〉臺語歌曲創作背景及目的。

一　屏東內埔鍾正芳事件

民國66年（1977）在屏東內埔客家村莊發生一件駭人聽聞的「屏東袋屍案」，也可稱做「美和中學女生鍾正芳命案」。本小節無意重新剖析社會案件，此亦非書寫重點，然事件相關過程與主要探討之案件歌曲有關，故概述整理如下：

1977年2月23日上午，家住屏東縣內埔鄉，在美和護專（今美和科技大學）擔任講師的鍾福全，其就讀美和中學初二的女兒鍾正芳到學校註冊後，與同學簡靜美一起到內埔鄉的「隨來涼」冰果室吃八寶冰。老闆謝金福的女兒謝雪珠說：「當時鄰座另有三名青年帶了一架收錄音機，播放劉文正的歌曲，鍾正芳嫌難聽，與那三人發生口角，

但三人卻故意高聲唱歌，鍾正芳就付錢走了。」當日之後，鍾正芳行蹤成謎。由於她在校時品學兼優、加上長相清秀、個性活潑，深得美和中學董事長徐傍興博士的喜愛，不但發動全校教職員四出協尋，也動員當地人脈全面打聽，甚至懸賞十萬元給提供線索的民眾。但是找了九天，14歲的鍾正芳還是杳無音訊。

　　3月3日下午2時40分，有人到高雄縣大樹鄉竹寮路112號的益農製瓦廠買瓦，老闆鍾水連拿著成品到水池邊作漏水試驗時，平常很少使用的水池，忽然間池水變紅，池中還多了一個散發惡臭的包袱，嚇得他趕緊向鳳山警察分局報案。警方到場後吊起包袱查看發現是個人形，裡外包了兩層，外層是灰色塑膠布，內層則是2月17日的《中華日報》南部版，再用0.8分的新鐵絲交錯捆綁。由於浸水太久，報紙已破爛而溢現血水。之後警方又在池中找到一個手提的塑膠書包，裡面有鍾正芳的學生證及書籍數冊，還有一雙女學生穿的黑色膠底皮鞋。失蹤九日的鍾正芳最後證實遇害，這件事在當時純樸的屏東客家庄掀起不小震撼。因此，高高屏三縣市的警方立即聯合成立「303專案小組」，刑事局還派員南下支援，全力偵查這一起震驚南臺灣的女學生命案。然而時間持續數月，直到當年11月初，鍾正芳命案還是懸案。當時此命案破案獎金15萬元，高居三大刑案獎金之首。臺灣民眾同情鍾正芳的遭遇，但面對警方始終破不了案的窘境，北部官方高舉重金懸賞，南部民間則訴諸鬼神，希望案情能稍見眉目。

　　鍾正芳事件最初在新聞報導中，警方根據六名目擊者所言都提到：在內埔鄉的瀧觀橋上，有一名20多歲的男子，用機車擋在鍾正芳的腳踏車前，似乎是用客語在問路；另有兩名男子則在瀧觀橋上停留，因此一開始媒體都報導鍾正芳是遭三名年輕人綁架撕票。[35]而這

---

35 管仁建，〈你聽過「瀧觀橋的呼聲」嗎？〉，2009年2月5日。下載網址：http://mypaper.pchome.com.tw/kuan0416/post/1312003315。下載時間：2020年9月1日。

座位於臺1線旁的「瀧觀橋」既是當時命案目擊者的口述重要現場，也就成為整個新聞報導中的重要關鍵地點。這樣的新聞訊息與地理特點，讓翔麟唱片公司在命案發生的同年10月乃推出《瀧觀橋的呼聲》黑膠唱片。唱片主打臺語流行歌曲〈瀧觀橋的呼聲〉，從南部屏東等地方的夜市開始播唱、流傳至全臺。和上述其他社會案件歌曲〈運河悲喜曲〉或〈魂斷淡水河〉等臺語歌不一樣的地方是，這首〈瀧觀橋的呼聲〉的推出相當具有「即時性」和「目的性」。當時鍾正芳血案尚未破案，警方還摸不清頭緒之際，翔麟唱片公司便即時地推出這首臺語歌曲，洞燭機先地將社會案件變成唱片歌曲主題，但其更重要的目的乃在期待創作錄製流通的臺語歌曲讓全臺民眾協助提供線索，找出在瀧觀橋上與鍾正芳談話的青年。因此，這首〈瀧觀橋的呼聲〉或許可以將之視為一種來自民間音聲的力量，其非官方組織的介入，也非群眾的無力吶喊，反而是唱片公司有意識性將屏東袋屍案發生地點「瀧觀橋」，與想像是受害人鍾正芳的「呼聲」聯結起來，讓〈瀧觀橋的呼聲〉成為刻意創作的標題，去提醒與呼籲可能與此案有任何接觸的社會大眾提供線索，讓警方可以順利破案。這樣的即時性與有目的性的社會案件歌曲，其實背後貯藏了臺灣民間大眾的集體意識，唱片公司順勢推出這首臺語歌曲，讓當時社會大眾可以透過民間音聲力量為受害者發出不平的呼喊。

圖4-1　台1線屏東內埔路段旁的瀧觀橋現貌。筆者拍攝，2020年7月。

　　就在警方一籌莫展期間，偵辦過程中發現鍾正芳的屍體全身上下，僅有頭上纏著的紅色頭巾並非她失蹤時的穿著。根據臺灣民間習俗，在死者頭上纏上紅巾，主要為了防止冤魂報仇，這應該是有信仰背景者或乩童才有的迷信，於是警方朝著附近地區的神壇進行查訪，果然獲得重大突破。在此同時，〈瀧觀橋的呼聲〉在屏東流行甚至全臺傳唱後，四處民眾也紛紛提供線索給警方。在警方不斷抽絲剝繭並掌握有力證據之下，案發的286天後，警方接獲線報，於當年12月3日

收押了住萬丹鄉灣內村井仔頭41號的31歲男子黃崑亮，並迅速將黃崑亮移送法辦。[36]

二　瀧觀橋的呼聲

　　翔麟唱片公司在1977年「屏東內埔鍾正芳事件」發生後同年的10月迅速地推出《瀧觀橋的呼聲》黑膠唱片。主打歌〈瀧觀橋的呼聲〉由谷煙（盧玉林）作詞、梅農（張春生）作曲，歌手梅家君演唱，這首〈瀧觀橋的呼聲〉也開始在屏東的夜市走唱傳開。

　　〈瀧觀橋的呼聲〉歌詞內容共有兩段：

> 想袜到少女運命，靜靜走入枉死城，是誰人這殘忍，做出一層天大的案件。
> 引人來心酸哭出聲，替伊呼出不平的怨聲，冤枉冤枉犧牲清白生命。
> 是誰人是誰人是誰人是誰人是誰人，奪走伊的少女運命。
>
> 少女的清白名聲，甘願犧牲伊生命，聽人講美的人紅顏薄命，實在有影。

---

36 本小節相關的社會案件敘述，參考管仁建，〈你聽過「瀧觀橋的呼聲」嗎？〉，2009年2月5日，前揭文。或見艾德嘉，「重大歷史懸疑案件調查辦公室」之「鍾正芳命案（上）、（下）」，2019年5月13、14日，下載網址：https://ohsir.tw/4572/、https://ohsir.tw/45 85/。以及中天電視臺「臺灣大搜索」，原節目2010年9月18日播出。下載網址：https://www.youtube.com/watch?v=uNwitjUfBik&feature=youtu.be。下載時間：2020年9月10日。按：關於「美和中學女生鍾正芳命案」最後被逮捕的黃崑亮是否是真正的犯案者，網路上也有不同的聲音，例如：http://loptok.blogspot.com/2018/01/blog-post.html，此僅聊備一說，不作評述，但這也說明在那個新聞消息被控管的年代裡，「屏東袋屍案」仍有其餘波蕩漾的諸多猜測與想像。

瀧觀橋已經沒人影，更深夜靜叫出正芳的名，冤枉冤枉美人無美命。

為怎樣為怎樣為怎樣為怎樣為怎樣，無講半句話走入絕嶺。[37]

從這首〈瀧觀橋的呼聲〉可以清楚聽見、看見歌曲的內容與目的，歌詞第一段傳達鍾正芳血案是個冤枉殘忍的天大案件，第二段則提到「瀧觀橋已經沒人影」點出新聞事件報導的重要地點，想起一位純潔的清白少女如此冤枉犧牲，感嘆紅顏薄命，嬌人無嬌命！不過唱出事件原委與感傷悲歎後的「尋兇」目的，才是這首臺語歌曲的創作重點。因此歌詞一開始便提出：「是誰人這殘忍，做出一層天大的案件」？歌曲希望「替伊呼出不平的怨聲」；第一段最後更用急促語氣疊沓唱出：「是誰人是誰人是誰人是誰人是誰人，奪走伊的少女運命」？引動聽眾的同仇敵愾情緒。第二段歌詞轉入悲傷敘述：「瀧觀橋已經沒人影」、「冤枉美人無美命」，最後更不斷追問「為怎樣為怎樣為怎樣為怎樣為怎樣，無講半句話走入絕嶺」，以致案情膠著無解。

除了歌曲文字外，臺語流行歌曲中常見的「口白」運用，才是這首歌的「宣傳」重點：

前奏口白：正芳……啊！人講紅顏多薄命，這實在有影，正芳！妳那會即不幸，這呢呆命啊！

間奏口白：瀧觀橋這層奇案，使人聽著心驚凝，鍾正芳小小的

---

37 歌詞翻打自周俊佑製作：《瀧觀橋的呼聲》（臺北：翔麟實業有限公司發行，1977年10月），按：為留原貌，歌之閩南語用字暫依唱片歌詞原用字繕打。本張唱片共收錄十首歌曲：1. 瀧觀橋的呼聲、2. 毛巾仔歌、3. 你是大愚人、4. 沒良心、5. 勸世歌、6. 難忘紗帽山、7. 採檳榔、8. 港口的孤兒、9. 枉費、10. 十二月半。其中的〈毛巾仔歌〉（谷煙做詞）、〈勸世歌〉、〈十二月半〉皆是傳統七字歌謠形式，甚有風味。

年紀，就來慘死，引人心酸哭出聲，這是誰人的罪惡，那會即
慘忍咧！我相信兇手若聽著這條歌，伊也會同感才對，趕緊！
趕緊出來投案，啊！正芳你實在真可憐啊！

前奏口白感嘆鍾正芳少女薄命，著實不幸歹命！而間奏的口白則是直
接批判兇手殘忍，面對年紀輕輕的少女竟然痛下毒手。因此呼籲兇手
如果聽到這首歌應該要趕快出來投案。這首〈瀧觀橋的呼聲〉創作與
傳唱的目的就是期待臺灣民眾能在「聽」到此歌後想想是否「見」到
瀧觀橋上的蛛絲馬跡；於是當歌曲從屏東逐漸傳播到全臺灣後，11月
開始有民眾跟警方提供不少消息，也讓膠著的案情開始出現曙光，這
首臺語歌曲應該有一定的社會宣傳與影響作用。

圖 4-2　翔麟唱片出版的《瀧觀橋的呼聲》，1977 年。
林太崴先生提供，筆者拍攝。

　　透過這首〈瀧觀橋的呼聲〉的傳播與其在夜市傳唱與民間流行，可以想見這首社會案件歌曲所代表的其實更是當時臺灣社會大眾的社會關懷意識；在案件無法透過官方部門、警政單位獲得立即平反的狀況下，翔麟唱片推出的〈瀧觀橋的呼聲〉臺語歌曲甚為即時且有目的地在民間傳播開來，無疑地把當時社會大眾的關懷與心聲全盤唱出，巧妙地在臺語流行歌曲市場較為低靡的1970年代，透過社會重大案件，警方急切破案的壓力下，結合社會大眾的關懷意識與集體期待，以民間音聲傳唱的力量，跳脫主流媒體的場域箝制，從民間傳唱一個時代的公理價值並進行正義的批判。

　　如果回到臺灣社會發展脈絡來看，可以發現跨進1970年代末期，正是整個臺灣進入體制外抗爭與人道訴求的啟動期，原住民運動與黨外運動的政治訴求，在美麗島事件時到達高峰；文學書寫結合鄉土文學論戰理念，逐漸調整對於臺灣這片土地的正視力量，某個程度而言這是個從邊緣向中心發聲的過程，如陳昭瑛觀察陳芳明所言臺灣的歷史撰寫權從未落在臺灣人民手中，因此作為「統治者的邊緣歷史」，臺灣主體性很難被建立起來。[38]於是陳芳明乃從邊緣論述挑戰與解構官方主流大論述（grand narrative），也就是文學上習以為常的、雄偉的審美觀念與品味，多數又以「中原文化」為基調；具體言之，大論述的美學，是一種文化上的霸權論述。但進入後戒嚴時期，曾經被邊緣化的弱勢聲音開始形成多元化的挑戰格局。[39]如果把這樣的文學論述或多元意識聯結1970年代末期以來整個臺灣社會的逐漸發展，那麼在當時未是主流的臺語流行歌曲，似乎也從不同邊緣位置找到向中心發聲的靶點，透過社會案件歌曲我們也能觀察當時從民間鄉土發出正義反動的訴求力量。

38　陳昭瑛：《臺灣文學與本土化運動》（臺北：正中書局，1998年4月），頁153。

39　陳芳明：《臺灣新文學史》（上）（臺北：聯經出版社，2015年8月，增訂二版三刷），頁27-28。

第四節　案件歌曲的社會關懷與時代光譜

　　1927年高雄九曲堂的鄭坤五等人編纂《臺灣藝苑》[40]，內有臺灣褒歌32首。當時鄭坤五有言：「古詩三百，大半怨女曠夫之作與孺歌童謠，且入經史。若褒歌者，於大雅復何傷夫？」[41]其將褒歌視為「國風」，肯定這些臺灣褒歌之言志、傳情、體意、起興等特色，無疑提升臺灣民間歌謠的文學地位。雖然當時鄭坤五主要用意乃在獨立臺灣褒歌於二簧西皮、南管郎君等「中華唾沫」之外，以求「建設臺灣獨立的文化」[42]。不過其強調「歌曲之屬，尤貴於表現當時情狀、描寫心聲，方有藝術價值。」[43]若此，綜合來看臺灣歌謠的發展，其承接「國風」之社會批判及人生寫志之價值，並在歌仔冊[44]、臺語片及臺語流行歌曲中持續延續。

　　戰後臺語片盛行的時代，其實有一類影片主要以臺灣社會事件或

---

40 《臺灣藝苑》現存有2卷23期（1927年4月15日-1930年2月1日），鄭坤五非但是唯一的編輯者，甚至幾乎一手包辦撰稿工作。黃文車：《日治時期臺灣閩南歌謠研究》（臺北：文津出版社，2008年），頁68。按：高雄春暉出版社於2015年8月出版《臺灣藝苑》（上、下）合訂本。

41 鄭坤五：〈臺灣國風〉，《臺灣藝苑》1卷2號，1927年，頁3。

42 黃石輝語：〈我的幾句答辯〉，《昭和新報》，1931年8月15、22、29日。轉引自廖毓文〈臺灣文字改革運動史略〉，原載《臺北文物》3卷3期、4卷1期，1954年12月10日、1955年5月5日，後收入李南衡主編：《日據下臺灣新文學明集5‧文獻資料選集》（臺北：明潭出版社，1979年3月15日），頁495。

43 鄭坤五：〈臺灣國風〉，《臺灣藝苑》1卷2號，1927年，頁3。

44 「歌仔冊」（或稱「歌仔簿」或「歌簿仔」）最遲於清道光年間已在閩南地區出現，其是一種以通俗白話字記閩南方言音，用以記敘民間故事、唱詞的長篇俗曲唱本。歌冊──所謂歌仔簿，包括敘事性民歌和說教與諧謔小唱。其中有男女輪流對唱的。最早的歌仔簿傳本是1826年，僅是印成幾頁的小冊子，但到本世紀福建（在臺灣則直到30年前）仍有人編述和出版。可惜沒有可靠的依據證明這些歌怎樣唱或誦。潮州的敘事性歌冊則長得多，且印刷也較精緻，現在也可以聽到有的婦女會吟誦這些歌。龍彼得：〈古代閩南戲曲與絃管〉，《明刊戲曲絃管選集》（北京：中國戲劇出版社，2003年11月），頁6-7。

奇聞怪案為題材，例如《運河殉情記》、《周成過臺灣》、《臺北十四號水門事件》、《瘋女十八年》、《火葬場奇案》、《臺南霧夜大血案》、《金山奇案》、《萬華白骨事件》、《七洋風波》、《相思河畔》、《燒肉粽》、《東南西北》等，[45]其中，1956年的《周成過臺灣》曾獲得全臺票房第四名，1957年的《運河殉情記》改編自社會真實案件，1957那年還推出改編自西港真人真事的《瘋女十八年》（1957）、改編自日治時代北部基隆真實事件的《基隆七號房慘案》（1957）以及被稱為「臺語片第一恐怖奇情社會家庭倫理大悲劇」的《火葬場奇案》等等，無異乎在臺語片市場掀起一波奇案、恐怖、鬼魅的風潮。而這情況我們可以從《臺語片時代①》書後附錄的「臺語片片目」（1955-1981）去觀察，[46]可以發現1956年後的臺語片開始出現以「倫理悲劇」或「愛情」為主題的民初戲。

> 1957年之後，大量的時裝片出現，而電影內容雖有以文藝、驚悚、歌唱、奇情等主題列入目錄者，然而實際分析，時裝戲不離「倫理悲劇」和「愛情」（喜劇、悲劇）兩大主題，而古裝戲較少，主題仍圍繞在「民間故事」或「歷史傳奇」兩大類範疇。基本上在臺公映的這些影片類型和香港廈語片的發展情況頗為類似，但值得我們去注意的現象是，臺灣的廈語片會置入（insert）臺灣的特殊社會事件、鄉土人文風情者，而這情況多在1956年底廈語片以時裝新貌呈現之後。[47]

---

45 葉龍彥：《春花夢露：正宗臺語電影興衰錄》（臺北：博洋文化事業有限公司，1999年9月），頁202。按：不過葉龍彥將《運河殉情記》、《周成過臺灣》放在「民間故事」，但《甘國寶過臺灣》則放在「歌仔戲」，可見其分類仍有其需要斟酌之處。其中，《運河殉情記》、《周成過臺灣》應該屬於「社會事件」一類才是！

46 電影資料館口述電影組小組，《臺語片時代①》，頁331-384。

47 黃文車：〈香港廈語片中的臺灣印象〉，收入林華東、陳燕翎主編：《追尋與探索：

也就是說，1957年後的臺語片（或在臺的「廈語片」）乃以臺灣特殊社會事件或鄉土人文風情為拍攝內容主題，更重要的是，這個1957年，也是香港廈語片發展的蓬勃期。[48]從臺語片結合社會事件的風潮來看，雖然市場賣座、觀眾買票是主要考量，不過電影載體藉此傳達社會批判及思考人生價值、公理正義之功能亦不容忽視！

　　如前文提及的「臺南運河奇案」或「淡水十三號水門案」等社會案件改編的歌仔冊、臺語歌曲、小說或電影、連續劇、舞臺劇等多元故事文本，我們如何斷定那一部編著或改編的歌仔冊、電影、小說還是臺語歌比較接近原來的社會事件原貌呢？基本上，恐怕都難全其真實情景！無論是歌曲、電影、電視劇、歌仔冊或小說等創作者都會設想所謂的「隱含讀者」（implied reader）的存在，電影業者更有市場取向和商業利益的考量，社會事件只是起點，背後他們關心的是如何與隱藏觀眾產生交流，讓他們願意花錢進入戲院看戲，電影賣座，才是最主要目的。所以無論是改編成怎樣的載體或文本，其可能都是一種歷史記憶的「再現」（representation），編劇、導演選擇具有「代表性」（representative）的事件「符碼」（codes），讓它與現實世界或背後理念進行溝通和重構（re-construction）。透過這些符碼，載體或文本可以和臺灣社會產生某種程度的聯結與互動，讓臺灣民眾藉著電影、小說、歌仔冊或歌曲聽見或看見「自我」或「本地」的身影，從而產生所謂的「本地意識」，最後便能形成如Mitchell所言的代表性意

兩岸閩南文化的傳承創新與社會發展研究》（廈門：廈門大學出版社，2013年8月），頁199。

48 所謂「廈語片」，指的是以廈門語發音的方言電影，可以香港邵氏兄弟電影公司於1940年代末至1960年代在東南亞進行娛樂「圈地拓展」的「方言電影」為主。其中以1957年10月「桃花鄉」（又名「新桃花江」）推出賣座到1960年廈語片失利這段時間為其「蓬勃期」。以新馬地區而言，1958年公映的廈語片有51部，1959年達到67部，其中港產廈語片就佔了89部。參考黃文車：《易地並聲：新加坡閩南語歌謠與廈語影音的在地發展（1900-2015）》（高雄：春暉出版社，2017年1月），頁150。

義，而所謂的意義還是使用這個符碼的社會中成員共同接受的，也就是一種約定俗成的價值。[49]

　　那麼被社會成員共同接受而「約定俗成的價值」究竟為何？如果我們回頭省視1970年代的臺灣娛樂媒體／載體，在國家審查制度下無法自由發聲，那麼臺灣大眾群體如何感知這個社會的脈搏與動盪？這時能進入群眾生活的電影或歌曲（其實電視、廣播或報紙亦然）便成為重要訊息傳播來源。隨著1970年代臺灣逐步工業化與城市化，社會發展愈漸進步，社會問題也層出不窮；加上退出聯合國與保釣運動的失利，臺灣社會對於通往世界的想像受到挫敗，許多知識分子開始思考「回歸現實」與「回歸鄉土」的意義，[50]而這也促成臺灣政治社會運動與臺灣鄉土文學運動的後續發展。這其實也是對於自清領時期、日治時期直到國民政府時期以來「臺灣」始終被放在「邊緣」位置、臺灣文學總是作為「邊陲文學」、「支流論」的反動反思過程，在中心／主流／官方與邊緣／支系／民間的二元對立面中，逐漸挑戰與滲透中間那條似乎可以跨越的鴻溝地界，進而關注以「臺灣」為主體的場域空間內，該怎樣回歸現實面，重新思考臺灣主體性的價值與內涵，這是後殖民思維中的「去中心」特色，其強調的是主體性的重構（reconstruction of subjectivity），並且重視歷史記憶的再建構。[51]

　　於是，臺灣社會對於新世代、認同與集體記憶的建構開始有了新的思考與論述，透過不同文本與載體，逐漸形塑出1980年代臺灣意識或臺灣民族主義的發展。當電影與歌曲中所搬演或傳唱的內容聚焦在

49　W. J. T. Mitchell, "*Representation*," p.13. 轉引自參考柯思仁、陳樂編著，《文學批評關鍵詞：概念·理論·中文文本解讀》之第十章〈再現〉（新加坡：南洋理工大學中華語言文化中心、八方文化工作室，2008年8月），頁169。

50　胡悅晗、翟清菊：〈戰後臺灣的世代變遷與文化認同〉，《二十一世紀》126期，2011年8月，頁146。

51　陳芳明：《臺灣新文學史》（上），頁28。

臺灣這片土地與社會，是否更能觸動社會群眾的感知情緒？因此當〈運河悲喜曲〉、〈魂斷淡水河〉或〈瀧觀橋的呼聲〉等歌曲擇取出具有「代表性」的事件「符碼」，藉以「重構」或「再現」一個個社會奇案，讓其與現實世界或整個社會的集體理念進行溝通和重構，這也就匯聚出一個社會約定俗成的「世界觀」。高德曼（Goldmann）在《隱藏的上帝》中提到：

> 一種思想，一部作品只有被納入生命和行為的整體中才能得到他的真正意義。此外往往有助於理解作品的行為並不是作者的行為，而是某一個社會群體的行為（作者可能不屬於這一社會群體）……[52]

當我們試圖重現某個社會團體的集體意識，我們必須從「文本」的豐富性和一致性去「理解」和「解釋」編作者所要傳達的某一社會階級團體的「世界觀」。這個「世界觀」並非只是個人的事實，反而是整個社會的事實。所以一個偉大的文學或藝術作品並非是作者個人的行為，而是他所屬的集體或階級的行為的體現（當然作者也可以不屬於這個團體或階級），而從那社會集體或階級意識的表現我們可以看到它的「精神結構」，這便是它的「世界觀」。換言之，這個「世界觀」來自社會群體大眾，也是這個社會約定俗成而透顯出來的集體意識。

這樣看來，當〈瀧觀橋的呼聲〉這首臺語歌曲能在當時的屏東或臺灣傳播開來並與社會產生對話，或許這首被再現的歌曲所透顯的正是屏東地區或臺灣群眾對於社會案件的好奇與趨勢，而這個「呼聲」也不應只是停在「瀧觀橋」上，其反映的更是被事件或歌曲所串連起

---

52 〔法〕高德曼著，蔡鴻濱譯：《隱藏的上帝》（上海：百花文藝出版社，1998年5月），頁8。

的歷史記憶與社會關懷，這是來自戒嚴時代下社會群眾的世界觀，他們運用民間的音聲力量，傳達社會大眾對於被隱蔽的真相或不彰的正義之反動與呼喊。

　　不過這件「美和中學女生鍾正芳命案」並未如「臺南運河奇案」或「淡水十三號水門案」等社會案件被改編成歌仔冊、臺語歌曲、小說、電影、連續劇或舞臺劇等多元文本，比較可惜的就是目前僅能看見〈瀧觀橋的呼聲〉一首臺語歌曲，而背後究竟有何原因？筆者推測可能和社會案件的傳奇性與噱頭性有關，又是否符合「通俗劇」（melodrama）劇情。我們可以發現無論是「臺南運河奇案」或「淡水十三號水門案」，案件背後的故事發展曲折離奇，重要的是都和「男女情愛」有關，換句話說比較符合所謂的社會大眾喜愛的「通俗劇」劇情。通俗劇通常都會給觀眾一個主要等待解決的問題：「品性高尚的個人（通常是女性）或一對伴侶（通常是戀人）在壓抑與不公正的社會環境中被犧牲，尤其是在與婚姻、職業及核心家庭相關的環境中。」[53]所以如「臺南運河奇案」中被家庭犧牲的一對戀人，或是在兩個事件中被男性欺騙、耽誤的女性等，都不斷地吸引社會大眾探知獵奇的興趣。簡要言之，因為案件改編後有其市場性，觀眾愛看，所以上述兩個社會案件便不斷被改寫或改拍成各類的載體與文本，一如通俗劇情不斷炒作，但總是能滿足社會大眾的好奇心與商人的荷包袋。但是反觀「美和中學女生鍾正芳命案」改編的〈瀧觀橋的呼聲〉並非立足在這樣探異獵奇的群眾心理基礎上，翔麟唱片推出這首臺語歌主要用意在透過民間音聲力量協尋、助力警方，歌曲的目的性十分

---

53 Thomas Schatz, *Hollywood Genres: Formulas, Filmmaking, and The Studio System*, Boston: McGraw-Hill, 1981. pp.226-228. 轉引自許維賢：〈從臺灣到南洋的萬里尋妻——以默片演員鄭連捷和周清華為媒介的通俗劇探析〉，收入陳惠齡主編，《自然、人文與科技的共構交響——第二屆竹塹學國際學術研討會論文集》（臺北：萬卷樓圖書股份有限公司，2017年4月），頁420。

清楚；加上社會群眾對於這樣一個年輕女孩無端命喪歹徒之手，湧之而起的多是關懷憐憫與期待破案，再加上媒體報導熱度消退後，民間似乎也不願再提起這樣的傷痛記憶。

　　從1969年的描述臺南運河奇案的〈運河悲喜曲〉到1973年描述淡水十三號水門案的〈魂斷淡水河〉，再到1977年描述屏東內埔美和中學鍾正芳案件的〈瀧觀橋的呼聲〉這些臺灣社會案件歌曲來觀察，其實可以發現所謂的社會案件歌曲未必需要去還原案件的前因後果或真實故事，被創造或渲染出來的「想像真實」如通俗劇一般可能更被市場獲群眾所青睞；相比之下，〈瀧觀橋的呼聲〉便成為極少數「理念先行」的社會案件歌曲。

　　1970年代中後期以來，臺灣社會對於這片土地與世代認同發展出更多新的思考與論述，這其實也就形成那個時代的「世界觀」或「集體意識」，當許多知識分子從「回歸現實」與「回歸鄉土」去省思臺灣主體性時，特定的臺語歌曲也在那個時間點呈現當時的社會現實與地方特色。當然，我們無法單以〈瀧觀橋的呼聲〉此首歌曲代表1970年代的所有臺語歌曲狀況，但是透過系列社會案件歌曲來檢視臺語流行歌曲發展光譜，歌曲中透顯出來對於當時社會事件或現象的關切，正好開創出1980年代以後強調鄉土主義與政治主題的市場走向與時代風氣，而這樣的發展軌跡，也湊巧地結合1970年代末至1980年代以來臺灣社會重新檢視臺灣主體性意義與鄉土正義價值的思潮脈絡，讓原本屬於邊緣弱勢的臺語歌曲，找到可以微妙轉身並延續傳唱的生命力。

小結　唱袂煞的臺灣歌

　　近幾年筆者多聚焦研究廈語片與臺語片及其電影歌曲在東南亞福建華人社會的傳播與流變，過程中則反思1930年代臺語（閩南語）流

行歌曲的誕生、傳播及其對於東南亞福建歌曲（摩登廈曲）的影響情形。從〈望春風〉在廈語片《番婆弄》出現，或者〈望春風〉、〈月夜愁〉等臺語歌曲被新加坡鶯燕閩劇團的方靜翻唱，無疑地可以看見臺語流行歌曲的傳播與魅力，另外更可發現當時的方言娛樂現象，正在東南亞不同城市之間移動與流變。

而充滿現代性的臺語流行歌曲跨過日治皇民化時期，走過1950至1960年代被壓抑的臺語歌曲時代，本應不受重視的臺語歌竟然在臺語片、廈語片的電影歌曲，或者是1970年代的布袋戲或連續劇主題曲中意外獲得另外的發展途徑，這恐怕也是當時國家審查制度下所意想不到的結果！就主政者而言，當然知道臺語歌曲在社會民間的感染力，因此便期待能以「復興中華文化」目的為號召，透過改進歌曲內容去灌輸聽眾正確的思想與意識，肩負起時代使命。[54]但在國語政策當道的時代，臺語片或臺語歌曲的出現或推動著實有其矛盾衝突，就如王白淵在〈有關臺語影片二三事〉文中提到：「方言的整理與提倡，係國語推行的一個重要的階段，所以透過電影藝術整理臺語並使其藝術化，是一種生活藝術的提高，也是建設國語普通推行的基礎。」[55]或

---

54 1968年《聯合報》刊有〈商閩南語歌曲問題昨舉行座談會〉一文提到：「與會人士一致認為，閩南語歌曲是在臺灣民間擁有大量聽眾，富有鄉土旋律的歌謠，對民眾的影響力很大，在目前復興中華文化的號召下，必須力求改進，負起時代使命，負責樂教者應以誘導方式，在歌曲內容中，貫輸聽眾以正確的思想與意識。」見《聯合報》，5版，1968年10月2日。

55 王白淵提到：「由國語推行而言，臺語片的提倡似有矛盾，但是一個民族所有的地方語言，不是一朝一夕可以消滅的，需要經過很長的時間與不斷的努力，才能把它慢慢地改變過來，而且方言的整理與提倡，係國語推行的一個重要的階段，所以透過電影藝術整理臺語並使其藝術化，是一種生活藝術的提高，也是建設國語普通推行的基礎。語言是生活感情最直接的表現，但是本省人的絕大多數對自己慣用的臺語，很少有人能講得完全，講得漂漂亮亮，其一部分原因日據時代禁止使用臺語所致，另一原因是沒有以臺語創作的藝術品普遍於世之故。我們希望能透過臺語片來回復臺語本來的面目與其藝術性，這亦是臺語片應負的一個使命。」見〈有關臺語

許這也可以視為當時黨政群體的集體世界觀，透過這樣的認知與呼籲去合理化與正常化在禁歌年代下的臺語片或臺語歌曲。

1970年代臺灣逐漸工業化與城市化之後，社會問題與新聞案件不斷，1977年「美和中學女生鍾正芳命案」在屏東內埔瀧觀橋附近發生後，這個社會奇案就在地方群眾震驚與臺灣社會期待破案的情況下被擇取、再現進而創作出〈瀧觀橋的呼聲〉，從屏東地區的夜市開始傳唱到臺灣各地，如果對比北部官方的重金懸賞政策，這首〈瀧觀橋的呼聲〉在唱片公司理念先行、有目的地創作推播下，從南部夜市走唱出去、傳播流行，在編作者、歌曲和社會群眾間凝聚出對於社會案件的集體意識，其背後匯聚了社會大眾約定俗成的世界觀，期待透過民間的音聲力量去發聲，呼喊其對於臺灣群眾之社會關懷與鄉土正義的期盼。

如果結合再早一點的〈運河悲喜曲〉和1973年的〈魂斷淡水河〉這些案件歌曲，其從社會關懷與地方視角發聲的特色，某個程度而言或許可以視為1970年代臺語流行歌壇中一種與官方力量對立但又彼此協調的特殊邊緣位置，而這不也呼應了前輩人所言，在禁歌年代下臺語歌曲需在「官方政策」下微妙轉身去面對現實環境，藉以提升藝術性與現實感，以便延續政策時代下臺語歌曲的生命光譜。就此而言，如〈瀧觀橋的呼聲〉這樣具有社會性且目的性的社會案件歌曲所傳達出對於當時臺灣社會的關懷意識，雖未能完全代表整個1970年代臺語流行歌曲，但在當時政策主導下其卻唱出民間音聲力量，我們確實不能不在臺灣臺語流行歌曲發展史中為之記下重要的一筆！

影片二三事〉，《影劇內幕②》，1957年12月。轉引自陳萬益序文：〈臺語片的啟示〉，收入葉龍彥：《春花夢露：正宗臺語電影興衰錄》，頁6-7。

第五章

地方無形文化資產保存

──屏東內埔杜君英的歷史記憶與文化信仰

　　康熙六十年（1721）臺灣曾經發生朱一貴事件，這是臺灣三大民變中的第一場起事活動，清廷不敢等閒對待。朱一貴起事期間，屏東內埔檳榔林附近有潮州人士杜君英，以墾首身分領導客人傭工起事，率各路人馬與朱一貴合作，並率先攻入府城。後來朱一貴和杜君英失和，軍心崩散，而客籍人士此時集結十三大庄，六十四小庄，起義為清廷出力，六堆（隊）之名至此形成。同時清廷南澳總領藍廷珍及福建水師提督施世驃也前來攻打臺南鹿耳門。朱一貴最後為清軍捕獲，後來杜君英等也被清廷招降，問審後隔年朱被凌遲處死、株連全族，而杜則斬首於市，餘黨逃回檳榔林。

　　乾隆年間出現杜君英官隘，同治年間則有杜君英庄名出現，此間歷史發展過程為何？傳聞杜君英部將取回其衣冠和銀牌埋在舊杜君英庄（今大和社區），成為「杜君英衣冠塚」，爾後大水毀庄，庄民搬遷至新杜君英庄（今中林坪腳），期間有曾出現所謂的「杜君英教會」等等，我們不禁疑惑在屏東內埔地區和杜君英有關的族群及景觀如何移動？其又代表著什麼意義？如今在大和社區、中林社區、內埔、長治鄉繁昌村等地都有跟杜君英相關之墓塚、碑石、廟宇等等景觀，以及祭拜慶典儀式，我們如何透過這些地方景觀和儀式活動去觀察或發現不一樣的「杜君英」意義？另外，這些社區可否發展為有形或無形的文化資產可能性。

　　中林社區坪腳的「逆杜君英庄界」碑側題有「莫以成敗論英雄」

或許可以做為本章節基礎調查目的之註解。歷史中的「逆」與官方記錄的「就撫斬首」是否足以完全評斷杜君英的功過與價值？數百年時光過去，在新舊杜君英庄附近生活的平埔族、客家、閩南等族群又是如何看待這位歷史人物？本章書寫目的乃期待能從不一樣的「文化崇拜」角度觀察，重新為杜君英歷史記憶及文化信仰與文資保存之可能進行整理與考察。

第一節　漢人拓墾迫使平埔族群移動

　　清朝年間，漢人在屏東平原的拓墾活動，據簡炯仁的觀察約有兩次：第一次是康熙30年（1691）到康熙末年，第二次則是康熙末年到乾隆中葉。第一次的漢人拓墾活動，大體上集中在下淡水溪中、下游的東岸到東港溪的中、下游一帶沖積平原，當時閩南人拓墾區和客家人的「十三大庄、六十四小庄」，範圍相當於現在的萬丹鄉北部、竹田鄉、內埔鄉西南部（以內埔義亭村到新東勢為界）、萬巒鄉西角（以潮州鎮泗林里到內埔鄉義亭村為界）、潮州鎮西半部（以新埤鄉南岸村經潮州鎮崙東里到泗林里為界）、東港溪以東到大鵬灣一帶。直至康熙50年左右（1711）漢人的第一次拓墾工作大致完成，然而過量的移民潮使得耕地面積日趨狹小，於是漢人開始了第二次的拓墾移動。康熙末年之後，漢人逐漸向下淡水溪、隘寮溪及東港溪的中、下游，以及茄藤溪（今後寮溪）、力裏溪（今林邊溪）流域進行第二次的拓墾活動。

　　漢人兩次的拓墾讓原本居住在屏東平原的平埔族群（鳳山八社）被迫開始移動。因此下淡水溪沿岸的下淡水社、上淡水社及阿猴社，面臨萬丹北上的漢人拓墾主逼迫，於是沿著東港溪西岸，溯隘寮溪向東往當時屬於「傀儡番」地盤的麟洛、長治、鹽埔和內埔方向避退，

於是我們在這些地區的很多地方，例如高樹鄉的泰山村（舊名「加納埔」）、鹽埔鄉的高朗村（舊名為「高朗朗」，屬高朗朗社舊址）、長治鄉的繁華村（舊名為「番仔寮」）、內埔鄉的黎明村（舊名為「黎頭標」）、內埔鄉的中林村、小中林（屬「杜君英庄」）、老埤村（舊名為「漏埤」）等處都可以發現平埔族遺址。[1]

日治時期伊能嘉矩在其《臺灣踏查日記》中也記載：

> 武洛社移往高樹加納埔；塔樓社則移往高樹鄉加納埔、隘寮；阿猴社先移住於長治鄉番仔寮，再移往高樹鄉浮圳（龍泉）、隘寮；下淡水社則移往內埔鄉頂林、中林、老埤等地；上淡水社先移往杜君英庄，後因大水沖失，一部份再各移往新杜君英庄、中林、番仔埔、柳仔林。[2]

如此來看，康熙中葉至朱一貴事件，以及康熙末年後漢人移民進入屏東平原的兩次拓墾階段，讓原本居住此處的鳳山八社平埔族群生活空間被壓迫，迫使他們逐漸被漢人同化，或者移動生活空間，於是力力社、放縤社、茄藤社往萬金赤山以南的方向移動，而上、下淡水社、阿猴社、塔樓社和武洛社則轉往東面遷移，往竹葉社（今長治鄉）、高朗朗社（今鹽埔鄉）、高樹鄉和內埔鄉等處遷徙。[3]而這也就成為今日所見屏東平原地區平埔族的分布大致情況。

其中，（舊）杜君英庄在清代原屬於鳳山八社中上淡水社人生活

---

1 簡炯仁：《屏東平原的開發與族群關係》（屏東：屏東縣政府文化局，2001年11月），頁65-70。

2 〔日〕伊能嘉矩：《臺灣踏查日記》，「巡臺日乘」（十月十七日）（臺北：臺灣風物雜誌社，1996年），頁113。按：文中提到的浮圳（龍泉）、隘寮」應屬於「內埔鄉」，而「新杜君英庄」指的是目前內埔鄉中林村的「坪腳」。

3 簡炯仁：《屏東平原的開發與族群關係》，頁72。

領域的村庄，到清末已成頗有規模的聚落。此時，因為隘寮溪經常氾濫成災，迫使杜君英庄人四散外遷，一些人往東來到今中林村坪腳一帶，聚居成「新杜君英庄」，因而有了新、舊杜君英庄之別。

據說上淡水社的平埔原住民遷到坪腳時，把原來立在庄內的一塊「逆杜君英庄界」碑石搬遷到新杜君英來，後來當地人加以改建為墓塚形式，將庄界碑當做墓碑，就成了所謂的杜君英衣冠塚。另外，坪腳地區的信仰中心「慈鳳廟」，主祀「義勇精忠大元帥」潘寶，當地人說他是杜君英的部下，也傳聞其是從舊杜君英庄遷到坪腳來的。此外，尚有中林庄的「義勇祠」、內埔東寧村「福德祠」，和長治鄉的「義勇恩公祠」，甚至是杜君英教會、中林教會、屏東慈鳳宮「義祠亭碑記」等空間建築或景觀，以及這些廟宇中的慶典祭祀等儀式活動，都因為「杜君英」的「義勇」形象產生了聯結關係，並且進一步形成所謂的文化崇拜現象。

第二節　歷史記憶中的杜君英

康熙60年（1721）的朱一貴事件中，除了內門地區鴨母王朱一貴為主要領導者外，另一位事件領導人便是杜君英。探討杜君英的歷史身分有追本溯源之意義，另可銜接下文所欲探討之「文化的杜君英」，二者之間可以重疊但不必全然交集。

關於杜君英的身世，《臺灣文獻叢刊》中諸多文集、方志可以提供參考，在此我們應該先閱讀杜君英自首後被移送北京後的自我供述內容，雖屬殘件但全文摘錄如下：

> 康熙六十一年四月初一日，准刑部咨開：福建清吏司案呈會看
> 　得：據閩浙總督覺羅滿保等題奏拿獲賊犯杜君英等與賊首朱一

貴等聚眾作亂一案，將杜君英等鐲手夾訊確問。據杜君英供：
我係廣東潮州府海陽縣人，今年五十五歲了。康熙四十六年，
我到了臺灣，租了新白寺地方居住之王、郭二姓秀才的田畝耕
種，又替施仁舍催地租。五十九年十一月內，賈羅舍地方之通
事黃連在臺灣府告我砍了他山上的木頭。衙門差人拿我。我躲
在淡水檳榔林居住。六十年三月內，有我原認識之福建人柯妹
向我說，知府王正不向民間要糧，每石折銀七錢二分，眾民怨
恨生變，俱各糾人豎旗，要搶臺灣倉庫。現今將你查拿，我們
也糾人拜把豎旗，叫你為首，入他們的夥。如此商議時，我依
允各自會了我一處民陳伯、莊勳、黃捷、陳會，福建民李國
彥、李國恩、陳貴，臺灣府民蕭伯、鄭十三等五十來人，於本
月初十間在山內豎了旗，旗上書寫清天奪國，砍竹為尖鎗。續
楊來、顏子京、戴穆、劉國基、陳福壽、洪正、王義生、郭國
正各執旗色前來，入了我的夥，共集一千來人。又聽見朱一貴
在崗山豎旗。四月二十一日，我令楊來、顏子京去會朱一貴。
二十三日，楊來、顏子京來說，我們遇見遊擊周應龍的兵打
仗，他的兵甚是驍勇，我們被他戰敗回來，如此告訴了。二十
六日，周慶龍帶領千餘（下缺）。[4]

據杜君英所言，他是廣東潮州府海陽縣人，今年55歲了。康熙46年，
其到了臺灣。如此推算，杜君英當生於康熙6年（1667）前後，而抵
臺時他大約是40歲壯年，直至康熙61年「陳福壽、杜君英、會三以就
撫從寬，斬於市。」（《平臺記略》）時，正是55歲年紀。

4　臺灣銀行經濟研究室編：《臺案彙錄・己集》卷1「四、朱一貴謀反殘件」（臺北：
　　臺灣銀行經濟研究室，1964年），頁18-19。

另外，杜君英言他是「廣東潮州府海陽縣人」，潮州府海陽縣人之說，也見於閩浙總督覺羅滿保所言的：

> 查臺灣鳳山縣屬之南路淡水，歷有漳、泉、汀、潮四府之人，墾田居住。潮屬之潮陽、海陽、揭陽、饒平數縣與漳、泉之人語言聲氣相通，而潮屬之鎮平、平遠、程鄉三縣則又有汀州之人自為守望，不與漳、泉之人同夥相雜。六十年四月二十二日，賊犯杜君英等在南路淡水檳榔林招夥豎旗搶劫新園，北渡淡水溪侵犯南路營，多係潮之三陽及漳、泉人同夥作亂。[5]

可見杜君英是潮州府海陽縣人，其講的潮州話與漳、泉「聲氣相通」，屬閩南語系之一，並非是我們過去以為的「客家人」。覺羅滿保的〈題義民效力議效疏〉和藍鼎元的《平臺記略》對於杜君英和六堆客家義民之身分原籍有不同的認定，藍鼎元以為杜君英在檳榔林所招募的是「粵東種地」的「傭工客民」（藍鼎元認為會說客語者都是「傭工客子」），不過覺羅滿保卻認為杜君英等賊夥「多係潮之三陽及漳、泉人同夥作亂」，屬於閩南語系的福佬人，如此一來對於屏東「六堆」客家人後續發展，似乎起了不一樣的作用。[6]

那麼杜君英又是如何進到客家聚落而後變成客家部隊的領導人

5　〔清〕覺羅滿保：〈題義民效力議效疏〉，收入〔清〕王瑛曾：《重修鳳山縣志》卷12上〈藝文志（上）奏疏〉（臺北：臺灣銀行經濟研究室，1962年），頁343-344。

6　閩浙總督覺羅滿保除了認定六堆客民非杜君英賊夥共犯外，更刻意強調客家六堆「協官平亂」之功績，這當然有覺羅滿保刻意淡化藍廷珍軍功之政治目的。不過這樣的紀錄恐怕不如實地參戰的藍鼎元於《東征集》、《平臺記略》所記載之內容來得真實，然而因為覺羅滿保對於六堆客民的肯定，也成功地讓「六堆」聚落在屏東平原地區傳承下來。簡炯仁：《屏東平原先人的開發》（屏東：屏東縣政府文化局，2006年12月），頁109-127。

呢？杜君英在他的自供內容中說：「我躲在淡水檳榔林居住。」藍鼎元的《東征集》中記載：「檳榔林為杜君英起手之處。」以及「檳榔林在平原曠土之中，杜君英出沒莊屋，久被焚燬，附近村社，人煙稠密，星羅碁布，離下淡水營內埔莊汛防不遠，無庸更議。」[7]藍鼎元另一重要著作《平臺記略》也記載道：

> 南路賊首杜君英於是日遣楊來、顏子京率其眾百人之一貴所，稱君英在下淡水檳榔林招集粵東種地傭工客民，與陳福壽、劉國基議共掠台灣府庫。[8]

由此來看，杜君英在「淡水檳榔林」召集粵東種地的客民傭工，約朱一貴起事之文獻記載大致上是可以確定的。然而要領導客家種地傭工，杜君英是否會說客家話？這點文獻中並無詳細記載，不過廣東潮州府海陽縣（今潮安區），乃屬粵東地區，鄰近粵東客家語區，推測杜君英應是會說客家話的。然而，這裡尚有兩個問題必須釐清，第一：杜君英說的「淡水檳榔林」在何處？第二：杜君英為何到逃躲至檳榔林？

一　「淡水社檳榔林」位置

　　杜君英在其自供文字中說他躲到「淡水檳榔林」居住，而當時的上淡水社、下淡水社卻都有檳榔林地名存在。

7　兩段引文出自〔清〕藍鼎元：《東征集》卷3〈覆制軍臺疆經理書〉（臺北：臺灣銀行經濟研究室，1958年），頁33、35。

8　〔清〕藍鼎元：《平臺記略》「康熙六十年四月」（臺北：臺灣銀行經濟研究室，1960年），頁2。

　　清代屏東地區除了高山族外，鳳山縣下轄區內要以平埔西拉雅族支系馬卡道族之「鳳山八社」最具代表性。「鳳山八社」含括的空間包括搭樓社、武洛社、阿猴社、上淡水社、下淡水社、力力社、茄藤社、放縤社。從屏東地理空間來看，若以「阿猴社」為中心向外放射，可以發現「塔樓」、「武洛」在偏東北的里港鄉；「上淡水」、「下淡水」、「力力」在偏東南的萬丹鄉和崁頂鄉；至於「茄藤」、「放縤」則要往南下達南州鄉和林邊鄉，平埔鳳山八社的範圍正好是沿著大武山下的屏東平原區向濱海地區分佈。[9]

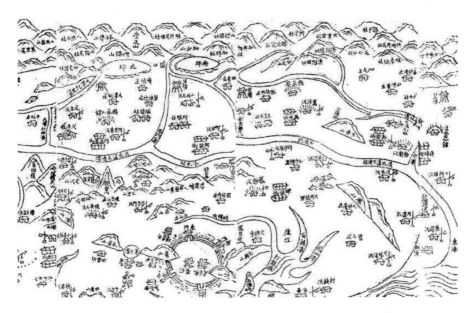

圖5-1　《重修鳳山縣志》鳳山縣全圖（部分）[10]

9　黃文車：〈找尋地方感的書寫：清代屏東地區古典文學發展概述〉，屏東：屏東縣政府文化處：《屏東文獻》第16期，頁3-42。

10　〔清〕王瑛曾：《重修鳳山縣志》「鳳山縣全圖」，（臺北：臺灣銀行經濟研究室，1962年），頁5-6。

康熙43年（1704）任鳳山知縣的宋永清曾有八社紀事詩作，內容較多自然景觀描述與番俗風情的紀錄。其中〈下淡水社〉一詩所寫：

> 遙遙上淡水，草色望淒迷。魑魅依山嘯，鷗梟當路啼。
> 茅簷落日早，竹徑壓風低。歲暮猶春意，花香趁馬蹄。[11]

詩中所言可見從下淡水社北望上淡水社，但見草色淒迷，鷗梟當路啼叫，遠山中似有魑魅咆哮。此時落日穿透茅社已見，風走竹徑低迴而過，放眼望去，臺島之南的鳳山縣境內雖已是歲暮時分，然而仍帶春意花香。清代遊宦官吏所見的屏東平原真是如此自然和諧嗎？再看譚垣的「巡社紀事」詩作，可以發現「宣揚皇恩聖澤」的意味濃厚。略擷取各詩中數句舉列如下：

> 帝德浹雕題，覆育時煦嫗。番黎沾化久，愛戴深且固。
> （搭樓社）
> 我來宣皇仁，毋使逢不若。山鬼應從風，祥和遍邨落。
> （武洛社）
> 聖朝湛溥恩，雕題綏福蝦。試觀生息多，誰非被化者。
> （下淡水社）
> 聖治開文明，光被及番族。應知久漸摩，秀發此先卜。
> （力力社）
> 我謂番本愚，聖朝所安撫。誰歟或侮之，我能為爾剖。
> （茄藤社）
> 僉稱歸化後，我皇恩浩蕩。番賦既全蠲，更以所蠲租。
> （放縤社）

---

11 施懿琳主編：《全臺詩》第1冊，（臺南：臺灣文學館，2004年）。

於是乎，清代的「巡社」和「俯視」的角度明顯，而「導正撫化」的
意圖便十分清楚。[12]在清廷官員的眼中，屏東地區無論漢人或平埔
族，都應接受教化並輸賦示誠。據蔣毓英修撰的《臺灣府志》中記
載：「鳳山之下淡水等八社，不捕禽獸，專以耕種為務，計丁輸米予
官。」[13]由此便可以發現，杜君英過到臺灣時的康熙40年至50年間，臺
灣的屏東地區，漢族和平埔族群都在清廷的控制下繳納賦稅，而平埔
族所面對的除了計丁輸米外，還有需要被「導正撫化」刻板認知。

按王瑛曾編修的《重修鳳山縣志》中對於鳳山八社與鳳山縣城
（今左營舊城）之遠近和方向記載所言：「平埔熟番共八社：上淡水
社（一名大木連，在縣南四十里）、下淡水社（一名麻里麻崙，在縣
南四十里）……」[14]則上、下淡水社都屬清代鳳山縣城南方四十里左
右。那麼上、下淡水社中所謂的新、舊檳榔林庄又在什麼位置呢？康
熙61年來臺擔任巡臺御史的黃叔璥在其《臺海使槎錄》之「番界」中
說道：

> 鳳山八社，皆通傀儡生番。放綵社外之大武、力力、枋寮口、
> 埔薑林、六根、茄藤社外之糞箕湖、東岸莊、力力社外之崙仔
> 頂、四塊厝、加泵社口、下淡水社外之舊檳榔林莊、新東勢
> 莊、上淡水社外之新檳榔林莊、柚仔林、阿猴社外之揭陽崙、
> 柯坷林、搭樓社外之大武崙、內卓佳莊、武洛社外之大澤機溪
> 口，俱立石為界。自加六堂以上至瑯𤩝，亦為嚴禁。[15]

---

12 黃文車：〈找尋地方感的書寫：清代屏東地區古典文學發展概述〉，頁19-20。

13 〔清〕蔣毓英：《臺灣府志》卷5〈風俗（附土番）／土番風俗〉（臺北：臺灣銀行
經濟研究室，1977年），頁99。

14 〔清〕王瑛曾：《重修鳳山縣志》卷4〈田賦志〉，頁65-66。

15 〔清〕黃叔璥：《臺海使槎錄》卷8〈番俗雜記・番界〉（臺北：臺灣銀行經濟研究
室），頁143。

清代方志文獻關於上、下淡水社的紀錄，都是將二者放在一起敘述，可見其位置範圍應該相距不遠。若我們再從日治時期伊能嘉矩的考察來看上、下淡水社的社址及其大約活動範圍：

> 下淡水社為麻崙，及港西中里社皮庄之下社皮（今日萬丹鄉下社皮村），舊檳榔林庄為同里頂林仔庄（今日萬丹鄉頂林〔仔〕村），新東勢庄為同里新東勢庄（今日內埔鄉新東勢村）；上淡水社為大木連，即同里社皮庄之上社皮（今日萬丹鄉社上村），新檳榔林庄為港西下里內埔庄之檳榔林（今日內埔鄉義亭村，舊名檳榔林），柚仔里為港西中里柚仔林庄（今日屏東市頂林里）……。[16]

依簡炯仁所說：下淡水社的「舊檳榔林庄」是今日萬丹鄉的頂林〔仔〕村，舊名為頂林仔庄，而上淡水社的「新檳榔林庄」則是今日內埔鄉的義亭村，舊名即叫做「檳榔林」。那麼究竟何處是杜君英躲藏之檳榔林呢？如果依據藍鼎元在《平臺記略》中紀錄杜君英在「下淡水檳榔林招集粵東種地傭工客民」，其所指稱的「下淡水（社）」檳榔林，那應該是位於今日的萬丹鄉的頂林仔村。不過依據筆者實地田野調查以及相關文獻史料記載，後來的新、舊杜君英庄都在內埔鄉境內，且靠近內埔鄉義亭村，這其實應該是上淡水社的新檳榔林庄才是。那麼問題在什麼地方呢？

　　查考其他文獻，如藍鼎元《東征集》只言「檳榔林為杜君英起手之處」（卷三）、余文儀的《續修臺灣府志》則記「檳榔林為杜君英起

---

16 〔日〕伊能嘉矩：《臺灣文化志》下卷（中譯本・修訂版）第五章「防番機關」（臺北：臺灣書房出版有限公司，2015年4月，初版三刷），頁440。又見簡炯仁：《屏東平原的開發與族群關係》，頁60-61。按：（ ）為簡炯仁所加，〔　〕內文字為筆者所加。

事之處」（卷二十一）等都只記「檳榔林」而已，偏偏藍鼎元在《平臺記略》卻記錄了「下淡水社檳榔林」，有可能是藍鼎元失誤錯記了嗎？但以藍鼎元親身參與朱一貴事件幕僚工作多年且熟諳官牘文字，有可能疏漏至此嗎？確實有點不可思議！因此筆者大膽推測：新、舊檳榔林庄可能都是當時杜君英召集備工的活動空間，而杜君英則是擔任墾地之隘首，後來的逃躲移動路線則是從「舊檳榔林庄」（下淡水社）到「新檳榔林庄」（上淡水社），畢竟兩處距離不遠，且皆以檳榔林庄為名，只差於新、舊之分，而最後杜君英乃以新檳榔林庄（今日義亭村）作為起事活動範圍。

圖5-2　義亭村內所見「檳榔林」標語。筆者拍攝，2015年4月。

圖5-3　義亭村仍見「檳榔林」公車站牌。筆者拍攝，2015年4月。

二　杜君英到檳榔林之因

至於杜君英為何逃躲至「淡水檳榔林」？我們從其自供之詞可以
發現：

> 康熙四十六年，我到了臺灣，租了新白寺地方居住之王、郭二
> 姓秀才的田畝耕種，又替施仁舍催地租。五十九年十一月內，
> 賈羅舍地方之通事黃連在臺灣府告我砍了他山上的木頭。衙門
> 差人拿我。我躲在淡水檳榔林居住。

康熙46年（1707）來自粵東海陽的杜君英到了臺灣，最有可能的上岸地點應該就是大員附近，然後往南方進入鳳山縣。自供詞中最先提到的「新白寺」到底在哪？遍尋清代《臺灣文獻叢刊》內地名或廟宇，幾乎無法找到「新白寺」地方所在。不過李文良在其《清代南臺灣的移墾與「客家」社會（1680-1790）》書中提到了另一個推測，其言：「新白寺」的客家發音和「新北勢」很接近，是否當時負責記錄的胥吏將「新北勢」一語誤記而來。[17]這個說法有其可信度，而且無論杜君英當時以潮洲話或客家話的「新北勢」發音，都很可能被不識南方方言的胥吏誤寫成「新白寺」。這個「新北勢」（庄）屬於清朝時期下淡水社範圍，在日治時期則同屬港西下里，即今日的內埔鄉豐田村，腳程快的離義亭村路程不到一小時，確實有其可能性。

<hr>

17 李文良書中註釋提到這是陳志豪提供的巧思觀點。李文良：《清代南臺灣的移墾與「客家」社會（1680-1790）》（臺北：臺灣大學出版中心，2011年2月），頁148。

圖5-4　新北勢庄重建東柵門樓捐題芳名碑。
筆者拍攝，2015年5月。

　　至於王、郭二秀才是何許人也？康熙46年時下淡水地區還在開發
初期，當時土地都控制在鳳山八社和幾個大租戶手中，秀才名號當是
漢人所有，而漢人的地主如施世榜、蔡俊、「方江李」墾號、「何周
王」墾號、「盧林李」墾號等等，這些有能力到下淡水包攬土地開墾
的業主中除了施世榜有功名外，其他都沒有秀才身分，也沒有姓郭

的。[18]或許其中的「何周王」墾號和杜君英所言的「王、郭二秀才」可能有一點關聯性，不過據簡炯仁考查說「何周王」可能是業主以「武職」身分去設置「官庄」墾號，「周王」是何家祭祀的家族神祇，[19]不過這也僅是研究推測而已。閱讀宮原敦氏在屏東縣內埔鄉老埤村跟當時下淡水社平埔族頭目潘乾坤收集的土地古文書，內容提到「……自肆拾六年，因何周王招得□□□□□□傅如鐸、傅成宿等開墾成頓物庄，後本社番民與何周王爭訟，蒙前任縣主宋審斷，頓物庄租粟歸于番民……。」[20]該古文書簽訂於康熙60年（1721）2月，然而該物權早在康熙46年生效，後來雙方發生爭訟還請到鳳山知縣宋永清審斷，以及後來的知縣李丕煜裁斷，但是漢人侵奪平埔族土地情況如故，且年年增租，才導致有此古文書記載爭訟案件。

這個康熙46年時間正好是杜君英到可能是「新北勢」地方租田耕種的時間，而那時租墾下淡水社的幾個大租戶中，就只有「何周王」墾號和杜君英所稱的「王」秀才最有關聯性。不過未見「郭」姓墾戶，而其二者亦非秀才之實，此處記錄是否又有失真之處，恐需等更多史料再做考證推敲。

另者，杜君英自供「又替施仁舍催地租」，這個「施仁舍」[21]推測或是屬於施世榜墾號之族中之人，但目前尚無更詳細的資料佐證說明。康熙59年（1720）11月，賈羅舍地方之通事黃連到臺灣府告杜君

---

18 林正慧：《六堆客家與清代屏東平原》（臺北：遠流出版社，2008年11月），頁84-91。

19 簡炯仁：《屏東平原先人的開發》，頁92-93。

20 臺灣慣習研究會編纂：《臺灣慣習記事》（中譯本）第1卷上，第三號（南投：臺灣省文獻委員會，1984年），頁84-85。

21 按：舊時習稱官家子弟為「舍人」，猶稱公子，亦簡稱「舍」，如鄭成功次子鄭聰，字哲順，號怡堂，人稱「聰舍」；而鄭成功第六子鄭寬，字哲碩，號碩之，人稱「寬舍」。〔清〕季麒光著、李祖基點校：康熙刻本《蓉洲詩文稿選輯 東寧政事集》之〈覆議屯田詳文〉（香港：香港人民出版社，2006年1月），頁166。

英砍了他山上的木頭，所以杜君英才逃躲至檳榔林庄。這個通事黃連為何跑到臺灣府去告官呢？這仍是值得推敲的問題。不過什麼是「賈羅舍」呢？全句讀來感覺那是一地方而非人名，那麼這裡可能就有「失誤錯記」之可能性。「賈羅舍」地方上需要「通事」以通漢番之民者，那麼那裡應該是「番民」居住的山區或靠山之區，所以筆者推測這個「賈羅舍」，應該是「賈羅『社』」之誤。那麼「賈羅社」又是哪裡呢？這裡有兩種可能性：其一，「新北勢」附近內山，剛好有座「傀儡山」，如果我們推測胥吏在這裡也可能出現失誤，將「傀儡」方言音錯聽成「賈羅」，所以「賈羅社」其實就是「傀儡社」，是漢人對傀儡山附近諸番社之泛稱，應該有很大的可能性。

其二，杜君英在此處附近生活許久，對當地漢民或番社當有所瞭解才是，是否只用「傀儡社」泛稱所有的番民居住地方呢？所以這個「賈羅社」，是否尚有其他可能性？若是，這個「賈羅社」也許可能是指「加泵社」。依據黃叔璥《臺海使槎錄》中有關〈南路鳳山傀儡番二〉記載：

> 傀儡生番，……或云：武力社、率芒社、爪覓社、歷歷社、七腳亭社、擺律社、加籠雅社、無朗逸社、望仔立社、勃朗社、陳那加勿社、陳阿修社、加務朗社、董滴社、加蚌社、加少山社、毛系系社、礁罔曷氏社、龜嘮律社，為港東里十九社；加走山社、系汝臘社、系率臘社、七齒岸社、北葉社、心武里社、山里老社、八歹社、加者膀眼社、拜完社、山豬毛社、山里目社、力力喇社，為港西里十三社。（卷7）

文中提到傀儡七十二社中，加蚌社（加泵社，今日之佳平）等屬於港東里十九社，而「加走山社」等屬港西里十三社。沈上明在〈萬巒鄉

有關史事初探〉一文中也推測:「泵」是「磊」的別字（另造字），所以「加泵社」很可能是「加磊社」，亦即是「傀儡」社（閩南話加禮）。[22]不過，清朝時期巡社官吏對於原住民番社的記錄用字多以「記音」居多，而且「磊」音明確，實不需再另造「泵」字去代替之，而因兩字下半部結構有所差異，所以誤寫情況好像也不太可能，而且上文提過的《臺海使槎錄》〈番界〉中說:「鳳山八社，皆通傀儡生番。……力力社外之崙仔頂、四塊厝、加泵社口，下淡水社外之舊檳榔林莊、新東勢莊，上淡水社外之新檳榔林莊、柚仔林……。」「加泵社」和其他社名一起並列，當是其中某社之名才是。

但可以確定的是，「加泵社」應該是原住民傀儡番社其中一社。有此推測的另一個原因是，「加泵社」是今日泰武鄉佳平一帶，據伊能嘉矩推測應是萬巒、佳佐二庄附近，[23]而簡炯仁則考察當時立於加泵社口的番界碑應該在現在的萬巒鄉鹿寮附近，或者是萬巒鄉佳和村田頭新庄一帶。[24]綜合來看，加泵社應該就是在今日萬巒、佳佐附近，那裡和杜君英活動的檳榔林距離相距不甚遠，也可能是當時越界開墾的地區。後來，杜君英兵敗逃亡的路線中，曾經出現「濫濫庄」（今日萬巒），更加說明了「加泵社」與萬巒地區，對杜君英而言，其實應該也是熟悉的。

三　杜君英兵敗後逃亡路線

康熙60年臺灣第一次的人民起事抗爭，其中領導人之一的杜君英勢力相當強大。是年五月朔日辛酉，杜、朱兩方人馬已聚集數萬計。

---

22 沈上明:〈萬巒鄉有關史事初探〉，《屏東文獻》第3期，2001年6月，頁71。

23 〔日〕伊能嘉矩:《臺灣文化志‧下卷》（中譯本），頁389。

24 簡炯仁:《屏東平原的開發與族群關係》，頁149、269。

據藍鼎元在《平臺記略》中所言：「攻破臺灣府，蓋朔日午刻也。杜君英先入住總兵官署，朱一貴繼入居台廈道署。」[25]癸亥日，乃擁立朱一貴為王，年號永和。朱一貴乃立王玉全為國師，王君彩、洪鎮為太師，而杜君英、陳福壽、李勇、吳外、翁飛虎、陳印、戴穆、鄭定端、郭國正、顏子京、楊來、黃殿、劉國基、黃日升、江國論、王忠、林曹、薛菊、林騫、林璉、陳正達、張看、賴池、賴元政、鄭惟晃、鄭文苑、陳成等為「國公」，故後世多稱杜君英為「杜國公」，其來有自也。

　　來臺平定朱一貴事件的藍廷珍想要招撫藏匿山中的杜君英時，曾經說過：「彼當倡亂之初，聲勢猖獗，更甚于朱一貴。比及陷郡，欲與一貴爭王，迨後吞併相攻，敗走虎尾溪，其眾尚四五萬。王師入郡三日，彼尚有八千人屯踞貓兒干。」[26]可見當時杜君英、林沙堂等人敗走虎尾溪時尚有餘黨數萬人。爾後陳章訪緝朱案在逃餘人，乃在南路觀音山招撫陳福壽。《平臺記略》中記載：「杜君英久處山中，晝伏夜走，聞福壽就撫，頗心動。……藍廷珍檄外委守備施恩、陳祥，以諜者林生入羅漢門說之。君英恐見賣，欲得福壽面詢情實，即與俱來。廷珍遣福壽同施恩等往。福壽尚病，載牛車以行。君英遂出。」[27]這是官方記錄內清廷對待朱亂餘黨的「寬和」氣度，是否全然如此？昔人已遠，文獻記錄聊備參考。

　　康熙61年（1722）「二月二十二日奉旨，朱一貴、翁飛虎、王玉全、張阿山、吳外、李勇、陳印，凌遲處死。杜君英、陳福壽，既自行就撫，改為即處斬。」[28]此令清廷大為震驚與吃驚的臺灣朱一貴事件就此落幕，然而有關杜君英的歷史與文化發展，卻繼續在屏東縣內

25　〔清〕藍鼎元：《平臺記略》「康熙六十年五月」，頁6。

26　〔清〕藍鼎元：〈答道府論陳福壽入山書〉，收入《東征集》，頁31。

27　〔清〕藍鼎元：《平臺記略》「康熙六十年六月」，頁22-23。

28　〔清〕余文儀：《續修臺灣縣志》卷5（臺北：臺灣銀行經濟研究室，1962年），頁120。

埔鄉的大和社區及中林村繼續發展流傳著。

在杜君英敗逃過程中,《臺灣采訪冊》曾有一段文字記載:

> 康熙六十年,朱一貴之亂,有偽封國公杜君英者,粵之潮洲人
> 也。其旗賊眾最雄,閩之賊俱忿恨之。於是,合眾攻君英。諺
> 有云:十八國公滅杜是也。殺人盈城,尸首填塞街路,福安街
> 下流水盡赤。君英敗死,粵籍奔竄南路,合眾藏匿一莊,曰
> 「蠻蠻」。聞大兵至,起義旗,協攻閩賊有功。蒙賞頂戴纍
> 纍,遂搆聖恩亭於莊中。此閩粵分類之所由始也。[29]

文字中可以看見杜君英自虎尾溪敗走後,逃至羅漢門,就撫棄市後,粵籍餘黨奔竄南路,後來藏於「蠻蠻庄」。這「蠻蠻庄」即是「戀戀庄」,也就是今日的「萬巒」區域。前文提到《臺海使槎錄》中〈番俗雜記〉裡有關「番界」記錄曾提到:「康熙六十一年,官斯土者,議凡逼近生番處所相去數十里或十餘里,豎石以限之:越入者有禁。鳳山八社,皆通傀儡生番。……加泵社口……,亦俱立石為界。」[30]由此來看,那年時加泵社口的番界碑,大約豎立於現在佳和村田頭新莊附近地方,那麼康熙中葉的「戀戀庄」應該還在「番界」之內,為排灣族人的地盤。[31]那麼,這些逃回蠻蠻庄的杜君英餘黨,相信也有部分人轉回原來起事的檳榔林庄,回鄉開墾,於是開始形成產生全臺灣唯一的「杜君英庄」。至於有民間說法言這些杜君英部屬將杜君英遺物銀牌取回,埋葬於檳榔林而有「杜君英衣冠塚」出現者,俟下文再討論之。

---

29 〔清〕陳國瑛等編,《臺灣采訪冊》(臺北:臺灣銀行經濟研究室,1964年),頁34。

30 〔清〕黃叔璥:《臺海使槎錄》卷8〈番俗雜記〉,頁167。

31 簡炯仁:《屏東平原的開發與族群關係》,頁270。

第三節　新舊杜君英庄的移動歷史

朱一貴事件平定之後，藍鼎元曾代寫〈覆制軍經理臺疆書〉，文中提到：「檳榔林在平原曠土之中，杜君英出沒莊屋久被焚毀；附近村社人煙稠密，星羅碁布，離下淡水營內埔莊汛防不遠，無庸更議。」[32]於是清廷當局立即於康熙61年，「議凡逼近生番處所相去數十里或十餘里，豎石以限之。」[33]此舉動乃要限制高山生番活動範圍，藉以控管。而如此限番措施，也讓杜君英隘第一次出現。

一　「杜君英」地名的出現

清代方志文獻中最早出現以「杜君英」為地名的紀錄，目前可知是《（道光）福建通志臺灣府》中記載鳳山縣內「加臘埔隘（轄武洛社）、雙溪口隘、杜君英隘（轄上淡社）、新東老埤隘（轄下淡社），四隘俱乾隆間建，以防生番出沒。」[34]乾隆53年（1788）林爽文事件發生後，福康安曾奏請「將熟番挑募屯丁，酌撥近山未墾埔地，以資養贍。」[35]看來是讓熟番（平埔族）近山開墾土地，表面看似酬庸，

32　〔清〕王瑛曾編纂：《重修鳳山縣志》卷12，頁58。

33　〔清〕黃叔璥：《臺海使槎錄》卷8〈番俗雜記〉，頁167。

34　〔清〕陳壽祺纂：《福建通志臺灣府》（臺北：臺灣銀行經濟研究室，1958年），頁341。按：《康熙福建通志臺灣府》編纂者是金鋐、鄭開極、陳軾。康熙本《福建通志》有兩種版本，未載臺灣府部分者，為康熙23年（1684）原刊本；而載有臺灣府部分者，應為康熙25年補刻本。繼修時間於雍正7年（1729），後於乾隆33年（1768）又有續纂本，更於道光9年（1829），閩浙總督孫爾準、福建巡撫韓克均奏請重修並延聘鼇峰書院主講陳壽祺為總纂，此為目前可見《福建通志臺灣府》最新版本，亦稱為《道光福建通志臺灣府》與前者區別。

35　臺灣銀行經濟研究室編：《臺案彙錄·甲集》（臺北：臺灣銀行經濟研究室，1959年），頁28。

實際上是以番制番。這情況也在吳子光〈臺地設屯政說〉中記載：「原設屯初意，謂全臺固番地，生番害人甚於寇賊，故以番治番，藉此為招徠之計耳。」[36]於是，乾隆55年（1790）正式設屯，南路番屯的主要養膳埔地集中在「北坪」（今日高樹鄉泰山村）和「南坪」（今日內埔鄉中林村、龍泉村、老埤村、隘寮村）。北坪是由新港本社設屯（201人），南坪是由新港社的支社卓猴社（68人），和鳳山八社裡的放縤社（2人）、上淡水社（84人）、下淡水社（111人）、搭樓社（156人）、武洛社（50人）所設屯。[37]

從鳳山縣全圖的縣境北界圖去觀察，「北坪」附近有廣福庄（即「大路關」，今高樹鄉廣福村），再往東南方則有犁頭標庄（今日內埔鄉黎明村）乾隆年間設置的「杜君英隘」，應該就是在「以番制番」政策下所設立的官隘，由官府招募上淡水社的平埔族屯守，用以防禦生番的入侵。

---

36 〔清〕吳子光：《臺灣記事》「附錄二」〈臺地設屯政說〉（臺北：臺灣銀行經濟研究室，1959年），頁69。又「附錄三」〈屯政序〉有言：「初，林爽文之亂，土番著有微勞，福敬齋相國援古屯田事。」亦記錄當時以番制番之屯田用意。

37 黃瓊慧：《屏北地區的聚落型態、維生活動與社會組織》（臺北：臺灣師範大學地理研究所碩士論文，1996年），頁27-30。

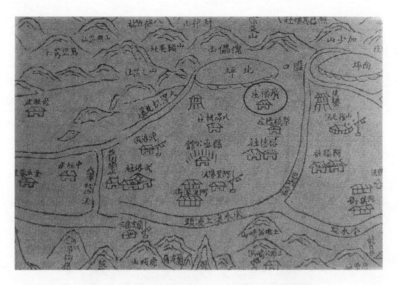

圖5-5　**鳳山縣全圖——縣境北界圖**[38]

　　前文提到漢人二次進入屏東平原的拓墾活動，促使屏東的平埔族群開始移動，而其移動路線如前文提到伊能嘉矩的觀察：下淡水社則移往內埔鄉頂林、中林、老埤等地；上淡水社則移往杜君英庄，這其實也說明了內埔鄉老埤、中林和杜君英庄在乾隆末年以來有很多平埔族居住。我們可以從嘉慶20年（1815）5月20日清廷為避免閩、客籍人士為爭開墾而侵佔平埔族土地，特在今日內埔鄉老埤村設立「封禁古令埔」碑，迻錄部分碑文如下：

> 　　並請示禁，將古令埔山腳一帶，不許圍莊，只許番社自行栽種，閩粵人不得佔墾，並不得藉用任何名目，按地私抽等情，亦屬杜絕爭佔之道。……不許圍莊閩粵人拓墾不得侵佔滋事，如敢故違，定既擒就不貸。

38　〔清〕王瑛曾編纂：《重修鳳山縣志》「鳳山縣全圖」，頁6。

從此碑文來看，清嘉慶中葉在屏東內埔老埤地區，閩客族群應有為了爭墾而侵佔平埔族土地事情，更甚者按地抽租或圍莊滋事，遂有「封禁古令埔」碑設立要求閩粵人士恪遵此令。

圖5-6　屏東內埔老埤之「封禁古令埔碑」。
筆者拍攝，2020年7月。

此外，目前座落於老埤村的五穀宮，亦屬於當地平埔族人信仰文化的「活遺址」記錄。五穀宮位於老埤村南山路13號，主祀五穀仙帝（即神農大帝），不過五穀仙帝的誕辰日並非是一般民間道教供奉神農大帝的農曆四月二十六日，反而是以平埔族的「老祖祭祀日」農曆

十月十六日為其千秋日，另外其祭祀時間也都選在傍晚舉行，如同平埔族傳統的夜祭。可以知道這其實是當地平埔族漢化過程中，借漢人道教神祇形象遮掩傳統平埔族群公廨阿立祖形象的權宜作法，不過在他們漢化的祭祀儀式中，大都還保留著平埔族人祭祀「老祖」的習俗，如「番酒」、「過火」以及「抖番戲」的習俗。[39]筆者實際走訪老埤五穀宮訪問，當時廟公也提到小時候每年10月15日在廟埕附近空地會有祭祀儀式，村民以檳榔、酒和豬肉祭拜，還會用標槍刺豬。[40]屏東縣內埔鄉老埤村的夜祭（Aurao）[41]，和萬巒鄉的加匏朗夜祭（Maolau），以及高樹鄉泰山村的加蚋埔夜祭並稱屏東馬卡道族三大夜祭，當地老一輩人傳統稱為「趒戲」（Tio-hi）[42]。

---

39 簡炯仁提到：當地神農大帝的千秋日都不在4月26日，老埤「五穀宮」的廟公潘先生解釋說：「4月26日這一天，正是當地穀仔收割農忙的時候，祭祀有所不便，才改在10月15日。」他們之所以選在這一天，他們不是說，這一天是神農大帝的得道日，就是說這一天就是該廟的『開基日』」，但似乎就不知道4月26日，才是神農大帝的千秋日。參考簡炯仁撰：「神農大帝」詞條，收錄於「臺灣原住民歷史語言文化大辭典」，下載時間：2015年5月31日。下載網址：http://210.240.125.35/citing/citing_content.asp?id=2927&keyword=%A4%BD%E9r。

40 筆者訪談，報導人：王先生（75歲），屏東內埔老埤五穀宮，2020年7月12日。按：但訪談中也有不同的解釋意見，如當時胡主委提到：五穀宮的神農大帝是自己降乩表示下凡救世，聖誕千秋日也是降乩指示，目前老埤五穀宮的神農大帝信仰也逐漸和其他神農信仰聯結慶祝。筆者訪談，報導人：胡主委。屏東內埔老埤五穀宮，2020年7月12日。

41 馬淵東一曾於昭和6年（1931）到屏東調查排灣族五年祭同時也提及Aurao祭典內容：「以老埤庄為例，每年舊曆10月15（或16日）舉行Aurao祭典。赤山、萬金、加匏朗、舊九塊厝、崙仔、萬巒、餉潭、獅仔頭、糞箕湖、大餉營，以及更南邊的枋寮轄區新開、中庄、上營等村莊的馬卡道族，都是同一個祖先傳下來子孫，所以共同舉行祭典。他們選一個日子，會齊於某一個地點，以酒甕為中心，大家圍坐，手中的竹盃和像排灣族所用的連盃，都斟滿自釀的酒會飲，也跳連手舞來慶祝祭日。」臺北帝國大學土俗學人種研究室著，楊南郡譯：《臺灣原住民族系統所屬之研究》（《臺灣高砂族系統所屬の研究》，1935年）（臺北：南天書局重印本，2011年），頁271。

42 日治時期屏東沿山地區平埔族群可能就舉辦過大型的「趒戲」（Tio-hi），這或許可以

圖5-7　屏東內埔老埤五穀宮。筆者拍攝，2009年11月。[43]

同治11年（1872）因戴潮春事件後，清廷為獎勵港東、港西兩里因參與平亂而犧牲的義民，特立「義祠亭碑記」（今碑石藏於屏東市慈鳳宮），碑文內記載：

> 諭飭我港東西兩里……。我各庄公人承諭，每日訓練壯丁，以待加募。當經三次從官兵出力效勞，……稟請上憲，給予「義勇可嘉」匾額；並准起造祠宇，設立死事牌位，以時奉祀；又

從日人鳥居龍藏於明治33年（1900）2月3日的調查記錄看出一些端倪：「響潭社是個平埔族部落，今天算是他們祖先的生日，社內很熱鬧，族人已開始跳舞了。由於響潭社位於這一代『平埔十二社』的中心，各設都派出社番來參加跳舞，歌詞是平埔語。今天繼續昨天的祭祀活動，他們舉辦祈禱儀式，參加的婦女都著傳統衣飾，也留傳統髮式。……祭祀的日子，番女用椰子製成的勺子，舀酒給客人。……」見〔日〕鳥居龍藏著，楊南郡譯：《探險臺灣：鳥居龍藏的臺灣人類學之旅》（臺北：遠流出版社，1996年），頁130。

43 按：筆者2020年調查期間，五穀宮正進行改建工程，故以過去筆者2009年實際拍攝照片示意。

作六角頭輪流，值年祭祀。……黃正春、洪坑、蔣立文等合
買，充作十八庄公田，以為杜君英義祠值年祭祀之費。[44]

同治2年（1863）戴潮春事件波及鳳山，知縣羅憲章諭令港東、
港西兩里各庄訓練壯丁以待加募，並有三次從官兵出力效勞，忠義可
風。續任知縣張傳敬稟請上憲賜匾，並准建造祠宇、立死事牌位，以
祭祀為國犧牲之義民。「義祠亭碑記」乃是同治11年十八庄湊捐鳩
資，置買田業收租，以為義祠祭祀之費用，並載明界址四至與租納情
形，勒石紀事。

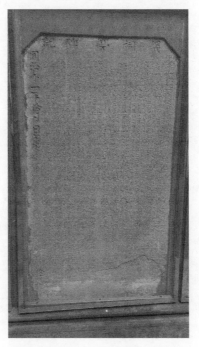

圖5-8　屏東市慈鳳宮所藏圖「義祠亭碑記」，
筆者拍攝，2020年4月。

44 黃典權編：《臺灣南部碑文集成》（臺北：臺灣銀行經濟研究室，1966年），頁344。

　　透過此碑文記載，我們可以發現杜君英庄的出現和清代臺灣三大
民變後清廷政策有關。從前文歷史敘述可以發現，朱一貴事件中杜君
英帶領粵東客人傭工起事攻入府城，至林爽文事件後清廷擬定「以番
制番」政策開始有平埔族移動至老埤附近地區拓墾，而戴案後因港東
港西里各庄訓練壯丁從官兵三次出力效命，遂頒與「義勇可嘉」匾
額，值年祭祀。而祭祀之處，乃為杜君英義祠，此處所言乃是杜君英
庄之「義勇公祠」。這座義祠亭就蓋在內埔杜君英庄，也就是現在屏東
縣內埔鄉東勢村東北角的大和庄，這也是內埔鄉義亭村名的由來。[45]
由此來看，乾隆年間出現的「杜君英隘」是目前可見最早以「杜君
英」為地名之清代文獻記錄，然而「杜君英庄」的出現，則是到清同
治年間左右（約1870年前後）。

圖5-9　屏東縣內埔鄉義亭村樣貌。筆者拍攝，2015年5月。

45 簡炯仁：〈「義祠亭碑記」與客家六堆〉，收入氏著：《屏東平原先人的開發》，頁271-
　　275。

　　光緒20年（1894）成書的《鳳山縣采訪冊》內已可以看到有關「杜君英」地名之記載，例如：「隘寮溪，在港西里，縣東北四十七里，源由瓏空口（即南坪北支南太武山泉）分支，西北行，分注三圳（漏陂、杜君英、大道關）、三溪（巴六、番仔寮、甘棠莊）、兩溝（漏陂、杜君英），長十四里。」[46]文中可見隘寮溪往西北行後注入漏陂、杜君英、大道關三圳，和漏陂、杜君英兩溝。其中「漏陂」即是「老埤」，但「杜君英圳」或「杜君英溝」又在哪裡呢？《鳳山縣采訪冊》同部中分別記載：「杜君英溝，在港西里，縣東北三十二里，源由隘寮溪下游分支，西南行七里許，下注四十分（去聲）溪。」（頁203）、「杜君英圳，在港西里，縣東三十二里，源引隘寮溪下游，南行七里許，下注番仔埔溪，灌田二百甲。」（頁309）可見杜君英溝和杜君英圳，同在港西里，同樣離鳳山縣32里位置。

　　我們再觀察《鳳山縣采訪冊》中有關〈番社義學〉所言：「一在港西里杜君英庄，縣東北三十二里，脩脯百二十元。」[47]這裡透露了兩個訊息：第一，港西里離縣東北32里之處叫做「杜君英庄」；第二，杜君英庄的番社義學，需要繳交「脩脯百二十元」，比較同書被紀錄的港西里嘉獵埔庄、港東里北勢寮庄等是「脩脯未詳」，看來杜君英庄的番社義學較具一定規模。由上述可知：清光緒中葉的杜君英庄是個以平埔族群為主體的村落，而且頗有規模，才能擁有杜君英溝、圳，且有制度化的番社義學，以下我們便可分項探討杜君英庄的發展與移動。

46　〔清〕盧德嘉編纂：《鳳山縣采訪冊》〈丙部・地輿（三）〉（臺北：臺灣銀行經濟研究室，1958年），頁160。

47　〔清〕盧德嘉編纂：《鳳山縣采訪冊》〈番社義學〉，頁7。

二 舊杜君英庄聚落

關於「杜君英庄」名出現，歷來學者都有深入探究與推測，例如簡炯仁認為杜君英庄的產生如同內門「黃殿庄」一樣。杜君英與黃殿皆是雄霸一方的墾戶或隘首，當地居民也習慣以地方領袖的名字來稱呼自身聚落，而形成當地的地名，並不會因涉及謀反而避諱不提。[48]不過謝貴文則推測「黃殿庄」在朱一貴事件之前即存此地名，但受該事件影響後因有所忌諱而不再復用。「杜君英庄」則不然，其推測乾隆年間會出現「杜君英」的地名，一方面是因距朱一貴事件已有數十年，另方面則因杜君英乃接受清廷「招撫」，且在離臺前皆頗受善待，這導致民間不避諱用此地名，清廷也逐漸不加干涉，後來當地住民又因平定戴潮春事件有功，官方遂認可此一地名。[49]

「杜君英庄」的出現絕非突然，應該是長時間的口傳後才逐漸被認定。而杜君英庄地名的出現也應該是和杜君英事件有關。雖然朱一貴事件敗逃的杜君英後自就撫，然畢竟起事為亂，短期內地方人多忌而不談是合理之事。不過地方居民好以英雄豪傑標記家鄉聚落的可能性仍是很高的，筆者以為杜君英庄名的出現，應該是朱一貴事件百多年後，地方民眾在一種他人指稱（還是杜君英…）或自我介紹（我對杜君英…來）的「特定指稱」敘述下，從人名轉化而成地名（庄名），這情況或許就如同南投縣中寮鄉爽文村可能與林爽文事件有關一樣，後來杜君英庄能被寫入清中葉後的方志文獻，可能即如謝貴文

---

48 簡炯仁：〈由幾個與杜君英有關的地名考──兼論屏東平原客家「六堆部落」的形成〉，《臺灣開發與族群》（臺北：前衛出版社，1995年），頁357-359。

49 謝貴文：〈《內門鴨母王朱一貴》委託研究及撰寫計畫成果報告〉，2013年6月25日，頁101。該報告成果後已出版為專書，謝貴文：《內門鴨母王朱一貴》（高雄：高雄市立歷史博物館、臺北：玉山社出版公司，2015年9月），頁192。

所言，該庄民丁三次協助平定戴亂有功。最直接的證據是前文提到：
同治11年設立的「義祠亭碑記」，記載清廷給予「義勇可嘉」匾額，
並准起造祠宇，由董事黃正春、洪坑、蔣立文等人買田充租，以為
「杜君英義祠」值年祭祀之費。此碑記直接證明「杜君英」已不再是
忌諱人名，遂成清廷認可知地名。由此來看，杜君英庄的出現，其實
可視為一種地方英雄崇拜的延續現象，但更多時候其實更是一個族群
的共同歷史記憶感知。

（一）內埔鄉東勢村大和社區

前文提到港東、港西兩里各庄訓練壯丁三次從官兵出力效勞協平
戴亂，因忠義可風，所以清廷賜匾，並准建造祠宇、立死事牌位，以
祭祀為國犧牲之義民。同治11年特立「義祠亭碑記」，記載清廷給予
「義勇可嘉」匾額，並於杜君英庄設義勇公祠，且享有十八庄輪流值
年祭祀。此義勇公祠即位於目前內埔鄉東勢村的大和社區。

大和社區，舊名為大和庄，屬屏東縣內埔鄉東勢村之行政區域，
是為東勢村組成聚落之一。世居此處的老者都知道這裡舊名為「杜君
英」，據筆者實地走訪當地耆老，他們說早期居民多只稱這裡是「杜
君英」，不一定會加上「庄」字。吳中杰記錄的該村曾老先生認為這
裡一度有千餘戶，後來屢屢洪災，居民四散，多數搬到坪腳。[50]但據
大和社區元帥廟廖主委及其公子於2007年前後執行的「探尋消失的聚
落：杜君英庄」計畫成果中提到：

當時其所聚集的人口具有超過二千人以上之區域，聚落中其生

---

50 吳中杰：〈屏東平埔聚落發展歷程探究：杜君英庄的個案〉，收入林欣慧、吳中杰合
著：《屏東地區馬卡道族語言與音樂研究》（屏東：屏東縣立文化中心，1999年6月），
頁119。

活機能亦含括著教堂、戲院等設施。西元1896年5、6月間，有
3次「大水」，因隘寮溪的河水暴漲，造成隘寮溪以南（今屏東
縣內埔鄉、長治鄉、麟洛鄉、竹田鄉）等鄉鎮均遭受洪水的侵
襲氾濫，尤以杜君英庄更為慘烈，幾以「滅庄」為之。此後杜
君英庄之住民遷移至附近地勢較為高處之區域（今屏東科技大
學）附近—坪腳、迦納埔（今為內埔鄉中林村）、山豬毛（今
為內埔鄉水門村）、萬金（今萬巒鄉萬金村）等地。[51]

如此來看，光緒年間的杜君英庄已是千人規模以上，且有教堂和戲院
等設施，《鳳山縣采訪冊》中所言此地「番社義學」需準備「脩脯百
二十元」，看來是有可能性的。

不過清末時期頗具規模的杜君英庄卻因後來隘寮溪河道的改變，
連年遭遇數次的大洪水氾濫成災而毀庄，此事也記載於古福祥編纂的
《屏東縣志》中。[52]光緒3年（1877）杜君英庄已開始遭受水患，後來
開始有居民遷移到今日內內埔鄉中林村的坪腳所在，此部分俟下文杜
君英教會處再詳談。而原本流失的舊杜君英庄位置，則要等到日治時
期有許多人從大路關遷徙至此，並改稱為「大和庄」，才又開始出現
新住民。

高樹鄉廣福庄順天宮左側石獅旁之〈廣福神獅記〉記載：「民前
五十六年（1856），山洪暴發，水毀吾庄，獅遭土掩。」[53]可見洪水犯
濫逼民是大路關最常遇到的問題，於是庄民「籌議建獅以鎮之」。廣
福村三獅，以鎮水患為圖騰象徵。

---

51 廖鎮平、廖國秀：〈消失的聚落——杜君英庄〉成果報告書，未刊版，2007年。

52 由於不當的開墾，夏季的山洪導致溪流改道，洪水氾濫成災，連年的水患，導致包
　　括杜君英庄等聚落被流失。古福祥纂修：《屏東縣志·地理志》（屏東：屏東縣文獻
　　委員會，1969年），頁661。

53 按：〈廣福神獅記〉碑文文字為筆者田調時紀錄，2012年。

圖5-10　高樹鄉廣福村第一隻石獅，筆者拍攝，2012年。

　　據簡炯仁訪問村中老者提及：「以前，大路關是一個完整的聚落，後來遭大水沖毀。庄民四散，一部分人就越渡改道後的口社溪，往南拓墾現在的廣興村，俗稱『新大路關』，而原來的廣福庄就叫為『舊大路關』。有人更遠逃到內埔大和村、九間屋以及四十份的大路關寮。」[54]到了日治末期，一次的洪水氾濫終於讓大路關發生有史以來最大規模的一次外移潮。

---

54 簡炯仁：〈「大路關」地名考〉，收入氏著：《屏東平原先人的開發》，頁195。

圖5-11　1951中秋節・大路關鳳梨園完工留念。
（照片為廖振平先生提供）

　　除了水患氾濫因素之外，日人建造長堤或許可能也是促使大路關
居民移動搬遷的原因之一。昭和2年（1927），日本殖民政府興建水利
工程，在隘寮溪出口南側建築「昌基堤防」，此工程於昭和13年
（1938）竣工後，雖然改善了隘寮溪流域域長年水患之苦，卻也因為
河道改變及水量集中流向大路關，導致當地許多耕地因此流失。為了
彌補居民的損失，日人乃分別於昭和4年（1929）及昭和18年
（1943）、昭和19年（1944）安排大路關居民集體遷徙至高樹鄉建興
村建立「大路關寮」，以及內埔杜君英庄（水流地）[即今日大和社區]
及新隘寮兩地，有些居民則遷徙至鄰近的四十份庄（內埔竹圍村）。[55]

55 莊青祥：〈屏東高樹大路關地區之拓墾與聚落發展之研究〉（高雄：高雄師範大學客
　　家文化研究所，2008年），頁51。

防　堤　基　昌

圖5-12　「昌基堤防」照片，翻拍自《內埔庄役場》[56]

　　當時日本殖民者將今日之大和社區規劃為當時之新興聚落，並諭令舊名為「大路關」（今之高樹鄉廣興村）內居民大規模的遷徙入墾。殖民政府在杜君英庄舊址（現在的內埔鄉大和社區）上規劃了新市鎮藍圖，輔導大量的大路關庄人南遷；加上早先已有遷入的大路關人，遂在這裡建立了新的聚落。

　　關於早期移入此地的大路關人，內埔鄉中林村有句地方諺語提到：「杜君英救舊寮」，據潘銘章說法：當時大路關舊寮的客家人受到圍剿（疑為生番），因此有人喬裝逃到杜君英庄求救，而杜君英庄就派出兵勇（平埔族）到舊寮將受到攻擊的客家族群救出，被救出的客家人有部分從高樹搬到美濃，有一些則遷移到目前東勢村的大和社區。[57]

---

56 鍾幹郎等：《內埔庄役場》（高雄：南報商事社，1933年9月22日），頁7。
57 黃文車訪談整理。報導人：潘銘章。訪談地點：高雄市燕巢鄉。訪談時間：2015年5月4日。

　　西元1945年前後，約末歷經十數年之久，許多大路關人越過山豬毛（今之屏東縣三地門鄉），南徙到遠隔了一座山的舊杜君英庄「水流地」，建立了「大和」新家園；後來也陸續拓殖到鄰近的四十份庄、八什碑（亦稱為八壽碑）、大路關寮（現今稱為屏東縣內埔鄉竹園村的聚落）。當時大路關之居民中有一位任教職的鍾阿祺先生，為此一新興聚落定名為「大和庄」，蓋取其「大」路關人來此建庄，祈求人「和」庄榮。[58]二次大戰進入決戰時期，美軍轟炸亦將臺灣劃入攻擊區域，據聞大和庄之建築規模，俯瞰貌似軍營，因而遭到美軍之密集攻擊與轟炸。1960年代，大和庄村落被劃入屏東縣內埔鄉東勢村行政區域，分屬東勢村之第35-38鄰聚落，並於1980年代成立「大和社區」。當時社區住民組成有平埔族裔、閩南族裔、外省族群、客家族群，以及舊時大路關南遷之客家住民，使用語言有75%為客家語言、20%為閩南語、5%為中文。

　　大和社區北側，據聞舊時遺有「杜君英衣冠塚」，當地於北側設有「大和庄北柵義勇公香座位」，主祀義勇公。祠後方有劉正一所撰述的「義勇杜國公事略」一文，敘述著杜君英生平事蹟。目前此處規劃成「義勇公休閒公園」，提供當地居民或遊客參觀或休憩。

---

58 廖鎮平、廖國秀訪談整理稿。報導人：李德祥、鍾先生，訪談地點：大和元帥宮，
　　訪談時間：2003年11月18日。

圖5-13　義勇　杜國公事略碑記。筆者拍攝，2015年4月。

圖5-14　義勇公休閒公園。筆者拍攝，2015年4月。

（二）杜君英教會

在漢人進入大和社區以前，檳榔林附近範圍是平埔族拓墾居住所在，這個杜君英庄內的平埔族，多以上淡水社為主。伊能嘉矩有言：「上淡水社原來住在下淡水溪的東邊上社皮庄，但是被閩人所逐，遷到杜君英，在那裡遇到水災，社眾分散到新杜君英，中林、番仔埔、柳仔林居住。」[59]這裡面除了說明杜君英庄以上淡水社平埔族為主外，更提到因洪水再度遷徙而形成了新杜君英（庄），此待下文再論。杜君英庄發展過程中出現的「杜君英教會」是英國基督教長老教會在屏東地區傳教的幾個重點村落之一，由此更可見杜君英庄具一定規模性。

清末臺灣開港通商後，西洋傳教士開始進入臺灣傳教，其中英國長老教會的傳教士在同治4年（1865）就到南臺灣宣揚教義，而其傳教對象以臺南地區的西拉雅族（Siraya）為對象，後來也留下許多的「新港文書」記錄。同治9年（1870）英國宣教師李庥（Reverend Hugh Ritvhie）、涂為霖（Reverend William Thow）及馬雅各醫師（James Laidlaw Maxwell）來到杜君英庄行醫兼傳道，這是當地平埔族最早接觸基督教時間。兩年後李庥牧師在杜君英庄開設禮拜堂，這對傳統的平埔族信仰者有很大的衝擊，不過在牧師與教徒的堅持下，均能化解危機，而且信徒人數也逐漸增加。[60]

查閱《使信月刊》，知道李庥及其夫人於1867年12月13日抵達打狗，之後就勤奮地在鳳山縣各地宣教。從阿里港、東港、阿猴、竹子腳（林邊）、杜君英、鹽埔、橋仔頭。[61]其中，阿猴教會在1870年設

---

59 〔日〕伊能嘉矩：《臺灣踏查日記》，頁420。

60 李光瑾：《耶穌與教會在一個南臺灣村落的個案研究》，（新竹：清華大學社會人類學研究所，1998年），頁53。

61 張偉正：〈大和社區的前世今生〉，出版資料不詳，頁2。

教，[62]而杜君英庄乃是位於阿猴東方七英哩的山麓，當時杜君英的慕道者大多前往阿猴教堂禮拜，因路途遙遠且雨期間常受溪水阻擋，因此李庥牧師便在1872年4月22日（一說1871年）開設禮拜堂於杜君英，之後他就常來巡視。

圖5-15　阿猴教會舊照[63]

---

62 「阿猴教會」創設於1870年，地點位在屏東市屏東一一七，當時牧師為蘇育才、許有才。臺南長老大會編：《南部臺灣基督長老教會設教七十週年紀念寫真帖》（臺南：教會公報出版社，2004年1月），頁42。

63 按：阿猴教會即是目前位於屏東市仁愛路上的「臺灣基督長老教會屏東教會」（簡稱「屏東教會」），照片為筆者翻拍自《南部臺灣基督長老教會設教七十週年紀念寫真帖》。

　　李麻在1873年2月4日的報告函裡說：杜君英並未見有大進步，而來聽道理者的田產物常被鄉人劫掠去，無方救濟，教會也未便插手。禮拜堂建於低地，雨濕期就成了熱病的溫床。乾期就該將地基提高並撒布石灰。同年2月28日李麻陪同美國歸正長老教會的Van Kleck訪問尖區東北的諸教會，而於3月2日在杜君英守聖餐，是日施洗6男3女，其中福佬（Chinaman）1名，家人1名，平埔族人7名，[64]而李麻於1879年9月30日（一說29日）患熱病逝世於府城。[65]據說當時也留下杜君英教會的地契、教會及傳道寓所有關事項，《臺南教士會議事錄》曾記載1880年10月巴克禮在當地姓名簿裡找出杜君英教會的地契，交給施大闢牧師和本地傳道查驗。[66]

　　王希賢[67]曾撰寫〈杜君英教會的來歷〉內容略述如下：

> 杜君英有教會將近30年了。這裡未設教以前。聽道理的只有幾個人，每禮拜日就到阿猴街禮拜，但路中有一溪，秋天不易過，要上拜堂就得等到水退了。1871年得李麻牧師安排及公會（指教士會）的資助，兄弟們起造一間拜堂。不多久就有客庄2、3人來禮拜（按，本地原是平埔庄），人數漸漸增加。當初蓋的拜堂不敷使用了，就再和李麻牧師商量，公會同意資助450銀，而兄弟們自行募捐250銀，共有英銀700圓，於是於

64　參考「教會史話425」〈杜君英的若干記錄〉，《臺灣教會公報》2384期，1997年11月9日。下載網址：http://www.laijohn.com/book5/425.htm。下載時間：2015年5月31日。

65　參考「教會史話113」〈首任駐台牧師李麻〉，《臺灣教會公報》2006期，1990年8月12日。下載網址：http://www.laijohn.com/book2/113.htm。下載時間：2015年5月31日。

66　參考「教會史話425」〈杜君英的若干記錄〉，《臺灣教會公報》2384期，1997年11月9日。

67　王希賢（1842-1913）是南部早期傳道者之一，曾牧過加蚋埔、拔馬、柑仔林、木柵、杜君英、中林等地，在建功庄去世，享壽72年。妾潘尾，冀箕湖人，1923年去世，享壽82歲。參考《臺南府城教會報》338號，1913年5月，頁8。

> 1874年動工，新堂於1875年完成，客庄的朋友來會者愈來愈
> 多，有時五、六十人，有時七、八十人，有時上百人，來來去
> 去，人數不固定。李麻牧師去世，再經過甘為霖、巴克禮、施
> 大闢、涂為霖、宋忠堅等牧師常來培養，正式領洗入教而列於
> 「姓名簿」有68名，包括客家人及平埔族。不過有的去世、有
> 的搬走，現在每次守聖餐者約46人，其餘來聽道理者來來去
> 去，人數不定。[68]

如此來看，當時的杜君英教會禮拜堂成立時間大約是1871-1872年，
而因信眾人數漸多，舊堂不敷使用，才於1875年完成新禮拜堂，那時
的正式受洗入教而列姓名簿者有68人，在當時的平埔社會而言，其實
是一個頗高的數字。不過，後來杜君英庄連續發生幾次大洪水，舊教
堂被衝擊頹傾，勢必要遷移改建。

> 慘啊！本地於1896年5、6月間，有三次「大水」，水淹入庄內
> 及田佃，拜堂危險將來定會倒塌。巴牧師來查勘，勸告平埔及
> 客庄兄弟各自出力，找地建堂，一間設在中林庄（又稱「新杜
> 君英」），一間設在內埔仔魚寮仔。將杜君英禮拜堂的舊材料三
> 份，平埔得二份，而客庄的兄弟得一份。眾人高興地就尋地妥
> 當，定礎，動工了。[69]

明治31年（1896）臺灣已成為日本殖民地，當時舊杜君英庄發生三次

---

68 王希賢：〈杜君英教會的來歷〉，《臺南府城教會報》157卷，1894年4月，頁30-31。
　　轉引自賴永祥：〈曾有個杜君英教會〉，「教會史話」424，《臺灣教會公報》2383期，
　　1997年11月2日。

69 王希賢：〈杜君英教會的來歷〉，前揭文。

大洪水，沖毀禮拜堂及屋舍農田，於是當地居民在巴克禮牧師勸告下將舊「杜君英教會」舊材料一分為三，前往新杜君英庄（今日中林村）和內埔仔魚寮仔（今東寧村）分別成立「中林教會」和「內埔教會」，即是今日所見教會所在位置，然建築已有數次翻修。可知「杜君英教會」是目前中林教會和內埔教會的前身，然而目前知道有杜君英教會者微乎其微，這也可以間接說明「（舊）杜君英」庄於19世紀末流失後，至明治37年的「臺灣堡圖」已經看不到「（舊）杜君英」所在了。

之後，據王希賢記載：客籍會友到內埔禮拜，平埔會友就在中林庄禮拜，因為兩地拜堂尚未竣工，暫用牧師寓所為聚會所。是日雙方兄弟再議定，舊拜堂傳道牧師寓所的舊料全部撥給平埔會友，客籍會友將得其前後所捐出的款項來蓋內埔仔聖殿，其餘視其需要分配。如此設法妥當，將來也就無此「杜君英禮拜堂」了。

據筆者田野訪談中林教會，當時中林教會的平埔族會友獲得的「牧師寓所舊料」其實是「刺竹」三欉、鍋碗瓢盆和一些舊建材，目前在中林慈鳳廟的廟門後兩塊木板，聽說是當時從舊杜君英教會帶過來的；而內埔教會客籍會友所得到的「款項」約有五千銀。其實情如何究竟難知，或許可為參考。

圖5-16　內埔基督長老教會現貌。筆者拍攝，2015年5月。

三　新杜君英庄聚落

前文提到大和社區義勇公祠後有「義勇杜國公事略」說明碑文，其內容略有提及：「杜君英敗後，其部屬多人逃到番仔厝（內埔建興村）附近定居，將杜國公遺物、銀牌埋葬，並稱其庄為『杜君英庄』，歷經百餘年，因隘寮溪洪水氾濫，庄民不堪水患之苦，而人煙四散，其中有十餘戶遷徙至內埔鄉中林村之小中林（即坪腳），及新杜君英庄也。」文中所言（舊）杜君英庄民因不堪水患之苦，所以有十餘戶遷至中林村坪腳，即是後來的「新杜君英」。

新杜君英庄位於今日中林村坪腳，日治時期這裡即稱為「新杜君英」，可見清代文獻或日治時期資料對於「（舊）杜君英」或「新杜君英」位置所在，其實是沒有加上「庄」名的。

圖5-17　明治37年（1904）臺灣堡圖（阿猴廳港西中里部分圖）[70]

　　據筆者訪問前任中林村長潘安全先生，知道日治時期相關資料中開始出現「新杜君英」四字，也聽聞舊杜君英庄是個大庄，村長表示以前有「庄頭作戲，庄尾不知」的說法，顯示杜君英庄為一大庄。舊杜君英庄位於大和，因水患頻繁，原本在庄內的居民分別前往地勢較高地區分開居住，主要有大埔、中林、坪腳（新杜君英）等地，而新杜君英庄雖無舊時規模龐大，但據傳也有五六百戶居住，大約是個有

70 本圖借用葉錦城於其〈聚落變遷與信仰的關係——以內埔鄉杜君英庄的信仰為例〉文中加上標誌之圖檔，見《屏東文獻》13期，（屏東：屏東縣政府文化局，2009年12月），頁172。按：圖檔來源可參考中央研究院人文社會科學研究中心之「數位典藏與數位學習國家型科技計畫『地圖與遙測影像數位典藏計畫』」。

800公尺見方大的聚落。[71]潘安全也曾提到：「當時舊杜君英的居民約有一半遷至這裡，所以聚落也頗具規模，可是隨後水患又接踵而至，部分居民又他遷，加上稍後又因抗日分子的藏匿而遭到日本憲警的圍剿，整個聚落的屋舍遭焚燬……」[72]但聽聞當時有廉得烈牧師（Reverend Andrew B. Nielson）先行接獲通知，於是告知中林村民拿著印有十字架的旗幟從新杜君英庄穿過日軍防線走到現在的中林位置，才得以安然避開災禍。

　　上述事件後導致新杜君英庄居民驟減，日治時期這裡又發生乾旱，部分居民又再度他遷。到了日治末期這裡的居民也僅剩20餘戶。戰後新杜君英庄改屬於中林村轄區範圍，因此被稱為「小中林」，然正確地名為「坪腳」，在地人多稱為「坪腳庄仔」。

　　太平洋戰爭末期，位於屏東市崇蘭里的軍用機場一再受到盟軍轟炸，日軍遂在內埔地區徵用當地民伕，修築另一個臨時軍用機場。其位置大約是從龍泉鳳梨山公墓，到中林村聯通路、觀山路，通到中林村大埔社區，直抵老埤村，用以作為臨時的機庫與停機坪。據潘銘章所言：當時中林村被徵召的都是平埔族人，他還記得日軍從東港用船運來許多的石輪，用來整地壓平。後來機場還沒完工就被盟軍發現並派機轟炸，不久日本投降，而此機場就廢棄了。[73]潘安全依據空照圖

---

71 黃文車訪談、蕭世安整理，報導人：潘安全。訪談時間：2015年4月15日。訪談地點：內埔鄉中林村。

72 相傳領導者是林文達，其為抗日英雄林少貓的部下，勇猛善戰，但卻也因為這樣遭致日本憲警的圍剿。葉錦城：〈聚落變遷與信仰的關係——以內埔鄉杜君英庄的信仰為例〉，《屏東文獻》13期，2019年12月，頁173。

73 據潘銘章說：當時有個傳聞，盟軍（多是歐美國家）飛機低空飛過中林村上方，看見中林教會上的十字架，駕駛者用手點頭喊聲「阿門」，再按下炸彈按鈕，很多時候就失了準頭，炸彈飛過中林村上頭，全打到其他地方，這也是當時中林村為何會在盟軍轟炸中還能保有村莊樣貌的一個民間說法。黃文車訪談、吳豪杰整理，報導人：潘銘章。訪談時間：2015年5月11日。訪談地點：中林教會。

判斷，縣道101老埤經坪腳到龍泉這一段（路）格外筆直，因此認為
這一路段應該就是利用機場跑道的舊址翻修而成的。[74]後來這些石輪
很多都留在當地，被民眾拿來作為農事或整地之用，如潘安全說他們
小時看過大人們以牛拉石輪碾過穀物，這樣就節省許多人力時間。目
前中林教會前還放置許多當時留下的石輪古物，更有一些石輪、石磨
在中林基督教長老教會設教百週年紀念時（1998）拿去臺南神學院展
覽，後來就留在那裡，目前這些石輪、石磨則收存於臺南市長榮中
學。[75]

圖5-18　中林教會前的石輪。筆者拍攝，2015年5月。

---

74 吳中杰紀錄：〈屏東平埔聚落發展歷程探究：杜君英庄的個案〉，頁114。

75 黃文車訪談、吳豪杰記錄，報導人：潘安全。訪談時間：2015年5月11日。訪談地
　　點：中林教會。

圖5-19　臺南長榮中學所藏之石輪，筆者拍攝，2015年5月。

圖5-20　臺南長榮中學所藏之石磨，筆者拍攝，2015年5月。

四 中林教會

前文提到李庥牧師籌得資金700圓，於1874年開始於（舊）杜君英庄動工建造新的禮拜堂，最早期的信教者包括潘好生、潘茂寅、潘清陸、潘萬春、潘乾坤……等人。後來新禮拜堂逾1875年竣工，開始有更多信徒湧入，而當時奉獻建地的就是潘茂寅和潘好生。[76]潘安全說當時潘茂寅和潘好生捐獻土地建竹茅草屋為集會所，兩年後（1877）年改建為土屋蓋瓦。從1875年杜君英庄有自己的禮拜堂後，直至1898年的23多年間平埔族人都在這裡做禮拜。而在杜君英庄傳教的歷任牧師有吳葛、雷金、賴阿蘭、蔡添貴、劉茂清、周步霞、趙尼、徐春枝、李大維、林阿啞、林阿香、王希賢等12人。[77]

明治31年（1898）舊杜君英庄遭到洪水衝擊毀庄後，當時信仰基督教的平埔族人在牧師的帶領下搬遷到新杜君英庄，就是今日的內埔中林坪腳，並在當地設立「中林基督長老教會」，所以新杜君英的潘姓會友及其後裔大多成了中林教會的會友了。[78]筆者查閱《南部臺灣基督長老教會設教七十週年紀念寫真帖》一書，發現當時的教會名稱被紀錄為「老埤臺灣基督長老教會」，所在地登記是「潮州郡內埔庄老埤（中林）七〇」，創立年是1975年，負責的長老是李德茂。當時還有長老潘西面、潘清課、潘德茂、潘記，以及執事潘其中、潘萬

---

76 據「臺南府署長老名簿」中記載潘茂寅（-1905）和潘萬春（-1894）兩人確實擔任過杜君英教會的長老。「臺南府屬長老名簿」收錄於《臺南府城教會報》第99卷，光緒19年6月刊，頁69。參考賴永祥：「教會史話414」〈臺南府屬長老名簿〉，《臺灣教會公報》2373期，1997年8月24日。

77 潘安全：〈中林基督教會簡錄報告〉，收入氏編著：《屏東縣內埔鄉中林村水資源口述歷史調查報告》，1997年9月，頁39。

78 賴永祥：「教會史話426」〈杜君英的潘姓信徒〉，《臺灣教會公報》2385期，1997年11月16日。

基、潘益祥，而信徒人數約有328名。[79]

圖5-21　老埤（中林）教會（1877）。筆者翻拍自《南部臺灣基督長老教會設教七十週年紀念寫真帖》，2015年。

中林教會所在的中林社區包括中林庄（即長老教會所在地）、大埔庄和坪腳庄（舊名為「新杜君英」），據潘安全所言，目前中林村的居民有些是為避舊杜君英庄水患而遷來，不過他們最初落腳處是坪腳附近（新杜君英庄），然後來擔心水患再來，因此開始有一些居民慢慢往較高的台地這裡移動，也就是今日中林村所在處。另有日人松崎仁三郎調查資料記載，1898年洪水氾濫居民四散後，有30戶遷往今內埔中林村坪腳社區，80餘戶遷至同村的中林，此外還有下柳仔林、屏東街海豐、新番仔埔（此三處皆在屏東市）、高樹庄舊寮的隘寮等

地。[80]而附近杜君英庄的平埔族相繼遷入後，也有清代屯丁者後裔移入此地。[81]

其中，中林庄以基督教長老教會為聚落中心，居民多是平埔族後代。目前在坪腳地區還存有一口古井，[82]是中林社區先民探取水源建造的。當時挖井時曾由村中約30位先人立碑以告，據筆者2015年調查發現這塊有關新杜君英庄開發史的「古石碑」乃存放於臺南市長榮中學內，風化情況相當嚴重。

從石碑模糊的字跡，紀錄約莫略可辨識之文字如下：

　　光緒拾八年歲次壬辰年八月十三日中林庄開水井
　　林連覌潘生傳潘鳳覌潘天来
　　潘得茂潘□覌潘文慶潘□□
　　潘鳳枝潘反□王亮頭潘此覌
　　潘正覌潘□□李添丁潘全福
　　連（　　　　　　　　　　　）
　　光緒十九年歲次癸巳年四月初八日□功會

可以確定的是這碑石刻立的時間是光緒19年（1893），而「中林庄開水井」的時間是光緒18年（1892），換言之，這是在舊杜君英庄被大

80　〔日〕松崎仁三郎著、鍾孝上譯：《嗚呼忠義亭》中譯本（屏東：社團法人屏東縣六堆文化研究學會，2011年3月），頁104。

81　依葉錦城考察：乾隆55年（1790）南路番屯位於南坪的養膳埔地，有來自臺南新港社的分社卓猴社屯丁68人，其後裔有部分也遷入中林，也就是現在中林社區林氏居民的祖先。葉錦城：〈聚落變遷與信仰的關係——以內埔鄉杜君英庄的信仰為例〉，頁174。

82　按：據潘銘章所言，應該是兩口，都應該有留下，不過另一口在他處，也有平埔族特別儀式存在，建議我們不要去看比較好。黃文車訪談，報導人：潘銘章。訪談時間：2015年5月11日。訪談地點：中林教會。

洪水衝毀滅庄前6年時，就有潘生傳、潘得（德）茂牧師及其他先人到坪腳地區開井以待庄民遷入。又或者是，舊杜君英庄居民移往坪腳地區的時間，需要再往前修正？而且這些先民除以潘姓為主要姓氏外，還有李、王、林等姓氏之先人。不論如何，這塊有關新杜君英庄先人開水井的古石碑，無論是關於杜君英的歷史記憶，或者是中林庄開庄文物，距今都有百多年歷史，實是屏東縣政府文化資產保護應該努力取回的重要有形古物之一。

圖5-22　中林庄開水井古石碑（1893），現存於臺南市長榮中學。
　　　　筆者拍攝，2015年5月。

大正11年（1922）4月1日日人設立「內埔公學校」（今日內埔國小前身）的「老埤分教場」（今內埔鄉龍泉村崇文國小），乃借用中林教會的禮拜堂做為教室上課，隔年（1922）4月1日才遷入今日位置所在。

圖5-23　　**中林教會現貌。**筆者拍攝，2015年5月。

　　中林村鄰近屏東科技大學，附近的大埔社區也是很傳統的平埔族聚落，因為位置偏僻，外人不易進入，居民多是從舊杜君英遷來者之後代。筆者2009年於大埔社區調查時，偶爾還可以看到平埔族傳統「壁腳佛」[83]出現，不過2015年之後再度前往，這種結合佛教和老祖信仰的傳統平埔信仰文化，似乎也隨時光移轉，逐漸地慢慢淡化消失了。

---

83 據簡炯仁的推測，平埔族的「壁腳佛」是從恆春半島臨海平埔族的「矸仔佛」轉化而成，甚至與漢人的觀音信仰有關係。恆春半島祭祀「矸仔佛」（老祖）大都與漢人神祇合祀，祭祀特色乃是把「矸仔」全身包裹紅布，在瓶口環節處綁一條紅線，瓶口大都插芙蓉、圓仔花及粗糠葉。簡炯仁：《臺灣開發與族群》，頁259-260、277。又《中國時報》曾報導「中林村發現壁腳佛」，認為是綜合佛教、平埔族祭拜阿立祖的儀式。1997年8月13日，頁17。

圖5-24　大埔社區的壁腳佛。筆者拍攝，2009年11月。

第四節　文化信仰中的杜君英

　　歷史的杜君英或杜君英庄隨著清代、日治到民國已逐漸消失，除了杜君英人物事件可能在臺灣史內容被簡略一提外，杜君英庄則是消失在地方行政圖中，甚至消失在屏東內埔（甚至全國）年輕世代的記憶中，就地方史或歷史記憶的紀錄與保存而言，當然是一個需要文資單位注意的警訊。

　　不過，我們也需重視與強力保存的是「文化的杜君英」，所謂的「文化的杜君英」，指的是當歷史英雄或地方豪傑成為在地一種精神上、理念性的跟隨與寄託時，很容易在文化層面上出現的英雄崇拜現象，並藉以形成某個地區特殊的文化符碼與集體記憶，例如歷史上的

鄭和或鄭成功,除了真實的歷史身分外,更有影響廣布的文化英雄崇拜意義。「集體記憶」是在一個群體裡或現代社會中人們所共享、傳承、以及一起建構的記憶,而有關集體記憶的探討過程中,法國的皮埃爾・諾哈(Pierre Nora)研究地方與空間(lieux de mémoire),提到「記憶的場所」在集體記憶中有很大的影響性。他說:

> 一個「記憶的場所」是任何重要的東西,不論它是物質或非物質的,由於人們的意願或者時代的洗禮(the work of time)而變成一個群體的記憶遺產中標誌性的元素。[84]

因此,從屏東縣內埔鄉東勢村大和社區、中林村坪腳地區的此二處新舊杜君英庄等記憶的場所,以及義勇公(杜國公)信仰所形成的「文化的杜君英」現象,著實是具有地方特殊性及全國唯一性的無形文化資產,需要有心人士與縣府單位更加關注與紀錄。

一　大和社區義勇公祠

目前在大和社區的公廟是「元帥宮」,而在元帥宮北方有一座小祠,祠內供奉「杜國公」(義勇公),神像後有「大和庄北柵義勇公香座位」,可見杜國公神像是後來才安座上去的。據筆者訪談大和社區總幹事廖鎮平先生提道:早期大路關人遷移到此處時,發現有一石頭塚,塚後有茂盛的一棵大榕樹(非今日所見者),大路關人就以此塚為北柵伯公奉祀。來自大路關的移民中很大部分是客家人,所以將此石頭塚當成是四方伯公信仰類型來祭拜是可以理解的。

---

84 Nora, Pierre , *From lieux de mémoire to realms of memory*. In: Nora and Kritzman 1996: XVII.

不過再往前推，這石頭塚最初的形象為何？據廖總幹事口述所言：當時大榕樹下有一石頭塚，並不知祭拜什麼，只知石頭塚前放了三塊石頭作為神位供人祭拜。1980年代元帥宮主神太子爺降乩起駕明言：那是杜君英之墓！後來庄民才建造今日所見之義勇公祠。據筆者訪談廖先生所言：聽當地老人家說，這三塊石頭各有名字，中間的那塊是杜君英、另外左右兩邊則是潘寶和潘文慶，不過當時只叫做粗皮寶和文慶仔。[85]如此來看，這個「潘」姓是否也是後來才加上去的呢？加上「潘」姓又意謂和當地平埔族有密切關係嗎？這也許是可能的推測！其實這石頭塚是否真為杜君英衣冠塚尚是個未知數，然而在大路關客家人移入此地前已有平埔族居住在此處甚久，當地客家族群雖將此石頭塚當作伯公祭拜，但或許更有可能是平埔族對於土地信仰的祭拜遺址。

1970年代以後，臺灣經濟開始起步，鄉村間的生活也逐步好轉。到了1980年代後，臺灣的「大家樂」賭風熾盛，賭客為求「明牌」四處求神拜佛，而至「杜君英衣冠塚」成為四面八方阿樂仔迷求取「明牌」的重要所在。聽廖總幹事說當時只要在開獎前夕，衣冠塚前總是人來人往。後來，社區住民們始集資立「義勇公祠」以祀。一開始義勇公祠內只有「大和庄北柵義勇公香座位」，後來為造神像，更以擲筊方式請示杜國公，最後才有今日所見神像造型，而這已是民國100年前後的事情了。[86]

直至1980年前後，元帥宮太子爺乩身降駕指示大和社區義勇公祠的杜國公聖誕日乃是農曆的六月初五，當地民眾才將此日當作杜國公

---

85 黃文車訪談、整理，報導人：廖先生（廖鎮平弟）。訪談時間：2015年3月15日。訪談地點：大和社區義勇公祠。按：潘寶、潘文慶聽說是杜君英部將，此待下文再論。

86 據廖鎮平總幹事言：當時準備了四種神像造型擲筊讓杜國公挑選，最後選擇了明朝官員造型的樣子，而且也非朱面，而是粉面造型。黃文車訪談、整理，報導人：廖鎮平。訪談時間：2015年3月15日。訪談地點：大和社區義勇公祠。

之千秋日祭拜。除了農曆六月初五的聖誕千秋日外，另外大和社區也在農曆七月十五中元普渡日，以及農曆十月中旬前後的完福日祭拜義勇公。2012年7月22日（農曆六月初四）大和社區發展協會主辦「話杜君英及祈福祭典活動」，用意乃在「為社區的孩童說說『杜君英』的故事，傳承客家及地方固有的文化和精神」。因為當年7月23日是「義勇公杜君英」的誕辰紀念日，地方舉辦祭祀禮儀，傳承客家祭祀文化及紀念與彰揚杜君英公的精神。（101年「話杜君英」及「祈福祭典」活動計畫書）——從此處可見，歷史上的杜君英來自潮洲，恐非客家族群，但大和社區乃將杜君英視為「客家與地方（大和）」的「文化和精神」，除了聖誕千秋日、中元普渡日之外，更在客家完福日加以祭拜，可見過去歷史被視為逆黨的杜君英或許早已消失於社區民眾的記憶或思維中，取而代之的是被當成「文化英雄崇拜」的杜君英，而杜國公也就成為大和社區紀念和彰顯的英雄符號。

圖5-25　大和社區義勇公祠
　　　　（2015）

圖5-26　杜國公神像及背後香位

二　逆杜君英庄界碑塚

　　坪腳地區的「逆杜君英庄界」碑塚，其位置座落於內埔鄉中林村坪腳中林路1279號，保安機車行後方。主要是這個特殊造型的墓塚型態常被誤會為客家伯公信仰標誌，或被稱作是舊杜君英庄人遷徙至此時把杜君英的衣冠、銀派又埋入此處，遂變成新的「杜君英衣冠塚」，關於前面二者的歷史說法可能都需要被質疑及重新檢驗，但在文化意義上是需要被尊重的。

　　杜君英雖然是反清逆黨首領，但清乾隆年間已經出現杜君英官隘名，至同治年間則出現杜君英（庄），可見「杜君英」三字在清朝中葉後並非是不能提的忌諱名稱，另外從碑石清楚可見是「逆杜君英庄界」，可見這是一塊標誌「杜君英庄」的庄界碑石。這塊碑石是舊杜君英庄的庄界碑，在舊杜君英毀庄時搬遷來此。據保安機車行老闆宋先生所說，這塊碑石年代久遠，不過隔幾年就會粉刷油漆，但上方的刻字從來沒有改變過。[87]相似說法也記載於吳中杰報告文中，他記錄了早期墓塚管理人李存長先生所言「墓碑雖然重新粉刷過，但碑上的字跡完全沒有更動。」[88]假設這塊碑石上的文字未變舊貌，那麼在杜君英上加上「逆」字就值得玩味思考。民間說法是當地居民將此碑石墓塚視為杜君英衣冠塚，所以加上「逆」字帶罪求免，以防清廷政府再來搗毀破壞，而「杜」字旁有明顯多了「、」一個點，則是庄民替他哭泣、感到不捨之意。[89]

---

87 黃文車訪談整理，報導人：宋先生。訪談時間：2015年4月6日。訪談地點：保安機
　　車行。

88 吳中杰：〈屏東平埔聚落發展歷程探究：杜君英庄的個案〉，頁113。

89 郭靜慧報導：〈杜君英衣冠塚　百年香火不斷〉，《自由時報》，2008年12月23日。按：
　　實際上，古代碑帖常見此種寫法，如隸書體中，為區別「土」和「士」字，「土」字
　　會寫成「圡」（土字多一點）；而不加點的「土」或「士」則都是「士」字。參考曾

如前所言，「杜君英」在乾隆年間後可被用於官隘名並記錄在方志文獻中，可見此碑石最早應該不會早於乾隆年間出現，當時舊杜君英（庄）居民設立此庄界碑乃為標誌村莊界線，並非是墓碑設計。舊杜君英毀庄後居民將此界碑移到新杜君英庄，作為杜君英遷庄歷史之見證文物與記憶。「逆杜君英庄界」碑被立於中林路1279號位置（經度：X:120.597856，緯度：Y:22.654567），早期這裡還是一片稻田，潘安全記得小時就看過這塊碑石與墓塚，旁有一棵木棉花樹，墓塚是用碎石覆蓋堆疊而成。這情況和松崎仁三郎在《嗚呼忠義亭》書中所記「墓是六尺四方、高約二尺的塚，有一株木棉樹為目標」[90]等文字敘述吻合。至於庄界石被立於此地，主要是為了證明舊杜君英遷庄至此，庄界碑外則是其他村落。但民間傳說則認為此碑石面對的方向正好是下文要提及的「慈鳳廟」，並延伸到大和庄，亦即有思念緬懷過去先人之用意；此外，地方說法尚有碑石所在處正好位於中林路與大同路之剪刀路口，民間立碑以防剪刀口煞氣，藉以保護村莊安全。

在「客庄文化資源普查資料庫」中有關「中林村新杜君英庄林少貓抗日事件」中有一段記載：

> 新杜君英庄於明治40年（西元1907年）發生了抗日事件，當時的抗日領袖為林少貓，其部屬林文達聞悉200年前的舊杜君英庄民驍勇善戰，於是就在新杜君英庄召集舊杜君英庄民後代民眾加入抗日行列，並於當地練兵。日軍得知消息，於該年9月突襲新杜君英庄，燒毀全庄，殺盡所有參與者，並立碑「逆杜君英庄界」，以為懲戒。[91]

良：《俗字及古籍文字通例研究》（南昌：百花洲文藝出版社，2006年），頁182。

90 〔日〕松崎仁三郎著、鍾孝上譯：《嗚呼忠義亭》中譯本，頁105。

91 許瑞君普查撰寫：〈中林村新杜君英庄林少貓抗日事件〉，客家委員會「客庄文化資

林文達抗日事蹟確實於杜君英庄流傳著，他是抗日英雄林少貓的部將，聽說驍勇善戰，潘銘章指出地方有一句諺語提到：「文達君，抽三分，死萬軍。」道出他的善戰能力。不過也因為林文達的關係，使得新杜君英庄成為日軍報復攻擊的重點。[92]只是日軍屠庄後還立下此「逆杜君英庄界」碑作為懲戒的說法恐與地方歷史不符。

　　至於墓塚內究竟埋葬何物？就客家族群或其他漢人而言，他們相信墳塚內有從舊杜君英移來的杜君英衣冠及銀牌，是杜君英衣冠塚，故將之視為客家英雄崇祀著；不過若從更早居住於此的平埔族群來看，潘銘章老師說那邊其實就是一個平埔族千人塚，是平埔族人的公廨所在。有清一代平埔族人因反抗事件被屠殺埋葬於此，後來他們就以此墓塚作為土地祖靈信仰祭拜。[93]就中林村平埔族的記憶而言，當地有一說法是「杜君英」是鄭成功的「大君鷹」部隊別稱，[94]參與朱一貴起事就是這支部隊的平埔族人，所以後來在清廷剿蕩過程中，「大君鷹」的平埔族勇士也死傷慘重。[95]

　　如此來看，無論墳塚內為何？都是地方居民對於「先人」的尊敬

源普查資料庫」，臺灣客庄文化數位典藏計畫，2011年10月12日資料登錄。下載時間：2015年6月1日。下載網址：http://archives.hakka.gov.tw/new/catalog/dcInfoAction.do?method=doViewDcInfo&dcid=MzMyMDEyMTEwMDAxNDQ=&tabIndex=MQ==&isAddHitRate=dHJ1ZQ==&relationPk=MzMyMDEyMTEwMDAxNDQ=&tableName=ZGNfaW5mbw==。

92　吳中杰：：〈屏東平埔聚落發展歷程探究：杜君英庄的個案〉，頁119。

93　潘銘章：〈杜君英人滄桑血淚史（一）〉，收入氏著：《宗教醫學概論》104篇，2015年12月14日，自印本。

94　繁華村洪萬才先生曾口述提及：「我只聽過『大君英』（非杜君英），好像在新埔、番仔寮附近，人也不會特別凶悍，和其他庄的差不多呀。」吳中杰、劉欣怡、賴岳君等人訪談實錄，報導人：洪萬才（時91歲，繁華村），訪談時間：1998/08/19。收錄於《屏東縣內埔鄉中林村水資源口述歷史調查報告》，1997年9月，頁24。

95　筆者訪談、吳豪杰記錄，報導人：潘銘章。訪談時間：2015年5月5日，訪談地點：高雄市燕巢區。

與崇拜，加上從舊杜君英庄移來的「逆杜君英庄界」碑移入此處，逐漸演變轉化成在地民眾一種文化英雄祭拜的符號。

圖5-27　逆杜君英庄界碑。2009。

圖5-28　逆杜君英庄界碑。2015。

　　筆者自2009年的觀察至2015年，發現庄界碑上的對聯已然除去，但在廟前鐵柱上貼著「浩浩乾坤立丰碑」、「莫以勝敗論英雄」，橫批是「神威顯能顧眾生」。此外，界碑上還用鋁架搭棚擺設杜國公神像與五營令旗，安座日期應該是2015年前幾年間的事。宋老闆說每年農曆的十一月二十五日是杜君英忌辰，固定會有庄民前來參拜，此外，碑塚目前除了宋老闆會照顧外，另外農曆初一、十五或逢年過節也都有民眾前來祭拜，筆者訪查時更遇到每天固定來整理上香之信眾，可見杜國公信仰香火不斷。

　　綜合來看，這原本屬於平埔族公廨所在的土地崇拜，或是屬於客家族群的歷史英雄崇拜墓塚，後來又摻入當地閩南族群民間道教信仰的元素，[96] 於是揉合成一種文化記憶，在「逆杜君英庄界碑」這個記

---

96 按：筆者訪談前慈鳳廟主任委員李先生提到：曾經請示杜國公為何不建廟奉祀或入慈鳳廟？擲筊結果是因為杜國公認為自己尚未成神，所以不能建廟。而不入慈鳳廟的原因是因為廟中主神潘寶原是杜君英部將，怎能有部將做主神而主將做配祀的情況出現呢？因此目前逆杜君英庄界仍維持碑塚型態。黃文車訪談，吳豪杰、蕭世安整理。報導人：李先生，訪談時間：2015年4月22日，訪談地點：高雄市九如路。

憶的場所裡，中林坪腳地區屬於平埔族、客家族群和閩南族群共存生活的空間內，彼此的文化也在逐漸交融著。

三　慈鳳廟

在「逆杜君英庄界」碑塚約50公尺處相對位置，今日坪腳中林路1161巷內有坪腳地方的庄頭廟「慈鳳廟」，主祀義勇精忠大元帥潘寶。廟宇規模雖不大，但此廟乃坪腳居民的信仰中心。

筆者訪談坪腳居民慈鳳廟前主委李先生，他提到杜君英庄的慈鳳廟最早並不是主祀潘寶，而是供奉三尊媽祖，大媽、二媽和黑面三媽，因此廟名才稱為「慈鳳廟」。不過大媽最早不見，而三媽約在民國60年左右也消失，最後只剩二媽還留在慈鳳廟內。據說潘寶是杜君英遺留部屬（另一說潘寶是杜君英部屬的後代），因率領在地族群為捍衛土地而械鬥，在其過世後，媽祖度化他，封其為義勇精忠大元帥，並且讓出慈鳳廟主神之位與祂，所以潘寶元帥現今位列正殿，陪侍有二路、三路將軍。目前神龕上主祀潘寶神像後方，還留有「奉玉旨敕封閩潮下淡水義勇精忠大元帥」香座，而廟前掛有「潮閩慈鳳廟管理委員會」，可見此處曾有潮州（客家）與閩南族群對抗與派系等歷史記憶存在。

地方流傳潘寶是杜君英部將，跟從杜君英起事，被封為先鋒爺，事敗後帶著部分士兵遁回新檳榔林一帶，庄民尊為頭人。不過據葉錦城調查，世居新杜君英庄的潘懷德先生說，潘寶信仰沿襲自舊杜君英庄，此信仰可能從清代就有了。[97]當地民間流傳「粗皮寶，銃子掄袂倒」的說法，指出潘寶一身是勇，子彈（弓箭）都打不倒他，由此更

97　葉錦城：〈聚落變遷與信仰的關係——以內埔鄉杜君英庄的信仰為例〉，頁176。

增添其傳奇性。[98]

　　慈鳳廟在民國62年左右曾有過第一次翻修，那時並重塑許多神尊金身，而民國80幾年又因為颱風關係再度重新整理。經過兩次翻修，有些神像消失或是原本慈鳳廟的門神圖案被覆蓋，已不見原貌。聽說目前在兩扇廟門後方支撐的兩塊長條舊木，是從舊杜君英教會搬來的僅存古物。在筆者進行調查過程中，發現廟中除了媽祖之外，更有神農大帝、觀音菩薩、義勇先鋒爺、三尊三山國王、太子爺、李府千歲等神尊，也可以發現早期閩南、客家兩族群的信仰融合現象。筆者調查過程中亦在李先生家中拍攝一尊最早期手持稻穗的神農大帝（五穀仙帝）。據李先生所言這尊神農大帝神像從廟初創時期就存了，不過二次翻修過程中幾乎不保，最後還是他從颱風災後搶救出來。李先生也提到慈鳳廟歷史相當久遠，一來是廟門後以舊杜君英教會搬來的古木支撐廟門的情況判定，二來則是慈鳳廟從日治以前就會進行與「南路媽」的進香活動，目前仍然維持著這個進香傳統與路線，不過因為社區人力逐漸單薄，未必是年年參與。

　　當地老一輩所言，過去慈鳳廟的進香選在每年的農曆十月十五前後前往高雄大岡山超峰寺進香，[99]但途中會先經過燕巢角宿天后宮[100]

98　地方傳說故事言：粗皮寶長得九尺之軀皮膚長魚鱗癬，一箭難以射穿，跑起路來像戰馬一樣，作戰時吼聲如雷，背一把長劍，劍身一出，清軍死傷無數。粗皮寶的罩門是女人的尿液沾箭才能一箭射穿身體，其死後葬在新杜君英墓。潘銘章：〈寧靜王在臺灣（一）〉，收入氏著：《宗教醫學概論篇》111篇，自印本，2010年12月24日。

99　據慈鳳廟前主委李先生所言，日本皇民化時期道教眾神被請下台或遭焚燬，臺灣南部只有超峰寺屬佛教系統，未受此皇民化災禍波及。當時南部許多廟宇把神像送到超峰寺避難，日人投降後才又請回祭拜，因此許多廟宇都把超峰寺當成「祖廟」，必須擇日回寺進香參拜。黃文車訪談，吳豪杰整理。報導人：李先生，訪談時間：2015年5月4日，訪談地點：坪腳慈鳳廟。

100　角宿天后宮為清康熙6年修建，但專家從古文物等推估，至少超過400年歷史，應是臺南以南最具歷史的媽祖廟。引自柯宗緯報導：〈星期人物——南路媽顯靈　陳

參拜，早期杜君英庄先民就是沿著這個路線前往超峰寺，回程時又留宿角宿天后宮一晚，如此來回約莫3至4天時間，此「南路媽」進香傳統可算是慈鳳廟甚有特色之信仰文化。不過可惜的是，過去用來除瘟壓煞的「炸草人」等風俗已經消失。但基於上述二點原因，或許可以印證此廟歷史沿革可以上推到舊杜君英庄時期。

圖5-29　慈鳳廟外觀。筆者拍攝，2015年5月。

清金躲過雞瘟〉，《中國時報》「地方報導」，2013年12月13日。http://www.chinatimes.com/newspapers/20131213000553-260107。

圖5-30　慈鳳廟神農大帝原尊。筆者拍攝，2015年4月。

四　內埔東寧與豐田福德祠

　　內埔教會位於內埔鄉東寧村北寧路上，教會左側有一座土地公廟，廟內供奉內埔「十三庄福德正神」，從表面看去，和一般的土地公廟毫無差別。但往廟左側小路走入，便可看見石頭造型的十三庄福德正神香位。

　　從內埔福德祠廟左側走入，會出現一座看似金爐作用的大石頭，矗立一旁。從石頭內外被燻黑的狀推測，早期這石頭應該被當作金爐使用，不過後來金爐另有新購者置於福德祠右側，而此石頭前卻設置香爐供信眾祭拜，頗令人玩味。潘銘章說這個金爐造型的大石頭其實是平埔族阿立祖標記，用來紀念在此處被斬首的潘文慶。

圖5-31　內埔東寧村福德祠的石金爐。筆者拍攝，2015年5月。

圖5-32　福德祠後方原十三庄福德正神香位。
　　　　筆者拍攝。2015年5月。

　　據潘銘章所言，這座福德祠正是杜君英庄人潘文慶被處死身首異處的地方。據聞潘文慶是清朝時代杜君英庄的平埔族人，一身武藝，善跑，傳聞飛奔時毛尾仔會飛起來，差不多可與馬競速，[101]臺南西拉雅族也有「飛番傳說」及「飛番墓」，如此看來這平埔族人的傳說在南部有其流傳移動的可能性。[102]

　　民間傳說潘文慶娶了客家細妹，所以作戰時客家人都協助掩護文慶仔，他的足跡南到佳瓢隆、嚮潭仔、石頭營，往北則到番仔埔、番仔厝、番仔寮、咖納埔、蕃薯寮與朱一貴聯繫支援作戰。聽說有一天在老埤仔、磚仔磘慶功時被人出賣，清軍一擁而上逮捕文慶仔，轉往魚寮廣場公審，就地砍頭示眾。[103]傳說文慶仔在此處被斬首後，其頭顱飛縱而上，一路飛經新東勢直到新北勢，落在他那位客家細妹老婆的客家藍衫上。據潘銘章所言，傳說故事想必誇大，不過或許是指接住潘文慶頭顱的部下兵眾快速地將其頭顱飛奔送回新北勢其客家太太手上，最後便在其處下葬，那裡正是新北勢（今豐田村）的公墓內。道光8年（1828）客家鄉親為他立了一塊石頭作為祭祀對象，後人再改建為「開基福德祠」。[104]

---

101 潘銘章：〈杜君英人の血滄桑史（二）〉，收入氏著：《宗教醫學概論篇》105篇，自印本，2010年12月15日。

102 有一種說法是漢人造型的潘文慶背後的辮子掛著一串銅錢，奔跑起來竟會呈現一直線。吳中杰：〈屏東平埔聚落發展歷程探究：杜君英庄的個案〉，頁118。

103 吳中杰採錄到的故事是：潘文慶帶領杜君英庄民，跟番仔寮等村結盟，一同對抗六隊的客家人，因此客家人將之視為心腹大患，於是設計將潘文慶之兄誘殺於麟洛鄉，又在十三庄土地廟處捉住文慶。客家男人們決議殺死他，但由於潘文慶高大英俊，客家女性們在一旁直叫可惜，最後文慶還是被處死了，所以至今流傳著「客公喝欲剖，客婆講無彩（或：客婆講袂使）」俗諺。引自吳中杰：〈屏東平埔聚落發展歷程探究：杜君英庄的個案〉，頁118。按：此乃民間傳說，聊做參考。

104 潘銘章：〈杜君英人の血滄桑史（二）〉，前揭文。又整理自筆者訪談、吳豪杰整理，報導人：潘銘章。訪談地點：中林村中林教會，2015年5月11日。按：此說法僅作為提供杜君英文化信仰的一個傳說故事傳播點，未必合乎史實或地方客家文史紀錄，聊備一說。

圖5-33　豐田村新北勢開基福德祠。筆者拍攝，2015年5月。

　　無論地方傳說版本為何，我們未必要將之視為正史，不過從多方認知的途徑去思考，這正是代表著地方對於這類英雄人物的文化崇拜。筆者田野調查時旁邊住戶黃先生特別提出一定要注意福德祠蓋建的時間點，我們細看開基福德祠橫匾「福德祠」旁的落款年代時間，不偏不倚正好是道光8年、西元1828年。

五　長治鄉繁昌村義勇恩公廟

　　屏東縣長治鄉的「番仔寮」地區內有繁華、繁榮、繁昌、繁隆四村，為長治鄉內唯一的閩南聚落。乾隆時期，部分阿猴社社眾移居到現在的德協、海豐、火燒等庄，並在長治繁華停留，因搭草寮而居，所以稱此地為「番仔寮」。後來閩南漢人進入拓墾，漢番雜處，平埔族遂逐漸被漢化。

　　今日在番仔寮邊鄰近臺24縣道Y字路口處有一座「義勇恩公祠」，據說是受到杜君英等庄民來救後所設立的義勇祠。「義勇恩公祠」內神龕上只有「義勇恩公」香座牌位，左右寫有「義氣參天英名

勇」、「恩譚少海眾稱公」一副對聯。本廟重建時將「番仔寮義勇恩公事略」另立於廟右側，上頭書寫：

> 行仁之謂義，奮義之謂勇。恩公者，捨身護庄之十八位壯士也。……或即道光十四年冬，驚傳流民冒義軍之號，自東北方將來圍滅本庄，庄中頭首乃遣人分往諸鄰乞援，並定守土禦敵之策。時有府城北門郡好漢十八名，正在庄裡幫傭……見我庄丁少惶遽，勢急危殆，因激豪情，願任抵侮之先鋒。旋於庄東北，截刺竹叢，上搭望高寮以偵伺之。十月初三，犯敵來襲，恩公等浴血力戰。中有一目瞽壯士，未克赴陣，亦登望高寮擂鼓助威。終以寡不敵眾，十七弟兄殉義矣。該目瞽壯士依舊鼓聲震天……敵人尋聲登寮臺刺之，斬其首，而身不傾，手握鼓抛，推之亦不倒，敵人大驚走之。而老埤、杜君英等庄援兵復至，舉庄竟蒙得全。[105]

道光14年（1834）前後，李受、楊石老、廖芋頭等假借反清復明義勇軍名號糾眾舉旗，實際卻是到處焚掠，屏東阿猴、萬丹、阿里港等地均遭其毒手。時至農曆十二月初三侵犯番仔寮庄，庄民群起奮勇抗敵，並派人向外求援。當時有臺南府城北門的18名好漢在村莊裡幫傭，得知消息，乃全力協助抗敵，並願做前鋒，就在番子寮庄頭東北方（今活動中心前）構築工事和瞭望臺抗敵。後來此18名好漢全部陣亡，然內埔老埤、杜君英等庄援軍到達，敵軍見無法取勝，於是退走，村莊終於獲救。庄民尋到17名義士的遺體，卻無法移動瞭望臺上最後一位，於是燃香祈禱說：「壯士等18人為我庄捨身，恩惠深重，

---

105 按：引文文字為筆者採錄調查時拍照「番仔寮義勇恩公事略」碑文後繕打完成。

難以回報，我庄願意每戶擇一丁，錄名為嗣子，並起造廟宇侍奉，使壯士們萬代香火不墜。」至此，目瞽者遺體才倒下。於是最早便在今日繁華國小學校西邊前側門旁起廟祭祀，名為「番仔寮十八義勇恩公廟」。[106]

根據《番仔寮庄誌》中引用吳明嘉老師的《番仔寮采訪錄》記載：

> 道光初年至同治年間，庄民徙居桃仔園──今稱舊庄之地。遷庄不久，嘉邑張丙、角宿許戇成倡亂。道光十二年，粵匪李受糾生番楊石老、流民廖芋頭等，自立營頭，假義民旂號，焚掠搶屠，蹂躪阿猴、萬丹、港裏（阿里港四圍）等七十二閩莊，五百餘村。十二月初三日，侵入我庄。時有北路好漢魏德霖（待考）等十八名；正在庄裡幫工，撥土豆、錣番薯，激義憤，抱不平，奮起協助庄眾禦敵，以寡不敵眾，殉難於庄北望高臺前（今市場南路口活動中心附近）。父老咸感念，起廟禮祀，萬代香煙，永誌鴻德，義勇恩公廟是也。[107]

文中指出流民是粵籍人士，而侵犯番仔寮庄的很可能就是這群中堆軍粵勇之事。1998年當地大專青年曾進行一項口述歷史紀錄計畫，訪問到繁華村洪萬才先生，據他回憶：當時客家13庄糾眾去攻打番仔寮，當時正好有18個住西螺前來採收花生（含一名瞎子）的習武俠客，自願代為抵抗……結果除了瞎子外全數罹難，村人為感念他們的恩德，

---

106 參考〈番仔寮義勇公傳奇〉，「長治鄉客家文化產業導覽」網頁，下載時間：2015年6月1日。下載網址：http://www.kaniss.net/cha/culture/c2_6.php。按：該文後續有言：光緒時期九如鄉冷水坑庄曾經出現異象，經請示該庄清水宮三代祖師後得知：「義勇公表示與該庄有緣，宜奉祀禮祭。」所以至今九如冷水坑有奉祀恩公者，並比番仔寮本廟晚一日（農曆十二月初四）。

107 莊青祥主編：《番仔寮庄誌》（屏東：屏東縣長治鄉繁華國小，2013年8月），頁49。

乃指定每年農曆十二月三日,集中祭拜他們。[108]此說法和碑文記載18
人全數罹難略有出入,聊備一說提供參酌。

此事發生後,附近的老埤、杜君英庄民出力援救,番仔寮才得以
獲救。繁昌村民洪萬財證實杜君英庄和番仔寮的友好關係,而中林村
的李金元更說杜君英庄跟番仔寮是「兄弟庄」。[109]筆者推測兩庄間的
友好情誼,或許是建立在乾隆年間在番界設立官隘,實行「以番制
番」政策時,兩庄都是平埔族群的關係。

日治時期闢建軍用道路時因感念其義勇情操,特將道路偏移繞
過。不過到了1995年,因道路即將拓寬,遂於現址重建大廟,並於
1996年1月14日完工。聽說現在繁華村男子結婚,除了祭祖以外,必
定前來祭拜感恩,而每到農曆十二月初三,家家戶戶備牲禮祭拜,並
演戲酬報,可見村民對義勇恩公之崇敬態度。

圖5-34　番仔寮義勇恩公廟。筆者拍攝,2015年6月。

---

108 吳中杰、劉欣怡、賴岳君等人訪談實錄,報導人:洪萬才(時91歲,繁華村),訪
　　談時間:1998年8月19日。收入《屏東縣內埔鄉中林村水資源口述歷史調查報告》,
　　頁24。

109 吳中杰:〈屏東平埔聚落發展歷程探究:杜君英庄的個案〉,頁117。

小結　從歷史的杜君英到文化的杜君英

　　本章主要進行屏東內埔地區的杜君英歷史記憶與文化崇拜研究，因此需要透過文獻閱讀與田野調查工作。無論大和社區、坪腳庄、中林庄、內埔庄、新北勢或繁昌村等，每個地方都有自己對於「杜君英」的在地敘說，而無論地方傳說版本為何，我們或許不必將之視為正史，然而換個角度思考，這才真正代表地方對於此英雄人物的文化崇拜。

　　當地流傳著「杜君英，出勢人」諺語，透過杜君英、潘寶（粗皮寶、臭頭寶）或潘文慶（文慶仔）所形成的文化英雄面貌，更讓後人津津樂道至今。或許正如大和社區義勇公祠最早的三顆石頭化身，可能是平埔族人的地基主土地祖靈信仰，後來被客家人視為伯公祭拜，又附會為杜君英衣冠塚，然後隨著洪水滅庄，碑塚移位至新杜君英，但對於義勇公（杜君英、潘寶等）的尊敬與信仰卻不會因為其在官方歷史記錄文字所言的逆人身分或敗亡結果而消失，對於清廷政權或明朝鄭氏而言，這些起事失敗或逃回檳榔林的「餘臣」們，反而在地方上形成一股特殊的文化信仰力量，變成地方信仰的「境主」，管轄所屬地界區域。於是，當歷史的杜君英從「餘臣」昇格為地方文化信仰的「境主」時，這「境主」擁有各族群的文化記憶，各族群也可能用文化自我認同角度去看待與重構杜君英的歷史形象。

　　時過境遷後，所有敘事文本都可能經過了「再現」的過程，而記憶就靠著「再現」的方式而重構。透過再現，文本可以選擇「代表性」的「符碼」與現實世界或背後理念進行溝通和重構。透過這些符碼與社會歷史文化形成的網絡，讓不同族群可以用自己的記憶與他人

經驗去加以聯結，以便產生族群所要傳達的意義。[110]那麼，透過杜君英、潘寶、潘文慶這些文化英雄的符碼，平埔族人或客家族群所再現出來的歷史文化分別屬於自己的集體記憶，如果和大和社區、坪腳、中林等不同空間的景觀串連，其實這個「杜君英」應該被當作為一個「文化符號」（Cultural Code），透過這個符號去聯結自己族群心理或想像中的英雄形象，而此英雄未必是「歷史」的，反而更可以當作是一種「文化英雄」（Cultural Hero）來崇拜。當這個族群或這個地方透過此文化英雄的信仰崇拜，讓社區凝聚地方意識，如此才能夠進一步去重新建構或自我敘說的地方史或族群史。

最難能可貴的是，這個「杜君英」符號包括人名、官隘、教會與新舊庄名等，其背後聯結的是清代臺灣屏東內埔地區的族群移動與開發史記憶，延續發展至今是大和社區、坪腳或中林庄等居民的文化信仰與精神想像，而且屏東內埔的「杜君英」文化信仰除了具備地方特殊性之外，更有全國唯一性特色。未來，或許我們可以建構「杜君英文化地圖」，讓地方文化透過教育向下扎根，如此才可以凝聚地方認同，並保存歷史記憶。透過文化資產的保存與地方文物的維護，重建或推動慶典儀式，那麼接下來或許可以從「社區據點」的設置以及各級學校「鄉土教育」課程中去落實與推動「杜君英文化地圖」，讓不同族群的下一代用瞭解與接納的態度去認識歷史上或文化上異同的杜君英，並進一步促進各族群間不同文化的尊重與認知。

---

110 W. J. T. Mitchell, "*Representation*," p.13. 轉引自參考柯思仁、陳樂編著：《文學批評關鍵詞：概念‧理論‧中文文本解讀》之第十章〈再現〉，（新加坡：南洋理工大學中華語言文化中心、八方文化工作室，2008年8月），頁169。

第六章
活化地方文化生活圈
——屏東歸來慈天宮的神祇信仰與社區再造

　　本章主要觀察屏東市歸來社區在農村再生計畫下推動的社區再造工程，期能探究歸來社區發展協會與慈天宮、地方群眾如何透過生態、生產、生活之三生資源均衡發展下，盤點社區人、文、產、地、景等資源與特色，進而透過地方創生與文化再現操作，建立一個具有「幸福感」的「地方共生」歸來社區！

　　透過慈天宮媽祖與洪公祖之祭祀圈建構及信仰傳說探究，以及神明管區的在地敘說與文化記憶，結合社區再造盤點出農村產業、自然生態、傳說故事、北管八音等等地方特色符號標誌，可以發現具有「戀地情結」的地方居民公民參與性高，才能讓邊緣地方從農村再生與社區再造工作中，找回「安居樂業」的動力和文化傳承的意義。

第一節　從農村再生到地方共生

　　民國101年屏東縣推動「農村再生」計畫，[1]屏東市歸來社區發展協會提出《屏東縣屏東市歸來社區農村再生計畫書》並獲得補助，從

---

[1] 依據《農村再生條例施行細則》第八條規定：「直轄市或縣（市）主管機關應徵詢轄內鄉（鎮、市）公所意見，就轄區之農村再生擬訂農村再生總體計畫，報中央主管機關核定。」農水保字第1001866401號令，民國100年7月20日公布。下載時間：2020年9月22日，下載網址：https://law.coa.gov.tw/glrsnewsout/LawContent.aspx?id=GL000263。

此歸來庄居民開始在農村再生與社區再造過程中重建與再現歸來地方的文化生活圈。

　　所謂「農村再生」計畫起自《農村再生條例》，這個條例是民國99年8月4日由總統公布施行的一部專為農村社區量身打造的法令，根據《農村再生條例》第一條所定，乃「為促進農村永續發展及農村活化再生，改善基礎生產條件，維護農村生態及文化，提升生活品質，建設富麗新農村，特制定本條例。」[2]可見其強調現有農村社區為中心，因應整體農村發展之需要，運用整合性規劃概念，強化由下而上的共同參與制度，重視生活、生產、生態之「三生」均衡發展，強調農村產業、自然生態與生活環境之共同規劃與建設、農村文化之保存與維護及農村景觀之綠美化，發揮在地特色，創造社區整體風貌，促進農村永續發展及活化再生。[3]

　　依據《農村再生條例》第4條所定農村活化再生之推動，提到應該遵循：「實施結合農業生產、產業文化、自然生態及閒置空間再利用，整體規劃建設」等原則，並於第三章第25至27條訂定「農村文化及特色」，如第27條提到：「各級主管機關依據各地區農業特色、景觀

2　《農村再生條例》，華總一義字第099001 92621號，民國99年8月4日公布，下載時間：2020年9月22日，下載網址：https://law.coa.gov.tw/glrsnewsout/LawContent.aspx?id=GL000149。

3　「農村再生計畫」主要以「由下而上」、「計畫導向」、「社區自主」、「軟硬兼施」為指導原則，輔導社區居民當家作主，共同參與，透過培根課程，凝聚共識，自主研擬農村再生計畫，打造自己家園及創造農村再生契機，藉以打造「活力、健康、幸福」的希望農村。簡韋琪：〈農村再生——推動農村再生〉，《農政與農情》2012年3月（第249期），下載時間：2020年9月23日，下載網址：https://www.coa.gov.tw/ws.php?id=2447063。農委會推動「農村再生」整體發展實施計畫共計三期，第一期為101至104年度、第二期為105至108年度，之後依據107年9月第6次全國農業會議結論，乃持續推動109至112年度之農村再生第三期實施計畫。行政院農委會：《農村再生第三期實施計畫（109至112年度）》，2019年5月，頁2。

資源、農村發展特色及生態與文化資產，推動休閒農業及農村旅遊。」[4]如此才有後續之施行細則及培根計畫，期待在各級縣市政府帶領及推動下，可以透過培根課程訓練，安排專業講師至社區說明農村再生概念及社區實作技巧，訓練社區在地人力，讓地方社區產出自己的農村再生計畫，藉以逐步實現社區未來發展，發展社區特色。基於這樣的方針，在發展與活化社區的理念促發下，歸來社區發展協會申請並啟動農村再生計畫，其目標就如歸來社區發展協會標誌「番王花」的意象，期待團結一起共同致力於社區文化工作，發揚歸來勤奮開拓的精神。[5]

　　在《屏東縣屏東市歸來社區農村再生計畫書》中，歸來社區發展協會對於「農村社區發展願景及課題」提出了「牛蒡番花庄——幸福歸來」之願景，以及1、脫離在地產業發展半熟期的磨合碰撞，邁向更成熟的精緻產業；2、提升居民對在地文化認知與認同意識，進而推動保存與復興；3、建構完整的農村生態體系，並緩衝來自外界的污染衝擊；4、公共空間與公共設施品質之提升，與社區資源完善整合利用等「社區發展四大課題」。（頁33-35）透過「幸福歸來」的「牛蒡番王花庄」意象，其實正是農村再生想要凸顯與重構的「社區文化特色」，搭配四個課題觸及生態、生產及生活「三生」均衡發展，歸來社區的農村再生計畫也正在找尋「地方幸福感」。所謂「地方幸福感」，指的是一個地方透過找回地方生活特色與歷史記憶，藉以喚回地方感（sense of place），讓地方群眾可以感受到在地生活之幸福。這其實和「地方文化生活圈」建構過程中強調的：當社區居民可以在心理與地理上認同這個文化空間，進而提升社區或地方的文化素

4　《農村再生條例》，前揭文。

5　屏東縣屏東市歸來社區發展協會：《屏東縣屏東市歸來社區農村再生計畫書》，2012年12月22日，頁3。

養，在情感上可以依附、認同與有感。[6]

位處屏東市外的歸來社區，一直以來都是處於地方邊陲所在。不過「邊陲」是個比較的概念，城市中也會有「邊陲」的位置，對中國而言，臺灣和海南都可能被視為邊陲；在臺灣來看，屏東與臺東都是所謂的邊陲之地。如果不是位在主要城市空間裡，怎樣才能讓這個邊緣地方產生滾動而活絡？除了「農村再生」，邊陲地方可能更需要思考的是「地方生活圈」或「地方共生」的概念，而這或許可以先提到「創生」的思維。最早的「創生」概念可能引自文化人類學觀點中提倡文明論的日本學者山口昌男主張，他說新的文明必定是誕生於邊陲，並以文化的中心性與邊陲性為基本概念展開論述，此外其亦關注邊陲領域的重要性。[7]山口昌男提到邊陲地方才能產生新的文明，因此必須注重邊陲的重要性。那麼，這個邊陲要怎樣創造出新的生命和文明？筆者認為應該要從在地原有的文化底蘊或三生環境去發掘與創造，這或許和近幾年臺灣推動「設計翻轉、地方創生」計畫，藉以帶動產業發展與地方文化提升，展現地景美學並塑造地方自明性之理念[8]頗為接近。

至於「地方創生」理念則可追溯自2011年擔任日本創成會議主席

---

6 黃文車：〈找尋地方幸福感：屏東文學與在地記憶〉，張寶秀主編：《地方學研究》第3輯（北京：知識產權出版社，2019年10月），頁85。

7 〔日〕山口昌男：《知の祝祭　文化における中心と周縁》（日本：河出書房新社，1988）。

8 國家發展委員會提出的「設計翻轉、地方創生」計畫」，主要藉由盤點各地「地、產、人」的特色資源，以「創意、創新、創業、創生」的策略規劃，開拓地方深具特色的產業資源，引導優質人才專業服務與回饋故鄉，透過地域、產業與優秀人才的多元結合，以設計手法加值運用，將可帶動產業發展及地方文化提升，必能使社區、聚落及偏鄉重新形塑不同以往的風華年代，展現地景美學並塑造地方自明性。參考〈國家發展委員會推動「設計翻轉、地方創生」示範計畫〉，下載網址：https://www.ndc.gov.tw/Content_List.aspx?n=4A000EF83D724A25。下載時間：2020年9月22日。

的日本前總務大臣增田寬也，其在2014年發表《地方消滅論》預估
896個市町將於2040年前消失之言論引發日本社會廣大迴響，這也間
接促成安倍內閣成立「城鎮、人、工作創生本部」，制定綜合策略，
並於2015年展開一連串的「地方創生」政策推動。日本的「地方創
生」著重於「可能消滅的都市」與「極點社會」發展，去思考「地方
消滅」等問題，因此增田寬也在〈寫給臺灣讀者的序文〉中提到：我
們必須阻止人口減少，維持充滿活力的社會。需要打造一個容易生
育、育兒的友善社會，同時創造地方偏鄉的工作機會，避免年輕人過
度集中在東京。[9]於是到了2016年3月時，整個日本約有99.8%的地方
政府（相當於1731個市町村）擬定了地方創生綜合戰略，並開始進行
地區勘查，正式開始各種人口減少問題的事業。日本的地方創生最終
目標訂於是2060年，在此長期計畫中，除了要降低人口減少問題外，
也必須讓地方的經濟活動產生活性化，更要培養新興企業和人才，才
能讓地方蓄積可利用資產，讓地方創生永續經營。[10]

　　同樣面對總人口減少、高齡化少子化社會、人口過度集中於大都
市的臺灣，則將重點擺放在企業投資故鄉、科技導入、整合資源、社
會參與創生，及品牌建立等五大策略去面對、規劃與落實。於是臺灣
從日本地方創生延續區域生命力的六大模組如「招攬產業型」、「產業
開發型」等，看見其帶動地方投資量能，也就形成臺灣地方創生政策
強調以「投資代替補助」為主的推動策略。[11]換句話說，臺灣的「地
方創生」對於地方而言可能更加重視積極的產業發展，或者更進一步

9　〔日〕增田寬也：〈寫給臺灣讀者的序文〉，增田寬也著、賴庭筠等譯：《地方消滅》
　　（臺北：行人文化實驗室，2019年7月），頁11。

10　〔日〕神尾文彥、松林一裕著、王榆琮譯：《地方創生2.0》（臺北：時報文化出版企
　　業股份有限公司，2018年8月），頁205。

11　陳美玲：〈推薦序：延續區域生命力〉，增田寬也著、賴庭筠等譯：《地方消滅》，頁
　　2-3。

來說，地方創生的積極目的在增進地方產業活絡與經濟運作，避免被邊陲化的地方持續凋弊。日本地方創生政策的推動與過去只是由中央補助地方的做法主要差異在於「創生在政府的行動上，想要改善長期以來地方政府自己發展經濟求生活能力不足的現象。」所以地方創生規劃的方案在於落實地方一案又一案的「事業計畫書」，處理朝向惡性循環的地方經濟發展。[12]但這樣創生出來的「地方」是否合乎臺灣的農村發展？對於歸來社區而言是否只有產業經濟要被提升？或許答案並非是單一的。因此，筆者以為「地方共生」的概念更適合屏東歸來社區，地方共生代表的是從地方群眾自覺、培根訓練後，透過農村再生或地方活化等過程，在社區群眾形成共識並共同接受後所重構或再現出來的一種共存共榮的生活圈狀態。

因此，本論文將研究場域設定在屏東的歸來庄，觀察歸來社區如何透過神明管區與社區再造重構「地方共生」的目標；經由地方信仰與傳說故事之調查與整理，分析並探究歸來庄的媽祖、洪公祖信仰文化特色，以及歸來社區如何活化、再造，形成地方共生的文化生活圈？其背後又可發現怎樣的地方意識和文化記憶？

第二節　神明管區：歸來庄慈天宮的神祇信仰

歸來庄位於屏東市東南隅，是一個自然成形的傳統農村，因為行政區域發展劃分，現今的「歸來社區」範圍包括歸心、湖南、湖西等三里。早在清康熙中葉以後，漢人拓墾屏東平原，[13]直至乾隆時期，

---

12 陳志仁：〈借鏡日本地方創生發展經驗〉，《國土及公共治理季刊》第6卷第2期，2018年6月，頁18-19。

13 簡炯仁認為：康熙42年（1703）時，有方、江、李三姓的福佬移民共同為墾首，盛大招佃進行開墾，而終於拓成今日屏東市的「大湖」、「公館」、「阿猴」、「歸來」、

阿猴社範圍已有阿猴街（今屏東市）、海豐庄、竹葉庄（今德協）、潭頭庄、歸來庄等。[14]清光緒元年（1875）在港西里阿猴街設置下淡水溪縣丞，阿猴街也隨著移民開墾與朝廷建設而逐漸發展。清領末期，屏東市屬於臺灣省臺南府鳳山縣港西中里，該里轄有阿猴街、崇蘭、頭前溪、海豐、公館、歸來、大湖等庄。[15]早期「歸來」稱作「崎仔崙」（或寫成「鵝仔崙」），清領時期「歸來庄」即今日屏東市14個里，包括豐田里、豐榮里、大連里、豐原里、瑞光里、歸心里、湖西里、湖南里、厚生里、澤仁里、建國里、萬年里、永茲里、頂宅里，範圍遠大於今日的三里區域。[16]

圖6-1　清乾隆中葉臺灣番界地圖[17]

「崇蘭」等庄。見氏著：〈阿猴社〉，收入許雪姬總策劃：《臺灣歷史辭典》（臺北：遠流出版社，2004年），頁540。

14 林江義：〈臺東海岸加走灣馬卡道族的研究〉（臺北：政治大學民族學系碩士論文，2004年8月）。

15 鍾桂蘭、古福祥纂修：《臺灣省屏東縣志》〈卷3　政事志‧行政篇〉（臺北：成文出版社，1983年），頁917。

16 黃瓊慧等撰述、施添福總編纂：《臺灣地名辭書》〈卷4　屏東縣〉（南投：臺灣省文獻委員會，2001年），頁79、96。

17 按：筆者所加圓圈為歸來庄。地圖擷取自〔清〕不著撰人：《臺灣地圖（1644-1911）》

一 慈天宮的媽祖信仰

　　歸來慈天宮主祀媽祖，副祀洪公祖，庄內人士無論出外謀生、疑難病症、消災解厄都會前往祈求，十分靈驗，是歸來人的信仰中心。[18]歸來庄建庄時間約於清康熙42至46年間（1703-1707），居民世代信仰媽祖，有感神恩浩蕩、澤被眾生，二戰後庄民共議發起建廟事宜，遴選委員成立「慈天宮興建委員會」辦理募捐與籌建工作，工時自民國53年11月起至民國55年4月11日竣工，當天正好是丙午年農曆三月廿一日。[19]在慈天宮廟中有「天上聖母聖蹟暨慈天宮興建淵源」碑文記載：

> 吾臺居民，多來由閩省，故對聖母之信仰，歷久不渝。本地方亦自前清時代即由先人以特殊捐建慈鳳宮（屏東媽祖廟）迄今世代信仰，祈求地方繁榮，人民安泰。[20]

碑文寫道歸來庄自清代以來即有媽祖信仰，然而遲至民國55年（1966）才建立慈天宮，那麼這二百多年的時間，歸來庄媽祖信仰以怎樣的方式存在並延續？碑文中提到「先人以特殊捐建慈鳳宮」，可見歸來媽和阿猴媽之間應該有密切的信仰聯結關係才對。

　　依據目前藏存於屏東市慈鳳宮廟牆的「龍溪天上聖母碑」文記載：

　　「清乾隆中葉臺灣番界地圖」，故宮博物院「典藏精選」，下載時間：2020年9月20日。下載網址：https://theme.npm.edu.tw/selection/Article.aspx?sNo=04001051。

18 屏東縣屏東市歸來社區發展協會：《屏東縣屏東市歸來社區農村再生計畫書》，頁23。

19 見《歸來慈天宮一朝慶成謝土入火安座暨三朝祈安清醮平安繞境大典》（屏東：歸來慈天宮管理委員會，自印本，2019年），頁4-5。

20 按：「天上聖母聖蹟暨慈天宮興建淵源」碑文文字為筆者田野調查拍照後紀錄繕打。

天上聖母之所以崇奉祀典者，由來尚矣。我龍邑蒙麻無既，前
經設立祀租田，址在火燒庄口；因有水災之患，遂致荒蕪。茲
爰集公議，再行捐金，創建祀業，以為恭祝聖誕之資。至若光
前裕後之舉，更有望於後賢者也。謹將捐題姓名勒石以垂不
朽，福有攸皈。歸來庄天上聖母捐銀四十乙大員。總爺陳高山
答謝黃羽傘一枚、彩旗一對、傘燈一對，計共捐銀伍拾大員。
舉人林得時捐銀十五大員。總理陳大成捐佛銀四大員。[21]

該碑石由清代來屏東開墾的漳州龍溪人，因感水災之患致使香田荒
蕪，乃捐金以為慈鳳宮創建祀業，並恭祝媽祖聖誕，乃將捐題姓氏與
金額勒石，立於道光5年（1825）3月。從碑文中可以清楚看到「歸來
庄天上聖母捐銀四十乙大員」，可見當時捐金給慈鳳宮天上聖母以祝
聖誕名單中有「歸來庄天上聖母」，而且被刻石於最前，捐獻金額屬
第二高。不過，從碑文中似乎又可窺見某些端倪：其一，總爺陳高山
雖答謝共計伍拾大員之黃雨傘、彩旗、傘燈等，但列於最前的卻是
「歸來庄天上聖母」，可見歸來庄天上聖母與慈鳳宮之關係密切，但
後來的發展如何？其二，「歸來庄天上聖母」於道光5年時便已存在，
但是慈天宮創建於民國55年，那麼當時的「歸來庄天上聖母」，究竟
是那裡的天上聖母？或是怎樣的信仰型態？

　　關於第一個問題，可能觸及「祭祀圈」與「信仰圈」的互存關係
論述。日本學者岡田謙說祭祀圈是「共同奉祀一個主神的民眾所居住
之地域」。[22]後來許嘉明重新定義說祭祀圈乃「以一個主祭神為中心，

21 見「龍溪天上聖母碑」（道光五年三月），引自國家圖書館「臺灣記憶」網站，下載
　　時間：2020年9月23日，下載網址：https://tm.ncl.edu.tw/。
22 〔日〕岡田謙：〈臺灣北部村落た於わる祭祀圈〉，《民族學研究》4卷1期，1938年，
　　頁1-22。

信徒共同舉行祭祀所屬的地域單位。其成員則以主祭神名義下之財產所屬的地域範圍內之住民為限」[23]。而林美容則認為祭祀圈是以神明為中心來定義，可以含蓋有神無廟的公眾祭祀。[24]已建廟宇的慈鳳宮天上聖母（阿猴媽）與尚未建廟的歸來庄天上聖母（歸來媽）各自有自己的「媽祖」祭祀圈，各有地方祭祀範圍。至於林美容提到的「信仰圈」，則定義是以某一神明或（和）其分身之信仰為中心，信徒所形成的志願性宗教組織，信徒的分布有一定的範圍，通常必須超越地方社區的範圍，才有信仰圈可言；其並提及信仰圈的特色應該具有：1、信仰圈以一神信仰為中心，祭祀圈則祭祀多神。2、信仰圈的成員資格是志願性的，祭祀圈的成員資格則為義務性強迫性。3、信仰圈是區域性的，祭祀圈是地方性的。4、信仰圈的活動是非節目性的，祭祀圈的活動是節目性的（calendrical）。[25]可見信仰圈主要由志願性的信仰成員組成，以「一神」信仰為主，並形成一定的信仰區域範疇。由此來說，慈鳳宮與慈天宮（按：當時未有此廟名）的媽祖信仰雖屬同「主神」，但慈鳳宮的媽祖是否就是歸來庄的天上聖母？若是，那就接近林美容所提的「信仰圈」範圍；然而如果不是，那這兩個不同的「祭祀圈」怎樣形成信仰聯結？這裡有許多歷史糾葛，需要重新探討一番。

　　基本上，信仰圈有一定的區域性群眾，進行的也是區域性的活動，但主要是「一神信仰」的分香或分靈發展。如果我們從道光5年

23　許嘉明：〈祭祀圈之於居臺漢人社會的獨特性〉，《中華文化復興月刊》11卷6期，1978年，頁62。

24　林美容：〈由祭祀圈來看草屯鎮的地方組織〉，《中央研究院民族學研究所集刊》62期，1987年，頁58-68。

25　林美容：〈由祭祀圈到信仰圈──臺灣民間社會的地域構成與發展〉，下載時間，2020年9月23日，下載網址：https://twstudy.iis.sinica.edu.tw/han/Paper/mazu/JiSiToXin Yang.htm。

碑文來看，慈鳳宮和歸來庄的天上聖母似乎有各自的祭祀圈，各自有
其地方性特色，雖然慶典活動時彼此往來，但這可能就不是一個信仰
圈的發展概念。依據林美容所言：

> 在臺灣，很多的庄未建廟之前，常常以神明會的形式共祀某一
> 神祇，建廟之後可能神明會就解散了。也有些廟宇則是在建廟
> 之後才成立神明會，其任務有些是為主神抬轎；有些凝結力較
> 弱、經濟條件較差的地方，為了使廟宇的祭祀活動能夠熱絡一
> 些，熱心的居民便組織神明會。這樣的神明會是附屬於廟宇
> 的，只能算是祭祀圈內部分居民的活動。[26]

如此看來，歸來庄天上聖母信仰在尚未建立慈天宮以前，是否也是屬
於「有神無廟的公眾祭祀」，是否也是以「歸來庄天上聖母」之「神
明會」方式存在於歸來庄？或許有此可能，但目前尚未獲得直接文獻
史料證明之。不過在筆者進行口述訪談過程中，慈天宮蔣家煌主委與
其他耆老多提到：過去阿猴媽祖遶境時，需遊行十八個村莊，隊伍一
路到萬丹，這可能和同治年間戴潮春事件時，鳳邑十八庄人受命聯
結、訓練壯丁，以為清朝效命有關。依據「義祠亭碑記」中記載：當
時的十八庄包括公館庄、歸來庄、廣安庄、大湖庄、柳仔林庄、劉厝
庄、龜屯庄、崙尾庄、玉成庄、崙尾州、磚仔□寮、頂濫仔、下濫
仔、□□□□（連連庄）、番仔埔、下柳仔林、竹仔腳庄。[27]從十八庄

---

26 林美容：〈由祭祀圈到信仰圈──臺灣民間社會的地域構成與發展〉，前揭文。

27 「義祠亭碑記」所記：「北路戴逆作亂；禍延鳳邑，由中路侵入崗山一帶，地方搖
　動。蒙前邑主羅，諭飭我港東西兩里，約束□□、□使從賊，以資固守等因。我各
　庄公人承諭，每日訓練壯丁，以待加募。當經三次從官兵出力效勞，所有死事諸
　人，蒙□□□主張，稟請上憲，給予「義勇可嘉」匾額；並准起造祠宇，設立死事
　牌位，以時奉祀。」本碑為同治11年（1872）十八庄湊捐鳩資，置買田業收租，以

在義祠鳩資祭祀與慶典活動參與的碑石文獻或耆老記憶來看,當時尚未建廟的歸來庄天上聖母,可能是移民帶來的家鄉祖佛[28],由爐主輪值承接於家中奉祀,在地方祭祀逐漸形成神明會,演變成歸來庄的天上聖母祭祀圈。

但歸來庄天上聖母的祭祀圈和阿猴街慈鳳宮媽祖的祭祀圈彼此間是否有分香或分靈的可能性?還是有其他的天上聖母祭祀範圍?查慈鳳宮內最早之文物屬清道光5年之「龍溪天上聖母碑」和「清溪天上聖母碑」二碑石,內僅前者提及「歸來庄天上聖母」,可見最遲至清道光5年兩處媽祖已有不同的祭祀圈。然而查詢碑石資料過程中,發現不少介紹屏東廟宇信仰或人文的網站都提到「慈鳳宮橋碑」,[29]且立

為義祠祭祀之費用,勒石記事。清同治2年(1863)戴潮春事件波及鳳山,知縣羅憲章諭令港東、港西兩里各庄訓練壯丁以待加募,並有三次從官兵出力效勞,忠義可風。續任知縣張傳敬稟請上憲賜區,並准建造祠宇、立死事牌位,以祭祀為國犧牲之義民。引自國家圖書館「臺灣記憶」,下載時間:2020年9月23日。下載網址:https://tm.ncl.edu.tw/。按:□□為碑文模糊者,筆者依據碑文上下文修正。

28 本處指稱的家鄉祖佛,比較接近林美容所言從原鄉請來的神祇。移民來臺的漢人從原鄉請來的神祇,通常由地方某姓族人所供奉,同族聚居也有一起供奉相同的祖先與神明,稱之為「族姓私佛」,來臺後此類神明的靈驗事蹟,吸引村中其他居民的信仰,及至建立村廟時,變成為村廟的主神,這類由「私佛仔」或「祖佛仔」變成「公佛仔」的情形,是臺灣神明香火緣起最顯著的一個典型。林美容:《祭祀圈與地方社會》(新北:博楊文化事業有限公司,2008年11月),頁265。

29 如「石話石說」網站提到:「屏東市慈鳳宮主祀天上聖母,本碑係清乾隆十六年(1751)地方仕紳建設慈鳳宮橋的捐款紀錄,今日廟方視此碑至尊至聖,而奉祀於後殿。」下載時間:2020年11月30日。下載網址:https://tm.ncl.edu.tw/curation/tm_new/htdocs/subject/stela/s099_1.htm。或如「遊學屏東趣」之「慈鳳宮與關帝廟」項也提到:「現藏於慈鳳宮的「慈鳳宮橋碑」是屏東市存在最古老的史蹟,該碑記載信徒捐贈香火的名冊。」下載時間:2020年11月30日,下載網址:http://pttravel.ptc.edu.tw/%E5%B9%B3%E5%8E%9F/%E5%B1%8F%E6%9D%B1%E5%B8%82/%E6%85%88%E9%B3%B3%E5%AE%AE%E5%8F%8A%E9%97%9C%E5%B8%9D%E5%BB%9F.html。再如「屏東人文地圖」APP提到:「乾隆十六年所立的(1751年)的慈鳳宮橋碑則供奉於後殿。」下載時間:2020年11月30日。下載網址:http://pt.map.chonlang.com.tw/pingtung/%E5%B1%8F%E6%9D%B1%E6%85%88%E9%B3%B3%E5%AE%AE/等等。

碑時間分別是乾隆11年（1746）和16年（1751）。這又引起筆者的興趣，為何在屏東市慈鳳宮官方網站上並未看到類似的「慈鳳宮橋碑」敘述？但「橋碑」確實為「慈鳳宮橋碑」。然而同一碑石竟有兩個立碑年代？究竟原因為何？經查國家圖書館「臺灣記憶」之「臺灣碑碣拓片」確實有「慈鳳宮僑碑」二拓本，據碑碣說明提到：

> 慈鳳宮主祀天上聖母。本件碑記係清乾隆十六年（西元一七五一年）地方仕紳建設慈鳳宮橋的捐題記錄，惜無紀事、復乏忠志，未知慈鳳宮橋為何？詢問廟方，亦語焉不詳，並扯出「媽祖神像來臺灣，乾隆皇帝賜橋勒碑」的典故，故今日以碑至尊至聖，而奉祀於後殿。本碑雙面銘刻，且年代互異，乃二度利用。[30]

如此說來，可見這方橋碑有雙面銘刻，且年代互異。再查「臺灣碑碣拓片」網站確實可見另一面拓本，且清楚可見「乾隆□十一年十一月重建」。其碑碣說明如下：

> 本件碑記刻於前揭碑記的背面，惜以落款年代的字跡破損，無法確定立碑年代。然自碑文內容得知，本碑乃重建慈鳳宮橋的捐題記錄。一碑二刻，允為特色。[31]

至此，我們可以確知有「慈鳳宮橋（僑）碑」存在，且一碑二刻，分

---

30 按：原網站標題寫成「慈鳳宮僑碑」，但內容說明所用「橋」。引自國家圖書館「臺灣記憶」，下載時間：2020年12月1日。下載網址：https://tm.ncl.edu.tw/article?u=014_001_0000000402&lang=chn。

31 引自國家圖書館「臺灣記憶」，下載時間：2020年12月1日。下載網址：https://tm.ncl.edu.tw/article?u=014_001_0000000403&lang=chn。

別為乾隆11年11月及乾隆16年4月，前者為正面，後者再刻於碑石後。但「慈鳳宮橋」意指究竟為何？目前尚無定論，僅知本碑石主要記載地方仕紳捐款題記建設慈鳳宮橋。

為求詳細再端詳網頁所登錄之碑石所在位置，發現其確實在屏東縣屏東市，但竟然不是在阿猴街（屏東市崇禮里中山路39號）的慈鳳宮，而是在「屏東市頂宅里5鄰頂宅34號」的慈鳳宮。[32]經筆者追蹤調查，發現頂宅里和生路上確實有另一座「慈鳳宮」，且「慈鳳宮橋碑」也完好供奉於廟後方，如此一來便能解決網路上所言「慈鳳宮」有乾隆年間的碑石，且出現不同年代之說正是因為該碑石有正反二刻之特色。

圖6-2　慈鳳宮橋碑。筆者拍攝。2020年12月01日

---

32 按：感謝原屏北社大總幹事李煥源先生提供頂宅里慈鳳宮及「慈鳳宮橋碑」相關訊息。

　　但此方乾隆年間的碑石實際上是存放於頂宅里的慈鳳宮，而非阿猴街上者，這是否表示頂宅里慈鳳宮的歷史或許有可能更早一些呢？不過，從上文圖5-1所引乾隆時期臺灣輿圖中可見的僅是「阿猴街」與「歸來庄」，其因是今日的「頂宅里」與歸來庄歸心里相鄰，清領時期尚屬於歸來庄範圍，但據聞當時的頂宅與歸來都各自有天上聖母祭祀圈，也在各自地方維持延續媽祖信仰文化。就現存既有的碑石、文獻與口述資料來看，歸來庄天上聖母與「慈鳳宮」媽祖的祭祀圈應該有相當緊密的關係。但阿猴街「慈鳳宮」媽祖、頂宅里「慈鳳宮」媽祖與歸來庄天上聖母究竟有何更細微的信仰淵源或網絡聯結？在史料湮沒、耆老凋零的當下，暫時尚無法獲得進一步的解釋與釐清。然而從「龍溪天上聖母碑」中所見，慈鳳宮媽祖與歸來庄天上聖母之信仰網絡曾經十分緊密，此是毋庸置疑的！

　　只是這樣的情況似乎在今日兩廟間，未見昔日之情景，其情況可能與地方流傳有關歸來庄名人鄭光經「出銀一千，毋夠的攬尾」諺語故事說起。[33]也因為有此因緣，後來廟成後「大媽」留廟鎮殿，能出巡的「二媽」則由歸來庄抬轎。據當地耆老所言：日後若遇「二媽」出巡，一定要由歸來人擲筊才請得動。[34]後來兩邊的媽祖祭祀圈各自

---

33 歸來當地有「出銀一千，毋夠的攬尾」諺語，其背後故事大概是：「相傳清朝時期有一位歸來人鄭光經，出現在屏東慈鳳宮媽祖廟的籌備處，並且大搖大擺的食用招待客人的茶水點心，人員就告訴他這茶水點心是用來招待捐過錢的大爺的，並問他捐了多少，竟敢如此盡情享用，鄭光經回答說：『你們還缺多少？我就出一千銀，不夠的話我全包了。』當場嚇壞了所有人，想不到這樣一個不起眼的小子，竟有如此本事！當時有人不相信，便叫人與鄭回家拿。不久，果然抬了一千銀回來，而此事很快傳開來成為人們談論話題。」引自「屏東人臉書」，下載時間：2020年9月21日，下載網址：https://www.facebook.com/108144444184393/posts/134051978260306/。按：此為歸來當地流傳的故事，實際情況因年代久遠尚須考證比對，且各廟宇間自有說法。僅提供參考，暫不作是非評述。

34 黃文車訪談，報導人：陳○清（91歲）、陳○輝（93歲）、陳○贊（88歲）。訪談時間：2020年4月28日。訪談地點：歸來社區活動中心。

發展，人多事忙，各有祭祀原則，在此情況下歸來庄民乃決定募款建廟，慈天宮遂於民國55年創建完成。至於廟名稱做「慈天宮」，乃是神明降乩所命名者。[35]

關於地方傳聞與廟宇間事，常常出現「在地敘說」（Local Narrative）的現象。民間信仰常常具有地方變異特色，其中有很大原因來自當地群眾的「在地敘說」加工後產生的集體記憶。我們可以發現民間神祇之神格在地方各具形象，其乃是不斷經過地方信眾的移植、嫁接和組合，以便形成地方祭祀圈中崇高的神明經典形象。在仙話或傳說被敘述的過程中，「特殊角色」成為被編排的目標，當成故事素材被處理，而閱讀者（群眾）便被這一處理所操縱（manipulation），此操縱不僅是因為行為者被轉變成特定角色，更重要的是帶著共同符號和環境關係置身於特殊空間中。過去被用來進行文學操縱的主要手段之一是所謂的「視角」（perspective），在敘事學中的素材亦含有敘說者的「視點」（point of view），通過視點，素材的想像以及它發生於其中的（虛構）世界才會被建構起來。[36]這樣的在地敘說對於建構地方集體記憶過程中有其增強功能，對於歸來庄天上聖母的祭祀圈凝聚力，自然有其推波助瀾之效果。

歸來慈天宮舊廟落成迄今，廟體已有受損，經當時委員會擲筊請示媽祖與洪公祖，接連獲三聖筊，因此確定購新地建廟。經委員會的努力，終在民國108年11月5日舉行盛大入火安座大典。慈天宮新廟的建築之美在於融入地方特色，例如廟頂搭乘普濟船的媽祖聖像、廟頂的番花王交趾陶，廟殿內的地方慶典與活動壁畫，以及將歸來三里與

---

35 據聞「慈天宮」以「天」為名，取其「源頭」之意，當地「老人家說沒有神明的旨意，慈天宮是不能隨便命名的。」參考「屏東人臉書」，前揭文。

36 〔荷〕米克・巴爾（Mieke Bal）著、譚君強譯：《敘述學：敘事理論導論》（北京：中國社會科學出版社，1995年11月），頁55-56。

歸來三寶（牛蒡、青蔥、豆薯）完成的廟宇鳳頂格聯對，[37]略舉二首
如下：

> 湖心不起瀾　靈風長在　庇佑村民百載
> 南岸時迎日　神力永持　布施恩澤千秋

> 豆供製品有益健康　今日養生增壽易
> 薯可療飢無分貴賤　當年疾苦活人多

由此來看，這些被地方敘說形成的集體記憶，強化祭祀圈的信仰力量
等，都在歸來社區有識人士齊心協力下，讓歸來社區逐漸找到「成功
歸來」的地方魅力。

圖 6-3　屏東歸來慈天宮。閩南文化通論課程拍攝，2020 年 6 月。

---

37 見《歸來慈天宮一朝慶成謝土入火安座暨三朝祈安清醮平安繞境大典》，頁1、73。

二 慈天宮的醫神洪公祖信仰

歸來慈天宮除了主祀天上聖母外，副祀的洪公祖則在庄民記憶中被奠定為「醫神」的神格形象。至於洪公祖之神源為何？歸來地方有兩種說法：第一種認為洪公祖為浙江山崎人，姓金，名慶雷，家中排行第三男。農曆九月十一日生，粉紅色皮膚，自幼聰慧勤孝。目睹地方貧病無醫之苦，乃懷抱惻隱之心，立志學醫救世。十六歲時，習醫有成，因其妙手回春者不計其數，被地方人士稱為「活神仙」。後更廢寢忘食、鑽研醫藥，期能救助更多病患，終因積勞成疾，三十歲時歸仙。當地居民因感念其德，乃刻其像供奉，稱「（紅）洪公祖」，俾眾朝拜。據傳，日後俗信每祈求出鄉謀生，疑難雜症，甚至難產解厄等都靈驗不已。迨至戰亂由11名善信，帶奉金身來臺，最後流落至本庄歸來，傳衍香火。最初奉祀於歸來福德祠，因醫德救民、神威顯赫，感動玉皇大帝敕賜救世助民、驅惡向善。迄至民國55年慈天宮廟宇落成，才隨主神聖母入廟，奉為副神。爾後又因眾信感念洪公祖遭遇，遲無固定主廟供奉，乃情商傅運坤先生以其新建自宅大廳籌設為「陰虎堂」，更於民國59年5月自慈天宮分靈洪公祖香火，於陰虎堂安置金身，開堂問事、興基救民。[38] 這樣具有醫神神格的洪公祖，其他地方是否可見？而所謂的「洪公」（Ang-kong），從祖佛來臺或神祇稱呼上都可能讓人直接聯想到大臺北地區的「尪公」信仰。

19世紀以來，臺灣大臺北地區多有「迎尪公」遶境民俗活動，據聞尪公為閩南安溪祖籍神明，早期臺北盆地內許多地方迎請保儀大夫

---

38 據聞：二戰末期，空襲歸來庄的炸彈均爆發於田池間，僅一顆落於福德祠前防空洞之炸彈未爆，躲在洞內的二十多名信眾脫離大難，如此更讓信眾感念洪公祖神威助民，自此香火更加鼎盛。參考慈天宮管理委員會：〈奉祀神祇洪公祖淵源〉，自印資料，頁1。

祭祀，並進行安五營、做小船送蝗蟲的儀式，據傳「尪公」即是保儀尊王／大夫張巡／許遠。早期臺北市景美地區開拓者以安溪人為主，景美集應廟供奉保儀尊王，集應廟則俗稱「尪公廟」或「翁公廟」，以「尪公」稱呼保儀尊王，可見其在安溪人心中的崇敬與親切之情。或有人說應是「安公祖」，安、尪、翁、紅、洪等字於閩南方言音近，遂於各地有不同稱法。因為尪公有除蟲害的傳說，因此非泉州人的聚落也開始迎請尪公，例如三峽尪公信仰與19世紀後臺北地區各地興起迎尪公的熱潮有關，[39] 當地「迎尪公」的民俗活動自清領時期流傳至今，據張慧玉研究：三峽的尪公信仰發展出兩種型態，第一類是三峽各地區居民於農曆八月的年例祭祀，與鄰里居民共同祭拜從遠地來到三峽的尪公；第二類是光緒年間由安溪縣積德鄉虎坵堡林姓族人從原鄉請來三峽的尪公──里主尊王。[40] 後來，「迎尪公」民俗活動更延展至三鶯、八德、大溪等地，甚至遠至宜蘭壯圍地區。[41]

　　臺灣民間信仰中的「尪公」有許多不同的信仰系統與風貌，以大臺北地區「尪公」信仰中最為著名的張巡和許遠信仰，則可概括有「雙忠」信仰、王爺或元帥信仰、厲王信仰，及在臺北盆地相當興盛的保儀尊王和保儀大夫信仰等幾種不同的系統；對於張巡、許遠的稱號則有尪王、尪公、尪元帥、汪公或紅公、翁公、武安尊王、尊王公、王公等，而民間也有稱張巡為大使公、大使爺、張元帥、張中丞、張睢陽、張巡千歲、英濟王等許多不同的稱謂，又或者有以大使

---

39 溫振華：《清代新店地區社會經濟之變遷》（板橋：臺北縣文化局，2000年12月），頁166。

40 張慧玉：〈三峽迎尪公祭典研究〉（臺北：臺北大學古典文獻與民俗藝術研究所民俗藝術組碩士論文，2012年1月），頁33。

41 趙守彥：〈三角湧迎尪公〉，文化部文化資產局「數位島嶼」，下載時間：2020年9月25日，下載網址：https://cyberisland.teldap.tw/graphyer/album/crnd。

爺或大使公乃為張巡、許遠與騎虎王雷萬春三人之合稱。做為同一個神明的信仰，所產生出的變異形像或著是有著不同的認知，[42]這其實是民間信仰的在地化發展特色。因此，大臺北尪公信仰的祭祀圈，以及尪公信仰的歷史變遷，如木柵、景美、萬隆等三處集應廟的尪公信仰亦是各自有所異同。

　　除了張巡與許遠這個保儀大夫、保儀尊王系統之外，在林傳凱的調查中可以發現臺北市會元洞的靈著尊王、基隆市東興廟的里主尊王、彰化縣林四福堂的文烈尊王、彰化縣天清宮的里主尊王、嘉義縣華封堂的里主尊王、臺南市朝興宮的楊府太師、臺南縣南清宮的廣平尊王王重、臺南縣昭安宮的大德禪師楊五郎、臺南縣三思府的黃二大使、臺南縣三公廟的黃二大使、臺南縣廣興宮的楊府太師，以及屏東市歸來慈天宮的洪公祖金慶雷等都被稱為「尪公」。[43]這樣的方言「稱呼」或許都來自原鄉或同族信仰者的影響，不過這些神尊、神源或神格各分屬不同系統。例如臺北木柵、景美、三峽等地區的尪公主要以張巡、許遠為主，[44]潘朝陽認為張巡、許遠死守睢陽之行足以勘正人心、實踐道德，遂立廟祭祀，屬於「聖賢型神祇」；同時其也是來臺漢人移民所帶來的神祇，亦可稱為「鄉土型神祇」，因此兼具鄉土型

---

42 范純武：〈雙忠崇祀與中國民間信仰〉（臺北：臺灣師範大學歷史研究所博士論文，2001年）。以及李乾朗研究主持：《景美集應廟調查研究》（臺北：臺北市政府民政局，1999年7月），頁17。

43 林傳凱：〈神靈、民族、與認同的空間政治：日治與戰後臺北盆地尪公年例之變遷〉，（臺北：臺灣大學工學院建築與城鄉研究所碩士論文，2007年7月），頁41-43。

44 李明仁研究張巡、許遠之尪公信仰類型可分成五類：1、臺北地區的尪公與保儀尊王、保儀大夫信仰；2、雲林五條港的安西府王爺信仰；3、嘉義雙忠信仰，是自明鄭為鎮兵而設立以安軍心之神，到了清代仍是持續提倡忠君報國的軍營之神；4、臺南張巡、許遠信仰，具有屬王爺性質；5、高雄岡山的尪公信仰和小港地區的武安尊王信仰。見李明仁：《嘉義的宗教信仰、聚落與族群》（臺北：稻香出版社，2007年12月），頁68-69。

神祇也兼具「祭聖賢」的意涵。[45]除此之外，安溪虎邱林氏從原鄉請來的尪公里主尊王，也是三峽尪公祖佛信仰的代表之一。但在林姓族人《虎邱二房二第十三世文尪公派下家藏手抄譜》內的一篇〈尪公祝文〉文中，尪公變成了「廣平尊王」。[46]於是「里主尊王」和「廣平尊王」都是安溪虎邱林姓族人所稱的尪公，這兩尊神祇的神源背景如何？或仍有待進一步調查。[47]不過民間信仰裡的神明稱號有時容易在地方群眾的自我認知與集體記憶中進行轉換或變形，如上述的張巡、許遠的「保儀尊王」或「保儀大夫」稱號，或者是較少見到的里主尊王或靈著尊王，或是廣陵王、廣利尊王、廣平尊王等，然而這應該不

45　潘朝陽：〈臺灣民俗宗教分布的意義〉，《師大地理研究報告》第12期，1986年3月，頁154-159、163、170-172。

46　〈尪公祝文〉原文為：「廣平尊王之神，曰赫赫明明。寔神之英，四時錫福。寔神之靈，鄉閭戴德，不輟頌聲。涓此良辰，慶讚壽生。寅具財儀，黍稷惟馨。以奠以獻，聊伸蟻誠。凜乎對越，共祝芳名。神其至靈，林格來歆。祐我家門，福祿繩繩。庇我鄉井，阜人亨尚饗。」原出處為不署撰者：〈神佛聖誕祭文〉，《虎邱二房二第十三世文尪公派下家藏手抄譜》，收入林興仁原編，林福慶補編：《虎邱林氏族譜（源孫公派下）》，1981年10月，頁159，轉引自張慧玉：〈三峽迎尪公祭典研究〉，頁171。

47　按：張慧如論文中提到安溪縣依仁里溪內鄉有一「靈護廟」，供奉隋唐間的押邊官張純，提到張純的神號是「里主尊王」，但依據《安溪縣志》所載：「靈護廟，祀里主感靈顯祐，明成化二年（1466）敕賜靈應民迦毘羅王，一名溪內廟。」（頁171）至於「廣平尊王」的記載更少，其論文中有引《閩南文化百科全書》頁575提到：「今日晉江市東石鎮坪坑村有一座『晉江東石耀耀廟』，廟內供奉明代廣陵米商——李寬，生前經常平耀濟民，許多泉州百姓受其恩惠，李寬死後，泉人感念其恩德在泉州城內立耀耀廟，並稱其為廣陵王、耀耀王，今廟宇不存。」但這個「廣陵王」怎麼變成「廣平尊王」？或許和該廟於1993年重建後殿中楹聯「廣平施眾德，耀耀利民生」有關。又《閩南文化百科全書》頁559提到在泉州群眾感惠供奉陶姓商人於龜山岩建立的是「廣利尊王廟」。（頁171-172）如此而言「廣陵」、「廣平」、「廣利」或許有其音近之轉可能性。「泉州歷史網」中有「晉江市寺廟觀宮庵祠堂岩」提到「平坑耀耀廟」，祀「護國聖王李寬」，李寬神號乃是「護國聖王」。至於被稱呼「廣平尊王」的李寬，反而是在漳州薌城西郊的下陂村霞陂庵和附近西礁村的「靈順廟」，據說可能是「該地盛產稻米，祈望公平交易有關。」下載時間：2020年9月27日，下載網址：http://www.nanchens.com/xqxx/xqxx26/xqxx26007.htm。

會減少地方族人對於尪公信仰之誠心誠信。

　　至於稱呼神明為「尪公」者其實不限於泉州人，漳州地方多有此稱，如漳州薌城西郊「靈順廟」的「廣平尊王」等，或者如馬來西亞檳城漳州方言群更多稱神廟神明為尪公，在杜忠全採錄的檳城童謠中有一首：「尪公師，白目眉。無人請，家己來。」[48]但這樣的童唸到了臺灣則變成「土地公，白目眉」或者是「紅關公，白目眉」等，可見尪公也是檳城華人對於神明的一種通稱。

　　從上文對於「尪公」稱名、信仰與發展來看，大臺北地區的尪公信仰，與臺南地區的大德禪師楊五郎（楊府太師）或黃二大使[49]等，似乎與屏東歸來慈天宮的洪公祖屬不同系統。據聞慈天宮洪公祖的神源，乃是洪公祖降乩指示所得，據當時於陰虎堂擔任桌頭的報導人蔣先生提到：洪公祖降乩時講話帶有浙江腔調，口音不同。[50]之後由善信查詢整理相關資料彙整所得，這裡便有不同於北部尪公信仰之起源。另外，洪公祖因皮膚粉紅被尊稱「洪（紅）公祖」，行醫救世、積勞成疾、英年早逝等等「故事素材」於在地敘說的過程中透過庄民視角進行想像與建構，屬於歸來慈天宮洪公祖的信仰便凝聚成型。

　　除此之外，歸來在地也有另一種說法，或以為洪公祖其實應該是「廣澤尊王」，[51]但「廣澤尊王」之蹺腳形象與其少年得道神源，似乎又與洪公祖有一定的差距，筆者推測這個「廣澤尊王」來源說法可能

---

48 杜忠全：《老檳城・老童謠》（馬來西亞：大將出版社，2011年7月），頁59。

49 黃二大使，明朝人，相傳為廖姓始祖廖長關之妻舅。為官清正、平番有功，但感無後代，故廖長關囑咐族人將黃二使公視為祖佛萬代供奉。見「文化資源地理資訊系統」之「三恩府」，下載網址：http://crgis.rchss.sinica.edu.tw/temples/TainanCity/houbi/1105006-SEF。下載時間：2020年9月27日。

50 黃文車訪談，報導人：蔣○和（81歲）。訪談時間：2020年7月7日。訪談地點：歸來社區。

51 黃文車訪談，報導人：陳○傑。訪談時間：2020年4月28日、7月7日。訪談地點：歸來社區發展中心。

羼入臺灣北部「廣平尊王」同屬「尪公」（洪公）信仰之說，但這或許也可說明「洪公祖」與「尪公」信仰可能有一定的關係存在。

我們再對比慈鳳宮所藏的幾塊碑石記載，如清道光5年（1825）由漳州府龍溪縣人所立的「龍溪天上聖母」碑、清道光5年由泉州府安溪縣人所立的「清溪天上聖母」碑、清咸豐元年（1851）由漳州府長泰縣人所立的「長泰碑記」，或光緒16年（1890）由泉州府晉江縣人所立的「晉水天上聖母記」等等，可以發現清代來阿猴（屏東）地區開墾的漢人多屬漳泉閩籍，如泉州安溪、晉江，漳州的龍溪、長泰等，他們將祖籍鄉邑刻於碑石，用以凸顯地域觀念與信仰聯結，當中如「龍溪天上聖母」碑、「長泰碑記」都有「歸來」記載，或許在這些移民過程中，所謂的尪公信仰、神號及記憶也跟著原鄉移民來到屏東歸來庄。

在筆者訪談「慶生中藥房」第三代負責人陳女士時，其提到歸來庄民對於洪公祖之神威特別信服，特別是在治療庄民疑難雜症、分娩病痛，甚至出外工作求學攜帶藥方保安等事，特別靈感，[52]又或者如蔣先生提到，洪公祖能辨陰陽，神通廣大，早期有一男子於萬丹附近圳溝遇陰靈事，洪公祖為其開立「蘆藤」（魚藤，根部有毒）藥方，打通毒氣，據說吐出穢物後，再服用有益藥方，如此才能藥到病除。這樣特殊治病藥方在庄內群眾的集體記憶中不斷被敘說與再現，無疑中也增進洪公祖的「醫神」威靈形象。其實於庄民的記憶中，洪公祖更在早期閩客庄民械鬥事件中，「點草成兵」或「撒豆成兵」幫助歸

---

52 黃文車訪談，報導人：陳○鳳（72歲）。訪談時間：2020年7月7日。訪談地點：歸來社區慶生中藥房。陳女士也提到自己遇到的案例：庄民有一婦女腳傷紅腫，疼痛不已，到廟中求洪公祖開方庇佑，洪公祖降乩開立「紅蝦」煮「綠豆粉」，如此以毒攻毒之方，最後竟醫治好婦人腳疾。還有庄民男性中風一例，家人請求洪公祖，其降乩指示在病人病床桌上放置一杯水，隔天讓病人飲用，想不到竟逐漸恢復健康，大家猜測神靈應是當晚投藥於水，救治病人。

來庄眾，大家得以逃脫；又或者與陰靈鬥法，解救信眾等等傳說故事，可見地方信眾透過歷史記憶中的故事素材，不斷從在地敘說過程中建構與凝聚信仰同知，無形中更讓慈天宮洪公祖的信仰增添其特殊性及威信度，而這也逐漸拓展成歸來社區的無形文化資產。

第三節　社區再造：歸來文化生活圈的活化

在地文化之發展近年來備受關注，最大的原因主要在於其蘊藏著振興地方的可能性。換句話說，在地文化會以各種形式為「地方活化」做出貢獻。比起都會區，或許偏遠地區更注重在地文化。[53]因此，位處屏東市邊緣的歸來社區，如何透過農村活化進行社區再造與地方活化，最後形成一個具有「幸福感」的歸來文化生活圈？這是本節想要探討的部分。

社區總體營造的理念，主要是透過社區的公共參與，共識討論與自主能力，以營造一個共同體的存在與意識，從知識生產的角度來看，可以說是相對於宣稱暨客觀又普遍的科學知識體系，更強調個人與地方知識的主體性。[54]如果是農村型的地方，那麼藉由農村社區培力與農村社區創意營造，也許可在農村型的社區培力上看見歷程特色，農村型社區營造可以先從實踐性著手，接著公共性，再進入文化性探討，然後有創造性，最後才產生知識性。[55]因此，歸來社區怎樣

---

53 〔日〕田村秀著、游韻馨譯：《怎能不愛在地文化　日本軟實力的秘密》（臺北：開學文化事業股份有限公司，2017年10月），頁132。

54 蔡慶同：〈影像如何介入社區？──論影像權力的解構與（個人）地方知識〉，《地方視角與詮釋學術研討會論文集》（臺南：成功大學中國文學系，2010年1月27-28日），頁128。

55 王敏州認為，農村型的社區營造在社區培力歷程上有五點特色：1、知識性，2、文化性，3、實踐性，4、公共性，5、創造性。在這些主要特色分別予以權重，則呈

透過農村再生計畫，讓地方各種聲音進行溝通，產生地方共識，以期達到地方活化、社區再造的可能性，這樣的社區經驗中廟宇信仰與地方特色的整理、認知與再現，便成為值得觀察的重點。

　　一個地方特色如何展現，需要為這個地方找出足以代表地方的「符號」，屏東地方知識的建構需要找出屬於屏東的代表符號，如前言提及：所謂「建立屏東符號」，就是要讓人民理解故鄉的地質、氣候、文化、歷史，從屏東人共同的情感與在地記憶出發，讓民眾更瞭解這塊土地，並可以把屏東的特色說明清楚。[56]可見必須具有屏東的共同情感和在地記憶，才能找到所謂的「屏東符號」，讓民眾更加瞭解自己的故鄉與這塊土地。如果把這樣的理念也放在歸來社區，那麼屬於歸來的標誌與符號，屬於歸來社區的特色又是哪些呢？

　　根據《屏東縣屏東市歸來社區農村再生計畫書》中提到社區的整合方式將從1、居民訪談與討論，2、召開座談會整合共識，3、社區理監事會議，4、凝聚社區願景共識會議等四項工作去進行，可見農村再生方式乃依循著社區營造路線前進；而計畫書中更補充「協會與地方廟宇也建立深厚的夥伴關係。只要是社區內有活動、需要協助時，社區內的地方廟宇便會協助幫忙。」（頁7-8）換言之，這樣的社區營造乃將地方信仰中心「庄廟」慈天宮納入協助對象，同時也增進庄民對於媽祖與洪公祖信仰文化的凝聚心與向心力。

現優先程度為：實踐性＞公共性＞文化性＞創造性＞知識性。可見農村社區大學經營者認為在農村營造特性中可以先從實踐性著手。王敏州：〈從「農村社區營造」到「營造農村社區」——以旗美社區大學農村建築課程為例之行動研究〉，（臺南：成功大學中國文學系，2010年1月27-28日），頁108。

56 吳錦發：〈走讀屏東土地公、建立屏東符號〉序文，收入黃文車主編：《2015走尋屏東土地公信仰文化論文集》（屏東：屏東縣政府出版，2017年4月），頁5。

一 歸來意象：番花王、成功歸來

歸來慈天宮廟前廣場有一株傘型緬梔（又稱雞蛋花），社區代代相傳這株緬梔是荷蘭人所種，社區居民多以「番花（王）」稱之，如此已有300 年以上歷史。番花與八角亭，是歸來人經常聚集的場所，而這個意象也成為歸來社區發展協會的社徽，其主要強調飲水思源、團結一致，共同為社區文化努力之理念。

圖6-4　歸來社區發展協會社徽[57]

這個社徽意象傳達的雖是歸來社區的發展理念，然而如何讓外人一眼即看見歸來，可能需要更多的討論與發想。農村再生計畫申請通過的隔年，歸來慈天宮為了號召大眾響應重建新廟活動，又逢臺鐵歸來車站高架化改建工程。廟方靈機一動，推出成功站至歸來站的「成功歸來」創意車票吊飾紀念品，主要希望是遊子們認真打拚，早日成

---

57 1996年歸來社區發展協會成立時，協會便以百年老樹——雞蛋花（番花）作為社徽設計，其精神象徵在於，樹體色彩：墨綠色代表百年老樹往下紮根，屹立不搖。提醒社區的每個人要有：「吃果子，拜樹頭」飲水思源的心。八角亭色彩：橘紅色代表赤誠的心將你我心手連，團結一起共同致力於社區文化工作，發揚歸來勤奮開拓的精神。見《屏東縣屏東市歸來社區農村再生計畫書》，頁3。

功歸來。[58]「成功歸來」創意車票與吉祥祝福理念也成為歸來社區的文創商品，無形中強化外人對於歸來的好奇感與遊子的凝聚力。這個「成功歸來」更在2019年11月慈天宮新廟開廟門時，廟方將之致贈給特地前來為新廟落成揭碑的蔡英文總統。[59]因此，從「番花王」的地方象徵，到「成功歸來」的創意車票，歸來社區透過地方討論建立了「歸來意象」，讓地方創生出現了曙光。

二　歸來三寶：牛蒡、青蔥、豆薯

歸來社區的農村再生計畫目的雖在進行整體的社區再造，然而過程中必須從農村產業出發，進行農村盤點，並納入農村文化保存與發展考量，透過居民共識，形塑出歸來地方文化特色。

歸來社區盤點調查出來具有代表性的農產，據計畫書內提到的是牛蒡和豆薯。歸來的可耕面積約佔轄區總面積的40%，除少數為養殖業外，餘均為農田，其中農作物大宗為牛蒡。由於歸來屬砂質壤土排水性佳，加上全年少雨，因此適合牛蒡的栽種。牛蒡自七十多年前從日本引進後，屏東歸來地區為目前主要栽培地之一，已然成為歸來地區特有農產品。另外，歸來牛蒡也取得優良安全農產品「吉園圃」認證，並逐步研發出牛蒡茶包、牛蒡濃縮膠囊、牛蒡健康食品等相關產品。再者，歸來因氣溫、土壤十分適宜栽種豆薯（又稱涼薯），薯形優美，甜度高，也被稱為「窮人的水梨」，歸來豆薯在市場上有相當

---

58 李立法：〈成功歸來　廟宇重建紀念車票「金」喜〉，《自由時報》地方版，2013年5月4日。下載網址：https://news.ltn.com.tw/news/local/paper/676250。下載時間：2020年9月26日。

59 江國豪：〈歸來慈天宮贈小英「成功歸來」潘孟安喊臺灣媽祖婆〉，《聯合報》屏東即時報導，2019年11月5日。下載網址：https://udn.com/news/story/12702/4146522。下載時間：2020年9月25日。

大的佔有率。(頁26-27)

不過據筆者踏查訪談,當地人提到歸來農產,無不以「歸來三寶」自豪,所謂「歸來三寶」指的是牛蒡、豆薯和青蔥,那青蔥究竟何來?原來2013年甫退伍不久的陳朝源參加屏東縣政府農業處的「燕南飛計畫」,回到家鄉歸來務農,接手家中六分青蔥地及三分韭菜田。歸來以種植北蔥及四季蔥為主,北蔥是夏天種植,陳朝源期待創造「歸來蔥」,打出地方農產品牌。[60]二年後,歸來「大力蔥」逐漸闖出名號,變成地方特產,這也呼應「三生」均衡發展中的農村產業與自然生態、生活環境相互搭配發展,於是「歸來三寶」便成為歸來農村永續發展與活化再生中最好的地方農產品牌。

三　五大地理穴

地方文化產業理論中,關於地方文化底蘊如何轉變成地方符號及符號系統有一套系統模式,其實地方文化底蘊就是具有地方特色的文化資本,從具有當地特色不同層面的文化加以具體化生產出各種「造型、顏色、質感」等特定外顯「美感」及內在「象徵」的「符號」,這是地方品牌符號學期待完成的事。其中,構成地方品牌的七大要素中,首要的即是「起源故事」,包括地方起源、移民源流、歷史事件、傳奇典故、名人故事,其他地方生活風俗特色,及地方產品(產業)起源故事等,[61]而這些具有地方特色的無形文化其實都是歸來社

60　吳富正、湯玉婷:〈屏東縣府燕南飛計畫培育青農　陳朝源種青蔥打造歸來蔥品牌〉,《屏東e報》「生活情報」,2015年7月8日。下載網址:https://e121957572.pixnet.net/blog/post/294967195。下載時間:2020年9月23日。

61　廖世璋:《地方文化產業研究》(高雄:巨流圖書股份有限公司,2016年5月),頁258-261。

區再造過程中必須盤點、分析及再現的地方文化資源。

　　實際踏查訪談過程中，歸來社區耆老分享了「歸來五大地理穴」，分別包括：1、畚箕穴，2、睏虎穴（白虎穴），3、蟾蜍穴，4、鷹仔穴，5、蜈蚣穴。不大的歸來社區，竟有好幾個地理穴傳說故事，如慈天宮位置就在蜈蚣穴上，另外較為特別的是「睏虎穴」，相傳睏虎穴內有白虎沉睡，若是驚擾牠，白虎一醒必有人畜傷亡，因此直到今日地方慶典或廟會時，路過此處都不會放鞭炮。此外，因為穴位於私人土地，加上布陣未破，睏虎穴是目前保存最完整的穴位，也因此添加更多神秘的色彩。又如「蟾蜍穴」，此穴位在湖泊沼澤（歸來大堀）旁。沼澤地會有很多蛙類，在古代的風水觀念中，有蛙類的地方就會產生風水寶地，因此被稱為蟾蜍穴。[62]

　　這些地方傳說故事無論是世代傳承而來，或是地方穿鑿附會，其已逐漸在歸來社區居民閒話家常中流傳成集體記憶，甚至鄉里間的傳說故事還有如「紅橋」、「八卦太極圖」和「龍榕土地公」等，[63]也在庄民口中流傳傳播著。民間傳說故事的傳播與發展與地方文化的集體記憶之生成與轉變有密切的關係，有時新的故事產生或許未必是傳統民間文學學科中著眼的「真」或「偽」之辨，反而更是從新舊講述者

---

62 黃文車訪談，報導人：陳○清（91歲）、陳○輝（93歲）、陳○贊（88歲）。訪談時間：2020年4月28日。訪談地點：歸來社區活動中心。

63 「紅橋」位於村莊的邊緣，橋下是一片大沼澤，周圍種了很多竹子跟榕樹，也因此流傳著魔神仔的故事。「八卦太極圖」位於歸來社區發展協會前，據當地口述說以前村與村之間的外圍都是亂葬崗，後來即便遷墓，但為了安撫居民，就決定用八卦太極圖鎮煞。至於「龍榕土地公」傳說則提到歸來一間非常特別的土地公廟，早期廟後方有一株老榕樹，形狀像一條龍，有四個枝幹和一個眼睛形狀的樹洞，土地公廟正好位於龍頭，可惜後來被不明人士砍伐。據說那株龍榕被砍掉時，土地廟四周的一條河流水竟然變成紅色的，就像是龍的鮮血一般，令人嘖嘖稱奇。屏東大學通識教育中心108學年度第2學期「閩南文化通論」課程·歸來社區調查紀錄成果，2020年6月3日。

對於空間文化的詮釋,而這樣的詮釋又可為社區文化帶來怎樣的轉變。[64]換句話說,地方生成的傳說故事不斷在社區中流轉演變,地方怎麼「敘說」地方傳說故事,也就逐漸生成一個社區的集體記憶。

這裡其實可以觸及社區營造中「地方文化生活圈」的建立,其乃意指在地居民們在他們的地方有共同的社群生活與行為模式的具體呈現,此外,在一定範圍內在地居民於「地理」及「心理認同」上屬於同質文化空間。而此地方文化生活圈是透過文化設施的完善、文化組織的建全、文化活動的舉辦與參與,改善社區整體的文化環境,以提昇居民的文化素養。其中很重要的過程便是「尋找地方自己的文化魅力」,也就是地方必須從人力、文化、產業、地(自然)、景觀等五個面向去發掘地方的文化資源與特色。[65]歸來社區這些地方傳說無疑就是歸來社區的無形文化資產,在進行地方文化資源盤點時,「地方故事」是最接地氣也最容易形成地方集體記憶的資源,因此歸來社區推動農村再生與社區再造時,特別培力「地方導覽解說隊」,讓社區青年參與地方文化與產業解說,範圍包括慈天宮、傳說故事、農產生態及老屋古厝(謝家古厝、蔣家古厝)等,這些經過盤點、討論及設計出來的生態、生產、生活導覽路線,正好型塑出地方青年認知與建構中的歸來社區與在地記憶。

---

64 蔡蕙如:〈民間文學在社區營造下的角色——吉貝耍部落和土溝美術村的故事〉,《臺陽文史研究》第3期,2018年1月,頁1-38。

65 地方文化生活圈的形塑過程可有以下幾個步驟:1、首先必須經過「組織人」會議,討論出可行的發展方向。2、尋找地方自己的文化魅力。此部分的工作還需經過(1)地方資源的踏查,(2)社區遠景的描繪,(3)發現潛在的資源,(4)發表與討論,3、召開聯合會議凝聚共識,例如透過定期交流、智庫人才共用、課程培訓、共同研究、舉辦活動、景觀串連等合作機制,逐步形成地方生活圈。李欣宜、吳儷嬅主編:《地方文化館:生活圈概念書》(屏東:臺灣藍色東港溪保育協會、屏東縣社區營造中心,2012年1月),頁5。

四　北管・河洛捌音

　　歸來社區推動的農村再生計畫中，提到社區特色活動為「北管古樂」以及2000年後才引進歸來的「太鼓」表演。其中「北管古樂」（北管八音）是以社區內的「復喜軒北管古樂團」為代表。每逢佳節慶典，都會受邀演出，目前歸來社區正努力傳承北管八音，請老師傅利用農閒或晚飯後時間，聚集歸來地區的學童，教授傳統北管古樂，期望能讓地方曲藝文化傳承下去。（頁16-17）

　　「北管八音」是歸來社區傳統地方曲樂，過去我們習慣聽到的多是「客家八音」或「北管」，前者是客家族群的喜慶音樂，後者則盛行於臺灣各地。據劉美枝觀察：客家八音與北管於北部客家聚落扮演不同的功能與角色，但隨著時代環境的變遷，客家八音班吸收北管曲目，形成八音班，也會唱奏北管音樂。這種現象，有學者從臺灣整體傳統音樂的角度系統性地分門別類，將客家八音歸類於北管範圍內；或有將此客家八音班演奏北管音樂的變遷，視為「客家八音北管化」，以便凸顯其與南部客家八音的差異性。近一、二十年來，有部分客家八音團體改名為「北管八音團」，標榜其擅長客家八音與北管音樂。[66]

---

[66] 將客家八音歸類於北管範圍內的說法可見邱坤良：《臺灣地區北管戲曲資料蒐集整理計畫期末報告》（臺北：行政院文化建設委員會，未出版，1991），頁82；或見呂錘寬：《北管音樂概論》（彰化：彰化縣文化局，2000年7月），頁20-40。而視為「客家八音北管化」者如吳榮順：〈2010年度北部客家音樂活動觀察與評介〉，臺灣音樂館「臺灣音樂生態觀察」，下載時間：2020年9月25日，下載網址：http://tmiplantfrom. ncfta.gov.tw/m2/tmi_w1_m2_s3_c?id=32。客家族群於節慶活動時常出資聘請八音班作專業性的演出，稱作「請八音」、「請丟滴」、「打八音」等。「客家八音」屬於器樂音樂，有吹管類的「笛仔」（嗩吶）、烏嘟孔（低音竹管雙簧樂器）、簫仔，絃類樂器的二絃、胖胡（琴筒較大，是二絃的低音樂器）、吊規（京胡）、三絃，及打擊樂器噹叮、通鼓、鐼仔、碗鑼、鑼等。劉美枝：〈臺灣北部客家地區「北管八音」現象析論〉，《全球客家研究》第12期，2019年5月，頁180-182。

　　「北管」指北方的館閣或樂種，北管音樂主要隨著漳州移民而來，並於臺閩地區廣為流傳，而臺灣將北管音樂融入漢人宗教、民俗與生命禮儀等各個層面，可視為臺灣北管音樂的獨特現象。根據臺中市南屯區景樂軒成立於乾隆6年的資料，最遲在1741年，臺灣已經有北管音樂的活動；其他如傳統布袋戲、傀儡戲、歌仔戲中或是作為「過場音樂」等，都能聽見北管音樂。其常用樂器可分三類：「鼓吹類」，例如：小鼓、通鼓、大鼓、小鈔、大鈔、響盞、鑼、大鑼、大吹（嗩吶）、叭等；「絲竹類」，包括：提絃、吊鬼子、和絃、二弦、月琴、三弦、秦琴、琵琶、抓箏、洋琴、品、簫、篥、篪、笙、薰（塤）等；「板類」，例如：檀板、扣板等。[67]至於「八音」常見臺灣地區者，主要以二弦、胖胡、直簫、嗩吶、二胡及打擊樂器為主，多半在宗教儀式與慶典時演出。據說早期廟會慶典時，由於樂師人手不足，因此八音班與北管班的樂師會互相支援，因此在音樂呈現上有其相近之處。[68]比較來看，其使用樂器均包含吹管類的「笛」、「簫」或「嗩吶」，絲弦類如二絃、三絃、二胡，以及打擊樂器等三大類。

　　歸來社區的「北管八音」源自戰後初期從臺南西港劉厝庄的北管

67　呂錘寬提到：從戲曲人文生態觀察，北管音樂一般皆認為它從福建的漳州地區傳入臺灣，然而在今日福建省卻無與北管古路戲有關係的劇種，反而是鄰近的廣東、浙江可以找到幾乎與北管古路戲相同的唱腔，因此可能要重新思考音樂文化傳布與消長的情況。見呂錘寬：《北管音樂》（臺中：晨星出版社，2011年10月），頁77。另外，有關北管音樂樂器，可以參考該之「第四章　樂器與樂隊編制」，頁182-203。

68　「八音」在漢族音樂史上很早就出現，如《尚書‧舜典》有言「詩言志，歌永言，聲依永，律和聲。八音克諧，無相奪倫，神人以和。」（中國哲學書電子化計畫，下載時間：2020年9月26日，下載網址：https://ctext.org/shang-shu/canon-of-shun/。也有以「八音」是源自周朝時的八種樂器材料：金、石、絲、竹、匏、土、革、木。關於臺灣八音的源流，有些學者指出，或許是明末清初人民因為抗清等環境壓力關係，向外遷移並隨之遷居臺灣。參考臺灣大學圖書館「留聲臺灣」，下載網址：http://education.digital.ntu.edu.tw/taiwanhistory/twvoice/keepvioce_03_a.html。下載時間：2020年9月26日。

師傅劉枝貝到庄內開班授課開始。劉枝貝師傅是目前歸來北管古樂班陳○贊的老丈人，南來歸來教課，後來決定暫借庄內富人陳根門埕「安館」，拜西秦王爺。當時只要遇到廟宇慶典，常會聯合戲班演出，而歸來北管八音則作為後場伴奏，其中若有聲喉較佳或合適者，偶爾也會被要求配合戲班練習演出。[69]當時大屏東地區除了歸來以外，其他如崇蘭、公館、海豐，甚至到萬丹新庄、社皮，力社、洲仔，或是港仔墘等地，都有北管樂班活躍，彼此間也會互相交流。

　　歸來的北管屬於「暗館」，其他地方如社皮、海豐則是「光館」。據班內陳老師所言：歸來是福佬村庄，我們的八音是屬於河洛八音；至於「北管」，則是在此「企館」演奏「捌音」，故可簡稱為「捌館」（北管）。[70]如此來看，歸來的北管八音是「河洛捌音」。當時所參與的演出常是天官出場、「三仙會」、「醉八仙」時的「扮仙」伴奏，或是戲曲演出時的鑼鼓絲弦配樂，演出時候，文戲考的是唱曲，武戲則需掌握記憶力。

　　只是時過境遷，北管八音班耆老逐漸凋零，歸來社區進行社區再造時，亟欲延續歸來傳統曲樂文化，因此自民國88年（1999）暑假開始開設「北管八音」第一班，招攬社區子弟在假期時候於活動中心練習，期待能延續並傳承歸來河洛捌音文化。這個傳承班不但延續至今，每週還有固定練習時間，地方廟會盛事時節，歸來北管八音團也會出團參與；除此之外，鑽研臺語文的陳老師更將「番花」譜曲寫詞：

　　　番花，番花，嬌嬌仔五片花。

---

69 如報導人陳○贊年輕時曾演過小旦，黃文車訪談。訪談時間：2020/04/28。訪談地點：歸來社區活動中心。

70 黃文車訪談，報導人：陳○華。訪談時間：2020年4月28日。訪談地點：歸來社區活動中心。

清清的黃，抹砥中央，清清的白，滿身軀。

歸欉番花，看著田嬰，相著鳥仔，帶著佇的夢，歸括仔地自由
飛。

番花散，來泡茶，一人一杯，娥母著愛炕歸暝。

踮砥大廟口，顧著佇的家，永遠踮作伙，加佇陪。

恬恬幾落百年，日子一天一天過，未曉生氣，唔覓哭過。

正港伊是，歸來，番花！歸來，番花！[71]

歌詞中除描寫番花清黃淡白之美外，更將歸來庄民常在慈天宮廟口、
番花欉下泡茶聊天的情景傳達出來。透過新創臺語歌曲與傳統音樂，
非但能找回並延續歸來文化技藝和集體記憶，更讓歸來社區群眾對於
地方事能親切感受，這就是地方文化魅力之所在。

小結　文化再現與地方共生

　　本章之研究起始於屏東市歸來社區在農村再生計畫下推動的社區
再造工程，期能觀察歸來社區發展協會與慈天宮、地方群眾如何透過
生態、生產、生活之三生資源均衡發展下，盤點社區人、文、產、
地、景等資源與特色，進而透過地方創生與文化再現操作，建立一個
具有「幸福感」的「地方共生」歸來社區！誠如《屏東縣屏東市歸來
社區農村再生計畫書》中所說的社區發展願景——「牛蒡番花庄－幸
福歸來」，透過農村再生、地方創生推動的社區再造，主要期望透過
庄頭文史蒐集保存、古樂藝陣的培訓再造、產業文化的創造融合，共
生歸來社區更加美好的未來。

---

71 按：歌詞文字為筆者田野調查時拍照記錄繕打完成。

　　不過，借助地方文化之力來振興地方最大的挑戰或許還是來自於
「地方居民」的聲浪。地方文化雖然是地方精神之所在，但並非每個
人都愛在地文化，所以社區單位與有志人士如何透過地方會議經過討
論、盤點、聚焦而凝聚共識，最後慢慢獲得在地居民的支持，需要長
期耕耘與推動；另外，強求地方沒有的事物也是無濟於事，不如在故
鄉尋寶，重新發掘故里的優勢，找到屬於地方的優勢DNA，這樣才是
振興鄉鎮的基礎。[72]所以歸來社區自成立以來，持續不斷透過兒童學
習營、夏令營、青年寒訓營，藉以培育社區人才、青年及社區志工
等，期望透過農村再生、社區再造，構築「幸福社區」之基礎，讓外
界感受「成功歸來」的地方文化生活圈魅力。

　　這樣的幸福參與、社區再造而至地方共生，更多是來自歸來庄民
對於家鄉的「戀地情結」（topophilia）。段義孚（Yi-fu, Tuan）說「戀
地情結」這個詞語其目的是為了廣泛且有效地定義人類對物質環境的
所有情感紐帶。當這種情感變得很強烈的時候，我們便能明確瞭解，
地方與環境其實已經成為了情感事件的載體，成為了符號。於是當我
們從「位居地方」（in place）的角度出發，用地方的親切經驗去進行
社區營造工作過程中，地方歷史遺產與文化特色可以形成地方符號與
標誌，那延伸而來的活動就能鞏固當地的自我認同、豐富社區的公共
意象。而在意象背後支撐的是社區本身歷史的延續性和文化的獨立
性，無論組織形式是正式的還是非正式的。[73]我們可以確定的是：一

---

72 按：這裡的DNA除了可以意指地方居民血液中蘊藏著熱愛當地事物之密碼外，更可
　以被理解成地方文化資源的各項元素，而這樣的在地DNA元素除了需要被盤點蒐集
　外，或許還需要因注意人口流失與老化、生態環境被破壞、基盤設施體系瓦解與產
　業與就業市場的衰敗所產生的DNA時空裂縫以進行修補。〔日〕田村秀著、游韻馨
　譯：《怎能不愛在地文化　日本軟實力的秘密》，頁73-74，229-230。

73 〔美〕段義孚，志丞、劉蘇譯：《戀地情結》（北京：商務印書館，2019），頁140、
　326-327。

個健康的社區或地方需要友好鄰里與較高的公民參與性，在社區再造過程中，尋找地方獨特的文化魅力，藉以逐漸形成地方文化生活圈。

如此戀地的幸福感受，都來自於地方居民的親切情感，正如歸來社區故事一段特殊的介紹：

> 向東直行二百公尺，發現歸來三寶，娥母（牛蒡）、豆仔薯、蔥仔，嬌嬌禮禮貼砥巷仔口的牆仔面，親像咧加逐個拍招呼！三寶牆斜對面是八音鑼鼓番花柱，拄好砥豆仔薯伯的茨骹，砥遮，會董招請八音的老師父，挨一段台灣殼仔弦，順續奏一首八音扮仙幼曲，將古早味的河洛文化藝術，袋入去心肝芎仔，抾轉去沓沓仔享受。[74]

這些屬於歸來社區的歸來三寶、番花王、民間傳說故事、河洛捌音等地方符號與集體記憶，都在歸來社區多數群眾的參與中，看見「成功歸來」並與地方共生著。

---

74 屏東縣屏東市公所，「社區故事介紹」之「歸來仁寶區」，下載時間：2020年9月28日。下載網址：https://www.ptcg.gov.tw/News_Content.aspx?n=51293B11DE9A42C9&sms=3455D826182833D3&s=3A230301A87CAEED。

第七章
從地方傳說到文化品牌
——「屏東尋妖記」的在地敘說與多元實踐

　　叢薾臺灣，地形多樣，山海之間，雲霧波濤隱晦，確實增添無窮想像的空間。中國言「精怪」，本指各種自然物，山川土木、飛鳥潛魚、走獸爬蟲，老而成精，便能通靈變化；後來，與自然界各種反常現象結合，再與印度傳來的「魔」相混合，於是便有「妖怪」、「妖魔」、「精魔」等不同稱呼。臺灣漢人在悠久歷史中，山林澤海間或鬼或怪，野史軼聞多有傳言；對於原住民來說，因各族群對精神及物質世界的觀點不同，鬼怪傳說更加豐富，呈現出臺灣鬼怪形象的多元面貌。

第一節　從「屏東山海經」到「屏東尋妖記」的教學啟動

　　屏東地區有豐富的山海，地狹而長，自然資源豐富；其中族群多元，各有傳說故事。本章即是透過整理文獻資料、田野調查後，思考這些屏東妖怪存在的特殊意義；而本節則從「屏東山海經」多元敘事培力計畫的啟動，到「屏東尋妖記」大學社會責任計畫的操作，回顧屏東尋妖的教學源起與課程操作等概念。

一　教學源起：「屏東山海經」多元敘事培力計畫

　　2016年筆者與文創系張重金教授於大學學測監考空檔時間閒談，感嘆學子晝夜苦讀，卻未必識得鄉土文化，然而屏東有如此豐富的山海，故事多元，非常值得開發，於是創發「屏東山海經」的理念，取屏東有「山海風情」，而神話傳說故事最初經典來自《山海經》，因此屏東大學乃在當年向教育部提出「屏東山海經：從在地故事走向社區文創的文化多元敘事培力計畫」並獲得後二期補助（2015年至2017年），思考位居臺灣南方的屏東大學正好立處於山海資源豐富的屏東縣，擁有富足的人文與自然資源，在大學強調發展各校特色的當下，屏東大學更自覺需要經營在地、深耕地方。

　　所謂的「屏東山海經」要談的不只是一部經典，而是透過在地故事走向社區文創所進行的文化多元敘事培力去永續營造的可能發展。「屏東山海」用以說明屏東地方的空間與敘述，指的是屏東大學座落的空間場域，而「山海經」則有傳奇故事寶藏之隱喻。至於「經」則是意指「敘事力」培育之思維規劃，「屏東山海經」計畫強調此「經」的敘事力培育途經有三：1、「經緯」：敘事力理論及敘說學習；2、「經營」：田野現場與文化創意休閒設計；3、「經典」：再現族群文化敘事經典，回歸社區地方。換言之，乃是期待本新創群組課程之設計規劃能把屏東在地族群與多元文化這些珍貴的在地素材，透過「經緯」、「經營」和「經典」的階段目標，讓在地族群與多元文化從敘事理論、課程實務、田野現場和文創休閒四個面向去融入整合學院和社區能量，進而培育學生與地方民眾敘事與再現族群文化記憶特色之成果，甚至可以文創生產、召喚觀光進入社區，成為另一種所謂的

地方知識或經典意義。[1]

　　有關「屏東山海經」多元敘事培力計畫的課程聯結架構圖如下：

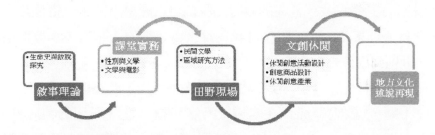

圖7-1　「屏東山海經」多元敘事培力計畫的課程聯結架構圖。
筆者繪製。

透過「多元敘事力」將這些在地故事轉化成多元培力實作，藉以展現敘說力的多元性與豐富性，以不同文創產品、觀光休閒或人文亮點再現，於是在持續結合專業知能和敘事力的敘說過程中，我們不但能照見自己，也可能不斷推陳出新的自己，這似乎同時指出透過融入敘事力的新創群組課程，可以為在地大學與地方社區發展出某種永續學習的新模式、終身教育與認知的各種新可能性。

　　執行「屏東山海經」計畫的過程中，我們企圖通過「敘說轉向」作為人文社會科學的解放性知識生產的工具，藉以開採與儲存在地知識與實踐智慧，以豐厚與活化人文社會科學知識的生命力與接地性，據之對專業知識進行更具脈絡性與實踐性的改造、活化與實作培育。所謂「敘說轉向」（narrative turn），強調以「敘說作為研究方法」來反思與理解人類社會的種種經驗與實踐。[2]其實每個人的一生都被故

1　屏東大學執行教育部辦理補助專業知能融入敘事力之新創群組課程計畫「屏東山海經：從在地故事走向社區文創的文化多元敘事培力計畫」，2016年版，頁7。

2　劉育忠：《假如我們的日子是彈珠──社區大學幸福教學的十堂課》（臺北：布克文化出版事業部，2012年3月），頁34。

事所包圍，而「我們的生活不停地和敘說、和講述的故事交織在一起，所有這些都在我們向自己敘說的有關我們自己生活的故事中重述一遍。」[3]透過自我或他人的敘說，我們可以體會不同生命價值和文化意義；更甚者，如果這些自我敘說來自在地的人事物，那麼從地方、社區到族群、文化的共同記憶，便可以透過採集、紀錄與儲存，進而敘說、轉變與再現，使在地元素為在地所用，讓在地有感。

　　不過，「敘說探究」在本質上乃在建構一種「關懷的共同體」（caring community）：當研究者與實踐者一起說起研究的故事時，很可能既變成是一個培力的流變故事，而二者或多向間，更可能交流、共享而激盪出共有的觀點。[4]在此之前，我們需要透過地方傳說（Local legends）的調查、採集和整理去歸類、分析屏東民間傳說故事中的「妖怪」，而這些妖怪又具有怎樣的特色和類型？這些屏東妖怪更呈現出怎樣的「在地敘說」（Local narrative）特徵？也就是地方的敘說者（narrator）[5]把過去的事件／素材（fabula），組合成可敘說的故事（story），然後加上地方性的「變異（情節）」（plot），於是形成可以被記憶或再敘事的文本（narrative text），[6]這些文本可能是同中見異，更可能是各具特色的。

　　從各地方不同的敘述者所進行的在地敘說後所產生的地方傳說或

3　〔美〕阿瑟・阿薩・伯格（Berger, Arthur Asa）著，姚媛譯：《通俗文化、媒介和日常生活中的敘事》（*Narratives in Popular Culture, Media, and Everyday Life*）（南京：南京大學出版社，2000年），頁2。

4　劉育忠：《假如我們的日子是彈珠──社區大學幸福教學的十堂課》，頁241-242。

5　據〔荷〕米克・巴爾所界定的「敘說者」（敘述人、敘述者）並非是敘述作品的作者，也不是所謂的「隱含作者」（implied author），在其書中指的是「表達出構成文本的語言符號的那個行為者」，〔荷〕米克・巴爾（Mieke Bal）著，譚君強譯：《敘述學：敘事理論導論》（北京：中國社會科學出版社，1995年11月），頁139。

6　〔荷〕米克・巴爾（Mieke Bal）著，譚君強譯：《敘述學：敘事理論導論》，頁5-6。

民間知識的建構，也將是「屏東山海經」計畫進行「敘說探究」過程中的重要依據與價值。因此，如何從屏東山海去敘說多元的族群故事，進而培育學生敘事能力與再現在地族群文化特色，便是「屏東山海經」多元敘事培力之新創群組計畫主要規劃與推動的重點項目。

二　課程操作：「屏東尋妖記」大學社會責任計畫

2018年至2019年，屏東大學執行教育部高教深耕計畫中的USR第一期計畫：「搖滾社會力：在地關懷為導向的社會企業與青年實踐計畫」，強調大學社會責任理念，以及如何培育和吸引人才，才是所有地方城市的關鍵課題。「搖滾社會力」計畫重點在建立並深化青年培力機制，讓青年看見地方社會的魅力；更期待透過議題設定和執行模式、具體做法、支援系統和永續經營機制，突破大學傳統教學培力的限制，使大學與社會攜手成就社區營造多元深化、社會教育與文化扎根和生態永續發展的使命。

在此理念基礎上，筆者教授的中文系「民間文學」課程即在「屏東山海經」計畫成果上，構思「屏東尋妖記」主題參與USR「搖滾社會力」計畫，期待推進「文化深耕」調查與實踐工作，透過屏東妖怪故事整理與教學，思考地方傳說與教學跨界的多元可能。

臺灣的大學校院數量這二十年來迅速擴張，從80學年度到96學年度已經突破百所。依據國家發展委員會調查，109年度臺灣大專校院更高達152所之多。[7]在臺灣逐漸少子化，大專校院數量仍舊高居不下的嚴峻挑戰下，大學教育端面對這樣的考驗，又該如何開創各自教育

7　按：數據資料時間為80學年度到109學年度，網站資訊查詢時間為110年2月，國發會整理。引自國家發展委員會網站，下載時間：2021年3月14日。下載網址：https://www.ndc.gov.tw/Content_List.aspx?n=CD0C0A5FC08858C9。

特色？如李宣文研究提到的：「現今高等教育之大學教育為求發展出極具特色的大學，因此另闢一新的途徑──大學校院與社區及地方緊密聯結，因此聯合大學與亞洲大學不約而同地以『地方學』作為大學聯結地方社區的元素與平臺，發展其具特色之『地方學』研究與學習，藉此亟求發展出具特色且卓越之新興大學院校。」[8]如此看來，臺灣大學校院發展朝向地方化與社區化的特色逐漸明顯，而強調在地研究或區域色彩也可能成為許多大學願意支持且熱衷的校務發展目標之一，這樣的情況正和上文提到教育部推動USR（University Social Responsibility）此大學社會責任計畫之理念是如出一轍的。

　　既然如此，中文系的課程將要如何突破傳統學科與固定思維，在經典學術中找尋可以「經緯」地方或「經營」社區的多元可能，最後或許可以形成另一種「經典」的意義？那麼，「民間文學」學科強調田野調查（field work）的實務工作與注重人類學、民俗學理論規範或可進行課程轉譯與教學操作。在此理念下，筆者提出「屏東尋妖記」課程主題，期待在過去執行科技部屏東縣閩南語民間文學調查研究基礎上，將蒐集的傳說故事進行轉譯和多元敘說，並發現故事與地方互動共生的多元可能；更藉以推動屏東在地妖怪故事的整理出版與活動推廣，發現地方的「文化符號」，進行地方社區互動，進而發現地方文化創生之可能。過程中更希望透過問題導向PBL（Problems Basic Learning）教學策略，強化師生實務專業知能、提升教學成效，並厚植學生基礎能力，培育具有實作力及就業力的優質人才。

　　在推動USR大學社會責任計畫過程中，學校計畫團隊推出幾個構想，包括：1、回應高齡化的社福需求，2、回應地方文化扎根需求，

8　李宣文：〈地方公民文化營造與大學教育聯結之研究──以聯合大學「苗栗學」與亞洲大學「霧峰學」為例〉之〈摘要〉，彰化：彰化師範大學公共事務與公民教育學系碩士論文，2011。

3、回應在地農業社區轉型及生態觀光需求等三個面向，其中要以「在地關懷」為導向，所以地方社區或社群角色尤其重要。其中「回應地方文化扎根需求」構想更聚焦於期望透過深度訪談蒐集口述歷史、紀錄民間文學，並進一步改編為在地文史／文創劇本，由社區成員及學生合組劇團演出；過程中也需要諮詢及整合相關資源，例如地方耆老、社區志工隊、社區媽媽教室、屏東市Clover幸運草兒童劇團、縣政府文化處、米倉藝術家社區協會等等。[9]換言之，中文系的民間文學課程可以從蒐集口述歷史、紀錄民間記憶，進一步從文化轉譯、文創發想去重新整合與思考地方文化的需求，更期待擁有情感附著的「在地關懷」。

　　胡萬川教授曾在〈臺灣通世界——民間故事之本土化與世界性〉文中曾發出訊息提到：

> 五十歲以上的臺灣人，特別是漢人族群，在聽故事的年歲裡，大概沒有未聽說過〈虎姑婆〉。⋯⋯新的世代的育兒經驗，是給孩子們講或讀「外國童話」，⋯⋯父母大概不喜歡給孩子們講〈虎姑婆〉或〈蛇郎君〉一類的臺灣民間故事。⋯⋯如今在學的大中小學生，對臺灣的民間故事如〈虎姑婆〉一類，已較少或不再聽聞，則是不可否認的事實。⋯⋯實際上會把「虎姑婆」故事講得完整的學生已不多，聽過「蛇郎君」故事的更少，會講「蛇郎君」的人更是稀見。[10]

9　屏東大學萌芽型USR計畫「搖滾社會力：在地關懷為導向的社會企業與青年實踐計畫」，2019年修正版，頁21。

10　胡萬川：〈臺灣通世界——民間故事之本土化與世界性〉，臺北：《大同大學通識教育年報》第4期，2008年6月，頁3-4。

2008年至今已過十多個年頭，這情況正好是筆者這十多年來教授中文系大學部「民間文學」課程累積下來的反省與感嘆，這些臺灣民間故事幾乎不在新世代學生認知記憶中的第一序列。民間文學課程教學當然可以採用西方的童話故事或神話傳說，但我們要思考為何西方的童話故事甚或是神話傳說可以不斷吸引不同世代或東西世界兒童的興趣和目光？反觀東方或臺灣的神話、傳說或民間故事可以怎樣地被述說或呈現，才能重新走入新世代年輕人的心裡？或者至少他們願意去閱讀與觀賞，這才是我輩學術界或教育界人士可以積極籌劃之要務。

　　基於推廣民間文學，結合走進社區的思維與責任，「屏東尋妖記」課程設定為一年期，透過「專題講座」與「實作研究」開發「課程教材」，並進而拓展與地方社區的聯結發展。至於具體實施操作內容如下說明：

　　1、第一學期：本學期執行將著重於「屏東妖怪誌」或「屏東妖怪地圖」的出版與繪製工作，計畫執行結合「閩南文化通論」、「華人社會與文化」等相關課程進行專題講座、問題思考與小組討論，期待完成1部《屏東妖怪誌》圖書。

　　2、第二學期：在上學期的妖怪圖像繪製與出版基礎上，透過「民間文學」等相關課程，讓學生分組進入不同社區思考與發現這些妖怪符號的文化魅力與想像意義，進而實務操作「文化符號」的多元創想，並期待能與地方社區進行聯結，更甚者可以找出商品創發或學生創業的可能發展。

　　透過「屏東尋妖記」的課程操作，期待把屏東33個鄉鎮市的地方妖怪傳說進行紀錄與跨界教學聯結，過程中我們希望能從地方傳說的「在地敘說」起步，進而跨入「文化品牌」概念的多元實踐。如前所言，在地敘說者可以透過自我的視角、視點以及人類利益等原則進行地方論述，這些敘說者用來進行文學操縱的主要手段之一「視角」

（perspective），在敘事學中的素材亦含有敘說者的「視點」（point of view），通過視點，素材的想像以及它發生於其中的（虛構）世界才會被建構起來。[11]而不同地方敘說者所呈現的「敘述文本」（narrative text）和「敘說技巧」（narrative technique）等概念，則能讓我們在其異質化與特殊性中找出地方文化符號，並逐漸拼貼建構所謂的屏東符號系統，以便未來可以轉變成文化產業進而參與地方創生的多元實踐工作。

第二節　臺灣妖怪學的定義與發展

> 鯤島臺灣在悠久歷史中，恐怖暗影潛伏於山海之間，或鬼或怪，野史軼聞多有傳言。鬼，有時被理解為人死後流連人間的靈魂精魄；怪，則有更廣泛的想像，可能具有奇異外形、由動植物化身、或更多難以歸類的存在。對於原住民來說，因各族群對精神及物質世界的觀點不同，鬼怪傳說更加豐富，呈現出臺灣鬼怪形象的多元面貌。[12]

叢薾臺灣，地形多樣，四面環海，中有山林迂迴，早期人煙能至處僅多在平原地區，至於山海之間，雲霧籠罩、波濤隱晦，確實增添無窮想像的空間。

---

11 〔荷〕米克・巴爾（Mieke Bal）著、譚君強譯：《敘述學：敘事理論導論》，頁55-56。

12 引自臺灣文學館「魔幻鯤島、妖鬼奇譚：臺灣鬼怪文學特展」網路文案，下載網址：https://event.culture.tw/NMTL/portal/Registration/C0103MAction?actId=80014。下載時間：2018年9月26日。

一 「魔神仔」的定義

據臺灣學者林美容教授所言：所謂「物久成妖」，漢民族的妖怪多是山精水怪，而「魔神仔」（môo-sîn-á）就是山精水怪之一，但其偏向將這些魔神仔的出現，視為是喚醒人類與大自然的關係，更是一種集體潛意識的記憶迸發。[13]至於何謂「魔神仔」？「教育部臺灣閩南語常用詞辭典」網站說「魔神仔」（異用字「墓神仔」），近義詞是「歹物」（pháinn-mih/pháinn-mn̄gh），意指「鬼魅、幽靈鬼怪」。[14]

在林美容、李家愷的調查下，整理môo-sîn-á發音遠近的漢字寫法大概可以分成三類：1、讀音接近者如「魔神仔」、「芒神」、「毛神仔」、「墓神仔」等；2、讀音較遠者，如「尪神」、「魔祟仔」、「摸箱仔」、「迷魂仔」等；3、無專門指稱的指代寫法，如「山中精靈」、「山神」、「歹物」、「那種東西」等。要而言之，狹義的魔神仔指的是矮小、會幻化、會作弄人的一種存在，本質是山精水怪之屬；而廣義的魔神仔則泛指鬼類，不過是單一的出現，不是一般所祀的好兄弟。[15]

簡單來說，魔神仔指的是常單一出現的鬼物，會作祟、令人失去神魂者。筆者田野調查時在屏東客家聚落曾聽過另一種說法，言村人到山中回來後若失去神魂者，應該是被「摸心仔」摸去心魂，這個「摸心仔」（海陸腔：mia˙ sim˙／四縣腔：miaˊ ximˊ）[16]和「魔神仔」

---

13 林美容：〈魔神仔是集體潛意識的記憶迸發〉，收入周易正總編：《臺灣妖怪研究室報告③妖怪見聞錄》（臺北：行人文化實驗室，2015年11月），頁18-23。

14 參考「教育部臺灣閩南語常用詞辭典」網站，「魔神仔」詞目。下載時間：2021年3月12日。下載網址：https://twblg.dict.edu.tw/holodict_new/index.html。

15 林美容、李家愷：《魔神仔的人類學想像》（臺北：五南圖書出版股份有限公司，2017年9月，初版三刷），頁11-14。

16 參考教育部臺灣客家語常用辭辭點網站，「各人伸手摸心肝」詞目，下載時間：2021年3月13日，下載網址：https://hakkadict.moe.edu.tw/cgi-bin/gs32/gsweb.cgi/ccd=wFuOXi/search。

在讀音上有近似之處，詞語內容更為傳神，兩詞或有彼此影響之處。

　　歷史文獻中的「魔神仔」，多被視為「山魈」或「山都木客」，如宋代《夷堅志》中記載：

> 大江以南地多山，而俗機鬼，其神怪甚佹異，多依巖石樹木為叢祠，村村有之。二浙江東曰「五通」，江西閩中曰「木下三郎」，又曰「木客」，一足者曰「獨腳五通」，名雖不同，其實則一。考之傳記，所謂木石之怪、夔、罔兩及山猓是也。……變幻妖惑，大抵與北方狐魅相似。或能使人乍富，故小人□□致奉事，以祈無妄之福。[17]

據書記載：江南多山之地，多有鬼怪依附巖石樹木，各地稱呼多有不同，如五通、木下三郎、木客、獨腳五通等，然其實所指皆是木石之怪、夔、魍魎或山猓等一類。這些山精石怪會變換妖惑，如北方狐魅一般。

　　自然界究竟有無這些鬼魅妖怪等「魔神仔」的存在是另一個議題，但先輩們流傳下來的鬼怪傳說故事，卻是一個族群的集體記憶，更可以是一個地方的文化記憶。然而，這些鬼怪記憶逐漸從臺灣年輕的下一代生命中逐漸消失，這有可能是城市發展人類移動的結果，但也可能是學校正規教育束縛的下場，以至於傳統文化逐漸被遺忘。

二　日本的妖怪學發展

　　「妖怪」（或言「精怪」）是什麼？中國歷史記憶中最早能溯及的

17　〔宋〕洪邁撰，何卓點校：《夷堅志》第二冊「丁志卷」第19（北京：中華書局，2006年10月，第2版），頁695。

妖怪紀錄可能還是《山海經》，爾後流傳演變，如《楚辭》、魏晉志怪小說、唐代傳奇，至宋元話本、明代《西遊》、《聊齋》等小說或清人筆記中，都有妖怪鬼魅紀錄存在。中國言「精怪」，本指各種自然物，山川土木、飛鳥潛魚、走獸爬蟲，老而成精，便能通靈變化；且常參與人的社會生活，多數危害作惡，擾亂生災，但有時又能護佑致福。後來，與自然界各種反常現象結合，再與印度傳來的「魔」相混合，於是便有「妖怪」、「妖魔」、「精魔」等不同稱呼。這些自然物，古人泛稱為「百物」，百物變出的精怪，周代人稱為「物魅（魅）」，簡稱為「物」。[18]這個「百物」的精怪文化也傳入日本，遂有許多「物語」（故事）書寫或「博物」考究。

從陳明姿導讀多田克己的《日本神妖博物誌（幻想世界の住人たち【日本編】)》導論中提到，在日本眾多幻想界居民中，最廣為人知的是「鬼」（日本名為「於爾」，おに，Oni)，其涵蓋範圍包括幽靈、鬼卒、邪神、不明怪物，以及長相醜陋、形體不全的人或野蠻人，都可以被稱為「鬼」，其中最有名的鬼應該是「酒吞童子」；其次，則是鬼的另一種，不見形體卻會害人的一種惡靈，稱之為「物」（もの，Mono)，「物」有可能是不明的動、植物之靈，或人類的亡靈，甚至是「生靈」（活人怨靈），日本平安時代常有「物之氣」擾民，此種疾病做祟時，常需要請陰陽師、高僧加以降伏。[19]該書中記載的「妖怪們大多像是日本土著的化身」，但其實其中也包括來自海外的妖怪，[20]例如來自印度，或者中國等，這也讓日本的幻想界妖怪們更加豐富多元。

日本的神與怪物最早出現於《古事記》，此書出現可推溯至西元

---

18 劉仲宇：《中國精怪文化》（上海：人民出版社，1997年10月），頁1。

19 陳明姿：〈導讀──千奇百怪的幻想界居民〉，收入〔日〕多田克己著、歐凱寧譯：《日本神妖博物誌》（臺北：商周出版，2009年2月），頁10-15。

20 〔日〕多田克己：〈序言〉，多田克己著、歐凱寧譯：《日本神妖博物誌》，頁16。

八世紀前後，內容則關注日本創世紀神話與眾神故事。《古事記》的出現很主要的原因可能是為了證實天皇的神授血統以鞏固大和族的統治權。約莫於平安時代，當佛教僧侶創建一種稱為「說話」的流派時，學者們便開始記寫這類的民間故事，例如當時有景戒和尚收集諸多各地傳說與超自然故事，且以佛教教義聯結而寫的《日本靈異記》（又名《日本現報善惡靈異記》），這是日本第一本「說話集」。[21]後來約在西元1120的時間出現了《今昔物語集》，內容共計33卷（現存28卷），超過一千個神話傳說、神仙妖怪等故事。雖然同時代的文學巨著《源氏物語》更具指標意義，但《今昔物語集》仍被廣泛地認為是第一部怪談著作，但不以「怪談」為名；其雖然也借用《日本靈異記》的道德說教故事，但是已有娛樂讀物的性質了。

　　日本妖怪學的發展可以追溯至江戶時代，那時經濟繁榮，江戶時代可以說是鬼怪的文藝復興時期。寬永三年，林羅山為了醫治德川家光，幫他翻譯一批中國的詭異神祕故事，希望可以減少他的生病苦痛。林羅山將其中32個較受歡迎的傳說彙編成《怪談》5卷（或名《怪談全書》），作為禮物進贈德川將軍，卻在無意中創造了一個日本「怪談」類別。此外，當時對於鬼怪故事的興趣，也因一種「百物語怪談會」的新興室內遊戲出現，從一時流行變成了真正沉迷，最後在日本隨處可見，人人參與。因為大眾的熱烈喜愛，開始有人專為此類遊戲設計特別的怪談集，書名或有直稱為「百物語」三字，例如1677年出版的《諸國百物語》，竟然一炮而紅；爾後如《諸國新百物語》、

---

21 《日本靈異記》中多數的「說話」都是以教化為動機所寫成，而費力手抄而成的「說話」，大部分是為了給旅行中的佛教僧侶佈道並嚇唬大眾以便循規蹈矩所使用的，那時以超自然為娛樂為概念尚未發現，有待發掘。參考〔美〕查克·戴維森（Zack Davisson）著、陳亦苓譯：《幽靈　日本的鬼》（新北：遠足文化事業股份有限公司，2016年8月），頁41-43。

《御伽百物語》、《太平百物語》和《萬世百物語》等，但其出版以獲
利為主，內容品質或藝術性參差不齊。[22]

　　此外，江戶時代的妖怪繪卷成為一種「怪奇圖鑑」，更逐漸變成
民間大眾認識妖怪的民俗傳奇體系，狩野派畫師鳥山石燕（1712-
1788）的「畫圖百鬼夜行」是妖怪畫卷中的重要名作。江戶時期的日
本妖怪研究強調的是「怪異性」，時有平田篤胤（1776-1843）對於
「鬼魂」存在與否進行探究；不過也受限於當時儒派學者論述，不在
公開場合討論鬼神議題。到了幕府時期又有河鍋曉齋繪製的「曉齋百
鬼畫談」，更被史家譽為「妖怪繪卷的總大成」。

　　十九世紀明治時代出現了妖怪博士：佛教學者井上圓了（1858-
1919），其透過抨擊迷信、秉持理性客觀，肯定日本妖怪研究價值，
並進行「妖怪學」的提倡。他從北海道到沖繩進行各地傳說研究，並
於1891年創立「妖怪研究會」，1896年出版八冊的《妖怪學講議》，並
大量使用「妖怪」一詞取代幕府時代日人好用的「化物」語彙。[23]據
井上圓了所言：日本妖怪約有百分之七十是中國傳來的，[24]但日本的
妖怪書寫卻豐富了日本民俗生活，成為日本獨特的文化價值。稍晚的
風俗史學家江馬務（1884-1979）在大正時期推出《日本妖怪變化史》
（1923），該書內容觸及繪畫、文獻等資料，以及妖怪的分類及歷史
發展等概述，其中比較重要的觀點在於妖怪變化的問題，以及從妖怪

22　「百物語怪談會」，意指收集一百個詭異故事的聚會，在江戶時代是很流行的一種
　　社交聚會。據說這個遊戲具有召喚幽靈到遊戲地點之作用，當最後一根蠟燭沒被熄
　　掉，應該就是某種東西已經在黑暗中等待。關於此類遊戲的描述最早出現於1660年
　　萩田安靜的怪談集《宿直草》（即《御伽物語》）中。參考〔美〕查克・戴維森
　　（Zack Davisson）著、陳亦苓譯：《幽靈　日本的鬼》，頁50-54。

23　葉怡君：《妖怪玩物誌》（臺北：遠流出版事業股份有限公司，2006年9月），頁158-
　　159。

24　〔日〕水木茂著、劉洪譯：《中國妖怪傳奇》（臺北：星光出版社，1992年10月），
　　頁201。

的視覺特徵、面容基準去進行妖怪的分類。到了民俗學者柳田國男（1875-1962）提出〈妖怪談義〉（1956）代表的是日本妖怪研究熱潮消退，其所言者在於妖怪信仰的零落。這樣的妖怪研究消退或許與二戰後日本國內百廢待興，轉而強調實業發展、培養積極態度有關。

　　到了昭和43年（1968），妖怪研究熱潮重啟，例如水木茂的「鬼太郎」電視動畫、大映的「妖怪百物語」、「妖怪大戰爭」，還有阿布主計的《妖怪學入門》（1968）、馬場あき子的《鬼的研究》（1971）、石川純一郎的《河童的世界》（1974）與知切光歲的《天狗的研究》（1975）等等，這些電視動畫與研究書冊的出現，預告著日本妖怪研究風氣再起，以及新的妖怪論述即將出現。

　　進入1980年代，日本新的妖怪學研究首先登場的是宮田登（1936-2000）於1985年推出的《妖怪的民俗學》，該書探討都市空間中的妖怪，以及開發時與自然的衝突；這時便有妖怪的出現、「魔所」的產生，「邊界」常常是一個不尋常的地方。1990年代前後，妖怪研究的創作成果也常可看見，例如服部幸雄的《顛倒的幽靈》（1989）、橋爪紳也的《化物屋敷》（1994）、橫山泰子的《江戶東京怪談文化的成立與開展》（1997），以及亞當・卡帕特（Adam Kabat）的《江戶化物草紙》（1999）等。這時可謂日本新妖怪學研究的大開展，「妖怪學」開始結合人類學研究進行探討，例如小松和彥在1994年推出的《妖怪學新考》中便強調研究妖怪過程，需要有人類學研究，以及跨學科研究之必要性，之後小松和彥更編纂與刊行《怪異的民俗學》，共計八卷。在此時期，妖怪研究也推展出其大眾閱讀的娛樂成績，例如夢枕獏（米山峰夫）的《闇狩魔師》漫畫、《陰陽師》（おんみょうじ），京極夏彥長篇推理小說《姑獲鳥之夏》，諸星大二郎的《妖怪獵人》，荻野真的《孔雀王》；更特別的是亦興起了一波的校園靈異怪談熱潮，例如常光徹的《學校的怪談》（1990-1997）等。

　　到了二十一世紀，國際日本文化研究中心也開始了妖怪聯合研究，在這十多年期間，其研究成果包括了《日本神秘與怪談文化的成立與變遷》（1997-2002）和《怪異・妖怪文化的傳統與創造──從前現代到近現代》（2006-2010）等等。換言之，1990年代以來到2010年這段時期，正是日本的妖怪研究從過去隸屬民俗學範圍中開始解放而獨立的重要時程。

　　逐漸發展出獨立風格的日本妖怪學在進入千禧年後的發展更加多元蓬勃，此外也逐漸走入大眾娛樂文化，例如香川雅信的《江戶的妖怪革命》（2005）、京極夏彥的《通俗「妖怪」概念成立的相關考察》（2003）和《妖怪之理妖怪之檻》（2007）、伊藤龍平的《ツチノコの民俗學──妖怪から未確認動物へ》（2008），還有如兵庫縣立歷史博物館的京都國際漫畫博物館推出之《圖說・妖怪畫的系譜》（2009）等等，可見江戶時期的日本妖怪文化研究正在開展當中。

　　跨過2010年之後，日本妖怪學跨入國際比較研究，例如國際研究集會出版的《怪異・妖怪文化的傳統與創造──從內外視野談起》（2013）和《東方妖怪與西方怪獸》（學習院女子大學，2015），日本國立民族博物館共同研究則有《驚異與怪異──想像界的比較研究》（2015-2019），天理大學考古學與民俗學論壇辦理的「從圖像探討怪異・妖怪之物」（2016）等。[25]

　　日本的妖怪和妖怪學發展，自江戶時代以來不斷推陳出新，在民俗學、人類學等學科理論的基礎下，更開拓其大眾文化與娛樂影音的可讀性與親切感；更甚者是日本的妖怪影視及相關產業可為日本帶來

25 有關日本妖怪發展軌跡敘述，參考〔日〕兵庫縣立歷史博物館香川雅信於「2020年度日中妖怪研究シンポジウム」發表的〈妖怪の思想史〉報告，日本國際日本文化研究中心大眾文化研究項目主辦「2020年度日中妖怪研究研討會」，2021年3月8日，12:30-17:30。線上會議網址：https://zoom.us/j/98208497135。

極高的經濟效益，這樣的日本妖怪學逐漸成為一套世人熟悉的模組，除了日本本土傳統怪譚的妖怪基礎論述外，同時間也輸出與交換日本和世界各地妖怪對話的各種可能性。

三　臺灣的妖怪學研究

　　古有記載，閩人好鬼尚巫。《史記‧封禪書》記載：「是時漢武帝既滅兩越，越人勇之乃言：『越人俗鬼而其祠皆見鬼，數有效。昔東甌王敬鬼，壽百六十歲。後世怠慢，故衰耗。』乃令越巫立越祝祠，安台無壇，亦祠天神、上帝、百鬼而以雞卜。上信之，越祠雞卜始用。」[26]可見閩越人信鬼尚巫的風氣自古有之，閩越族消失後，好鬼風俗仍在閩地流傳，《隋書》記載：「江南之俗，……信鬼神，好淫祀。」[27]至唐宋時期，好鬼尚巫變成閩地的重要民間習俗，[28]例如劉禹錫在〈唐故福建等州都團練觀察處置使福州刺史兼御史中丞贈左散騎常侍薛公神道碑〉中有言：「閩有負海之饒，其民悍而俗鬼。」[29]

　　《宋史》也記載「閩中『信鬼尚祖，重浮屠之教』。」[30]到了明清時期，此風依舊。如清嘉慶時期，於福建任官的姚瑩有言：

　　　　閩俗好鬼，漳、泉尤盛。小民終歲勤苦，養生送死且不足，輒
　　　　耗其半以祀神。病，於神求藥；葬，於神求地；以至百事營為

26　《史記》卷28，〈封禪書〉第6（北京：中華書局，1973年），頁1399。

27　《隋書》卷31，〈地理志〉第26（北京：中華書局，1973年），頁0886。

28　李喬：〈「開漳聖王」信仰形成原因分析〉，收入尹全海、崔振檢主編：《固始移民與閩臺文化研究：唐人故里，閩台祖地》（北京：九州出版社，2010年9月），頁69。

29　〔唐〕劉禹錫：〈唐故福建等州都團練觀察處置使福州刺史兼御史中丞贈左散騎常侍薛公神道碑〉，《劉賓客文集》卷3（臺北：臺灣商務印書館，1968年9月），頁22。

30　《宋史》卷89，〈地理志〉第42（北京：中華書局，1973年），頁2209。

不遂者，皆於神是求。[31]

當時民間有五妖神（五通神）危害，姚瑩批為「愚民之情」，嗤之視之。其實不只閩地，杭州地區也有五通信仰，如明代田汝成《幽怪錄》中有言：「杭人最信五通神，亦曰五聖，姓氏源委俱無可考。但傳其神好矮屋，高廣不逾三四尺，而五神共處之，或配以五婦。凡委巷若空園或大樹下多建祀之，而西冷橋猶盛。或云其神能姦淫婦女，疏運財帛，力能禍福見形。人間爭相崇奉，至不敢啟齒談及神號，凜凜乎有搖手觸禁之憂。」[32]關於杭人的五通信仰風俗，田汝成以為乃杭俗之大可笑者。

就官方或士人強調正當祀典，去邪祀、浸淫祠等禮教思維而言，實有其時代背景考量；然福建多山，有「八山一水一分田」之諺，這意味著閩地環境惡劣，加上瘴癘之氣，讓民眾心生恐懼，轉生敬畏，加上地方想像，遂有好鬼尚巫之風流傳至今，這也為閩南民間信仰提供一定養分，其中有不少神明，如女巫轉化為女神、男巫演化為神明等，都與好鬼尚巫的傳統密不可分。[33]

明清以來，閩南民間信仰文化也在「第一好過番，第二好到臺

---

31 〔清〕姚瑩：《東溟外志》卷4〈焚五妖神像判〉（臺北：臺灣銀行經濟研究室，1960年），頁29-30。

32 〔明〕田汝成：《幽怪錄》，引自〔清〕陳夢雷編纂：《古今圖書集成》「方輿彙編──職方典」第956卷「杭州府部」，135冊（臺北：鼎文書局重印本，1977年），頁8605。

33 林國平提到：「好巫尚鬼」的傳統為福建民間信仰的滋生和發展提供肥沃的土壤，部分女巫轉化為女神，如媽祖、陳靖姑等；或男巫演化為神明，如張標、黃七（黃仙師）、林義、黃師蓋、曹四公、張四公等；有精通巫術的僧尼道士被奉為神明，如宋代福安藥山、漳州陳泥丸、建寧道士葉法廣等。參考林國平〈去巫化與正統化：民間信仰的生存與發展之路──以福建民間信仰為例〉，《世界宗教研究》2013年第1期，頁33-34。

灣」的原鄉環境苦難背景下隨著移民潮前來臺灣或遠跨南洋落番。顏清湟曾說：到東南亞拓荒的閩粵移民，幾乎都與「移神」相伴隨。[34]也就是說閩粵移民出海的同時常出現「祖佛」渡海而來的「移神」現象，而這現象也就形成海外閩粵華人社會地區民間信仰與傳統風俗盛行的原因。

　　有清一代的鬼怪記錄幾乎多出現在清人地方志書或個人文集當中，例如清代文人范學洙的〈澎湖三十六島歌〉提到：「南嶼原有鮫人住，後以風濤居始遷。」澎湖南嶼有鮫人族，後因風濤巨大以致遷徙；無獨有偶的，屏東小琉球也有類鮫人存在紀錄，如《鳳山縣采訪冊》中寫道：「在天臺澳尾，相傳舊時有烏鬼番聚族而居，頷下生腮，如魚腮然，能伏海中數日。」[35]水中之妖，除了鮫人一類，其他如人面魚（又名「淵魚」、「海童」），如林焜熿編纂的《金門志》記載道：「康熙元年，大嶝海中有人面魚立水面，見人笑而沒。」[36]而此類似的見聞，吳子光的《臺灣記事》描述其在中部海港遇一位老漁民講述捕魚奇景。其言：「有老漁者為余言，曩結網海濱，獲得一怪物，面目口鼻具體人形，見人則合掌嘻笑，如金裝彌勒佛狀。按此即木華〈海賦〉所言海童塞路者是也。」[37]吳子光記載的老漁者所言之海中怪物見人合掌嘻笑，看起來像金裝彌勒佛，似乎不是那麼令人驚恐，此應是魏晉時期木華〈海賦〉中提到的邀路「海童」，如是模樣，也無怪乎近代許多科學家推測所謂人魚可能是古代水手將海牛（儒

34　〔澳〕顏清湟：《新馬華人社會史》（北京：中國華僑出版公司，1991年），頁11-14。

35　〔清〕盧德嘉：《鳳山縣采訪冊》乙部〈地輿（二）／諸山〉（臺北：臺灣銀行經濟研究室，1960年），頁31。

36　〔清〕林焜熿：《金門志》卷16〈舊事志／祥異〉（臺北：臺灣銀行經濟研究室，1960年），頁408。

37　〔清〕吳子光：《臺灣記事》卷1〈記臺中物產〉（臺北：臺灣銀行經濟研究室，1959年），頁12。

艮）、海象誤認成人魚模樣而產生的誤會。

除了海中妖怪，臺灣山林雲霧裊繞，更是存在諸多想像。明代釋華佑在其〈釋華佑遊記〉中提及臺灣「巨象牛」：

> 余至臺地，獲睹奧區，而後山一帶望氣蒼鬱，困於攀躋，未愜素懷。蕭客忽得異牛於二贊行溪，龐然巨象，日行三百里。過蛤仔嶺，望半線山，平行四十日。糧食已近，而東南之區獨未遍歷。復與蕭客射鹿為餐，饑食其肉，渴飲其血。凡十數日，始達諸羅之界。[38]

普陀山僧釋華佑與蕭客有可能在鄭芝龍在臺時期（1624-1646）因迷航而漂流來臺，從蘇澳上岸。闞正宗認為漢傳佛教隨著漢人移民臺灣亦隨之傳入，當時第一位來臺僧侶可能就是普陀山僧釋華佑；來臺時間，大約在荷蘭人據臺時期至鄭芝龍降清期間。[39]引文遊記中提到蕭客忽然在二贊行溪獲得龐然「巨象牛」，日行三百里，跨過噶瑪蘭，望見彰化山。如此深山巨牛龐大如象，更添詭譎想像。

同篇遊記中，釋華佑亦提及：「鹿港沙魚化鹿，蓋親見云。」（頁22）甚至傳聞其亦曾在蘇澳海岸見過鹿隻入水，化為鯊魚之奇異景

---

38 〔明〕釋華佑：〈釋華佑遊記〉，收入連橫：《臺灣詩薈雜文鈔》（臺北：臺灣銀行經濟研究室，1966年），頁22。連橫曾說：「釋華佑臺灣遊記一卷，久求未得。日者林君孔昭自新竹來，攜以相示。有臺灣內山總序一篇、雜記一則、圖十三幅，各有說語，似繇辭；是為青烏家言。」引自連橫：《雅堂文集卷1‧序跋‧臺灣遊記書後》（臺北：臺灣銀行經濟研究室，1964年），頁52-53。按：可見〈釋華佑遊記〉殘稿在日本殖民時期仍可看見，其中「青烏家」意指古代勘輿家。連橫亦言：「釋華佑〈遊記〉，臺灣堪輿家談之嘖嘖；師說相承，語多奇異。」見《臺灣詩薈雜文鈔》，頁25。

39 闞正宗：〈臺灣佛教新史之一──荷西時期的民間信仰與佛教（1624-1662）〉，《人間佛教》學報「藝文」第19期，2019年1月，頁122-129。

觀。臺灣明清的方志書中，多有鯊鹿變化之傳說；而民間多有「鯊鹿兒」、「鯊化鹿」、「鹿化鯊」之說。曾任嘉義知縣的翟灝在《臺陽筆記》中寫道：

> 臺灣有沙魚，出則風起。每當春夏之交，雲霧瀰漫，即跳海岸上作翻身狀，久之仍入水中。如是者三次，即居然成鹿矣。遍身濕淋，以舌舐其毛候乾，悵望林泉，有射鹿之番取之而去。此蓋天地之化生，而理有不可解者也。[40]

文中提到春夏時分有鯊魚躍身上岸，如是三次，竟然化身為鹿；因遍身濕漉，乃以舌舐舐皮毛。此「鯊鹿兒」故事，亦見於清代丁紹儀《東瀛識略》中提道「相傳臺鹿皆鯊魚所化，然沿海俱有鯊，即臺地山前亦有之，未見有化鹿事；獨後山鯊魚隨潮登岸，即化為鹿，毛色純黃，其孳生者始有梅花點。」[41] 兩志關於鯊化鹿之說略有出入，然整合觀之，可知其化生情節發展為：風起鯊出→三次躍岸→以舌舐毛→梅花斑點，且多見於臺地後山，如此繪聲繪影的方志書寫讓民間鯊鹿兒變成臺灣山精水怪合體之絕佳代表之一。

　　除了漢人傳統的民間信仰所產生的鬼神妖怪論述之外，在叢爾臺灣島上的原住民族，擁有更多的祖靈神話與各部落的傳說故事。臺灣原住民的傳統信仰偏向「泛靈信仰」，亦即天地自然、世界萬物、祖靈皆有其靈。[42] 臺灣的原住民族對於山林或海洋更加敬畏，對於未知

40　〔清〕翟灝：《臺陽筆記》〈附錄：閩海見聞錄〉（臺北：臺灣銀行經濟研究室，1958），頁32。

41　〔清〕丁紹儀：《東瀛識略》卷7〈奇異　兵燹／奇異〉（臺北：臺灣銀行經濟研究室，1957年），頁84。

42　引自「臺灣原住民資訊資源網」，下載時間：2019年9月28日。下載網址：http://www.tipp.org.tw/aborigines_info.asp?A_ID=1&AC_No=5。

的自然世界永遠尊敬。浦忠成說道：原住民各族群都有自己的妖怪傳說，例如鄒族最有名的是鹿妖，阿美族最有名的妖怪就是身型巨大、全身長毛的「阿里卡該」（Alikakay），另外布農族、卑南族還有山豬妖，排灣和魯凱族則有蛇郎故事。[43]當然，也有所謂的惡靈，例如卑南族傳言山谷回音是鬼靈惡作劇，而排灣族則懼怕名為Garal的惡鬼，它會趁夜陰飛至部落，從窗戶鑽入房中殺人。[44]這些令人畏懼的鬼靈，也是原住民族敬畏害怕的信仰之一。

　　日治時期臺灣原住民族的傳說故事調查整理成果，例如大正二年（1923）由佐山融吉、大西吉壽編著的《生蕃傳說集》，以及昭和十年（1935）由小川尚義、淺井惠倫編著的《原語による臺灣高砂族傳說集》；另者，如《臺灣日日新報》也曾報導許多臺灣魔神仔現身紀錄，如1901年的〈遇魔述異〉講述魔鬼幻變之事，1908年的〈山魔〉則報導其誘拐旅人、苗栗庄有鬼火亂舞、神主牌浮飛的異狀等等；以及由日總督府在明治33年（1900）在臺灣成立的「臺灣慣習研究會」並出版的《臺灣慣習記事》也提到日本人類學家在臺灣進行民俗調查，發現臺灣乃是「迷信秘密之寶庫，常使百鬼逸出。」[45]另者，大正時期平澤丁東的《臺灣の歌謠と名著物語》（1917）收錄「台灣の昔譚」，昭和時期有片岡巖的《臺灣風俗誌》（1924）或是池田敏雄等主編的《民俗臺灣》（1941-1945）等也記錄許多臺灣民俗、禁忌與怪譚傳說。日治時期的民俗學與人類學調查概念逐漸影響當時的臺灣知識分子，李獻璋的採集調查與成果《臺灣民間文學集》（1936）便是代表之一。

43　浦忠成：〈妖怪是警醒，也是朋友〉，收入周易正總編：《臺灣妖怪研究室報告③妖怪見聞錄》，頁26-31。

44　何敬堯：《妖怪臺灣　三百年島嶼奇幻誌》（臺北：聯經出版社，2017年1月），頁41。

45　もうもう生：〈手語的迷信〉，臺灣慣習研究會：《臺灣慣習記事》（中譯本）第肆卷（下）「第九號」，（臺中：臺灣省文獻委員會，1989年9月），頁132。

　　二戰後的臺灣在政權轉易後進入戒嚴的白色恐怖時期，直至解嚴前的四十年期間，學術研究與考察採集工作仍在各學門與民間進行著，不過鬼神妖怪多只合於鄉野奇談、民間軼聞而已。這時期比較重要的民俗刊物當屬1951年創刊至今的《臺灣風物》（The Taiwan Folkways）。《臺灣風物》由陳漢光發起並兼發行人，楊雲萍命名並擔任1、2卷主編，宋文薰、曹永和、賴永祥等協助編輯。該刊物以民俗習慣的採集紀錄和隨筆為主，其繼承《民俗臺灣》的精神與特色，扮演香火傳承角色，架起日治時代民俗研究和戰後臺灣研究的橋樑。[46]在1950至1960年代的國家政策時期，臺灣民俗與民間文學的調查都須配合政策主義，在此情況下，臺灣的民俗學調查如何銜接1930年代的採集成果，並聯結1990年代的臺灣各鄉鎮市文化中心、文化局的調查工作？《臺灣風物》發起人陳漢光、楊雲萍等人回憶該刊誌名為《臺灣風物》乃是受到《公論報》之〈臺灣風土〉副刊之靈感啟發，可見除了《臺灣風物》之外，1940年代末出現的《公論報》、《徵信週刊》之〈臺灣風土〉副刊或可提供我們觀察在官方政策或西方主義主導下從二戰後至1960年代之臺灣民俗及民間文學作品的整理發表情況。

　　1975年7月，陳奇祿在〈我和臺灣研究〉此文中提到當時的〈臺灣風土〉概況：

　　　　日本人據臺五十年，在表面上，臺灣免不了遺留有許多日本人
　　　　的影響，但是臺灣的居民，百分之九十八是漢人，他們的祖先
　　　　移居臺灣時所帶來的開疆闢土堅韌不拔的精神，正是中華文化
　　　　的菁華。李先生以為這個事實，應予究明，並作闡揚，這也許

---

46 不著撰人：〈《臺灣風物》一甲子的經營歷程〉，臺灣風物雜誌社網頁，下載時間：2021年3月12日。下載網址：https://folkways.twcenter.org.tw/about/intro.jsp。

就是《公論報》的「臺灣風土」副刊創刊的原因。[47]

由是來看，〈臺灣風土〉的出現呈現當時臺灣人民對於原鄉中華文化的繼承與闡揚，而此便是〈臺灣風土〉創刊的最重要原因之一。據筆者研究發現，〈臺灣風土〉副刊所刊載之臺灣民間文學作品約有556則，民俗文化記錄則有159例。其中，臺灣民間文學資料中又以漢人之閩南族群者為多，且多集中於傳說（73則）與故事（53則）、歌謠（142首）和諺語（167條）等類型；而高山族的傳說也有62則，為數不少。民俗文化的資料記錄亦以漢人者為主，計有103例，且多集中於宗教信仰和風俗習慣兩類，而原住民的風俗記錄也以其風俗習慣者為記錄要點。[48]

　　爾後，陳奇祿在〈臺灣風土〉副刊58期「編後語」曾寫道：「本期我們揭載婁子匡先生和林衡道先生兩篇關於民俗學的文章。本刊可以說是一民俗學的刊物，在以前所揭載的，雖都是限於臺灣的，但是許多愛護本刊的朋友們，提示我們以臺灣的民俗研究是不能不同時研究內地的民俗的，因為臺灣是我國的一環。」（1949/07/12）可見在當時的時代環境下，臺灣的民俗學、民間文學整理工作必須去觸及整個中國的、或是以發揚中華文化為依歸目標，那麼所謂的民族英雄或抗

47　按：陳奇祿言其擔任〈臺灣風土〉主編乃自1948年5月10日至1955年5月3日，此間共刊出了195期。但是1951年9月到1953年2月期間，因其至美國進修，故編務由方豪主持（1951年10月5日出版的143期至1942年5月16日出版的157期，計共15期），當時〈臺灣風土〉每期所佔篇幅約為報紙的半頁，字數通常在八千字左右。陳奇祿：〈我和臺灣研究〉，原載於《新時代》15：7，（臺北：正中書局，1975年7月），頁16-22。後收入陳奇祿：《民族與文化》（臺北：黎明出版社，1984年6月，四版），頁141-142。

48　黃文車：〈政策主義下的異音──戰後〈臺灣風土〉副刊中的臺灣民間文學整理與其思維意義〉，收入臺南大學編印：《第一屆～第五屆思維與創作學術研討會論文選》（臺南：臺南大學，2012年），頁345-346。

日義士自然可以被整理進〈臺灣風土〉副刊中。就此來看,〈臺灣風土〉副刊進行的其實是一場「彙整國故」的編整工作,民俗學者及有識文人在整理民俗學的熱誠思維下進行著當時代理所當然的中華文化典故整理,而這樣的思維某個程度而言恰巧地呼應國民政府的政策考量,〈臺灣風土〉副刊便能適然地存在於當時特殊的時空環境,成為一種官方政策及西方主義書寫外的「異音」。[49]

在1950至1960年代官方政策與西方主義的時代氛圍中,〈臺灣風土〉副刊和《臺灣風物》二者對於民俗風物的整理觀點有其延展承續之關係,因此我們應該可以很確定的指出:〈臺灣風土〉副刊的文學歷史價值在於其整理臺灣民俗與民間文學,並且前衛《民俗臺灣》,後啟《臺灣風物》,可見其在戰後至1960年代臺灣民俗與民間文學發展史中的特殊與重要地位。

在此期間,鄉野傳奇仍在,民俗採集考察多有,不過學術界不見以「妖怪」為名之研究,但鬼神怪談的懸疑神祕性和市場利益性,卻仍是民間大眾,甚至是影視媒體喜愛探討的對象。例如臺南三大奇案中的「林投姐」,便推出故事小說與電影作品,前者如1979年聯亞出版社出版的《林投姐》民間小說,其〈出版序〉提到:

> 本省對於孤魂野鬼,不論上層或下層社會,在潛意識上,普遍存有一份恐懼感,於是有鬼故事的產生。這類民間傳說,經過千百人的流傳,在不知不覺間賦予了它新的意義,而特別偏重於善惡終有果報的必然性。老一輩的人津津樂道這一類故事,以鬼的力量來教育下一代。告誡他們做人不要為非作歹,壞人雖可逃於一時,卻不能逃得了一世;即使逃得了一世,死後在

---

49 黃文車:〈政策主義下的異音——戰後〈臺灣風土〉副刊中的臺灣民間文學整理與其思維意義〉,頁349。

陰間地府終必償還。總歸一句，天理昭彰，報應不爽！[50]

臺灣民間鬼怪或神靈傳說多和民間信仰與善惡果報結合，成為臺灣民間社會另一種行善勸惡的心靈規準力量。林投姐的鬼故事在臺灣民間社會流傳不衰，如編者章子卿所言：人死後，靈魂轉變為厲鬼，反而更具人性與道德意識。當現實社會──人間產生不公的現象，無法解決，便只有向陰間討一個「公道」回來。這種「三世果報」的觀念，一直根深蒂固地埋藏在世人心中。[51]過去臺灣社會的單純與美好，或許也和民眾對於神靈鬼怪的崇敬與敬畏心理有關，自然而然也就形成一股無形的約束力量。

臺南林投姐的傳說故事也曾數次被拍成電影，可見臺灣社會對於這類「天理循環、報應不爽」的鬼魂復仇戲碼頗能接受。1956年由導演唐少華執導的《林投姐》臺語片首發先聲，1979年《林投姐》由楊道執導、中華電影公司重拍發行，並請來柯俊雄、楊麗花分別擔任男、女主角。直到1988年，導演丁善璽又重拍《林投姐》，這次的演員包括姜大衛、施思、顏鳳嬌等人。特別的是1979年由柯俊雄、楊麗花主演的《林投姐》電影劇照也附載於臺灣民間小說②《林投姐》書末，透過看圖介紹電影或故事的方式，一來增添讀者對於故事的印象，二者想必也是藉此達到電影宣傳的效果。[52]

除了小說和電影，中國電視公司在1984年推出閩南語靈異節目「信不信由你」開談話性靈異節目之先驅，但直到1991年臺灣電視公司「玫瑰之夜」所推出的「鬼話連篇」靈異故事單元，創下極高收視

---

50 張文宗：〈出版序〉，收入章子卿編：臺灣民間小說②《林投姐》（臺北：聯亞出版社，1979年10月），頁1。

51 章子卿：〈編者序〉，收入章子卿編：臺灣民間小說②《林投姐》，頁3。

52 中華電影公司提供：「林投姐電影劇照集錦簡介」，收入章子卿：臺灣民間小說②《林投姐》書末，未註頁碼。

率，轟動一時；自此從1995年至1999年可謂臺灣靈異節目全盛時期，例如《黑色星期五》、《接觸第六感》、《星期天怕怕》、《穿梭陰陽界》、《猛鬼探險隊》、《陰間旅行團》、《神出鬼沒》、《鬼話連篇》等多達十多部談話或戲劇節目都在這個時期出現，其中還有在1996年至2003年由中華電視公司推出的《臺灣靈異事件》單元劇也在當時掀起追看熱潮等等，然而臺灣真正的「妖怪」研究，還是要等2010之後。

　　2013年網路興起一波「臺灣最強女鬼」熱潮說法，短短數年間，臺南三大奇案另一主角陳守娘傳說乃以「臺灣史上最強阿飄」、「臺灣最強的女鬼」、「臺灣最強女鬼」和「最強亡美陳守娘」[53]等稱號於臺灣靈異傳說或妖怪敘事中出現。[54]基於新世代網路傳播魅力與年輕人作意好奇的特質，臺灣學界或社群開始興起妖怪研究調查與蒐集整理工作，前者如林美容與李家愷撰寫的《魔神仔的人類學想像》（2014.2），透過人類學調查方式考察研究「魔神仔」傳說與故事，及其與人類、大自然相互間的關係，並從比較民俗學、人類學想像去歸納「魔神仔」為精怪、臺灣版矮人等可能解釋；後者則如角斯（曾鼎元）自2012年開始進行《臺灣妖怪地誌》創作（2014），之後又出

---

53 按：「臺灣史上最強阿飄」出自黃震南：《臺灣史上最有梗的臺灣史》（臺北：究竟出版社，2016年8月），頁119；「臺灣最強女鬼」出自臺北地方異聞工作室：《唯妖論：臺灣神怪本事》（臺北：奇異果文創事業公司，2016年10月），頁286，以及何敬堯：《妖怪臺灣地圖：環島搜妖探奇錄》（新北：聯經出版社，2019年5月），頁161。至於「最強亡美陳守娘」則見何敬堯：〈最強亡美陳守娘〉，「臺灣女鬼系列」，《自由時報》，2020年9月13日，亦可見於網路新聞「神秘花園」，下載網址：https://ent.ltn.com.tw/news/ paper/1399239。下載時間：2020年9月16日。

54 陳守娘被喻為「臺灣最強女鬼」的說法可從臺灣大學電子布告欄（BBS）系統研究社「批踢踢實業坊」（PTT）上的「marvel」看板（靈異事件看板，或稱「媽佛版」、「飄版」）上，2013年12月14日凌晨1點14分由ID代號為「kokone」（吳家男）張貼一篇題為〈[分享]臺灣鄉野小故事……最強女鬼傳說〉的文章作為代表。參考柯榮三，〈厲鬼‧節婦‧烈女記──臺南陳守娘傳說探頤〉，《臺灣文學研究學報》31期（臺南：國家臺灣文學館，2020年10月），頁14-15。

版《臺灣妖怪卷壹：巨人怪說》（2015），行人文化實驗室附屬妖怪研究室出版的《臺灣妖怪研究室報告》三冊（2015.11），各冊主題依次為「壹、臺灣妖怪圖鑑」、「貳、妖怪觀察記錄指南」和「參、妖怪見聞錄」等，可以視為認識「臺灣妖怪」的入門手冊書。

　　隔了一年時間，臺北地方異聞工作室出版《唯妖論：臺灣神怪本事》（2016.10），引用佛教「空」、「壞」、「住」、「成」四劫概念為標題，列出49種鬼妖，其中不少來自臺灣傳說故事，例如「日月潭的白鹿」、「林投姐」、「蛇郎君」甚至是屏東在地的「舊大路關石獅」等，標示著臺灣妖怪紀錄與書寫開始注意在地傳說的妖怪類型，這是不錯的發展方向，似乎也宣告著「臺灣妖怪學」的發展與建構正持續進行，例如何敬堯嘗試建構臺灣的「妖怪學」，他成立了「百鬼工作室」，整理出四百多項條目，蒐集了臺灣四百年前到二戰終止共321年有關臺灣「妖怪」與「奇談」的文字記載，遂有《妖怪臺灣　三百年島嶼奇幻誌》出版，那其實是一部臺灣妖怪奇談百科全書的整理，他也期待透過一名故事寫作者的角度，不求歷史的真實，而是追求「想像的真實」。[55]何敬堯的《妖怪臺灣　三百年島嶼奇幻誌》提到過去臺灣的妖鬼神靈研究多附屬於「民間傳說」、「民俗學」體系之下，尚未有如日本「妖怪學」觀點，其將此書之「妖怪」二字區分成「妖鬼神遊」和「怪談奇夢」，前者談臺灣妖怪、鬼魅、神靈之索引，後者則是收錄各式各樣的臺灣奇異傳說，包括：奇人、奇事、奇物、奇地。依據何敬堯的搜查分類，其以為臺灣島上出現的「妖怪」，可以略分為「幻獸」、「靈禽」、「奇蟲」、「魔人」、「龍族」、「物妖」等；而「鬼魅」則可略為「人鬼」與「災鬼」；至於「神靈」則可能有兩種演化方式，第一種是由「妖怪」、「鬼魅」所進化而成，第二種直接由「人

55　何敬堯：《妖怪臺灣　三百年島嶼奇幻誌》，頁16-18。

死後」、「自然界異相」成為「神靈」的存在。[56]

　　有關妖怪鬼魅「演化」成神靈，或者是人死後及自然界異相者「演化」成神靈之方式為何？其實觸及「陰靈」如何轉變成「神靈」，甚至受封為「正神」之途徑發展。一般來說，鬼魅或人死後成為陰魂，世人恐其為厲有害人間，多會建祠奉祀，此乃意欲「鬼有所歸，乃不為厲」。[57]如此建廟奉祀的情況即是臺灣民間隨處可見之「有應公」、「萬應公」模式。如果有應公能一再顯現有益於地方的靈驗事蹟，便能在民眾的崇信之下，逐漸轉化為神；或者是經由其他正神奏請玉皇大帝而保舉成神者。[58]換言之，這些鬼魅妖怪或人死後陰魂，必須「死後有靈」且「有益地方」，在功德圓滿或由其他正神推薦保舉奏請玉皇大帝後，始能轉成神靈或正神。這樣由鬼魅陰魂「演化」神靈的途徑是臺灣民間信仰的認知方式，但是否全然適合所有的「妖怪」或「異相」者，以便完成「臺灣妖怪學」的論述，恐還是要更多有興趣者投入觀察與研究。

　　其實「妖怪學」一詞從日本借名而來，實質內容裡的鬼魅神靈妖物，還是得從「各式各樣的臺灣奇異傳說」去整理歸納。如上文所言，妖怪的存在很多來自敬畏的想像，離開了一方水土，這些妖怪是否具有一定的意義可能是我們要思考的問題；再者，臺灣妖怪學的發展除了廣泛的百科全書式蒐集外，各地方若能投入實際的人類學與民俗學調查工作作為基礎，並進行分析探究，如此當能拼湊具有「地方特色」的地方妖怪記憶，並藉以建構不同的地方知識系統。這些地方妖怪如何聯結地方集體記憶與自我述說？是否可能成為一個地方的記

---

56 何敬堯：《妖怪臺灣　三百年島嶼奇幻誌》，頁30-35。

57 〔唐〕孔穎達：《春秋左傳正義》卷44〈昭公七年〉中有言「子產曰：鬼有所歸，乃不為厲，吾為之歸也。」（臺北：藝文印書館，2001年），頁763。

58 羅景文：〈衝突、競爭與合作──南臺灣神靈鬥法傳說中的敘述結構、信仰關係與地方互動〉，《臺灣文學研究學報》28期，2019年4月，頁205、212。

憶符號？如何讓地方妖怪走進社區進而成為文創轉化的諸多可能？都是臺灣妖怪學發展的過程中可以拓展的不同進路。透過臺灣的地方妖怪學系統概念，我們如何進一步理解地方妖怪背後透顯出來的地方思維或社會意識，這也是地方「妖怪社會學」的可能意義。

　　這裡所言的「妖怪社會學」，乃是希望從地方傳說故事找尋與紀錄歷史、空間中成型的鬼魅精怪或神靈，透過這些妖怪圖像與其生成意義，探討地方的文化記憶，並進而思考妖怪符號與地方社會之間長期互動而創生的文化價值。

第三節　地方創生思考下的屏東妖怪教學

　　「創生」概念引自從文化人類學的觀點提倡文明論的日本學者山口昌男主張，他說新的文明必定是誕生於邊陲，並以文化的中心性與邊陲性為基本概念展開論述，此外其亦關注邊陲領域的重要性。[59]作為長期被視為邊陲之地的屏東，該怎樣從地方創生思考中找尋並落實地方文化的價值與發展，此為本小節主要探討「屏東妖怪」教學實作之目的。

一　屏東妖怪的定義

　　關於「妖怪」的類型界定，各家自有一套說法。井上圓了認為應該有「虛怪」和「實怪」，前者又包括了「偽怪」（人為的妖怪）和「誤怪」（偶然的妖怪）；後者則包括「假怪」（自然的妖怪）和「真

---

59 〔日〕山口昌男：《知の祝祭　文化における中心と周縁》（日本：河出書房新社，1988年）。

怪」（超理的妖怪）。[60]前文提及何敬堯將臺灣妖怪分成「妖鬼神遊」
和「怪譚奇夢」，前者有「妖怪」、「鬼魅」、「神靈」者；後者則有
「奇人」、「奇事」、「奇物」和「奇地」。其中「妖怪」和「鬼魅」的
分類中，「妖怪」包括：1、「幻獸」指天地精氣化生的靈獸、怪物，
例如鯊鹿兒、巨象牛等；2、靈禽，指天地精氣化生的異鳥靈禽，例
如墓坑鳥、婆娑鳥等；3、奇蟲：指天地精氣化生的蟲類怪物，例如
海上鬼蝶、烏蝶妖怪等；4、魔人：形狀類似人類的奇形種族，例如
澎湖鮫人、魔神仔等；5、龍族：生存於臺灣島的遠古龍種，例如碧
龍、木龍、旱龍等；6、物妖：無機質的物件所生成的妖怪，例如金
銀鬼、豬哥石等。至於「鬼魅」分類則有：1、人鬼：人死後成鬼，
通常擁有詛咒的能力，例如嘉邑女鬼、陳守娘、林投姐等；2、災
鬼：會帶來災厄、疫病的鬼怪，例如瘧鬼、疫鬼、五色鬼等。[61]總和
來說，即是天地宇宙間一切靈異神奇者，但又不合常理正道原則皆可
涵括之。

　　若此而言，則「屏東妖怪」所指為何？顧名思義，屏東妖怪指的
是產生於屏東地區範圍內的妖怪，至於「妖怪」所指涉範圍含括為
「妖精」、「鬼魅」、「神靈」三類。其中有魔幻有靈、有其形象者，名
為「妖精」；或魂魅聚散、不得其形者，稱為「鬼魅」；另外則是妖
精、鬼魅因神而有靈、為人所崇祀者，演化成「神靈」三者。茲將屏
東妖怪定義範圍，圖示如下：

---

60 〔日〕井上圓了著、蔡元培譯：《妖怪學講義錄（總論）》（香港：中和出版有限公
　　司，2015年2月），頁250-253。
61 何敬堯：《妖怪臺灣 三百年島嶼奇幻誌》，頁20、34-35。

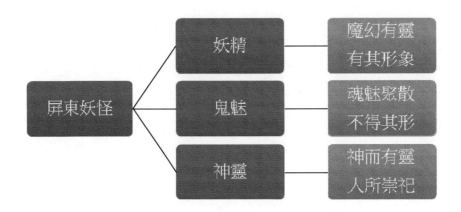

圖7-2　屏東妖怪定義示意圖。筆者繪製。

「屏東尋妖記」課程中的「屏東妖怪」定義與分類或恐未完整，此乃參考日本妖怪學中的「鬼」與「物」、井上圓了的「虛怪」和「實怪」等區分概念，從其形象與否區別「妖精」及「鬼魅」，再結合何敬堯「妖怪」、「鬼魅」、「神靈」等分類原則，思考妖精修煉圓滿、應劫助人或鬼魅死後有靈、有益地方，甚至得正神舉薦而可升格為「神靈」之可能；最後參酌實地採錄所得之33件屏東鄉鎮市妖怪為基礎，故暫以「妖精」、「鬼魅」、「神靈」三類型概分之。

二　「民間文學」課程教學實作

　　「屏東尋妖記」構想創發於2016年的「屏東山海經：從在地故事走向社區文創的文化多元敘事培力計畫」推動後，中文系的「民間文學」課程與教育系、社發系、休閒系等其他專業或通識博雅課程聯結成一個多元敘事培力的課程模組，期待透過在地故事走向社區文創去思考地方文化永續經營的可能發展。

（一）尋找在地 DNA・地方文化核心價值

「屏東山海經」計畫希望透過此新創群組課程，找出屏東大學與在地文化互動共進的發展性與永續性，藉以培養本校教學特色，更能回應地方與社會，找到其發展之經典與價值所在。因此計畫執行時強調以下特色：

（1）跨界課堂與田野：帶領學生從平面學習到活態互動。
（2）結合專業與民間：讓學生與在地族群相互學習認知。
（3）運用文創與設計：激發想像，使知識能實務立體化。
（4）回歸社區與休閒：回應地方所需，導入休閒與觀光。[62]

換言之，透過計畫的推動執行，我們期待在地族群與多元文化能從敘事理論、課程實務、田野現場和文創休閒四個面向去融入整合學院教學和社區能量，進而培育學生與地方民眾去敘事與再現族群文化記憶特色，甚至可以透過文創進行生產、召喚觀光進入社區，藉以找出屬於屏東地方的個性溫度，這其實也就是克利弗德・紀爾茲（Clifford Geetz）所言「地方知識」（Local knowledge）所凸顯的「地方性」不僅在於空間、時間、階級、事件、文化與宗教等，更是在於其腔調。[63]這個地方腔調是地方特有的個性和溫度，當然也承載著當地人的想像能力和集體記憶，或許更是地方的經典意義。

這樣的跨界課程聯結到了2017年屏東大學出版的《屏東文學青少年讀本》之「卷五：民間文學卷」基礎上，筆者再透過執行2018年屏

62　屏東大學執行教育部辦理補助專業知能融入敘事力之新創群組課程計畫「屏東山海經：從在地故事走向社區文創的文化多元敘事培力計畫」，2016年版，頁9。

63　〔美〕克利弗德・紀爾茲（Clifford Geetz）著、楊德睿譯：《地方知識》（Local Knowledge）（臺北：麥田出版，2007年），頁295。

東大學社會企業與公益創新USR計畫進行的「文化深耕」項目，以及教育部高教深耕計畫中107年度教師社群補助，期待透過屏東妖怪故事整理與跨界教學，思考地方傳說與地方創生的多元可能。

　　實證主義地理學家大衛・哈維（David Harvey）曾經提到全球化過度發展後造成的資本過度累積（over accumulation）產生空間的內在危機，必須透過「時空修復」（Temporal-spatial Fix）去進行空間的定著、修復，以及藉由時間的延遲或空間的擴張來延緩危機的產生。大衛・哈維掌握過度累積、資本循環和經濟危機等重點，提出「時空修復」理論，其「修復」（Fix）理論應該具有兩種意涵：一種是本來意義上的修復，是指整個資本的其中某一部份在一個相對比較長的時期內以某種物理形式被完全固定在國土之中和國土之上；一種是隱喻的修復，是指通過時間延遲和地理擴張解決資本主義危機的特殊法。[64] 而這樣的「時空修復」，其實也就包含了時間修復和空間修復概念，前者主要表達在資本主義循環理論及經濟危機時間推移的反覆思考；後者則與資本的擴大再生產有關。以目前人文社會學研究而言，「空間」已是無法迴避的問題。[65]

　　全球化發展過程中，伴隨著人口流失與老化、生態環境被破壞、基盤設施體系的瓦解與產業與就業市場的衰敗等因素，持續加深城鄉差距擴大和空間極化發展，最後導致「限界集落」（げんかい　しゅうらく）的結局。所謂「限界集落」乃是日本社會學者大野　晃（おおの　あきら）於1991年提出，意指因人口外流導致空洞化、高齡

---

64 〔英〕大衛・哈維（David Harvey）著，初立忠、沈曉雷譯：：《新帝國主義》（*The New Imperialism*）（北京：社會科學文獻出版社，2009年），頁72。

65 有些學者指出：「空間修復」的一致性必須反映資本主義時空矛盾的所有方面，無論是擴大再生產的一般時期還是經濟危機的特殊時刻，因此「時空修復」理論也有其侷限性。參考趙海月、赫曦瀅：〈大衛・哈維「時空修復」理論的建構與考量〉，《北京行政學院學報》2012年第5期，頁70-71。

化，65歲以上的人口佔半數以上，共同體的機能維持已達到極限狀態的村落，有時該詞被翻譯成「極限村落」或者「邊緣村落」。隨著高齡者不斷凋零、鄉村面臨滅村，地方文化無法傳承，外地人口更難移入等問題，最後「限界集落」的地方則可能走向「超限界集落」或「滅村集落」的命運。[66]

　　因此，在面對「限界集落」甚或是更嚴重的「滅村集落」等地方滅絕之可能問題時，日本開始思考「地方創生」的議題，著重於「可能消滅的都市」與「極點社會」發展，去思考「地方消滅」等問題，因此增田寬也在〈寫給臺灣讀者的序文〉中提到：我們必須阻止人口減少，維持充滿活力的社會。需要打造一個容易生育、育兒的友善社會，同時創造地方偏鄉的工作機會，避免年輕人過度集中在東京。[67]因此，如何從地方創生工作去進行所謂的時空修補變成一個重要的思考方向。面對地方消滅等問題，「地方創生」之主要工作更在於尋找在地的DNA或修補在地DNA的時空裂縫。

　　呂致緯說：社區產業不僅是經濟的議題，更是教育、文化永續發展的呈現。因此彙整鄉村基礎資料（DNA）的盤點，導入社會資源來推動的創生戰略，最主要也是要達到社區產業的品牌差異化、城鄉基礎環境的建構及利用創意來翻轉在地發展思維。他提到社區產業的DNA可以從三個面向去思考：1、記憶DNA（故事感受），2、文化

---

66 大野　晃（おおの　あきら）提到：「限界集落」（或「邊緣村莊」）指的是65歲及65歲以上的老年人佔該村莊人口的一半，維持社會公共生活變得越來越困難。因此如何遏止日本全國78個村莊繼續邊緣發展，並找到振興前景乃是日本國家土地政策的主要問題。」見〔日〕大野晃：《限界集落と地域再生》（日本：高知新聞社，2008年11月）。張瑋琦：〈從「限界集落株式會社」談日本農業政策的啟示〉，《農訓雜誌》311期，2016年1月，頁20-23。

67 〔日〕增田寬也：〈寫給臺灣讀者的序文〉，增田寬也著、賴庭筠等譯：《地方消滅》（臺北：行人文化實驗室，2019年7月），頁11。

DNA（常民生活），3、產品DNA（產品服務），透過三類DNA交融塑造、創新地方知識。因此，社區產業除了要有在地元素的基礎調查之外，最重要的是在於產生唯一不可取代的識別性以及消費吸引力；所以應該藉由商品傳遞「文化的核心價值」。[68]筆者進行的「屏東尋妖記」課程操作，即以在地故事調查為基礎，進而發展地方文化品牌之商品提案為概念，如圖7-3所示：

圖7-3　「屏東尋妖記」課程操作示意圖，筆者繪製。

「屏東尋妖記」課程操作的原則強調在地故事基礎調查，並期待找出可以代表當地的妖怪符號，再經過跨學科、跨領域的交融塑造，新創地方知識，最後期待完成文化品牌商品，並藉此商品傳達在地文化價值及其背後的地方知識體系。透過列舉案例或虛擬特色方式，藉以理解社區的資源盤點與歸納之應用方法等措施，或許可以做為社區教育、文化產業發展操作的參考模組。

　　「地方創生」重點於尋找在地的DNA或修補在地DNA，前者屬於「探索過去」的工作，後者則是「延續當下」之作為，而最終目的

---

68 呂致緯：〈如何從在地DNA盤點，創生專屬社區的產業〉，文化部臺灣社區通「社造知識庫」之「社造觀念新趨勢」，2019年11月8日。下載網址：https://communitytaiwan.moc.gov.tw。下載時間：2021年3月21日。

乃是希望可以「創生未來」，為地方文化或產業找出各種可能意義。因此，發展社區產業、進行地方創生可以執行的措施，或許可包括：（1）文化資產的保存與修復、（2）創造性人力的回流與填補、（3）傳統技藝的延續與創新、（4）生態環境的維護與復育、（5）新型科技的導入與行銷、（6）建立地方文化品牌等規劃。雖然本小節主要探討學校課程如何結合「地方文化品牌」概念，進行創發與思考，不過在「地方創生」過程中仍須整合公部門的創生資源，並且吸引企業投資故鄉，只是企業的投入與參與必須和公部門、學院、社區群眾進行討論與規劃，避免地方過度開發或成為觀光商品後，造成的「地方消滅」。

如同前文所言，文化品牌創造或社區產業發展的地方創生工作，最重要的、唯一不可取代的重要意義在於應該藉由商品傳遞「文化的核心價值」；而且社區產業雖然以經濟為發展重點，但更需要將地方知識創發，教育、文化永續發展視為最終的契機與價值。所以，我們最終仍必須回到「人」對於土地的「情感」與「認同」，否則最後的創生效果恐怕也未必能如預期。此誠如臺灣大學歷史系周婉窈教授所言：

> 我們今天固然可以大量吸收、大量學習臺灣的歷史文化，但是，問題是我們不曾「love in it」，不曾活在臺灣的歷史文化中……這或許是今天我們社會許多問題的根源……我們的歷史命題就是要重新把臺灣的歷史與文化帶回這塊土地，讓它重新活過來，活在我們的生活中。[69]

---

69 周婉窈：《面向過去而生：芬陀利室散文集》（臺北：允晨文化，2009年），頁347、351-353。

無論是社區營造、社區產業或是地方創生工作，最基礎也最需具備的便是抱持一份來自對於土地的「地方之愛」，這其實也就是推動地方學過程中最重要的核心價值。

屏東縣從縣境東邊的霧臺鄉雄蜂山頂到西邊的琉球鄉西端，由北邊的高樹鄉舊寮北端至南邊的七星岩南端，面積約有二千七百多平方公里，共有33個鄉鎮市，約可分成沿山地區、平原地區、沿海地區和半島地區。這些地區被山海環繞，更有原住民族（高山、平埔族群）、漢人族群（客家與閩南族群）、新住民、外國移民等等，可以看見屏東的多元族群與豐富文化。擁有如是豐富的山海資源與族群特色，那麼作為在地大學如何透過系所專業課程去聯結地方社區，找出可以作為屏東符號的地方DNA？並將社區營造與地方創生概念導入，期待讓地方文化成為地方文化品牌，最後可以回到社區為地方服務，這是「民間文學」課程之「屏東尋妖記」主題規劃操作的主要目的。

屏東妖怪的故事採錄整理是地方DNA調查的基礎工作，這些地方傳說故事多來自實務田野採集，並參考相關文獻整理而成。對於屏東縣各鄉鎮市而言，怎樣的傳說故事可以被地方居民記憶與傳誦？想必那是一個地區的居民透過「在地述說」後形成的共同印象與集體記憶，而當我們擇取這些具有「符碼」意義的「妖怪」傳說去再現或重構一個地方的記憶時，我們必須要讓這些「妖怪」可以堂而皇之走入地方民眾的心裡，那麼這些妖怪就可能需要改頭換面，讓學生透過「提案」去跨界「包裝」，進而化身成地方文化符號。

地方妖怪傳說故事調查採集之後，學生必須進行分組討論與跨界聯結，這裡主要以期末成果商品為提案重點方向，過程中必須思考如何聯結不同學門專業知識或產業技術，以便進行新創發想。以過去筆者進行的地方故事繪本製作為例說明如下圖：

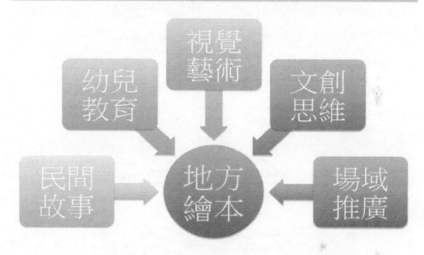

圖7-4　地方故事繪本教學跨界聯結示意圖，筆者繪製。

2014年底屏東大學中文系與臺灣藍色東港溪保育協會合作出版的六冊《下東港溪流域故事繪本》[70]中，即擇取如潮州鎮的「鱸鰻精」、萬丹鄉的「赤牛」、「白馬」，新園鄉的「鯉魚精」等等地方妖怪故事，經過故事調查、紀錄、改寫，跨科系結合繪圖、製作，選擇教育、社區場域推廣，以便「再現」下東港溪流域的家鄉故事與文化記憶，而這樣的以教育文化做為永續經營的目標，也是屏東大學中文系民間文學「屏東尋妖記」操作中最重要的理念。

---

70 黃文車總編輯：《下東港溪流域故事繪本》6冊，「103年度教育部推動學習型城鄉——社區永續發展實驗站「東港溪流域」推動社區永續之學習型城鄉建構計畫」成果，（屏東：臺灣藍色東港溪保育協會，2014年12月）。

（二）屏東 33 妖怪・地方文化商品

　　民間文學課程以「屏東尋妖記」作為課程主題，而操作方式乃將學生分組進行屏東33鄉鎮妖怪傳說故事的調查與記錄。學生須利用半學期（前9週）時間完成基本文字的整理，並於期中後（後8週）著手妖怪圖像繪製與故事文字再修正，並朝著「文化品牌」或「妖怪商品」創意設計，並於期末最後1週進行文化商品提案。學生提案作品略舉如下表：

表7-1　「屏東尋妖記」學生期末文化品牌商品提案表

商品名稱	圖像	設計理念
屏東妖怪大富翁		透過大富翁遊戲概念，將屏東33鄉鎮市妖怪故事，配合地方文史，進行遊戲教學。

商品名稱	圖像	設計理念
屏東妖怪公車	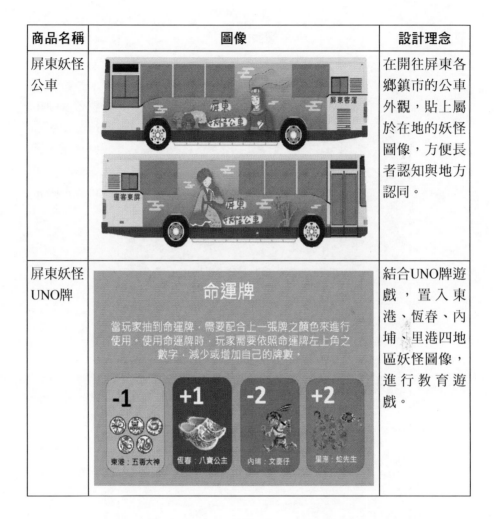	在開往屏東各鄉鎮市的公車外觀，貼上屬於在地的妖怪圖像，方便長者認知與地方認同。
屏東妖怪UNO牌	**命運牌** 當玩家抽到命運牌，需要配合上一張牌之顏色來進行使用，使用命運牌時，玩家需要依照命運牌左上角之數字，減少或增加自己的牌數。 **-1** 東港：五毒大神　**+1** 恆春：八寶公主　**-2** 內埔：文萋仔　**+2** 里港：虻先生	結合UNO牌遊戲，置入東港、恆春、內埔、里港四地區妖怪圖像，進行教育遊戲。

商品名稱	圖像	設計理念
妖怪獵人		類似「寶可夢」遊戲，在屏東各鄉鎮市進行闖關、尋妖、解題、獵妖等遊戲，寓教育於遊戲當中。
阿猴大冒險		結合小學教育，針對國語、數學、社會、生活等主題，進行教育「冒險」採蛇莓創關遊戲。

商品名稱	圖像	設計理念
屏屏攏是妖怪		歸納分析屏東33妖怪特色，進行妖怪心理測驗線上分析。

從表7-1略舉的學生期末文化品牌提案商品來看，大致可以分成平面商品、數位媒體教材、手遊商品和企劃提案等四大類，要而言之，基本上不離學生日常生活所能觸及的大富翁、卡牌平面商品，或者是「妖怪獵人」此類寶可夢手遊設計；另外「屏東妖怪公車」的企劃提案、「阿猴大冒險」的教學媒體及「屏屏攏是妖怪」的心理測驗等等，著實令人眼睛一亮。原來學生讓屏東33妖怪進入桌遊、手遊的生活日常，也從文化、教育方向提案，更甚者是結合地方居民生活的公車搭乘思考，而這其實也是「屏東尋妖記」結合PBL問題導向教學策略，並聯結USR大學社會責任理念，期待大學教學能進入社區，服務地方的主要目標。更重要的是，學生從期初到期末摸索、嘗試，到發現問題、解決困難，最後提案、分享，上臺時獲得的掌聲及成就感，才是教育的意義所在。

　　除了學生整個學期的地方文化品牌商品提案外，筆者進行課程實作過程中，也和「搖滾社會力：在地關懷為導向的社會企業與青年實踐計畫」USR計畫辦公室合作進行「屏東妖怪紙膠帶」、「屏東妖怪貼紙」製作，並在課程結束後完成《屏東妖怪圖錄》和《2020 NPTU USR搖滾社會力年曆手冊》等成果作品，成果略述如下表：

表7-2 「屏東尋妖記」教師文化品牌商品成果一覽表

　　對於地方而言，怎樣的文化符號可以進入居民心中並成為地方文化代表？這是一個需要地方共同決議並與社區、社會互動的歷程。日本在地文化中有一類地方療癒系「吉祥物」（ゆるキャラ），可以作為各式祭典、活動、地方振興計畫、宣傳特產品等地區性公關活動、企業識別（Corporate Identity，簡稱CI）宣傳活動中看見的代言角色，而這樣的「地方吉祥物」角色或許是屏東妖怪後續推動的可能發展之一。三浦純認為療癒系吉祥物必須符合以下條件：（1）具有熱愛鄉土的強烈訊息性，（2）行動緩慢、有獨特性，（3）兼具惹人喜愛、療癒人心的特性，而且吉祥物也必須以人型布偶裝扮的形象出現。[71]因此，如果能從地方妖怪故事中揀取具有代表性的「地方吉祥物」形象，結合地方性特質，讓療癒系妖怪符號走入社區，幫社區代言，為地方發聲，這樣的屏東妖怪一定是具有鄉土特色的角色，最能體現在地文化；或許就會在地方創生的過程中，讓地方文化DNA元素成為地方或社區認可互動並以情感交流的集體記憶，如此新創的地方文化品牌便可成為「文化社區化」的重要成果。

小結　找出地方符號，創生文化品牌

　　屏東縣位處臺灣最南端，雖有豐富的山海資源，但城市發展緩慢，鄉鎮多見偏遠，如此而言，屏東該如何翻轉出自己的城市或地方新風貌？如何在這片土地上建立起怎樣的地方符號？怎樣讓這些地方符號與所處的這片土地血脈相連，休戚與共？

---

71 「吉祥物」的日文「ゆるキャラ」是「ゆるいキャラクター」的縮寫，為身兼漫畫家、散文家的三浦純發明的名詞，他在2004年與扶桑社共同將這個名詞註冊為商標。〔日〕田村秀著、游韻馨譯，《怎能不愛在地文化　日本軟實力的秘密》（臺北：開學文化事業股份有限公司，2017年10月），頁54-56。

　　一個地方的居民必須具有對於地方的共同情感和在地記憶，並能透過在地敘說過程形成一個地方的集體感知，如此才能找到所謂的「地方符號」，讓民眾更加瞭解自己的故鄉與這塊土地。這些地方符號來自各鄉鎮市的地方文化DNA，只有當社區居民可以在心理與地理上認同這個文化空間，才能提升社區或地方的文化素養，在情感上可以依附、認同與有感時，這個地方文化品牌才會更具有辨識度，這其實也是「地方文化生活圈」建構過程中強調的「情感附著」。

　　透過「屏東尋妖記」的課程操作，我們期待把屏東33個鄉鎮市的地方妖怪傳說進行紀錄與跨界教學聯結，從在地敘說起步並以「地方文化品牌符號」的概念去找尋與拼貼屏東符號系統，更期待這些地方文化品牌符號可以從「文化生活」、「文化生產」、「文化生態」、「文化生命」此「地方文化四生」指標，進而成為相關部門文化政策（cultural policy）的研析與訂定中關注的焦點，[72]最後或能變成文化推動工作項目，但過程中如何讓地方文化所具有的「文化生命」能夠被彰顯、傳承下去，在地文化本質如何被發現和永續經營，這才是地方創生中發展社區產業不可取代的在地文化價值性。

　　當我們透過調查、記錄在地敘說的妖怪傳說並進行教學跨界聯結後，期待形成一個地方的文化品牌符號故事，並希望這個故事有著地方獨特的個性溫度；接著這個地方文化符號如何變成社區產業而參與

---

72 「文化生活」意指「地方文化」就是居民日常生活方式的特色與其總合，所以，需有提升居民文化素養的社區計畫，「文化生產」乃指社區居民透過在地生產地方文化產業來提升社區文化經濟，更重要的是藉由生產地方品來發覺、強化與再衍生地方文化特色，「文化生態」則認為在地方文化產業的社區計畫中，強調透過地方發展的議題，來讓社區居民們重新認識人與自然環境的關係，「文化生命」強調社區新舊的在地文化特色、在地文化價值、在地精神或文化信仰等，透過發展地方文化產業計畫時，可以被尋找、彰顯與傳承下去，也就是整體社區其地方「生命」的發現與永續性。廖世璋著：《地方文化產業研究》（高雄：巨流圖書出版股份有限公司，2016年5月），頁110-111。

地方創生，例如地方故事繪本或戲劇展演，或者透過青年創業或社會企業組織營運，還是地方文化生活圈的營造；或如執行「地方文化產品故事合作社」計畫，抑或村民「環境劇場」（environment theater）計畫，以及「地方文化觀光」計畫等等，這些都是「文化社區化」的可能課題，更是未來在地方創生過程中可以看見「屏東符號」，而地方文化價值可以永續經營之發展方向。

第八章
結論

　　建構地方知識的過程中，我們會去思考地方知識從何而來？這些
知識論的建構來自地方，如何推動與形塑？透過屏東民間知識圖像建
構與在地敘說過程，我們可以瞭解或設定「屏東」作為一個「地方」
或者「區域」之後，產生於民間的知識累積與地方文化形塑，自然變
成一個地方的知識展現。

　　學術研究不應該只有客觀地描述他者的工作而已，還應該有利於
在地的居民。[1]位處於屏東的在地研究者或者返鄉教學者，更應該從
教學研究與文史調查過程中，尋求建構與落實屏東地方知識與在地論
述的諸多可能。就此而言，除了可以增進學院與民間的對話之外，亦
可以翻轉官方與地方的認知落差，甚至透過南方地方學研究，突破南
北學術發展的侷限。[2]

1　李錦旭：〈地方學的形塑：南方經驗的反思〉，收入李錦旭主編：《邁向屏東學：認
　　識論、社會結構與社區營造》（臺北：開學文化事業股份有限公司出版，屏東：屏
　　東大學合作出版，2017年5月），頁52。

2　按：例如屏東大學社會發展學系於2005年創辦「南臺灣社會發展研討會」，持續至
　　今；中山大學從2009年推動一系列的「高雄學工作坊」，矢言「從更根本的在地知
　　識的建立做起」，並期待「以高雄學作為起點，建立臺灣的南方社會學」，引自李錦
　　旭：〈地方學的形塑：南方經驗的反思〉，收入李錦旭主編：《邁向屏東學：認識
　　論、社會結構與社區營造》，頁53。另外，屏東大學中國語文學系從2011年開始深
　　耕「屏東文學」研究，當年辦理「2011第一屆屏東文學學術研討會」之後，便持續
　　辦理「2012第二屆屏東文學學術研討會：陳冠學研究」、「2013第三屆屏東文學學術
　　研討會：曾貴海研究」、「2014第四屆屏東文學學術研討會：文學地景與地方書
　　寫」、「2016年第五屆屏東文學學術研討會：原住民文學與文化」、「2018第六屆屏東
　　文學國際學術研討會：詩歌‧歷史‧跨界」以及「2020第七屆屏東文學國際學術研

　　因此，當屏東可以作為一個田野場域去進行地方知識建構的同時，我們期待推動區域學或地方學的研究，用意更是為了鼓勵民眾認識鄉土、溯源文化、關懷母語、凝聚共識，甚而去整理地方文史、振興文化產業，以及提升區域的文學與文化能量，乃至深耕在地文學研究的同時，也能跨界與全球視野對話。

一　從在地敘說著手：建構屏東民間知識圖像

　　民間知識圖像的建構，應該來自地方知識的整理與匯流，其間須有「親切經驗」與「在地情感」的存在，並可能於建構過程發現自我與他人、自我與土地、自我與社會、自我與世界之諸多可能聯結，並進而凝聚集體記憶並產生在地敘說特色。誠如美國人類學家克利弗德‧紀爾茲（Clifford Geetz）所言地方知識（Local knowledge）呈現了文化的多樣性、特殊性，其凸顯的「地方性」不僅在於空間、時間、階級、事件、文化與宗教等，更是在於其腔調——對於所發生之事實賦予一種地方通俗的定性，並將之聯結到「可以不可以」的地方通俗想像。[3]換言之，一個地方知識的成型必須具備地方腔調或地方特色，並與當地人的想像能力和集體記憶相互聯繫，進而達成一種「約定成俗」的地方想像。透過民間的地方知識建構，人在期間也能找到自我與地方互動的多元可能。

　　和辻哲郎在《風土》（FUDO）中提到：「我們是在『風土』中發

　　討會：在地全球化的新視域」等屏東文學之在地與全球等相關議題探討。黃文車：〈找尋地方幸福感：屏東文學與在地記憶〉，收入張寶秀主編：《地方學研究》第3輯（北京：知識產權出版社有限責任公司，2019年10月），頁76-77。

3　〔美〕克利弗德‧紀爾茲（Clifford Geetz）著、楊德睿譯：《地方知識》（Local Knowledge）（臺北：麥田出版，2007年），頁295。

現自己，尋找相互連帶中的自己。」[4]和辻哲郎所言的「風土」，除了天氣、環境、土壤等自然的風土之外，也包括歷史、文化以及民族的相互關聯等問題之人文的風土。對於一方水土上的居民，和辻哲郎也認為世界史應該給不同風土的各國人民留下他們的位置，因為風土除了作為人類抵禦外界自然而形成的生活習慣及民族精神外，也必然形成人類自我瞭解的一種契機。[5]如此來看，地方知識建構過程中，除了自然風土，人文風土更是形構民間知識體系與地方集體記憶的重要因素。不論是克利弗德・紀爾茲的「地方知識」，或者是和辻哲郎的「風土」，在在都強調「地方性」與「區域性」的地方知識建構之可能意義。

本書《地方作為田野——屏東民間知識圖像與在地敘說》的撰寫歷經十數年，起點約莫可自筆者返鄉教學並於2008年參與屏東縣阿緱文學會會員代表大會伊始[6]，文學會發起人並為第一任理事長的已故屏東作家郭漢辰先生（1965-2020）在文學會成立新聞稿中提到：

> 該會能藉由文友彼此的分享，擴大屏東縣文學能量的發展，讓文學從臺灣的最南方起跑，讓文學的大山聳立，成為人們心靈及精神的中央山脈，讓大家重拾最珍貴的文學價值，捍衛豐沛的人文精神。[7]

4　〔日〕和辻哲郎著、陳力衛譯：《風土》（北京：商務印書館，2018年），頁9。

5　〔日〕和辻哲郎著、陳力衛譯：《風土》，譯者序，頁ii、iii。

6　按：屏東縣阿緱文學會由已故屏東作家郭漢辰先生（1965-2020）登高一呼，召集屏東地區學者、作家、詩人、藝文人士於2008年3月9日於屏東縣旅遊文學館旁「唐榮堂」成立。該會早於2006年元月由郭漢辰、傅怡禎、楊政源、黃碧燕、涂耀昌、賀樹荼等人發起，於2007年11月8日獲得屏東縣政府核備，復經過兩次籌備會後，終於在2008年3月9日正式舉行會員代表大會。第一任理事長為郭漢辰，常務理事為傅怡禎、楊政源、賀樹荼、涂耀昌、梁明輝、翁禎霞及筆者等。

7　引自郭漢辰「網路城邦」「阿緱文學會」網站：〈屏東縣阿緱文學會2008年3月9日誕

屏東縣作家群，期待「文學從南方起跑」，把文學的中央山脈和屏東的大武山意象與形象疊合，期待擴大屏東的文學能量。因此成立屏東縣阿緱文學會，更計畫與大專院校、社區大學及文化單位合作，推動高屏東作家系列講座、文學系列講座等等，而這樣的創會理念與活動規劃，都在接下來的年歲中逐步被推動與落實，例如與2011、2012年與屏東大學合辦第一、二屆「屏東文學學術研討會」，2013年與臺灣藍色東港溪保育協會合作出版筆者主編之《屏東縣閩南語民間文學集3：下東港溪流域篇》，2016年與屏東縣政府合辦「屏東文學週六沙龍」、「文學飛翔、在地深耕」全臺巡迴及前進校園講座活動等。一路以來，在南方眺望文學的大武，變成屏東知識分子與藝文作家的理念與堅持，而在地學者、返鄉教學者或地方研究者等都在所謂的屏東地方，捍衛地方的人文精神，並建構屬於屏東地方的知識圖像。這其實也就如吳康寧所提到的「研究者的本土境內與本土實踐，就在研究者生活於斯、感悟於斯的這塊土地上。」[8]如此而言，地方教學工作者或研究調查者需要去發現與找出地方知識脈絡與社會聯結，從民間風土、在地情感進行人文實踐，最後形成具有地方溫度與個性的民間地方知識體系，而這也是一方風土特有的風格與價值。

　　本書共計八章，緒論與結論二章之外，另外六章主要內容含括（一）民間文學、（二）地方音聲、（三）民俗信仰、（四）地方文創等四個領域。第一章緒論從「地方作為田野現場，從屏東起步」起始探討以屏東地方場域為教學與研究空間，並思考「建立屏東符號」與建立「地方文化生活圈」的合作機制；過程中雖以在地化為主體考

　　生了〉，下載時間：2021年3月9日。下載網址：屏東縣阿緱文學會2008年3月9日誕生了－阿緱文學會－udn城市http://city.udn.com/53036/2765353#ixzz6sUwyn7Vb。

8　吳康寧：〈關於思想的幾個問題〉，收入氏著：《轉向教育的背後：吳康寧教育講演錄》（上海：華東師範大學出版社，2008年），頁85-87。

量，但也期待與世界對話，開啟「在地全球化」的視野。接著實踐「走讀屏東，系聯民間圖像素材」，此部分則思考地方學理念，其中主要以人文地理學和敘事學理論為參考依據，而這也是建構屏東民間知識圖像過程中主要使用的「戀地情結」和「在地敘說」思維。如同劉育忠在〈在敘說中重構生命意義〉中提到：

> 通過自我敘說，我們得以回顧過去的生命，以故事把生命的點滴片段串連組織成有意義的整體。……透過敘說，……我們產生出一個新的、不同的觀點，不但讓我們有了某種的自我意識與體認，而這種察覺就足以改變我們的行為，讓我們得以看見生命裡的新景緻，也得以彼此領會與理解各自不同的世界。[9]

這是人文社會學科界強調的「敘說轉向」（Narrative Turn）思維，亦即強調「敘說」去理解人類的經驗與生命。在生命敘說過程中，我們非但可以重新回憶人生，更可以重塑對於生命的理解。某個程度而言，這和和辻哲郎所言風土除了可以形塑出地方人民的生活習慣、民族精神外，也能形成人類自我瞭解的說法頗為類似。於是在建構屏東民間知識圖像過程中，我們需要透過有地方溫度的人文風土去敘說與形塑人與地方的關係，並從中找到自我理解生命的諸多意義。

　　至於要建構地方知識與民間圖像，其實就如澳洲社會學者Rob Connell提到的「南方理論」（Southern Theory），其言除了知道核心與邊陲是不夠的，更應該去掌握核心地區是如何運作，並且瞭解他們如何延續世界規模的不平等；此外，可以選擇性地使用核心地區概念來發展理論，並勇於挑戰核心地區的理論預設，更須自主地研究南方特

9　劉育忠：《假如我們的日子是彈珠──社區大學幸福教學的十堂課》（臺北：布克文化出版事業部，2012年3月），頁33-35。

有的主題。[10]然而除此之外呢？當我們走進地方社區面對地方文化的同時，我們其實更需要以地方為主體，並且自覺地兼顧文化保存與文化創生議題與特色，並藉以發現與定位每個地方適合的地方學發展。

（一）重構民間知識圖像，再現地方意義

經過第一章「地方作為田野現場，從屏東起步」緒論之後，本書第二章到第七章，則分別從民間文學、地方音聲、民俗信仰和地方文創四個主題觀察與重構屏東民間知識圖像。

1 回到家鄉找尋民間文學的本質

「民間文學」主題包括「當家鄉變成田野——屏東民間文學的調查與整理」和「念唱地方與記憶——屏東縣閩南語歌謠採集及其傳承應用」兩章。第二章「當家鄉變成田野——屏東民間文學的調查與整理」主要針對屏東地方的民間文學調查整理，從有清一代擬音的歌謠紀錄、地方傳說故事；到日治時期屏東仿作歌謠、民間文學理論觀點、民間故事改寫以至終戰時期的皇民化作品，可以發現日治時期屏東地區歌謠與傳說故事的改寫與仿作軌跡；到了戰後的屏東民間文學發展，包括原住民口傳文學調查整理、客家族群民間文學整理研究和閩南族群民間文學調查整理研究等工作，在在可以發現參與民間文學調查工作的在地工作者或返鄉教學研究者，或者是地方的報導人，都在家鄉進行田野或講述工作，而民間文學的調查，成為展現地方風土與地方之愛的最好見證。

第三章「念唱地方與記憶——屏東縣閩南語歌謠採集及其傳承應用」則以筆者自2008年到2012年執行國科會（今科技部）三年的「屏

---

10 Connell, Raewyn, *Southern Theory: The Global Dynamics of Knowledge in Social Science*, Cambridge, UK: Polity, 2007. pp.216-224.

東縣閩南語民間文學之調查研究」專題研究計畫，走訪調查屏東縣25個鄉鎮市後進行的屏東地區閩南語民間文學整理為基礎，進一步延伸的學術研究，以及後續的跨界繪本製作、兒童劇展演工作。本章以閩南語歌謠為題，透過對於屏北地區的林開海、沿海地區的陳其麟，以及恆春半島楓港、車城、恆春和滿州四個地區的閩南語歌謠採集整理，發現恆春半島各個地方歌謠都呈現地方溫度的在地價值，更包括了「唱出生命記憶」、「各有偏好曲調」及「原漢文化並呈」的豐富色彩。然而閩南語歌謠的調查整理與保存之後，更需要的是「傳承」的積極作為，如果可以融入學校生命教育、設計體驗課程、轉化文化創意表演等，當可促進鄉土文化教育民間歌謠傳承的多元可能。

只是當全球化風潮驟起之際，恆春思想起古調歌謠究竟要如何傳唱下去，才能在全球化浪潮中保有地方化的本質與魅力。這裡有全球化及無地方感的可能性存在，公部門或行政單位的介入推動有其績效或亮點考量，只是在「亮點」之外如何回歸於「民」？筆者以為仍是需要回歸到恆春歌謠念唱的文化情境維護及半島地區各地歌謠文化傳承的投注，並對於恆春歌謠本質的保存、傳承或創生才是其可以永續發展的生命，此應是有關單位著力顧本的必然考量。

2　民間音聲傳遞的社會關懷與鄉土正義

本書第四章「聽見屏東〈瀧觀橋的呼聲〉——兼論臺灣社會案件歌曲中的社會關懷與民間音聲力量」從臺語流行歌曲於1930年代的「現代性」發展概述說起，到1950至1960年代臺、廈語片時期，進入1970年代的工業化與城市化發展過程，加上國家政策對於臺語歌曲出現「隱蔽知識」的壓抑，臺語流行歌曲如何在當時代找到合適的舞臺與轉身機會？

本章重點主要關注1970年代左右的臺灣社會案件歌曲，包括1969

年和臺南運河奇案有關的〈運河悲喜曲〉、1973年描述淡水十三號水門案的〈魂斷淡水河〉，以及1977年屏東內埔美和中學鍾正芳命案的〈瀧觀橋的呼聲〉，這些案件歌曲從社會關懷與地方視角發聲，或許可以視為1970年代臺語流行歌壇中一種與官方力量對立但又彼此協調的特殊邊緣聲音；而在當時非是主流的臺語流行歌曲，似乎也從不同邊緣位置找到向中心發聲的可能，透過這些社會案件歌曲我們更能觀察當時從民間音聲發出的鄉土正義力量。

戰後臺語片盛行的時代，有一類影片主要以臺灣社會事件或奇聞怪案為題材，例如《運河殉情記》、《瘋女十八年》、《火葬場奇案》等等在當時掀起一波奇案、恐怖、鬼魅的風潮。進入1970年代出現的臺灣社會案件其實也吸引社會群眾的目光，如「臺南運河奇案」或「淡水十三號水門案」等社會案件皆有改編的歌仔冊、臺語歌曲、小說或電影、連續劇、舞臺劇等多元故事文本，如通俗劇一般延續其傳奇性與噱頭性。不過1977年翔麟唱片公司推出的屏東內埔案件〈瀧觀橋的呼聲〉歌曲目的性強烈，其用意乃在透過民間音聲力量協尋、助力警方破案，和前二首社會案件歌曲被擇取符號進行改編創作，藉以接近「想像真實」的諸多文本有其不同的發展。

透過系列社會案件歌曲來檢視臺語流行歌曲發展光譜，1970年代這些社會案件歌曲中透顯出來對於當時社會事件或現象的關切，正好結合1970年代末至1980年代以來臺灣社會重新檢視臺灣主體意義與鄉土正義價值的思潮脈絡，或許這樣的時代曲讓原本屬於邊緣弱勢的臺語歌，可以找到微妙轉身並延續傳唱的生命力，在臺語流行歌曲發展史上應有其重要意義。

3 從文資保存到地方共生思考民俗信仰的多元可能

本書第五章「地方無形文化資產保存——屏東內埔杜君英的歷史

記憶與文化信仰」以屏東內埔地區的杜君英符號與信仰探討地方無形文化資產保存問題。歷史文獻中的杜君英有其敗寇悲情紀錄，然而百年後這位人物從「餘臣」升格為「境主」，於是轉化成文化上的杜君英，形成一個地方的信仰崇拜與文化記憶，而大和社區的義勇公祠、逆杜君英庄界碑塚、坪腳慈鳳廟、內埔東寧福德祠與豐田福德祠，以及長治鄉的義勇恩公廟等，也都成為一個地方群體的記憶遺產中最具符號性與標誌性的記憶場所。

　　歷史的杜君英或杜君英庄隨著清代、日治到民國已逐漸消失，但我們更需要重視與保存的是「文化的杜君英」[11]，尤其是位於屏東縣內埔鄉東勢村大和社區、中林村坪腳地區的此二處新舊杜君英庄等記憶的場所，以及義勇公（杜國公）信仰所形成的「文化的杜君英」現象，著實是具有地方特殊性及全國唯一性的無形文化資產價值。依據中華民國《文化資產保存法》中有關無形文化資產之「民俗」項規定乃「指與國民生活有關之傳統並有特殊文化意義之風俗、儀式、祭典及節慶」[12]，對於「文化的杜君英」所形成的地方特殊信仰與文化風俗，「縣（市）主管機關應建立無形文化資產之調查、採集、研究、傳承、推廣及活化之完整個案資料」（第90條），除此之外「主管機關應就其中頻臨滅絕者詳細製作紀錄、傳習，或採取為保存維護所做之適當措施。」（第92條）目前有關屏東內埔杜君英的文化資產基礎調查工作雖已完成，然而後續的傳承、推廣及活化等工作似未有進展；在時代瞬息萬變、耆老不斷凋零、文化逐漸沒落的情況下，著實需要

---

11 按：所謂的「文化的杜君英」，指的是當歷史英雄或地方豪傑成為在地一種精神上、理念性的跟隨與寄託時，很容易在文化層面上出現的英雄崇拜現象，並藉以形成某個地區特殊的文化符碼與集體記憶，請見本書第五章第四節。

12 引自中華民國《文化資產保存法》第一章「總則」，下文條文引自第四章「史蹟、文化景觀」，第七章「無形文化資產」，下載時間：2021年4月5日。下載網址：https://law.moj.gov.tw/LawClass/LawAll.aspx?pcode=H0170001。

公部門、縣府單位或有心人士對於文化杜君英所形成的「文化景觀」或「無形文化資產」進行評估與登錄，如此當能為特殊的地方文化與唯一的杜君英民俗信仰找到一條永續經營的方向。

除了地方文化與民俗信仰之「無形文化資產」問題，本書第六章「活化地方文化生活圈──屏東歸來慈天宮的神祇信仰與社區再造」則走入屏東歸來社區，探討地方公廟信仰與社區營造的「地方共生」議題與成果。屏東市歸來社區自民國101年參與「農村再生」計畫後推動的社區營造成果有目共睹，當然屏東市歸來社區發展協會功不可沒。在「牛蒡番花庄──幸福歸來」之願景規劃下所提出的社區發展四大課題企圖重構社區文化特色，更觸及「三生」發展。過程中，歸來社區公廟「慈天宮」的媽祖與洪公祖信仰一直都是地方人士的精神寄託與凝聚力量。本章節也從在地敘說思維去探究地方神祇如何不斷經過地方信眾的移植、嫁接和組合，最後形成地方祭祀圈中崇高的神明經典形象。

此外，歸來三里與歸來三寶（牛蒡、青蔥、豆薯）在廟宇彩繪、書法於在地敘說中不斷被傳誦；加上歸來社區的番花王、五大地理穴、北管河洛捌音等地方符號與文化記憶，歸來社區在信仰凝聚與文化重構中發展出屬於地方生活文化圈特色，這也是社區再造的成果。遠方遊子或旅人，想必期待「成功歸來」，而地方的幸福參與、社區再造乃至地方共生，更多是來自歸來村民對於家鄉的戀地情結與親切情感。

4 從「屏東尋妖記」看見地方創生與文化品牌

在探討民間知識圖像建構過程中，除了屏東民間文學調查研究、地方音聲的新庶民美學、民俗信仰所聯結的無形文化資產保存與地方共生、社區再造等議題外，如何將這些在地敘說後的民間知識圖像導

回課程與實作，並從地方創生與文化品牌思維去拓展與發揮，則是本書第七章「從地方傳說到文化品牌——『屏東尋妖記』的在地敘說與多元實踐」所欲處理的重點內容。

「屏東尋妖記」此民間文學專業課程主題設計，來自「屏東山海經」多元敘事培力計畫之推動啟發，其中更借用「敘說轉向」所建構的「關懷的共同體」概念去推動屏東山海的多元族群故事與社區文創；期間更結合屏東大學USR「搖滾社會力」計畫，期待大學課程走進社區，成就社區營造的多元深化、社會教育與文化扎根和生態永續之發展。基於推廣民間文學，並結合大學社會責任思維，「屏東尋妖記」課程設定為一年期，透過「專題講座」與「實作研究」開發「課程教材」，並進而拓展與地方社區的聯結合作。

本章從臺灣妖怪學的定義與發展進行論述，參酌日本妖怪學的概念元素，以及閩俗好鬼尚巫之風，加上臺灣原住民、日治時期以來的鬼怪紀錄，還有近年來的臺灣妖怪學研究與蒐奇成果，筆者更在意的是各地方若能投入實際的人類學與民俗學調查工作並進行分析探究，透過具有「地方特色」的地方妖怪記憶建構不同的地方知識系統，並藉以聯結地方集體記憶與自我述說，從而發現「妖怪社會學」的可能價值。

因此，從屏東33鄉鎮市所調查蒐集的「屏東33妖」透過民間文學課程操作，由地方文化DNA探尋起步到建立地方文化品牌，過程中需要讓學生去跨界聯結與實務操作，並且透過「提案」去「包裝」，進而化身成任何可能的地方文化符號，以及文化品牌商品，例如大富翁、卡牌平面商品，或是「妖怪獵人」手遊設計；還有「屏東妖怪公車」的企劃提案、「阿猴大冒險」的教學媒體及「屏屏攏是妖怪」的心理測驗等，從成果展示可見學生創意無限！加上《屏東妖怪圖錄》的記錄與推廣，我們期待大學教育課程除了理論基礎之外，更可以透

過田野調查與跨界聯結，讓民間文學走進地方，在尋找「妖怪」（地方文化DNA）過程中與地方社區互動，並可從地方創生思維開發地方文化品牌並重構地方價值與活力，而這也可以成為「文化社區化」的重要成果。

（二）強調文化四化理念，落實地方文化實作

建構民間知識圖像過程中，不同學科理論如社會學、人類學、民俗學、人文地理學、敘事學等概念，都能提供一個地方發展「地方學」的輔翼參考。除此之外，李錦旭在提到以行動者取向去形塑地方學機制時也說明可以從「社區大學」和「在地大學」為兩個核心行動者的角度去推動。前者如張文彬所言應該著重從「社大的地方學」變成「地方學的社大」。[13]後者從在地大學的參與中，思考在地大學如何與地方政府、社區大學、民間團體互動與整合，藉以回應地方化、社區化的課程發展模式。[14]但其實早如李國銘所提及的「屏東目前最欠缺的是：在地研究社群。所謂『在地學者』，是指願意長期在屏東做研究、耕耘、對話的學者。他們未必是屏東縣籍出身或住在屏東的人。」[15]之感嘆與建議，問題至今或許仍在。畢竟屏東地處臺灣之南，資源、交通與生活機能未必如大城市方便充裕，但換個角度思考，屏東在地大學教學研究者或地方工作者可以更加貼近腳踏的這片土地，並且嘗試結合多方人力物力形成「在地研究社群」團隊，與地

---

13 張文彬：〈從「社大地方學」到「地方學社大」：一個社大工作者的反思〉，收入曾光正、張義東主編：《南臺灣的記憶、書寫與發展：十年回顧》（屏東：屏東大學，2015年），頁337-351。

14 李錦旭：〈地方學的形塑：南方經驗的反思〉，收入李錦旭主編：《邁向屏東學：認識論、社會結構與社區營造》，頁60-65。

15 李國銘：〈期待一座屏東檔案館〉，收入李國銘著、詹素娟編：《族群、歷史與祭儀：平埔研究文集》（臺北：稻鄉出版社，2004年），頁152-158。

方交流、和土地對話。

　　在地研究社群團隊的聯結過程中需要有公部門、行政單位、大學、社區大學、民間團體等不同角色的協力與參與，而且需要長期互動交流形成「地方學」形塑與推動機制，在地方知識建構與實踐過程中，彼此陪伴、積極前行。

　　其中，文史學門如何進入社區、走進地方，並與民間大眾形成對話與互動；而學科知識如何透過田野現場與實務操作，進行文化自覺、轉譯、實作、創生與推廣，都是現階段需要每個部門每位參與者共同齊心協力思考與實踐的重點。

　　近年因為執行校內外不同學術合作計畫，在參與地方與社區工作後，更覺「文化社區化」的互動重要性。因此，當家鄉成為田野現場，在建構民間知識圖像與在地敘說的過程中，「文化四化」或許可以提供不同實踐者參酌。所謂「文化四化」是強調教學研究者或實作推廣者從「位居地方」（in place）思考及「親切經驗」情感出發，對於地方文化之自覺、交流、互動與創生的四種概念與徑路。

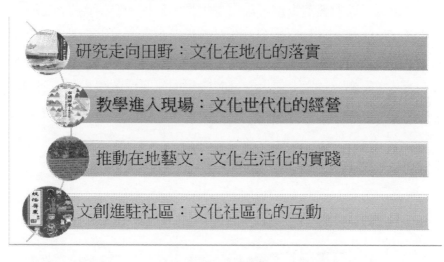

圖8-1：文化四化概念示意圖。筆者繪製。

　　2013年筆者在《閩南信仰與地方文化》一書中透過長期對於信仰與文化調查研究成果基礎，提到「文化在地化」、「文化世代化」和「文化生活化」此「文化三化」的概念，[16]若再加入「文化社區化」便是積極的「文化四化」思維。所謂：1、「文化在地化」指的是文化的地方化與區域化特色，文化自覺需從在地進行與推展，強調田野現場工作，這也是地方知識與民間圖像建構的基礎思考。2、「文化世代化」是文化的年輕化與傳承性落實，這是信俗文化扎根的必須措施，更是文化傳習的必然路徑。民間知識圖像建構過程中必須讓文化可以世代傳承，以「家鄉化」的民俗調查方法或是教學進入現場，藉以維護與認同地方文化，而青年世代是文化交流與推廣中需要託付的重要傳承對象。3、「文化生活化」乃是文化的大眾化與科技化，透過群眾的行動參與或科技追隨推播，甚至是地方藝文團隊加入協力，讓文化可以在生活中被看見與互動，而這也是推動與建構「地方文化生活圈」的有效途徑，並藉以培養地方文化之人才、推廣、建構及創新地方文化，以便形塑地方文化魅力。4、「文化社區化」強調文化進駐社區，亦是文化的行動力與落實度，地方創生推動過程中必須走進社區，尋找地方文化DNA，並建立地方文化品牌與落實社區再造與地方共生議題。筆者所提的「文化四化」觀點，來自理論思考與田野考察累積成果；尤其當家鄉成為田野現場的同時，學術研究或教學實踐也可以作為一種志業，那麼，所謂的地方或家鄉，就不會僅僅只是一個遠方！

二　找尋地方幸福感：建構屏東的地方幸福學

　　吳潛誠在〈閱讀花蓮——地誌書寫：楊牧與陳黎〉中有一段話，

---

16 黃文車：〈結語　文化三化：建構地方文化網路〉，收入黃文車：《閩南信仰與地方文化》（高雄：春暉出版社，2013年12月），頁252-253。

始終縈繞筆者心中。其言：「我們生長在土地上，土地就在我們腳下，與我們關係密切。」[17]我們所生所長即是這片土地滋養，離開這方水土，那又是另一個方向。既然如此，我們可以為生長的這一片土地做什麼事情？在這片土地上的努力所要追求的意義在於何處？

　　龍應台曾經對於文化的扎根與培育提出一個觀察角度，她說：「沒逗留，哪來文化！「『逗』，才有思想的刺激、靈感的挑逗、能量的爆發；『留』，才有沉澱、累積、醞釀、培養。」[18]這個文化逗留論是否合適於每個場域與現場或許還需印證，但文化確實需要被留「住」、被留「下」，才能在「這裡」沉澱與累積、醞釀與培養。其實，文化是一切生活的總和，而既是生活總和，那就應該在日常生活、在活動空間場域、在每個人熟悉的那片土地以及人事物；延伸來說，這個文化談的是自然的風土，更是人文的風土。所以我們需要讓這片土地上一切生活總和中的自然與人文風土「留」住，並經過沉澱、累積、醞釀和培養過程，去茁長這片土地文化秧苗，以至於文化大樹。可見文化的厚積需要時間，薄發更需刺激，如此才能為所生長的這片土地培養一棵參天的文化大樹，使其成長、開枝散葉、綠蔭百世，才是我們對於生長的土地所該做的有意義的重要大事。

　　基於對地方的關懷與思考，地方研究可以形成一門屏東地方知識，其中本書各章節所探究分析的屏東民間文學、屏東地方音聲、屏東民間信仰和屏東地方文創等四個主題，都是長期參與地方調查工作與推動屏東文學的累績，過程中不斷思考的便是尋找地方幸福感之可能性。一個地方如何感到幸福？就如和辻哲郎在談赫爾德的精神風土

---

17 吳潛誠：〈閱讀花蓮──地誌書寫：楊牧與陳黎〉，原文刊載於《更生日報》「四方文學週刊」，1997年11月9日。文章網址：http://faculty.ndhu.edu.tw/~chenli/wu.htm。瀏覽時間：2018年6月1日。

18 龍應台：《親愛的安德烈：兩代共讀的36封家書》（臺北：天下雜誌，2007年），頁176。

學時提到「幸福也具有風土性。」[19]每個地方都有合適的幸福方式，以人道的角度去衡量其他國土地區，都必須看見每個地方的特殊性與獨特性，並且完成人道的實現，這樣才能落實一個地方的幸福。在建構地方民間知識圖像的過程中，我們更需觀照這個地方知識需落實於成長於斯土斯民之思想與感知，並且需要合乎地方個性與情境秩序的脈絡體系。這樣的地方就是我們腳踩的這片土地，並且承載著地方上所有民眾共同的生活與生命，甚而發展出地方共同體，享有共同的集體記憶，這個地方便是一種生命休戚與共、交織融合的生存狀態。

走進田野，土地成為我們學習的對象，但除了與外在環境互動外，其實我們也在和自我心靈對話。「田野美學」是一種走進地方與自我交流的多層探索，我們可以說那是一種「人」與「他者」／「他界」交流的生命涵化教育，過程中我們從創生地方文化價值進而尋找心靈的諸多感動。地方文化需要參與和操作，如此文化才能扎根與深耕、活化與延續，但創生文化過程中更重要的是與地方共生，每個參與地方文化工作者或在地自覺者，可以從文化實作中感知土地血脈，這是一種家鄉回歸的儀式，也是文化依戀的信仰。

地方獨特魅力之所在，便在於一個地方獨特的文化意義。當我們可以透過沉澱、累積、醞釀、培養去茁長成一棵文化大樹，過程中必須不斷整理、詮釋、刺激、延伸、再創造和永續發展這個地方知識與文化價值，讓地方的共同記憶活化與共生，其實更需要一個地方多數人自願地努力，自覺地發展並進行在地敘說，藉以重啟對於地方的經驗與意義；在尋找地方文化永續發展的同時，我們也在凝聚地方共同記憶與尋找地方幸福感；而民間知識圖像的建構，讓人與土地交流互動、重組實踐，這也能促進地方幸福學的逐步落實！

---

19 〔日〕和辻哲郎著、陳力衛譯：《風土》，頁229。

參考文獻

一　地方志書

〔清〕丁紹儀：《東瀛識略》，臺北：臺灣銀行經濟研究室，1957年。

〔清〕六十七：《番社采風圖考》，臺北：臺灣銀行經濟研究室，1961年。

〔清〕王瑛曾：《重修鳳山縣志》，臺北：臺灣銀行經濟研究室，1962年。

〔清〕朱仕玠：《小琉球漫誌》，臺北：臺灣銀行經濟研究室，1957年。

〔清〕余文儀：《續修臺灣府志》，臺北：臺灣銀行經濟研究室，1962年。

〔清〕吳子光：《臺灣記事》，臺北：臺灣銀行經濟研究室，1959年。

〔清〕林焜熿：《金門志》，臺北：臺灣銀行經濟研究室，1960年。

〔清〕林豪：《澎湖廳志》，臺北：臺灣銀行經濟研究室，1963年。

〔清〕郁永河：《裨海紀遊》，臺北：臺灣銀行經濟研究室，1959年。

〔清〕姚　瑩：《東溟外志》，臺北：臺灣銀行經濟研究室，1960年。

〔清〕屠繼善：《恆春縣志》，臺北：臺灣銀行經濟研究室，1960年。

〔清〕陳文達：《鳳山縣志》，臺北：臺灣銀行經濟研究室，1961年。

〔清〕陳國瑛，《臺灣采訪冊》，臺北：臺灣銀行經濟研究室，1964年。

〔清〕陳壽祺纂：《福建通志臺灣府》，臺北：臺灣銀行經濟研究室，
　　　　1958年。

〔清〕黃叔璥：《臺海使槎錄》，臺北：臺灣銀行經濟研究室，1957年。

〔清〕翟　灝：《臺陽筆記》，臺北：臺灣銀行經濟研究室，1958年。

〔清〕蔣毓英：《臺灣府志》，臺北：臺灣銀行經濟研究室，1977年。

〔清〕盧德嘉：《鳳山縣采訪冊》，臺北：臺灣銀行經濟研究室，1958年。

〔清〕謝金鑾：《續修臺灣縣志》，臺北：臺灣銀行經濟研究室，1962年。

〔清〕藍鼎元:《平臺紀略》,臺北:臺灣銀行經濟研究室,1958年。

〔清〕藍鼎元:《東征集》,臺北:臺灣銀行經濟研究室,1958年。

內埔鄉公所編:《內埔鄉誌》,屏東:內埔鄉公所,1973年3月。

尤春共、陳茂松、張永堂、林右崇等編著:《恆春鎮志》,恆春:恆春
　　　鄉公所,1999年。

古福祥纂修:《屏東縣志》,屏東:屏東縣文獻委員會,1969年。

莊青祥主編:《番仔寮庄誌》,屏東:屏東縣長治鄉繁華國小,2013年
　　　8月。

黃典權編:《臺灣南部碑文集成》,臺北:臺灣銀行經濟研究室,1966年。

臺灣銀行經濟研究室編:《臺灣雜詠合刻》,臺北:臺灣銀行經濟研究
　　　室,1958年。

臺灣銀行經濟研究室編:《臺案彙錄・甲集》,臺北:臺灣銀行經濟研
　　　究室,1959年。

臺灣銀行經濟研究室編:《臺灣府輿圖纂要》,臺北:臺灣銀行經濟研
　　　究室,1963年。

臺灣銀行經濟研究室編:《臺案彙錄・己集》,臺北:臺灣銀行經濟研
　　　究室,1964年。

鍾桂蘭、古福祥纂修,《臺灣省屏東縣志》,臺北:成文出版社,1983年。

二　專書文獻

Connell, Raewyn, *Southern Theory: The Global Dynamics of Knowledge in
　　　Social Science*, Cambridge, UK: Polity, 2007.

Edward Relph, *Place and Placeless*, London: Pion, 1976.

Tim Cresswell著,徐苔玲、王志弘譯:《地方:記憶、想像與認同》,
　　　臺北:群學出版有限公司,2006年12月,一版三印。

大衛・哈維著，初立忠、沈曉雷譯：《新帝國主義》，北京：社會科學文獻出版社，2009年。

山口昌男：《知の祝祭　文化における中心と周緣》，日本：河出書房新社，1988年。

水木茂著，劉洪譯：《中國妖怪傳奇》，臺北：星光出版社，1992年10月。

王振春：《新加坡歌臺史話》，新加坡：新加坡青年書局，2006年10月。

王櫻芬：《聽見殖民地：黑澤隆朝與戰時臺灣音樂調查（1943）》，臺北：臺灣大學圖書館，2008年。

平澤丁東：《臺灣の歌謠と名著物語》，臺北：晃文館，1917年2月5日。

必麒麟著，陳逸君譯：《歷險福爾摩沙》，臺北：前衛出版社，2010年。

田村秀著，游韻馨譯：《怎能不愛在地文化　日本軟實力的秘密》，臺北：開學文化事業股份有限公司，2017年10月。

伊能嘉矩：《臺灣踏查日記》，臺北：臺灣風物雜誌社，1996年。

伊能嘉矩：《臺灣文化志》下卷（中譯本・修訂版），臺北：臺灣書房出版有限公司，2015年4月，初版三刷。

多田克己著，歐凱寧譯：《日本神妖博物誌》，臺北：商周出版，2009年2月。

江樹生譯注：《熱蘭遮城日誌》第四冊，臺南：臺南市政府，2011年5月。

江寶釵主編：《黃得時全集9》，臺南：國立臺灣文學館，2012年12月。

竹林書局：《人心不知足歌》（全三本），新竹：竹林書局，1990年8月，第九版。

米克・巴爾著，譚君強譯：《敘述學：敘事理論導論》，北京：中國社會科學出版社，1995年11月。

何金蘭：《文學社會學》，臺北：桂冠出版社，1989年8月。

何敬堯：《妖怪臺灣　三百年島嶼奇幻誌》，臺北：聯經出版社，2017
　　年1月。

何敬堯：《妖怪臺灣地圖：環島搜妖探奇錄》，新北：聯經出版社，
　　2019年5月。

余昭玟、林秀蓉、黃文車、郭漢辰主編：《文學饗宴：2011屏東文學
　　學術研討會論文集》，高雄：春暉出版社，2012年12月。

克利弗德・紀爾茲著，楊德睿譯：《地方知識》，臺北：麥田出版，
　　2007年。

吳君玉編：《香港廈語電影訪蹤》，香港：香港電影資料館，2012年。

吳康寧：《轉向教育的背後：吳康寧教育講演錄》，上海：華東師範大
　　學出版社，2008年。

吳榮順：《臺灣失落的聲音：恆春半島海洋工作歌》，屏東：屏東縣政
　　府，2011年10月。

呂錘寬：《北管音樂》，臺中：晨星出版社，2011年10月。

李文良：《清代南臺灣的移墾與「客家」社會（1680-1790）》，臺北：
　　臺灣大學出版中心，2011年2月。

李亦園：《臺灣土著民族的社會與文化》，臺北：聯經出版社，1982年。

李明仁：《嘉義的宗教信仰、聚落與族群》，臺北：稻香出版社，2007
　　年12月。

李欣宜、吳儷嬅主編：《地方文化館：生活圈概念書》，屏東：臺灣藍
　　色東港溪保育協會、屏東縣社區營造中心，2012年1月。

李南衡主編：《日據下台灣新文學明集5・文獻資料選集》，臺北：明
　　潭出版社，1979年3月15日。

李國銘著，詹素娟編：《族群、歷史與祭儀：平埔研究文集》，臺北：
　　稻鄉出版社，2004年。

李錦旭主編：《邁向屏東學：認識論、社會結構與社區營造》，臺北：

開學文化事業股份有限公司、屏東：屏東大學合作出版，2017
　　　年5月。

李獻璋：《臺灣民間文學集》，新北：龍文出版社，1982年2月。

杜　虹：《比南方更南》，臺北：時報出版社，1999年9月。

杜忠全：《老檳城・老童謠》，馬來西亞：大將出版社，2011年7月。

周易正總編，行人文化實驗室附屬妖怪研究室：《臺灣妖怪研究室報
　　　告》三冊，臺北：行人文化實驗室，2015年11月。

周婉窈：《面向過去而生：芬陀利室散文集》，臺北：允晨文化，2009年。

和辻哲郎：《風土》，北京：商務印書館，2018年。

季麒光著，李祖基點校：康熙刻本《蓉洲詩文稿選輯　東寧政事
　　　集》，香港：香港人民出版社，2006年1月。

松崎仁三郎著，鍾孝上譯：《嗚呼忠義亭》中譯本，屏東：社團法人
　　　屏東縣六堆文化研究學會，2011年3月。

林右崇編著：《恆春紀事：先民的足跡》恆春三帖1，臺中：白象文教
　　　事業有限公司，2010年2月。

林右崇編著：《人物恆春：我們的人與事》恆春三帖2，臺中：白象文
　　　教事業有限公司，2010年2月。

林右崇編著：《傳說恆春：軼聞與傳說》恆春三帖3，臺北：白象文教
　　　事業有限公司，2010年2月。

林正慧：《六堆客家與清代屏東平原》，臺北：遠流出版社，2008年
　　　11月。

林欣慧、吳中杰：《屏東地區馬卡道族語言與音樂研究》，屏東：屏東
　　　縣立文化中心，1999年6月。

林美容、李家愷：《魔神仔的人類學想像》，臺北：五南圖書出版股份
　　　有限公司，2017年9月，初版三刷。

林美容：《祭祀圈與地方社會》，新北：博楊文化事業有限公司，2008
　　　年11月。

阿瑟・阿薩・伯格著，姚媛譯：《通俗文化、媒介和日常生活中的敘
　　　事》，南京：南京大學出版社，2000年。

施添福總編纂：《臺灣地名辭書》，南投：臺灣省文獻委員會，2001年。

施懿琳主編：《全臺詩》第1冊，臺南：國家臺灣文學館，2004年。

查克・戴維森著，陳亦苓譯：《幽靈　日本的鬼》，新北：遠足文化事
　　　業股份有限公司，2016年8月。

柯思仁、陳樂編著：《文學批評關鍵詞：概念・理論・中文文本解
　　　讀》，新加坡：南洋理工大學中華語言文化中心、八方文化
　　　工作室，2008年8月。

柳田國男著，連湘譯、張紫晨校：《傳說論》，北京：中國民間文藝出
　　　版社，1987年。

段義孚，志丞、劉蘇譯：《戀地情結》，北京：商務印書館，2019年11月。

段義孚著，潘桂成譯：《經驗透視中的空間與地方》，臺北：國立編譯
　　　館，1998年3月。

洪淑苓：《在地與新異──臺灣民俗學與當代民俗現象研究》，臺北：
　　　萬卷樓圖書股份有限公司，2019年12月。

洪邁撰，何卓點校：《夷堅志》第二冊，北京：中華書局，2006年10，
　　　第2版年月。

約翰・史都瑞著，李根芳、周素鳳譯：《文化理論與通俗文化導論》，
　　　臺北：巨流圖書出版公司，2005年8月，初版三刷。

約翰・費斯克著，王曉珏、宋偉杰譯：《理解大眾文化》，北京：中央
　　　編譯出版社，2001年。

約翰・邁爾斯・弗里著，朝戈金譯：《口頭詩學：帕理─洛德理論》，
　　　北京：社會科學文獻出版社，2000年8月。

胡萬川：《民間文學的理論與實際》，新竹：清華大學出版社，2004年。

翁禎霞：《與生命對唱──恆春半島民謠人物誌》，屏東：屏東縣政
　　　府，2013年9月。

高德曼著，蔡鴻濱譯：《隱藏的上帝》，上海：百花文藝出版社，1998
　　　年5月。

章子卿編：《林投姐》臺灣民間小說②，臺北：聯亞出版社，1979年
　　　10月。

莊永明：《臺灣歌謠追想曲》，臺北：前衛出版社，1999年9月。

許　思編著：《海伯仔e歌》，屏東：屏東縣作家文庫，2000年。

許常惠：《臺灣音樂史初稿》，臺北：全音樂譜出版社有限公司，2005
　　　年7月，五版。

許雪姬總策劃：《臺灣歷史辭典》，臺北：遠流出版社，2004年。

連　橫：《雅堂文集卷》，臺北：臺灣銀行經濟研究室，1964年。

連　橫：《臺灣詩薈雜文鈔》，臺北：臺灣銀行經濟研究室，1966年。

陳其南：《屏東縣志緒論篇——地方知識建構史》下冊，屏東：屏東
　　　縣政府文化局，2004年。

陳奇祿：《民族與文化》，臺北：黎明出版社，1984年6月，四版。

陳芳明：《臺灣新文學史》，臺北：聯經出版社，2015年月8，二版三刷。

陳昭瑛：《臺灣文學與本土化運動》，臺北：正中書局，1998年4月。

陳益源：《民間文化圖像——臺灣民間文學論集》，南寧：廣西民族出
　　　版社，2001年。

陳夢雷編纂：《古今圖書集成》，臺北：鼎文書局重印本，1977年。

陸　陽：《大眾文化理論》（修訂版），上海：復旦大學出版社，2008
　　　年1月，二版初刷。

鳥居龍藏著，楊南郡譯：《探險臺灣：鳥居龍藏的臺灣人類學之旅》，
　　　臺北：遠流出版社，1996年。

揚·阿斯曼著，金壽福、黃曉晨譯：《文化記憶：早期高級文化中的文
　　　字、回憶和政治身份》，北京：北京大學出版社，2015年5月。

曾　良：《俗字及古籍文字通例研究》，南昌：百花洲文藝出版社，
　　　2006年。

黃文車：《日治時期臺灣閩南歌謠研究》，臺北：文津出版社，2008年10月。

黃文車：《行醫濟人命、念歌分人聽——林清月及其作品整理研究》，臺北：文津出版社，2009年10月。

黃文車編著：《屏東縣閩南語傳說故事集（一）》，屏東縣閩南語民間文學集1，屏東：屏東縣文化基金會，2010年10月。

黃文車編著：《屏東縣閩南語歌謠諺語集（一）》，屏東縣閩南語民間文學集2，屏東：屏東縣文化基金會，2011年7月。

黃文車：《屏東縣閩南語民間文學集3：下東港溪流域篇》，屏東：臺灣藍色東港溪保育協會、屏東縣阿緱文學會，2012年12月。

黃文車：《閩南信仰與地方文化》，高雄：春暉出版社，2013年12月。

黃文車：《屏東縣閩南語民間文學集4：恆春半島歌謠輯》，高雄：春暉出版社，2016年1月。

黃文車：《易地並聲：新加坡閩南語歌謠與廈語影音的在地發展（1900-2015）》，高雄：春暉出版社，2017年1月。

黃文車主編：《2015走尋屏東土地公信仰文化論文集》，屏東：屏東縣政府，2017年4月。

黃文博：《臺灣冥魂傳奇》，臺北：臺原出版社，1992年12月。

黃震南：《臺灣史上最有梗的臺灣史》，臺北：究竟出版社，2016年8月。

黑澤隆朝著，王櫻芬主編：《臺灣高砂族之音樂》，臺北：南天書局有限公司，傳統藝術中心臺灣音樂館，2019年11月。

楊　照：《霧與畫：戰後臺灣文學史散論》，臺北：麥田出版社，2010年8月。

溫振華：《清代新店地區社會經濟之變遷》，板橋：臺北縣文化局，2000年12月。

葉怡君：《妖怪玩物誌》，臺北：遠流出版事業股份有限公司，2006年9月。

葉龍彥：《春花夢露：正宗臺語電影興衰錄》，臺北：博洋文化事業有限公司，1999年9月。

電影資料館口述電影組小組：《臺語片時代①》，臺北：財團法人國家電影資料館，1994年10月。

廖世璋：《地方文化產業研究》，高雄：巨流圖書股份有限公司，2016年5月。

臺北地方異聞工作室：《唯妖論：臺灣神怪本事》，臺北：奇異果文創事業公司，2016年10月。

臺北地方異聞工作室：《尋妖誌：島嶼妖怪文化之旅》，臺中：晨星出版有限公司，2018年9月。

臺北帝國大學土俗學人種學研究室著，楊南郡譯：《臺灣原住民族系統所屬之研究》，臺北：南天書局重印本，2011年。

臺南長老大會編：《南部臺灣基督長老教會設教七十週年紀念寫真帖》，臺南：教會公報出版社，2004年1月。

臺灣慣習研究會：《臺灣慣習記事》（中譯本），南投：臺灣省文獻會譯編，1984年6月~1989年9月。

劉仲宇：《中國精怪文化》，上海：人民出版社，1997年10月。

劉宏裕等譯：《運動社會學導論》，臺北：師大書苑，2005年。

劉育忠：《假如我們的日子是彈珠——社區大學幸福教學的十堂課》，臺北：布克文化出版事業部，2012年3月。

增田寬也著，賴庭筠等譯：《地方消滅》，臺北：行人文化實驗室，2019年7年。

潘銘章：《宗教醫學概論》，2015年12月14日，自印本。

龍彼得：《明刊戲曲絃管選集》，北京：中國戲劇出版社，2003年11月。

龍應台：《親愛的安德烈：兩代共讀的36封家書》，臺北：天下雜誌，2007年。

薛化元編：《公論報言論目錄暨索引》，臺北：文景書局，2006年1月。

謝國雄主編：《群學爭鳴：臺灣社會學發展史（1945-2005）》，臺北：
　　　群學出版社，2008年。

謝貴文：《內門鴨母王朱一貴》，高雄：高雄市立歷史博物館、臺北：
　　　玉山社出版公司，2015年9月。

鍾明昆：《滿州風情》第二集，屏東：屏東縣滿州鄉民謠促進會，2013
　　　年1月。

鍾幹郎等：《內埔庄役場》，高雄：南報商事社，1933年9月22日。

歸來慈天宮管理委員會：《歸來慈天宮一朝慶成謝土入火安座暨三朝
　　　祈安清醮平安繞境大典》，屏東：歸來慈天宮管理委員會，
　　　自印本，2019年。

簡炯仁：《臺灣開發與族群》，臺北：前衛出版社，1995年。

簡炯仁：《屏東平原的開發與族群關係》，屏東：屏東縣政府文化局，
　　　2001年11月。

簡炯仁：《屏東平原先人的開發》，屏東：屏東縣政府文化局，2006年
　　　12月。

藍戈丰：《海角七號電影小說》，臺北：大塊文化，2008年。

顏清湟：《新馬華人社會史》，北京：中國華僑出版公司，1991年。

三　單篇文章

于楚桐：〈中國民間文學中的箭垛式人物武聖關羽研究〉，《古典文學
　　　漫步》，2015年11月，頁128-129。

王敏州：〈從「農村社區營造」到「營造農村社區」——以旗美社區大
　　　學農村建築課程為例之行動研究〉，臺南：成功大學中國文學
　　　系——臺灣文化的流變與創新計畫辦公室：《地方視角與詮釋
　　　學術研討會論文集》，2010年1月27-28日，頁96-124。

石計生：〈臺灣歌謠作為一種「時代盛行曲」：音樂臺北的上海及諸混血魅影（1930-1960）〉，《臺灣社會學刊》第47期，2011年9，頁91-141。

安德明：〈當家鄉變成田野──民俗學家鄉研究的倫理與方法問題〉，《東華漢學》2011年夏季特刊，花蓮：東華大學中國語文學系、華語文學系，2011年7月，頁155-170。

朱　烽：〈林道乾〉，《臺灣新文學》1卷6號，1936年7月7日。

吳　蓉：〈新加坡「五大共同價值觀」文化歷史基礎尋繹〉，《學術探索》1999年第6期（總54期），1999年7月，頁53-56。

呂泉生：〈我的音樂回想〉，《臺北文物》4卷2期，1955年8月。

李文良：〈清代臺灣朱一貴事件後的義民議敘〉，《臺大歷史學報》51期，2013年6月。

李伯壎：〈朱一貴事件淺探〉，《臺北文獻》第38期，臺北：臺北市文獻委員會，1976年12月，頁269-281。

李國銘：〈屏東學課程〉，收入屏東縣社區大學編：《屏東縣社區大學九十年度第二學期學員暨選課手冊》，屏東：屏東縣社區大學，2001年，頁96-98。

李貴文：〈萬巒田野記事〉，《屏東文獻》第1期，屏東：屏東縣政府文化局，2000年10月，頁64-74。

沈上明：〈萬巒鄉有關史事初探〉，《屏東文獻》第3期，屏東：屏東縣政府文化局，2001年6月，頁69-89。

周榮杰：〈清季屏東地區之族群關係〉，《高市文獻》12卷2期，高雄：高雄市文獻委員會，1999年10-12月，頁17-71。

岡田謙：〈臺灣北部村落た於わる祭祀圈〉，《民族學研究》4卷1期，1938，頁1-22。

林美容：〈由祭祀圈來看草屯鎮的地方組織〉，《中央研究院民族學研究所集刊》62期，1987年，頁53-114。

林國平：〈去巫化與正統化：民間信仰的生存與發展之路──以福建民間信仰為例〉，《世界宗教研究》2013年第1期，頁31-38。

林崇智：〈六堆與杜君英〉，《六堆雜誌》革新18期，屏東：六堆雜誌社，1990年5月，頁18-19。

施懿琳：〈民歌采集史上的一頁補白──蕭永東在《三六九小報》的民歌仿作及其價值〉，臺中：中興大學中文系主編：《第三屆通俗文學與雅正文學全國學術研討會論文集》，臺北：新文豐出版公司，2002年7月。

柯榮三：〈新聞‧小說‧歌仔冊──「臺南運河奇案」原始事件及據其改編的通俗文學作品新論〉，《臺灣文學研究學報》14期，臺南：臺灣文學館，2012年4月，頁79-103。

柯榮三：〈厲鬼‧節婦‧烈女記──臺南陳守娘傳說探頤〉，《臺灣文學研究學報》31期，臺南：臺灣文學館，2020年10月，頁9-52。

胡萬川：〈臺灣通世界──民間故事之本土化與世界性〉，臺北：《大同大學通識教育年報》第4期，2008年6月，頁1-9。

孫松榮：〈輕歷史的心靈感應：論臺灣「後─新電影」的流體影像學〉，臺北：中央研究院中國文哲研究所：《「美學與庶民：2008台灣『後新電影』現象」國際學術研討會論文集》，2009年10月29-30日，頁183-201。

孫博、李享：〈中國神話流傳模式探究〉，《瀋陽師範大學學報（社會科學版）》第1期，2012年9月，頁42-46。

張瑋琦：〈從「限界集落株式會社」談日本農業政策的啟示〉，《農訓雜誌》311期，2016年1月，頁20-23。

莊吉發：〈鄉土情‧義民心──清代臺灣義民的社會地位與作用〉，《故宮學術季刊》19卷第1期，2001年秋，頁263-293、306。

莊青祥：〈屏東高樹大路關地區客家人日治時期婚姻的社會學觀察〉，

　　《屏東文獻》第14期,屏東:屏東縣政府文化局,2010年12
　　月,頁3-18。

許成章:〈蕭永東先生傳〉,《詩文之友》22卷4期,1965年8月1日,頁
　　46-47。

許嘉明:〈祭祀圈之於居臺漢人社會的獨特性〉,《中華文化復興月
　　刊》11卷6期,1978年,頁59-68。

許維賢:〈從臺灣到南洋的萬里尋妻——以默片演員鄭連捷和周清華
　　為媒介的通俗劇探析〉,收入陳惠齡主編:《自然、人文與科
　　技的共構交響——第二屆竹塹學國際學術研討會論文集》,
　　臺北:萬卷樓圖書股份有限公司,2017年4月,頁413-444。

陳志仁:〈借鏡日本地方創生發展經驗〉,《國土及公共治理季刊》第6
　　卷第2期,2018年6月,頁18-25。

黃文車:〈來唱阿緱竹枝詞——重溫老屏東的人文風情〉,《文化生活》
　　45期(2006秋季號),2006年9月,頁10。

黃文車:〈高雄林道乾傳說故事情節發展與結構分析研究〉,《東亞文化
　　研究》第十輯,香港:東亞文化出版社,2008年4月,頁
　　253-289。

黃文車:〈「七字仔」臺灣福佬歌謠的程式套語運用及其意義——以林
　　清月的《歌謠集粹》為例〉,《第六屆國際青年學者漢學會議
　　民間文學與漢學研究論文集》,臺北:萬卷樓圖書股份有限
　　公司,2008年7月,頁201-233。

黃文車:〈抵抗、出走與回歸的新庶民美學——談《海角七號》和
　　《881》的通俗文化思考〉,臺北:中央研究院中國文哲研究
　　所:《「美學與庶民:2008台灣『後新電影』現象」國際學術
　　研討會論文集》,2009年10月29-30日,頁219-232。

黃文車:〈從電影主題曲到臺語流行歌詞的實踐意義:以李臨秋戰前

作品為探討對象〉,《大同大學通識教育年報》第7期,2011年7月,頁80-91。

黃文車:〈政策主義下的異音——戰後〈臺灣風土〉副刊中的臺灣民間文學整理與其思維意義〉,臺南:臺南大學國語文學系主編:《第一屆～第五屆思維與創作學術研討會論文選》,2012年2月,頁339-358。

黃文車:〈找尋地方感的書寫:清代屏東地區古典文學發展概述〉,《屏東文獻》第16期,屏東:屏東縣政府文化處,2012年12月,頁3-42。

黃文車:〈香港廈語片中的臺灣印象〉,收入林華東、陳燕翎主編,《追尋與探索:兩岸閩南文化的傳承創新與社會發展研究》,廈門:廈門大學出版社,2013年8月,頁192-205。

黃文車:〈找尋地方幸福感:屏東文學與在地記憶〉,收入張寶秀主編:《地方學研究》第3輯,北京:知識產權出版社有限責任公司,2019年10月,頁74-87。

黃申在:〈地方學與社區大學之中心與外圍——實踐個案與空間性觀點〉,臺南:成功大學中國文學系——臺灣文化的流變與創新計畫辦公室:《地方視角與詮釋學術研討會論文集》,2010年1月27-28日,頁65-83。

黃得時:〈臺灣歌謠之型態〉,《文獻專刊》3:1,1952年5月27日,頁1-17。

黃道遠:〈歷史學科知識本質之檢討、分析與應用——以現今國中臺灣史教材為例〉,收入臺灣歷史學會編輯委員會編:《歷史意識與歷史教科書論文集》,臺北:稻香出版社,2003年。

楊克隆:〈十八世紀初葉的臺灣平埔族歌謠——以黃叔璥〈番俗六考〉著錄為例〉,《文史臺灣學報》創刊號,2009年11月,頁2-51。

葉香秀：〈基督教在六堆地區之傳播與發展〉，《大仁學報》34期，屏東：大仁科技大學，2009年3月，頁51-68。

葉啟政：〈傳播媒體庇蔭下人的天命？〉，《中華傳播學刊》第4期，2003年12月，頁3-67。

葉錦城：〈聚落變遷與信仰的關係──以內埔鄉杜君英庄的信仰為例〉，《屏東文獻》第13期，屏東，屏東縣政府文化局，2009年12月，頁167-191。

詹火生：〈都市化、工業化、政治民主化與臺灣社會福利發展〉，《社區發展季刊》109期，2005年3月，頁5-11。

廖漢臣：〈基隆普渡調查報告〉，《臺灣文獻》15卷4期，1963年。

劉南芳：〈活戲的即興表現與定型書寫〉，臺南：成功大學閩南文化研究中心、人文社會科學中心：《臺閩民間戲劇國際學術研討會論文集》，2013年5月，頁315-336。

劉南芳：〈流行歌曲在臺灣歌仔戲中形成的套路與影響〉，《戲劇學刊》24期，2016年7年1月，頁7-43。

劉美枝：〈臺灣北部客家地區「北管八音」現象析論〉，《全球客家研究》第12期，2019年5月，頁177-226。

劉敏光：〈臺灣音樂運動概略〉，《臺北文物》4卷2期，1955年8月。

劉還月：〈初訪屏東馬卡道族人──杜君英社今貌與老埤的歷史傳說〉，《鄉城生活雜誌》，臺南：財團法人鄉城文教基金會，1996年4月。

潘朝陽：〈臺灣民俗宗教分布的意義〉，《師大地理研究報告》第12期，1986年3月，頁143-178。

潘朝陽：〈康熙時期臺灣社會文化空間：朱一貴事變為軸的詮釋〉，臺北：臺灣師範大學地理學系：《國立臺灣師範大學地理研究報告》27期，1997年11月，頁11-44。

蔡宏嘉：〈朱一貴事件的領導人及族群分類問題研究〉,《嘉大史地》1
　　　期,嘉義:國立嘉義大學,2006年6月,頁39-56。

蔡慶同：〈影像如何介入社區？──論影像權力的解構與（個人）地
　　　方知識〉,臺南:成功大學中國文學系──臺灣文化的流變
　　　與創新計畫辦公室:《地方視角與詮釋學術研討會論文集》,
　　　2010年1月27-28日,頁125-139。

蔡蕙如：〈民間文學在社區營造下的角色──吉貝耍部落和土溝美術
　　　村的故事〉,《臺陽文史研究》第3期,2018年1月,頁1-38。

蕭義玲：〈重建或發明？──臺灣歌謠傳統的建立與形象再現〉,《國立
　　　中正大學中文學術年刊》第7期,2005年12月,頁81-115。

鍾明昆：〈恆春傳統民謠的對唱〉,臺北:臺灣師範大學主辦「傳統藝
　　　術文化資產學術研討會暨中華民國（臺灣）民族音樂學會
　　　2009年會,2009年10月10日。

簡上仁：〈陳達的歌,在音樂和文學上的意義和價值〉,《文史臺灣學
　　　報》創刊號,2009年11月,頁57-83。

羅景文：〈衝突、競爭與合作──南臺灣神靈鬥法傳說中的敘述結
　　　構、信仰關係與地方互動〉,《臺灣文學研究學報》28期,臺
　　　南:臺灣文學館,2019年4月,頁199-230。

闞正宗：〈臺灣佛教新史之一──荷西時期的民間信仰與佛教（1624-
　　　1662）〉,《人間佛教》學報「藝文」第19期,2019年1月,頁
　　　122-137。

四　學位論文

李光瑾：〈耶穌與教會在一個南臺灣村落的個案研究〉,新竹:清華大
　　　學社會人類學研究所碩士論文,1998年。

李宣文：〈地方公民文化營造與大學教育連結之研究——以聯合大學「苗栗學」與亞洲大學「霧峰學」為例〉，彰化：彰化師範大學公共事務與公民教育學系碩士論文，2011年。

林江義：〈臺東海岸加走灣馬卡道族的研究〉，臺北：政治大學民族學系碩士論文，2004年8月。

林怡秀：〈邁向地方大廟——經濟發展與日治時期屏東慈鳳宮之宗教變遷〉，臺北：臺灣師範大學歷史學系碩士論文，2012年6月。

林傳凱：〈神靈、民族、與認同的空間政治：日治與戰後臺北盆地尪公年例之變遷〉，臺北：臺灣大學工學院建築與城鄉研究所碩士論文，2007年7月。

范純武：〈雙忠崇祀與中國民間信仰〉，臺北：臺灣師範大學歷史研究所博士論文，2001年。

張慧玉：〈三峽迎尪公祭典研究〉，臺北：臺北大學古典文獻與民俗藝術研究所民俗藝術組碩士論文，2012年1月。

莊青祥：〈屏東高樹大路關地區之拓墾與聚落發展之研究〉，高雄：高雄師範大學客家文化研究所碩士論文，2008年。

黃裕元：〈戰後臺語流行歌曲的發展（1945-1971）〉，桃園：中央大學歷史研究所碩士論文，2000年6月。

黃瓊慧：〈屏北地區的聚落型態、維生活動與社會組織〉，臺北：臺灣師範大學地理研究所碩士論文，1996年。

楊克隆：〈臺語流行歌曲與文化環境變遷之研究〉，臺北：臺灣師範大學國文研究所碩士論文，1998年。

鶴田純：〈1959、60年代「日本曲」臺語歌研究〉，臺南：成功大學臺灣文學研究所碩士論文，2008年。

五 報紙雜誌（依出刊時間排序）

蕭永東：〈消夏歪詩話〉，《三六九小報》，1931年8月19日。

不著撰者：〈半席的鄉土歌謠〉，《三六九小報》156號，1932年2月23日。

黃得時：〈民間文學的認識〉，《第一線》卷頭言，1935年1月6日。

茉　莉：〈民謠に就いての管見〉，《第一線》，1935年1月6日。

劉　捷：〈民間文學の整理及びその方法論〉，《臺灣文藝》2卷7期，
　　　　1935年7月1日。

史白靈：〈臺語歌曲演變的方向〉，《聯合報》8版，1965年7月26日。

不著撰者：〈商閩南語歌曲問題昨舉行座談會〉，《聯合報》5版，1968
　　　　年10月2日。

陳和平：〈臺語歌曲式微：郭大誠憂心忡忡〉，《臺灣晚報》，1968年11
　　　　月3日。

劉衛莉：〈臺語篇　阮的舊情猶原綿綿鑼聲驚夢〉，《聯合報》29版，
　　　　2000年9月20日。

李欣怡：〈葉俊麟好詞藝，歌謠傳唱紅不讓〉，《新臺灣新聞週刊》，
　　　　2008年8月7日。

陳宜中：〈海角七號的台日苦戀〉，《中國時報》A22，2008年10月9日。

劉進興：〈《海角七號》沒有主體意識？〉，《中國時報》，2008年10月
　　　　11日。

林沛理：〈走出悲情的海角七號〉，新加坡《聯合早報》副刊「現在‧
　　　　名采欄03」，2008年12月1日。

項貽斐：〈練空手道──魏德聖學到判斷〉，《聯合報》A10，2009年1
　　　　月2日。

何敬堯：〈最強亡美陳守娘〉，「臺灣女鬼系列」，《自由時報》，2020年
　　　　9月13日。

六　技術報告或計畫成果

李乾朗研究主持：《景美集應廟調查研究》，臺北：臺北市政府民政局，1999年7月。

廖鎮平、廖國秀：《消失的聚落——杜君英庄》成果報告書，未刊版，2007年。

賴旭貞：《春祈秋報——客家六堆的做福與完福祭祀之研究》，行政院客家委員會獎助，2008年。

潘安全：《屏東縣內埔鄉中林村水資源口述歷史調查報告》，屏東縣內埔鄉中林社區，自印本，1997年9月。

曾純純、黎鴻彥：《「客」隱於市：屏東市的客家移民與社會》，臺北：行政院客家委員會獎助客家研究計畫報告書，2007年12月20日。

屏東縣屏東市歸來社區發展協會：《屏東縣屏東市歸來社區農村再生計畫書》，2012年12月22日。

黃文車：《妖怪屏東圖錄》，屏東：國立屏東大學USR搖滾社會力：在地關懷為導向的社會企業與青年實踐計畫成果，未刊版，2019年12月。

七　影音資料

朱丁順自錄：《朱丁順恆春民謠》CD三片，2004年4月12日、2007年3月30日、2007年4月20日。

江　蕙：《臺灣民謠3：海中花》，臺北：田園唱片公司，1985年4月。

周俊佑製作：《瀧觀橋的呼聲》，臺北：翔麟實業有限公司發行，1977年10月。

陳和平作詞、黃敏作曲，黃西田、李芊慧演唱，陳麗秋、黃俊雄口
　　　白：〈魂斷淡水河〉，海山唱片TKL—1064，1973年1月。

陳明章製作：《卜聽民謠來阮兜：朱丁順恆春民謠彈唱》，臺北：陳明
　　　章音樂工作有限公司，2007年。

蔡秋鳳：《什麼樂》，臺中：愛莉亞唱片公司，1987年。

寰宇文化工作室製作：《臺灣最後的走唱人》（主唱：朱丁順、賴碧
　　　霞），臺北：寰宇文化工作室。未標注出版時間。

鍾明昆：〈楓港小調〉，《屏東縣滿州鄉歌謠CD專輯（四）楓港小
　　　調》，屏東：屏東縣滿州鄉民謠協進會，2001年。

魏德聖導演：《海角七號》，臺灣：博偉影視公司，2008年。

八　網路資源

中央研究院數位文化中心「典藏臺灣」，下載網址：https://digitalarchi
　　　ves.tw/。

文化部「臺灣社區通」，下載網址：https://communitytaiwan.moc.gov.
　　　tw/。

安煥然：〈尋找民俗幸福感〉，《星洲網》「言路」，2017年11月19日。下
　　　載網址：https://www.sinchew.com.my/content/content_1702722.
　　　html。

吳潛誠：〈閱讀花蓮——地誌書寫：楊牧與陳黎〉，原文刊載於《更生
　　　日報》「四方文學週刊」，1997年11月9日。下載網址：
　　　http://faculty. ndhu.edu.tw/~chenli/wu.htm。

怪e紅傑克「流行音樂言舊苑」網站，2012年10月13日。下載網址：
　　　https:// jackli51.pixnet.net/blog。

屏東國家文化記憶庫「南國憶閾」，下載網址：https://southland.cul
　　　ture.tw/。

屏東縣政府文化處：《重修屏東縣志》（網路版），2004年。下載網址：
　　　　https://digitalarchive.cultural.pthg.gov.tw/objects?f%5B0%5D=c
　　　　lass%3Abook。

屏東人臉書，下載網址：https://www.facebook.com/108144444184393/
　　　　posts/134051978260306/。

故宮博物院「典藏精選」，下載網址：https://theme.npm.edu.tw/sel
　　　　ection/index.aspx。

科大衛：〈我與地方文獻〉，「澎湃新聞・地方文史」，2011年1月1日。
　　　　下載網址：https://www.sohu.com/a/441850085_260616?fbclid=
　　　　IwAR3AIjufH-Q9hOXJ6dzVDdkc_5n_mdZdha3Q4A50ykmRzhy
　　　　SFPFBFZdKDxc。

唐晉濱：〈和辻哲郎：風土與人文：人間倫理學〉，2019年12月26日。
　　　　下載網址：https://www.hk01.com/%E5%93%B2%E5%AD%B8
　　　　/413867/%E5%92%8C%E8%BE%BB%E5%93%B2%E9%83%8
　　　　E-%E9%A2%A8%E5%9C%9F%E8%88%87%E4%BA%BA%
　　　　E6%96%87-%E4%BA%BA%E9%96%93%E5%80%AB%E7%
　　　　90%86%E5%AD%B8。

國家發展委員會「地方創生」，下載網址：https://www.ndc.gov.tw/Con
　　　　tent_List.aspx?n=4A000EF83D724A25

國家圖書館「臺灣記憶」，下載網址：https://tm.ncl.edu.tw/。

教育部臺灣閩南語常用詞辭典，下載網址：https://twblg.dict.edu.tw/ho
　　　　lodict_new/index.html。

許瑞君：〈中林村新杜君英庄林少貓抗日事件〉，客家委員會「客庄文
　　　　化資源普查資料庫」，臺灣客庄文化數位典藏計畫，2011年10
　　　　月12日。資料登錄。下載網址：http://archives.hakka.gov.tw/
　　　　new/catalog/dcInfoAction.do?method=doViewDcInfo&dcid=Mz

MyMDEyMTEwMDAxNDQ=&tabIndex=MQ==&isAddHitRat
e=dHJ1ZQ==&relationPk=MzMyMDEyMTEwMDAxNDQ=&t
ableName=ZGNfaW5mbw==。

陳品君：〈屏東老埤重現馬卡道古謠〉，《公民新聞》2016年11月19日。
　　下載網址：　https://www.peopo.org/news/323733。

管仁建：〈你聽過「瀧觀橋的呼聲」嗎？〉，2009年2年5。下載網址：
　　http://mypaper.pchome.com.tw/kuan0416/post/1312003315。

臺灣文化部「臺灣大百科全書」，下載網址：http://nrch.culture.tw/twp
　　edia.aspx?id=25602。

臺灣文學館「魔幻鯤島、妖鬼奇譚：臺灣鬼怪文學特展」，下載網址：
　　https://event.culture.tw/NMTL/portal/Registration/C0103MActi
　　on?actId=80014。

蔡玫孜：〈從自由戀愛到殉死：真實事件改編的臺語片《運河殉情
　　記》〉，「The News Lens關鍵評論」之「藝文」版，2017年11月
　　11日。下載網址：https://www.thenewslens.com/article/827 44。

賴永祥長老史料庫（Elder John Lai's Archives），下載網址：http://www.
　　laijohn.com/。

簡炯仁撰：「神農大帝」詞條，「臺灣原住民歷史語言文化大辭典」，下
　　載網址：http://210.240.125.35/citing/citing_content.asp?id=29
　　27&keyword=%A4%BD%E9r。

簡韋琪：〈農村再生——推動農村再生〉，《農政與農情》2012年3月（第
　　249期），下載網址：https://www.coa.gov.tw/ws.php?id=24470
　　63。

本書相關篇章出處與說明

第三章　念唱地方與記憶——屏東縣閩南語歌謠採集及其傳承應用

　　本章為執行國科會（今科技部）專題研究計畫99年度「屏東縣閩南語民間文學之調查研究」（計畫編號：NSC 99-2410-H-153 -017-）和100年度「屏東縣閩南語民間文學之調查研究（Ⅱ）」（計畫編號：NSC 100-2410-H-153 -008-）之兩篇研究成果，並分別於2011年以〈念出地方，唱出傳承——屏東縣閩南語歌謠及其鄉土語文教學應用〉發表於屏東大學中國語文學系主辦之「2011第一屆屏東文學學術研討會」（2011年11月25-26日），後收入郭漢辰、筆者主編之《文學饗宴：2011屏東文學學術研討會論文集》（高雄：春暉出版社，2012年12月，頁340-391）；以及2016年以〈該怎麼唱下去的思想起？——屏東縣恆春半島閩南語歌謠整理與研究〉發表於臺南大學國語文學系主辦之「第十屆思維與創作暨第五屆臺灣南區大學中文系聯合學術研討會」（2016年5月13-14日），後收入臺南大學國語文學系主編之《第10屆思維與創作暨第5屆臺灣南區大學中文系聯合學術研討會論文集》（臺南：臺南大學國語文學系，2016年10月，頁59-78）。

第四章　聽見屏東〈瀧觀橋的呼聲〉——兼論臺灣社會案件歌曲中的社會關懷與民間音聲力量

本章為執行屏東大學108年教育部高教深耕計畫之USR「搖滾社會力：在地關懷為導向的社會企業與青年實踐計畫」之成果論文，原以〈聽/見「瀧觀橋的呼聲」——屏東臺語歌曲的創作背景與社會關懷〉為題發表於屏東大學中國語文學系主辦「第七屆屏東文學國際學術研討會：在地全球化的視域」（2020年10月30-31日，頁57-82）。

第五章　地方無形文化資產保存——屏東內埔杜君英的歷史記憶與文化信仰

本章為執行屏東縣政府文化資產保護所委託「2015屏東縣內埔鄉杜君英事件基礎資料調查計畫」，以及屏東縣政府文化處委託補助辦理「2015屏東土地公信仰文化學術研討會」計畫之研究論文成果，並於2015年9月18-19日發表〈餘臣而為境主——屏東內埔杜君英的歷史記憶與文化崇拜〉一文，後收入筆者主編之《2015走尋屏東土地公信仰文化論文集》（屏東：屏東縣政府，2017年4月，頁61-98）。

第六章　活化地方文化生活圈——屏東歸來慈天宮的神祇信仰與社區再造

本章為執行屏東大學109年教育部高教深耕計畫之大武山學院USR「搖滾社會力：在地關懷為導向的社會企業與公益實踐培力計畫」之成果論文，原以〈成功歸來、地方共生——屏東歸來慈天宮的媽／祖信仰與社區再造〉發表於財團法人臺南市臺疆祖廟大觀音亭暨祀典興

濟宮、成功大學人文社會科學中心、金門大學人文社會學院聯合主辦之「2020寺廟之美國際學術研討會」（2020年10月24-25日），後收入陳益源主編之《臺灣與各地寺廟之美》（臺北：里仁書局，2021年4月，頁325-359）。

第七章　從地方傳說到文化品牌——「屏東尋妖記」的在地敘說與多元實踐

　　本章為執行屏東大學108年度教師專業學習PBL問題導向社群「屏東尋妖記：故事出版與文化創生」計畫，和109年執行教育部高教深耕計畫之大武山學院USR「搖滾社會力：在地關懷為導向的社會企業與公益實踐培力計畫」之兩篇成果論文，分別以〈屏東尋妖記：地方傳說與教學跨界到地方文化品牌建構〉為題發表於屏東大學中國語文學系主辦之「2018第六屆屏東文學國際學術研討會：詩歌・歷史・跨界」（2018年10月27-28日），後收入筆者主編之《詩歌・歷史・跨界：2018屏東文學國際學術研討會論文集》（高雄：春暉出版社，2019年6月，頁107-134）；另外以〈地方創生到文化品牌思考：屏東尋妖記的教學操作〉為題發表於中國北京聯合大學北京學研究所、韓國首爾市立大學首爾學研究所、日本富士學會聯合主辦之「首屆亞洲地方學與地方文化學術研討會」（2019年10月25-27日，北京，頁287-306）。

俗文學研究叢刊 0814Z01

地方作為田野——
屏東民間知識圖像與在地敘說

作　者　黃文車
責任編輯　蘇　輗

發 行 人　林慶彰
總 經 理　梁錦興
總 編 輯　張晏瑞
編 輯 所　萬卷樓圖書股份有限公司
　　　　　臺北市羅斯福路二段 41 號 6 樓之 3
　　　　　電話 (02)23216565
　　　　　傳真 (02)23218698

發　　行　萬卷樓圖書股份有限公司
　　　　　臺北市羅斯福路二段 41 號 6 樓之 3
　　　　　電話 (02)23216565
　　　　　傳真 (02)23218698
　　　　　電郵 SERVICE@WANJUAN.COM.TW
香港經銷　香港聯合書刊物流有限公司
　　　　　電話 (852)21502100
　　　　　傳真 (852)23560735

ISBN 978-986-478-484-4
2021 年 6 月初版
定價：新臺幣 580 元

封面圖片出處：freepik

如何購買本書：
1. 劃撥購書，請透過以下郵政劃撥帳號：
　帳號：15624015
　戶名：萬卷樓圖書股份有限公司
2. 轉帳購書，請透過以下帳戶
　合作金庫銀行　古亭分行
　戶名：萬卷樓圖書股份有限公司
　帳號：0877717092596
3. 網路購書，請透過萬卷樓網站
　網址 WWW.WANJUAN.COM.TW
大量購書，請直接聯繫我們，將有專人為您
服務。客服：(02)23216565 分機 610
如有缺頁、破損或裝訂錯誤，請寄回更換

國家圖書館出版品預行編目資料

地方作為田野：屏東民間知識圖像與在地敘
說 / 黃文車著.-- 初版.-- 臺北市：萬卷樓圖
書股份有限公司, 2021.06
　面；　公分.--(俗文學研究叢刊；0814Z01)
ISBN 978-986-478-484-4(平裝)
1.人文地理　2.歷史　3.地方文學　4.屏東縣

733.9/135.4 110009694